城市轨道交通职业教育系列教材 —— 城市轨道交通工程技术

地铁工程
设计与施工（智媒体版）

主　编 ○ 蒋英礼
副主编 ○ 王景梅　彭金水
主　审 ○ 张厚美

在线开放课程

西南交通大学出版社
·成　都·

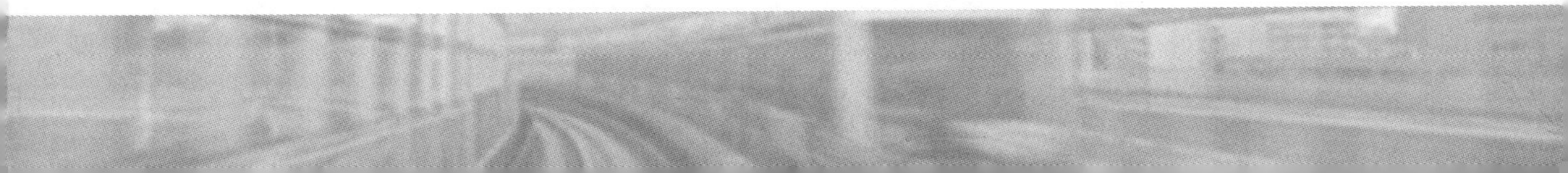

图书在版编目（CIP）数据

地铁工程设计与施工：智媒体版 / 蒋英礼主编. —
成都：西南交通大学出版社，2022.3
ISBN 978-7-5643-8492-0

Ⅰ. ①地… Ⅱ. ①蒋… Ⅲ. ①地下铁道－铁路工程－工程设计－高等职业教育－教材②地下铁道－铁路工程－工程施工－高等职业教育－教材 Ⅳ. ①U231

中国版本图书馆 CIP 数据核字（2021）第 267603 号

Ditie Gongcheng Sheji yu Shigong
地铁工程设计与施工
（智媒体版）

主　编 / 蒋英礼

责任编辑 / 姜锡伟
封面设计 / 何东琳设计工作室

西南交通大学出版社出版发行
（四川省成都市金牛区二环路北一段 111 号西南交通大学创新大厦 21 楼　610031）
发行部电话：028-87600564　028-87600533
网址：http://www.xnjdcbs.com
印刷：四川森林印务有限责任公司

成品尺寸　185 mm × 260 mm
印张　22　　字数　549 千
版次　2022 年 3 月第 1 版　　印次　2022 年 3 月第 1 次
书号　ISBN 978-7-5643-8492-0
定价　58.00 元

课件咨询电话：028-81435775
图书如有印装质量问题　本社负责退换

前　言

本书是由西南交通大学出版社和全国十多所院校组成的高职高专城市轨道交通工程专业教材编审委员会组织编写的系列教材之一。按照高职高专城市轨道交通工程技术专业的教学要求，满足行业对高素质技术技能人才的需求，编者根据长期从事地铁、地下工程、隧道工程等课程的教学经验，在西南交通大学出版社出版的《地下铁道施工技术》教材的基础上，按照项目化、模块化、任务式进行教学设计，加以多年教学实践凝练，重新编写了这本地铁工程设计与施工教材。

本书的特点是：① 全面系统地介绍了地铁的基本设计知识、施工技术、施工组织与管理等，以加强学生对基本技术技能的掌握，并开发了丰富的数字化教学资源，以拓宽学生的专业视野；② 根据技术技能培养需要，全书设计了课程导论和 11 个项目，每个项目分解为若干个工作任务与项目实训，并列出了地铁设计与施工的部分真实工程案例，具有很强的综合性和实用性；③ 教材将地铁工程设计与施工领域创新成果和中华民族吃苦耐劳的传统美德融入教材，每个项目以“项目导入”的形式融入专业历史、人物故事、典型工程案例、技术前沿等渗透课程思政元素，注重培养学生的安全意识、精益求精的专业精神、工匠精神、劳动精神等。本书适合作为 60 ~ 70 学时的地铁、地下工程、隧道工程等课程的教学用书，也可供相关专业的师生和一般工程技术人员使用和参考。

本书由广东交通职业技术学院蒋英礼任主编，由广东交通职业技术学院王景梅、彭金水担任副主编。全书共分课程导论和 11 个项目，编写分工如下：蒋英礼编写课程导论和项目 2、3、4、6、7、8；彭金水、蒋英礼共同编写项目 1；王景梅、蒋英礼共同编写项目 5、9；曾卫平编写项目 10；张向东编写项目 11。知名隧道专家、广州市盾建地下工程有限公司总工程师张厚美教授担任本书的主审，感谢他对全书的审阅、修改并定稿。

本课程被评为教育部交通教育教学指导委员会精品课程、广东省精品资源共享课程、广东省在线开放课程（见扉页）。教材配套建设了课件、课程动画、微课视频、虚拟仿真实训、习题与测试等多样化教学资源，并制作了在线开放课程，支持移动学习，可为学习者提供丰富的素材和多样的学习模式，方便教师开展“线上 + 线下”混合式教学。

本书在编写过程中参考、引用了许多专家、学者关于地铁工程施工方面的文献，吸收了广州地铁、深圳地铁等地铁的设计与施工资料，还得到了甘肃交通职业技术学院钱治国、青海交通职业技术学院王占银、河北交通职业技术学院王道远、广东交通职业技术学院王劲松等老师的宝贵建议，广州地铁设计研究院股份有限公司黄定贵提供了部分工程案例，广州地铁设计研究院股份有限公司李龙对部分图表、插图进行了编辑和修改，在此表示衷心的感谢。

由于编者水平有限，本书在内容选择、层次结构等方面难免有疏漏或不足之处，敬请广大读者批评指正，提出宝贵意见。

编　者

2021 年 12 月

目　录

课程导论

学习目标

1. 知识目标

（1）了解城市轨道交通的特点及基本类型。

（2）熟悉地铁系统组成。

（3）了解地铁施工技术的现状、发展趋势。

2. 能力目标

能识别城市轨道交通类型。

导论 1　城市轨道交通

1. 城市轨道交通的定义

城市中使用车辆在固定导轨上运行并主要用于城市客运的交通系统称为城市轨道交通（Rail Transit）。（在中国国家标准《城市轨道交通工程基本术语标准》（GB/T 50833—2012）中，将城市轨道交通定义为“采用专用轨道导向运行的城市公共客运交通系统”。）

城市轨道交通是指具有固定线路，铺设固定轨道，配备运输车辆及服务设施等的公共交通设施。“城市轨道交通”是一个包含范围较大的概念，在国际上没有统一的定义。一般而言，广义的城市轨道交通是指以轨道运输方式为主要技术特征，在城市公共客运交通系统中具有中等以上运量（有别于道路交通），主要为城市内（有别于城际铁路，但可涵盖郊区及城市圈范围）公共客运服务，在城市公共客运交通中起骨干作用的现代化立体交通系统。

由于城市轨道交通具有运量大、速度快、安全、准点、保护环境、节约能源和用地等特点，世界各国普遍认识到：解决城市交通问题的根本出路在于优先发展以轨道交通为骨干的城市公共交通系统。

2. 城市轨道交通的基本类型

根据以上分析，城市轨道交通属绿色环保交通体系，符合可持续发展的原则，特别适用于大、中城市，是大、中城市公共交通的骨干。城市轨道交通种类繁多，技术指标差异较大，世界各国评价标准不一，并无严格的分类。

《城市公共交通分类标准》(CJJ/T 114—2007)中还明确城市轨道交通包括：地铁系统、轻轨系统、单轨系统、有轨电车、磁浮系统、自动导向轨道系统、市域快速轨道系统。几种不同方式的城市轨道交通的主要技术指标见表 0.1。

表 0.1　几种不同方式的城市轨道交通的主要技术指标

指标		地铁	轻轨交通	独轨交通	有轨电车
平均站间距离/m	市区	250	150	200	150
	市郊	150	—	150	—
最高行车速度/(km/h)		90~120(最高达 160)	80	80	60
旅行速度/(km/h)		30~45	25~35	18~43	16~20
行车最小间隔/s		50~90	90	90	90
每辆车容量/人		150~310	190~336	80~180	110
列车编组/辆		4~10	2~6	2~6	1~3
单向运输能力/(万人次/h)		3~8	2~4	1~2	1~1.4

(1)地铁

地铁(Metro 或 Underground Railway 或 Subway 或 Tube)，在中国的应用城市包括北京、上海、重庆、广州、深圳等。地铁是城市快速轨道交通的先驱。地铁是由电力牵引、轮轨导向、轴重相对较重、具有一定规模运量、按运行图行车、车辆编组运行在地下隧道内或根据城市的具体条件运行在地面或高架线路上的快速轨道交通系统，其主要技术参数见表 0.2。地铁适用于出行距离较长、客运量需求大的城市中心区域。一般认为，人口超过 100 万的大城市可考虑修建地铁，如图 0.1 所示。

表 0.2　地铁主要技术指标

序号	项目	技术参数	序号	项目	技术参数
1	单向运输能力/(万人次/h)	3~8	9	安全性和可靠性	较好
2	列车编组/辆	4~8(最多 11)	10	最小曲线半径/m	300
3	列车容量/人	3 000	11	最小竖曲线半径/m	3 000
4	最高行车速度/(km/h)	90~120 (最高达 160)	12	舒适性	较好
5	旅行速度/(km/h)	30~40	13	城市景观	无大影响
6	车站平均间距/m	600~2 000	14	空气污染、噪声污染	小
7	最大通过能力/(对/h)	>35	15	站台高度/m	一般为高站台，乘降方便
8	与地面交通隔离率	100%	16	造价/ (亿元人民币/km)①	3~8

(2)轻轨

轻轨(Light Rail Transit，简称 LRT)，在中国的应用城市包括上海、重庆等。轻轨交通是在有轨电车的基础上改造发展起来的城市轨道交通系统，是反映在轨道上的荷载相对

① 编者注：为简便起见，如无特别说明，以下均只称“元”，省略“人民币”三字。

于铁路和地铁的荷载较轻的一种交通系统（一般轴重约为 10 t）。轻轨是个比较广泛的概念，公共交通国际联会（UITP）在关于轻轨运营系统的解释文件中提道：轻轨是一种使用电力牵引，介于标准有轨电车和快运交通系统（包括地铁和城市铁路），用于城市旅客运输的轨道交通系统，如图 0.2 所示。

图 0.1　广州地铁

图 0.2　重庆轻轨

轻轨一般采用地面和高架相结合的方法建设，路线可以从市区通往近郊。列车编组采用 3 ~ 6 辆，铰接式车体。由于轻轨采用了线路隔离、自动化信号、调度指挥系统和高新技术车辆等措施，最高速度可达 60 km/h，克服了有轨电车运能低、噪声大等问题。

（3）有轨电车

有轨电车（Tram 或 Streetcar）是使用电车牵引、轻轨导向、1 ~ 3 辆编组，运行在城市路面线路上的低运量轨道交通系统。

世界上第一条有轨电车线于 1888 年 5 月在美国弗吉尼亚州里士满市开通。中国第一条有轨电车线于 1906 年在天津北大关至老龙头火车站（今天津站）建成通车。旧式有轨电车由于运能低、挤占道路、噪声大、舒适性差等问题，许多国家都对其进行了拆除或改造，如图 0.3（a）所示。

现代有轨电车是一种地面公共交通，采用电力牵引及轮轨行走模式。车辆按每平方米站立 6 人计算，以 2 min 行车间隔考虑，每小时单向的运能最多可以达到 12 000 人次，适用于人口在 50 万 ~ 100 万的中等规模的城市，目前我国沈阳、威海、佛山、广州等建有现代有轨电车，如图 0.3（b）所示。

（a）旧式有轨电车

（b）现代有轨电车

图 0.3　有轨电车

（4）市郊铁路

所谓市郊铁路，指的是建在城市内部或内外接合部，线路设施与干线铁路基本相同，服务对象以城市公共交通客流，即短途、通勤旅客为主的铁路。

城市铁路通常分成城市快速铁路和市郊铁路两部分。城市快速铁路是指运营在城市中心，包括近郊城市化地区的轨道系统，其线路采用电气化，与地面交通大多采用立体交叉。市郊铁路是指建在城市郊区，把市区与郊区，尤其是远郊联系起来的铁路。市郊铁路一般和干线铁路设有联络线，设备与干线铁路相同，线路大多建在地面，部分建在地下或为高架。其运行特点接近于干线铁路，只是服务对象不同，如图 0.4 所示。

图 0.4　市郊铁路

（5）单轨交通

单轨也称为独轨（Monorail），在中国的应用城市包括重庆、上海等。单轨交通是指通过单一轨道梁支撑车厢并提供导引作用而运行的轨道交通系统，其最大的特点是车体比承载轨道要宽。以支撑方式的不同分类，单轨通常分为跨座式和悬挂式两种：跨座式是车辆跨坐在轨道梁上行驶；悬挂式是车辆悬挂在轨道梁下方行驶。

单轨的车辆采用橡胶轮，电气牵引，最高速度可达 80 km/h，旅行速度为 30 ~ 35 km/h，列车可按 4 ~ 6 辆编组，单向运送能力为 1 万 ~ 2.5 万人次/h。中国首条跨座式单轨线路于 2005 年在重庆建成运营，如图 0.5 所示。

图 0.5　重庆单轨交通

（6）磁悬浮交通

磁悬浮交通（Magnific Levitation for Transportation），在中国的应用城市包括上海、长沙等。它是一种非轮轨黏着传动、悬浮于地面的交通运输系统。磁悬浮列车利用常导磁铁或超导磁铁产生的吸力或斥力使车辆浮起，用以上的复合技术产生导向力，用直线电机产生牵引动力，为高速、安全、舒适、节能、环保、维护简单、占地少的新一代交通运输工具，如图 0.6 所示。

图 0.6　上海磁悬浮列车

（7）新交通系统

在城市轨道交通领域，新交通系统又被称作“自动导向的新交通系统（Automated Guideway Transit）”。早在 20 世纪的 60 年代，美国有关人士即向议会提出了“未来城市交通的设想”议案，并提出了一系列方案。从此，城市新交通系统开始在世界范围内出现并有所发展。自动导向的新交通系统是车辆运行在具有侧向或中央导轨专用混凝土轨道上的系统，也可以说是在高架的专用轨道上装有轻量橡胶轮胎的车辆沿导轨运行的中等运量输送系统。

新交通系统的发展及应用以日本最具有代表性。这种新型交通系统是在铁路和公路两大交通系统的基础上发展起来的，电动车辆在专用的轨道线路上运行，而且车轮均为橡胶轮胎，沿着特制的混凝土轨道运转，车站无人管理，完全由中央调度室的电子计算机集中控制。导轨交通系统可归纳为两种类型，即侧面导向式和中央导向式（图 0.7），每种方式又可分为单用型和两用型。所谓单用型指的是车辆只能在导轨上运行；两用型则指车辆既可以在导轨上运行，又可以在一般道路上行驶。

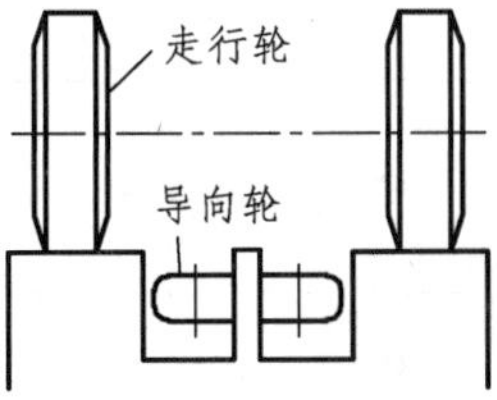

（a）中央导向方式

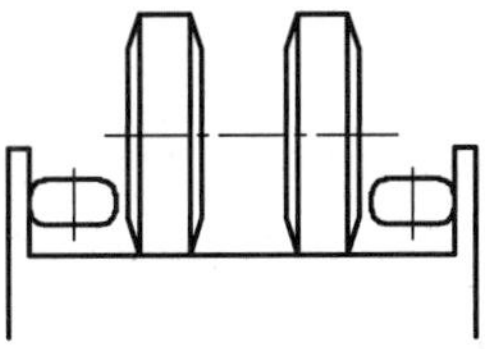

（b）侧导向方式

图 0.7　导向方式原理图

20 世纪 80 年代，法国 MATRA 公司建造了第一条自动化导向交通线，称为 VAL 系统（轻量自动车辆系统），如图 0.8 所示。这种车辆采用橡胶轮胎，每列编组 4~6 辆，无人驾驶，取得了良好的服务和经济效益，美国芝加哥国际机场、我国台北等均采用了 VAL 系统。20 世纪 80 年代初，德国也已研制开发出了导向交通技术即 O-Bahn，如图 0.9 所示。车辆结构改变了轨道车辆的传统，车体和驱动系统的设计采用公共汽车的技术，因此可以轻型化。导向机构依靠在车轮上加装水平方向的导向轮，与前轮的转向节直接连在一起。行驶中导向轮与轨道梁的凸缘相接触，相当于驾驶员控制车辆的方向盘，起到自动导向的作用。

图 0.8　法国里尔 VAL 系统

图 0.9　德国 O-Bahn

3. 城市轨道交通系统的选型

城市轨道交通系统的种类繁多，特点各不相同，故每种城市轨道交通系统的适用范围也不一样。表 0.3 从市场需求、技术经济能力、走行线路条件等方面对城市轨道交通的选型提供简单的参考。但需要说明的是，随着经济实力的不断增长和高新科技的日益进步，其中有些参数指标也可能随之发生变化。

表 0.3　各种城市轨道交通系统的适用范围

类型	市场需求			技术经济能力	走行线路条件		
	城市人口规模/万人	单向最大客流量/（万人/h）	城市生产总值/亿元		最小曲线半径/m	最大限制坡度/‰	线路形式
地铁	>300	3.0~8.0	>400	常规机电工业技术，高新技术应用	300	35	地下、高架与局部地面，专用线路
轻轨	>100	1.0~3.0	>300	常规机电工业技术，高新技术应用	50	60	地下、高架与局部地面，专用线路或部分混合道
独轨（跨坐/悬挂）	>100	0.5~2.0	>600	常规机电工业技术，专用机电设备及轨道梁生产技术，高新技术应用	60/100	50~120/50	高架，专用道
有轨电车	>50	0.8~1.5	>200	常规机电工业技术，高新技术应用	20~50	60	全地面，混合道或部分专用道
市郊铁路	>200	4~10	>600	常规机电工业技术	同铁路标准		高架、地面为主，利用既有线路开行
磁悬浮系统（高速/常速）	>200	0.6~1.5	>1 000	常规机电工业技术，高新技术应用	1 590/100		高架，专用线路
新交通系统	>100	1~1.8	>600	常规机电工业技术，专用机电设备生产技术，高新技术应用	25	60	高架与地下隧道，专用线路

导论 2　地铁概述

1. 地铁的发展状况

世界上第一条地铁诞生于英国，1843 年设计，1853 年开始建造，1863 年建成通车，列车用蒸汽机车牵引，线路全长约 6.4 km（图 0.10）。第一条地铁线路采用了“挖一盖”的工序来建造，即挖掘一条深沟，然后封盖其上面，即明挖法施工（图 0.11），此后各地纷纷效仿建造。1890 年，伦敦首次用盾构法施工，建成用电气机车牵引的 5.2 km 的另一条线路。自 1863 年至 1899 年，有英国的伦敦和格拉斯哥、美国的纽约和波士顿、匈牙利的布达佩斯、奥地利的维也纳以及法国的巴黎共 5 个国家的 7 座城市率先建成了地铁。

图 0.10　1863 年建成的世界上第一条地铁

图 0.11　世界上第一条地铁的施工方法

1900 年至 1924 年，在欧洲和美洲又有 9 座城市相继修建了地铁，如德国的柏林、汉堡，美国的费城，以及西班牙的马德里，等。1925 年至 1949 年，其间经历了第二次世界大战，各国都着眼于自身的安危，地铁建设处于低潮，但仍有日本的东京、大阪，苏联的莫斯科等少数城市在此期间修建了地铁。1950 年后，世界各国的城市修建地铁有了迅速的发展。据统计，全球至 2021 年底，至少应有 50 多个国家或地区的 200 多座城市开通了地铁。

我国的地铁事业起步较晚，第一条地铁（北京）始建于 1961 年，1969 年修建完成，其线路沿长安街于北京城墙南缘自西向东贯穿北京市区，全长 23.6 km，设有 17 座车站和 1 座车辆段。虽然中国的地铁起步较晚，但总体来看，其发展经历可分为起步阶段（20 世纪 60 年代—80 年代初）、平稳发展阶段（20 世纪 80 年代中—2000 年）和快速发展阶段（2001 年至今）三个阶段。当前中国地铁不管是从技术上还是里程上，都已经处于世界领先的位置。截至 2021 年底，我国地铁运营线路为 9 193 公里，地铁运营里程世界排名前十的城市中国占有 5 个，分别是上海第 1（831 km）、北京第 2（783 km）、广州第 3（589 km）、成都第 4（518 km）、武汉第 10（435 km）。

2. 地铁与轻轨的区别和建设的基本条件

（1）地铁与轻轨的区别

轻轨和地铁的区别主要在于重量不同、平面曲线不同、编组数不同、运输力不同等。

① 重量不同：地铁的轴重普遍大于 13 t，而轻轨的轴重一般为 10 t。

② 平面曲线不同：地铁的平面曲线半径不小于 300 m，而轻轨一般在 100~200 m。

③ 编组数不同：地铁每列车的编组数多于轻轨，车辆定员亦多。地铁线在高峰小时内，其单向运输能力能达到 3 万~8 万人次，而轻轨的运力为 0.6 万~2 万人次。

④ 运输力不同：无论是轻轨还是地铁，都可以建在地下、地面或高架桥上；虽然地铁的轨重一般要大于轻轨，但为了增强轨道的稳定性，减少养护和维修的工作量，增大回流断面和减少杂散电流，地铁和轻轨都趋向选用重型钢轨。

地铁一般采用 A 型或 B 型列车，分别对应 3 m、2.8 m 的列车宽度，采用 5 ~ 8 节编组列车。地铁的运量一般比较大，单小时可以达到 3 万~8 万人次，也是国内许多轨道交通的首选。轻轨为中运量系统，高峰小时输送乘客的能力为 1 万~3 万人次。轻轨一般采用 C 型列车，对应 2.6 m 的列车宽度，采用 2 ~ 4 节编组列车。

（2）地铁与轻轨建设的基本条件

多数城市的城市轨道交通系统已经不是单纯的地铁，而是由地面铁路、高架铁路和地铁组成的快速轨道交通体系，在世界上 200 多个有地铁的城市中，线路完全在地下的只占少数，包括我国的北京、上海、广州等多数城市的地铁线路都在不同程度上包括地面段和高架段，只有在通过市中心区时才进入地下段。据统计，全世界近 200 个城市地铁中，地下线占统计总全长的 35.4%，地面线占 51%，高架线占 13.6%；而全世界近 30 个城市轻轨中，地下线仅占 15.9%，地面线占 79.3%和高架线占 4.8%。因此，城市轨道交通的建设应使地下、地面和高架合理布局，以尽量降低工程建设的造价。

我国于 2003 年下达了国办发〔2003〕81 号文件，明确指出城市快速轨道交通系统的建设要“坚持量力而行，有序发展”的原则，并规定申报建设地铁与轻轨的城市应具备的基本条件。且 2018 年 3 月国家发改委发布的《关于进一步加强城市轨道交通规划建设工作的意见》和 2018 年 7 月发布的《国务院办公厅关于进一步加强城市轨道交通规划建设管理的意见》（国办发〔2018〕52 号），修订了原有城市轨道交通建设基本条件，大幅提高了申报条件，要求申报建设地铁的城市具备如下条件：

① 地方一般公共财政预算收入应在 300 亿元以上（2003 年为 100 亿元）；

② 地区生产总值在 3 000 亿元以上（2003 年为 1 000 亿元）；

③ 市区常住人口原则上在 300 万以上（2003 年为城市总人口超过 700 万，城区人口在 300 万以上，主要是人口范围的变化）；

④ 远期客流规模达到单向高峰小时 3 万人。

3. 地铁系统的构成

地铁是一个多专业多工种配合工作、围绕安全行车这一中心而组成的有序联动、时效性极强的系统。地铁系统由一系列的相关设施组成，包括车站、线路、列车、供电、控制以及通信信号系统等。

（1）地铁建筑组成

地铁设计必须符合政府主管部门批准的城市总体规划和城市轨道交通线网规划。地铁主体结构工程设计使用年限为100年。地铁是一种规模浩大的交通性公共建筑。它是现在城市中重要的快速交通之一。地铁根据其功能、使用要求、设置位置的不同划分成车站、区间和车辆段三个部分。这三个部分的组合构成了一个完整的地铁线路运行系统。

车站是地铁系统中一个很重要的组成部分，地铁乘客乘坐地铁必须经过车站，它与乘客的关系极为密切，同时它又集中设置了地铁运营中很大一部分技术设备和运营管理系统；因此，它对保证地铁安全运行起着关键的作用。所以车站位置的选择、环境条件的好坏、设计的合理与否，都会直接影响地铁的社会效益、环境效益和经济效益，影响到城市规划和城市景观。

区间是连接相邻两个车站的行车通道，它直接关系到列车的安全运行。区间设计的合理性、经济性对地铁总投资的影响很大，对乘客乘坐列车时的舒适感和列车运行速度的提高也有影响。

车辆段是地铁列车停放和进行日常检修维修的场所，它又是技术培训的基地，由各种生产、生活、辅助建筑及各专业的设备和设施组成。

（2）线路及轮轨系统

地铁线路应采用右侧行车的双线线路，并采用1 435 mm标准轨距。轨道结构应有足够的强度、稳定性和适量弹性，以保证列车安全、平稳、快速运行和乘客乘坐舒适。地铁正线采用60 kg/m钢轨，轻轨线路可用50 kg/m钢轨，用弹性扣件和减震垫正确固定钢轨位置，并提供适量弹性。轨枕式整体道床和浮置板式整体道床在地铁中运用广泛。高架轨道段不宜采用有砟轨下基础，多用弹性支承无轨式整体道床。

（3）供电系统

电能是地铁系统必需的能源，几乎所有的地铁设备都离不开电力供应，一旦供电中断，地铁运输将陷入瘫痪状态；因此，高度安全、可靠的供电系统是地铁正常运营的重要条件和保证。

地铁供电系统一般包括牵引供电系统、动力照明系统和高压电源系统。其中：牵引供电系统供给地铁车辆运行需要的电能，由牵引变电所和接触网组成；动力照明系统提供车站和区间各类照明、风机、水泵等动力机械设备电源和通信、信号、自动化等设备电源，它由降压变电所和动力照明配电线路组成；高压电源系统视各城市具体情况而定，可以是市电直接供给地铁各变电所，也可由城市高压供电线路集中供给地铁线路，然后由电源变压器再分配给地铁沿线各变电所，还可以是这两种情况的综合。

（4）通信信号系统

通信信号系统在地铁中的作用相当重要：既要确保行车安全，指挥列车运行；又要提高运营效率，充分利用通过能力。信号设备的主要作用是保证行车的安全和提高线路的通过能力。根据地铁高速度、高密度、短间隔的特点，地铁信号系统从传统的以地面信号为主的方式发展到自动监控列车速度和自动调整列车追踪间隔的方式。地铁信号系统按其功能可分为以下几部分：自动闭塞、联锁、列车自动监视系统、列车自动监控系统、列车自动防护系统、列车自动运行系统。

地铁通信是构成地铁各部门之间有机联系，实现运输集中统一指挥、行车调度自动化、列车运行自动化，提高运输效率的必备工具与手段。为了迅速、准确、可靠地传递和交换语音、图像、数据信息，地铁通信系统是一个自成体系的独立完整的内部通信网。通信网由光纤数字传输系统、数字电话交换系统、闭路电视监视系统、无线调度系统以及车站广播系统等组成。

（5）环控系统与车站设备

地铁环境控制系统是地铁的重要组成部分，关系到乘客旅行安全和旅途心情，影响着地铁对广大市民的吸引力。早期地铁较少考虑环境问题，以致乘客乘坐地铁必须忍受高温、高湿及污浊的空气。随着经济和社会发展水平的提高，乘客对乘车环境有了更高的要求，不少城市开始在地铁系统中增设环境控制系统以满足乘客要求。环境控制系统主要包括地铁通风、空调和采暖等设备。

为了保证地铁安全正常运行，应在地铁内设置环境控制设备和各类必需的车站辅助设备，包括通风、空调、给排水、消防、自动扶梯、直升电梯、动力、照明、旅客引导等系统设备。现代化程度较高的地铁还配置了自动售检票系统、车站设备自控系统、屏蔽门等。

（6）车辆

地铁车辆是城市轨道交通系统的重要组成部分，也是技术含量较高的机电设备（图0.12）。地铁车辆应具有先进性、可靠性和实用性，应满足容量大、安全、快速、美观和节能的要求。地铁车辆有动车和拖车、带司机室车和不带司机室车等多种形式。动车本身带有动力牵引装置，拖车本身无动力牵引装置；动车又分为带受电弓的动车和不带受电弓的动车。地铁车辆在运营时一般采用动拖结合、固定编组的方式，形成电动列车组。

图 0.12　地铁车辆

一般地铁车辆由以下七部分组成：

① 车体。

车体是容纳乘客和司机驾驶（对于有司机室的车辆）的地方，又是安装与连接其他设备和部件的基础，一般有底架、端墙、侧墙及车顶等。

② 动力转向架和非动力转向架。

动力转向架和非动力转向架装置位于车体和轨道之间，用来牵引和引导车辆沿着轨道行驶，承受与传递来自车体及线路的各种荷载并缓冲其动力作用，是保证车辆运行品质的关键部位，一般由构架、弹簧悬挂装置、轮对轴箱装置和制动装置等组成。

③ 牵引缓冲连接装置。

车辆编组成列安全运行必须借助于连接装置。为了改善列车纵向平稳性，一般在车钩的后部装设缓冲装置，以缓和列车的冲击作用。

④ 制动装置。

制动装置是保证列车安全运行所不可少的装置。城市轨道车辆制动装置除常规的空气制动外，还有再生制动、电阻制动和磁轨制动等。

⑤ 受流装置。

从接触导线（接触网）或导电轨（第三轨）将电流引入动车的装置称为受流装置或受流器。

⑥ 车辆内部设备。

车辆内部设备包括服务于乘客的车体内的固定附属装置和服务于车辆运行的设备装置。属于前者的有车电、通风、取暖、空调、座椅、拉手等。服务于车辆运行的设备装置大多吊挂于车底架，如蓄电池箱、继电器箱、主控制箱、电动空气压缩机组、总风缸、电源变压器、各种电气开关和接触器箱等。

⑦ 车辆电气系统。

车辆电气包括车辆上的各种电气设备及其控制电路，按其作用和功能可分为主电路系统、辅助电路系统和控制电路系统三个部分。

我国现有的各型车辆基本参数应符合表 0.4 中的规定。

表 0.4　各型车辆基本参数

参　数		A 型	B 型
计算车体长度/mm	无司机室车辆	22 000	19 000
	有司机室车辆	23 600	19 600
车内净高/mm		2 100~2 150	
计算车体宽度/mm		3 000	2 800
计算车辆高度/mm		3 800	3 800
计算车辆定距/mm		15 700	12 600
计算转向架固定轴距/mm		2 200~2 500	2 000~2 300
地板面距走行轨面高度/mm		1 130	1 100
轴重/t		≤16	≤14
每侧车门数/对		5	4
车门宽度/mm		1 300~1 400	
车门高度/mm		≥1 800	

导论3　地铁施工技术概述

1. 地铁施工技术的现状

地铁修建过程主要涉及三种类型的土建工程：① 深基坑工程，主要用于车站、地下停车场和地下仓库；② 隧道工程，主要用于地铁区间线路修建；③ 高架桥梁结构工程。其中，较为典型的地铁则是前两者。众所周知，地下工程是埋设在土体或岩体中的以土体或岩体为介质和环境的工程结构物，其设计和施工受到工程地质条件和周围环境条件等因素的控制，施工难度大，需要考虑但却不可预见的因素众多，而其中的关键问题则是施工方法和技术。选择合理的施工技术和方法是决定地下工程成败的关键因素。通常需考虑的主要因素大体上可归纳为：① 工程的重要性，主要是工程投资规模和运营后的社会、经济和环境效益；② 工程的断面尺寸、埋深等；③ 工程所处的工程地质和水文地质条件；④ 施工条件，包括技术条件、装备情况、安全状况、施工中动力和原材料供应情况等；⑤ 有关地面沉降、环境污染等环境方面的要求和限制等。

其中，对地铁施工方法有决定影响的是地质水文条件和埋置深度。我国城市的地质条件按其地质特性可分为四大类：一是以软土为主，如上海市，隧道和地下车站修筑在软土层中；二是软弱地层与岩层（风化岩层）交变，如南京、广州等地；三是以岩层为主，如重庆、青岛等地；四是以砂卵层为主，如成都、北京等地。由于地质条件不同，所采用的施工方法也不尽相同。同时，隧道施工方法的选择是一项“模糊”的决策过程，它依赖于有关人员的学识、经验、毅力和创新精神。对上述影响因素进行分析可以看出，地下工程施工及施工技术的选择应当牢固树立和坚持技术可行、安全可靠、经济合理、环境优好的理念和原则。

目前，在地铁工程中，以明挖法、盾构法和浅埋暗挖法等应用较为广泛。地铁车站施工主要采用明挖法、盖挖法和浅埋暗挖法，地铁区间隧道施工主要采用盾构法和浅埋暗挖法。此外还有其他的一些方法如顶管法、沉管法、沉箱法、非开挖技术等。从地下工程相对于地面工程的特点出发，可将其施工方法和技术总结为“一个中心，两个基本点”。“一个中心”就是岩土体和工程结构的稳定与和谐，“两个基本点”就是开挖和支护，这三者之间联系密切，复杂相关。因此，无论是何种特定的施工方法，除了必须包括最基本的开挖技术和支护技术外，还必须具有相应的辅助技术。

2. 城市地下工程施工技术分类

地下工程施工技术以在地层中构筑建筑物为目的，以研究解决地下工程修建中的技术方案和措施，包括在各种地质条件下的施工方法、手段、工艺和工程实施中的技术、计划、质量、经济和安全管理措施。它所包含的内容主要有地下工程的基本作业、辅助作业、环境控制和施工管理等，如图 0.13 所示。

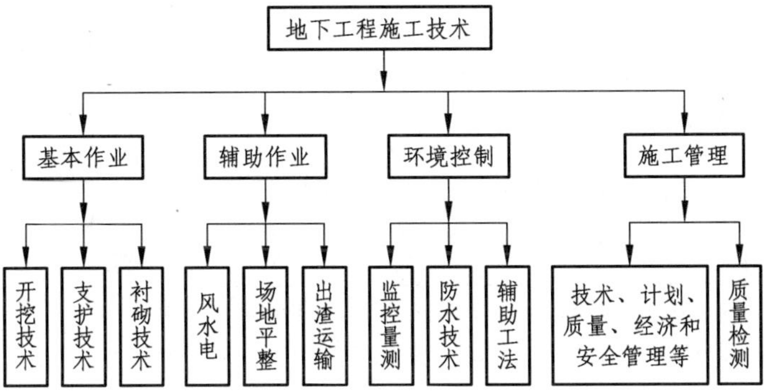

图 0.13　地下工程施工技术

隧道及地下工程的类型很多，工程特点各异，相应的施工方法和技术众多。隧道及地下工程施工技术的简要分类如图 0.14 所示。

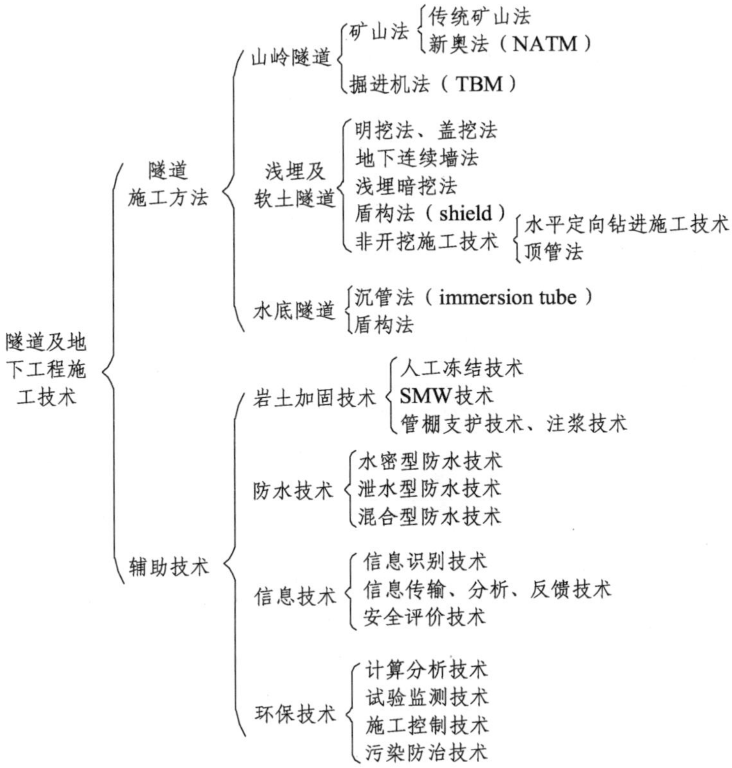

图 0.14　城市地下工程施工技术分类

地铁的结构与构造随着施工方法的不同而不同，目前常见的施工方法及其适用范围如表 0.5 所示。

表 0.5　地铁常见施工方法分类

序号	施工方法	主要工序	适用范围
1	明挖法	（1）敞口明挖：现场灌注混凝土结构，回填	地面开阔，建筑物稀少，土质稳定
		（2）用工字钢桩或钢板桩或灌注桩或旋喷、搅拌桩等支护侧壁开挖：现场灌注混凝土结构，回填	施工场地较窄，土质自稳定较差
		（3）地下连续墙：修筑导墙，分段挖槽，连续成墙，开挖土体，灌注混凝土结构，回填	地层松软，地下水丰富，建筑物密集地区，修建深度较大
		（4）盖挖法：用桩或连续墙支护侧壁，加顶盖板恢复地面交通后在盖板下开挖，灌注混凝土结构	街道狭窄，地面交通繁华地区
2	暗挖法（新奥法或浅埋暗挖法）	（1）对岩石地层采用分部或全断面开挖，锚喷支护或锚喷支护复合衬砌	岩石地层
		（2）对地层加固后再开挖、支护、衬砌	松软地层，无地下水地区；有地下水时要施工降水
3	盾构法	采用盾构机开挖地层，并在其内装配管片衬砌或浇筑挤压混凝土衬砌	松软地层，无地下水地区；有地下水时要施工降水
4	顶管法	预制钢筋混凝土结构，边开挖，边顶进	穿越交通繁忙地区、地面铁路、地下管网和建筑物等障碍物地区
5	沉管法	采用船台或干船坞把预制隧道管段浮运至设计位置的沟槽中，处理好接缝，回填土后贯通	过江河或过海峡
6	辅助施工方法	（1）注浆固结法：向地层注入凝固剂，增加地层强度后进行土体开挖，灌注混凝土结构	局部地层不良、发生坍塌、地下水流速不超过 1 m/s 的地带
		（2）管棚法：顶部打入钢管，压注水泥砂浆，在管棚保护下开挖、立钢拱架、喷混凝土、灌注混凝土结构	松散地层
		（3）降低地下水水位法：采用井点将地下水位降低，以疏干工作面	渗透系数较大的地层
		（4）冻结法：对松软含水土体打入冷冻管使地层结冰形成冻土壁，再开挖土层及灌注混凝土结构	松软含水地层

3. 地铁施工技术的发展趋势

目前，地铁施工作为城市地下工程施工的一部分，其技术发展迅速，各种方法和技术屡有创新和突破。从我国的实际情况出发，主要的地铁施工发展趋势是：① 重视 TBM

和盾构机的引进、消化、应用和开发。开发的方向应当是降低成本、提高质量、加快施工速度、延长使用寿命等。此外，要使盾构技术产品化、系列化，盾构管片设计和施工符合自动化、省力化、高速化以及经济化的方向。② 隧道掘进机和混合型盾构掘进机的研制和应用。通过研发，使其更好地适应于复杂地质条件，使掘进机向着机械、电气、液压和自动控制一体化、智能化设备方向发展。③ 异型断面盾构掘进机的研究，如双圆盾构、自由断面盾构、局部扩大盾构、MMSF 盾构等，推广应用挤压混凝土衬砌（ECL）施工技术等。④ 大力发展浅埋暗挖技术、沉管技术、沉井技术、非开挖技术，促进中小口径顶管掘进机的标准化、系列化和推广应用。⑤ 开发多媒体监控和仿真系统、三维仿真计算机管理系统，实现管理信息化、自动化、智能化。⑥ 深入研究和充分利用信息技术，重视隧道动态设计与动态施工，不断积累和总结经验，及时修订相关规范和技术标准，提高施工技术水平。⑦ 制定相应的有关城市地下工程规划、勘察、设计、施工等技术和经济方面的法规、标准等，以保证有法可依、有章可循，引进、消化、吸收国外先进管理方法和经验，进行本土化改造和自主创新研发，从制度上给予科学合理的保证。⑧ 牢固树立和坚持技术可行、安全可靠、经济合理、环境友好的理念和原则，系统、灵活地运用各种可能技术手段，适应隧道及地下工程未来的大型化、深层化、综合化、复杂化等发展趋势。

思考与练习

【思考题】

1. 城市轨道交通的特点及类型有哪些？
2. 简述地铁系统的构成。
3. 简述中国城市地铁建设的现状和发展战略。

【练习题】

1.（选择题）扫描扉页在线开放课程二维码。
2. 请查阅相关资料，分析、比较地铁与其他城市轨道交通系统的区别。

比较项目	地　铁	轻　轨	有轨电车	单轨（独轨）	磁悬浮
定　义					
主要特征					
线路、车站					
车　辆					
驾驶模式					
运　量					
造　价					

项目 1　地铁线路规划与设计

学习目标

1. 知识目标

（1）了解地铁路网规划的基本知识。

（2）明白地铁线路设计的基本技术标准。

2. 能力目标

能进行地铁线路的简单设计。

项目导入

地铁项目建设的特点是：工程预见性强，建设周期长，一般有 3～5 年（土建工程一般为 2～3 年）的建设工期。目前我国轨道交通建设，以地下线路为主的地铁工程，每千米造价在 5 亿元左右。一般来说，线路从规划到运营的阶段是：前期研究阶段—勘察设计阶段—工程施工阶段—验收及运营阶段，如图 1.1 所示。

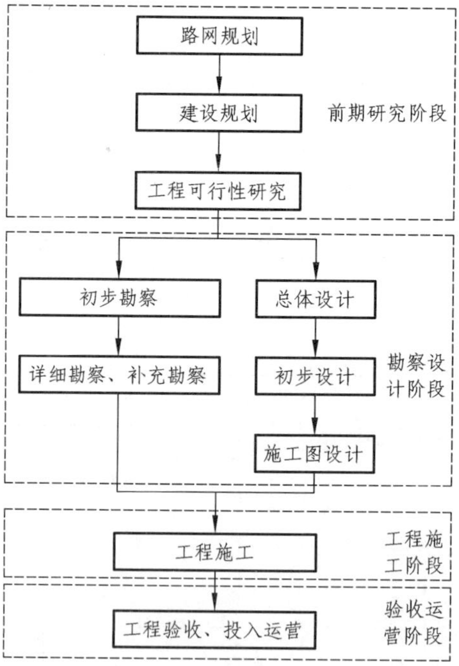

图 1.1　地铁工程建设流程

地铁建设涉及众多技术领域，包括路网规划、线路设计、土建工程、建筑造型和装饰、机电运营设备等系统。地铁工程设计也包括众多技术领域，但主要包括线路设计、建筑设计、结构构造设计等。

以线路设计为例，地铁工程设计一般分为四个阶段：可行性研究阶段、总体设计阶段、初步设计阶段和施工图设计阶段。可行性研究阶段主要是通过线路多方案比选，完善线路走向、路由、敷设方式，确定车站、配线等的分布，提出设计指导思想、主要技术标准、线路平纵剖面及车站的大致位置等；总体设计阶段是根据可行性研究报告及审批意见，通过方案比选，初步选定线路平面位置、车站位置、配线形式、不同敷设方式的过渡段的位置，提出线路纵剖面的初步标高位置等；初步设计阶段是根据总体设计文件及审查意见，完成对线路设计原则、技术标准等的确定，确定线路平面位置，基本确定车站位置及线路纵剖面设计；施工图设计阶段是根据初步设计文件、审查意见和有关专业对线路平纵剖面提出的要求，对部分车站位置及个别曲线半径等进行微调，对线路平面及纵剖面进行精确计算和详细设计，提供施工图纸和说明文件。

思政点拨

“地下空间将成为未来土木工程建设的主阵地，也将成为助推国家发展的重要空间资源!”在城市人口日益膨胀的当下，地下空间就是城市发展和建设中“一颗冉冉升起的新星”。

中国被称作“基建狂魔”，以港珠澳大桥、北京大兴国际机场为代表的超级工程让全世界刮目相看，这正是一代代土木人用智慧和汗水拼命干出来的。

项目布置

学生分组讨论北京、上海、广州、深圳等城市地铁路网的基本结构形式，并完成某条地铁线路设计。

项目分析

本项目的核心是地铁线路设计，但完成地铁线路设计需要掌握地铁路网规划、地铁限界和线路设计技术参数和要求等知识与技能。因此，本项目安排地铁路网规划、地铁限界设计和地铁线路设计 3 个工作任务和 2 个项目实训。

工作任务 1.1　地铁路网规划

1.1.1　地铁路网规划设计原则

路网规划包括规模、走向、线路敷设方式等方面，是地铁交通规划的重要组成和具体体现。好的地铁路网规划必须建立在遵循城市交通规划原则的基础上，这些原则包括全局性、客流预测、线路走向、车站布置、交通组织等原则。

（1）全局性原则

路网规划必须符合城市的总体规划。地铁交通是大城市总体规划和综合交通规划的重要组成部分。随着城市经济的不断发展，城市区域会不断扩大，为了减少中心城区或老城区过重的交通压力，需要规划一些组团式的城市副中心，即通过在中心城区的周围发展若干个卫星城的方式来扩大城市。交通引导城市发展是一条普遍规律，可以通过轨道交通和城市快速干道改变城市的区域布局。地铁交通的发展大大改变了城市的发展模式，使城市沿地铁走廊轴向延伸，而城市快速干道及高速公路的飞速发展则带来了城市蔓延和副中心的出现。所以，在制订城市轨道交通路网规划时，一定要根据城市规划发展的方向留有向外延伸发展的可能性。

（2）客流预测原则

路网规划走向要与城市客流预测相适应。通过对城市主要交通干道的客流，定量地确定各条线路单向高峰小时客流量，也就可以确定每条线路的规模和容量。在大城市修建地铁交通最主要的目的是为居民，尤其是对中、远程乘客，提供优质的交通服务，轨道交通应是最能满足出行要求的交通方式。居民每天出行的交通流向与城市的规划布局密切相关，地铁交通只有沿城市交通主客流方向布设，才能照顾到居民快速、方便的出行需要，并能充分发挥地铁交通客运量最大的功能，提高城市的生活品质和社会效益。

（3）线路走向原则

地铁线路要尽量贯穿连接城市中心并沿城市主干道布置。城市各类中心因汇集包括行政、商业、交通枢纽和丰富的文化娱乐等资源而成为客流汇集最多的地方，并由此形成了具有通达效果的主干道。城市居民由于工作、学习、出行或购物等外出时，通常都会沿着主干道汇集流动而形成密集客流。如果规划线路贯穿连接城市交通枢纽（如火车站、飞机场、码头和长途汽车站等）、商业中心、文化娱乐中心、大型的生活居民区等客流集散数量大的场所，可以大大减小线路的非直线系数和缩短居民出行时间。此外，大型主干道路面宽阔，两侧民居较少，沿城市主干道布置的轨道交通线，可以减少拆迁费用，便于工程展开，减少对城市居民生活的干扰。

（4）车站布置原则

线路规划的一项重要内容就是车站规划与选址。距车站远近、换乘条件及换乘次数直接影响着出行时间的多少，并且直接影响客流量的大小。根据国内外的经验，在市区，两平行网线间的距离一般以 1 400 m 为宜；在市郊，两线间距离可以适当增大。

（5）交通组织原则

地铁交通路网与城市公共交通路网和其他交通方式相衔接，以充分发挥各自优势，为乘客提供优质的交通服务。所以，大城市的交通组织一定要以城市轨道交通为骨干，常规公共交通为主题，辅助以其他交通方式，构建多方位多层次交通体系。

1.1.2　地铁路网的基本结构形式

根据城市现状与规划情况编制的路网中各条线路组成的几何图形一般称路网结构形式，其形式一般要与城市道路的结构形式相适应，但在选定时，首先应考虑客流主方向，并为乘客创造便利条件，以便吸引更多的乘客。路网结构形式布置适当与否，直接关系到路网建成后的经济效益、社会效益和交通服务质量。为此，在设计路网时，不但要考虑各线的具体情况，更要考虑路网的整体布局，也就是要考虑路网总的结构形式是否合理。目前，世界上已有 200 多个城市建有轨道交通系统，其中伦敦、巴黎、柏林、纽约、东京、莫斯科、北京、上海、广州等早已形成网络。这些轨道交通系统网络虽然形式多种多样，但都与各自城市结构相适应并相互影响。城市现有街道的基本形式及地理条件，对于轨道交通路网形成起了决定性的作用。虽然世界各国城市快速轨道交通路网结构形式比较繁杂，但从几何图形上考虑，主要可归纳为以下几种形式：放射形（星形）、棋盘式（栅格网状）、放射形环状、放射形网状、棋盘加环线形式、对角线形等。现对几种典型的结构形式进行分析，见表 1.1。图 1.2 ~ 图 1.4 分别为俄罗斯圣彼得堡放射形地铁网、我国北京棋盘加环线形地铁网和广州棋盘式地铁网。

表 1.1　几种典型的结构形式分析

结构形式	图示	城市发展	特　点	举例
放射形	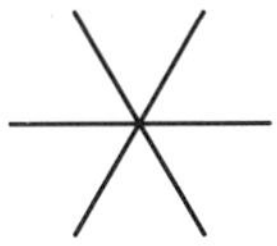	引导城市向单中心结构发展	① 所有线路均可直接换乘；② 郊区与市中心联系方便；③ 一次换乘即可到达目的地；④ 换乘站客流量大，客流干扰严重；⑤ 各城市副中心之间联系不便，需到市中心换乘	捷克布拉格地铁，俄罗斯圣彼得堡地铁
放射形网状	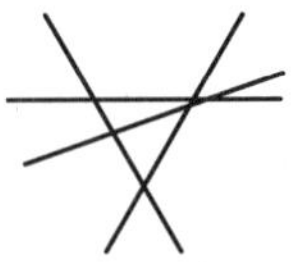	引导城市呈高密度面状开发，市郊区呈高密度线状开发，城市如手掌状向外延伸	① 市中心区路线和换乘站密集而均匀，网络连通性好，乘客换乘方便；② 郊区到市中心的出行方便，市中心区对市郊经济辐射距离较远；③ 市郊区之间发生联系时，必须到中心区换乘站换乘，导致乘客走弯路	我国台北地铁
放射形环状		引导城市如手掌状向外延伸	① 整个路网连通性好；② 有效地缩短市郊间乘客利用轨道交通出行的里程和时间；③ 起到疏散市中心客流的作用	俄罗斯莫斯科地铁
棋盘式	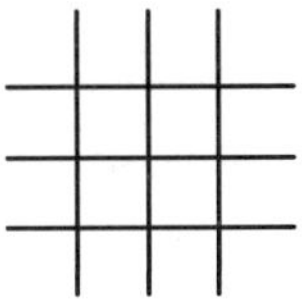	引导城市较均匀地向外扩展	① 在内城区分布比较均匀；② 存在回路，结构连通性好，乘客换乘的选择较多；③ 能提供很大的运输能力，客流分布比较均匀；④ 二次换乘多；⑤ 无到市中心的径向路线，市郊到市中心出行不便	墨西哥地铁，我国广州地铁
棋盘加环线形式	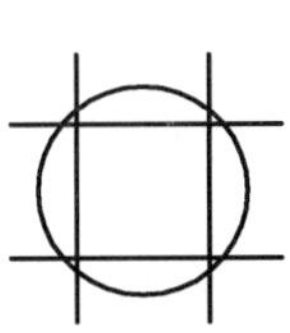	引导城市较均匀地向外扩展，环绕市中心的环线可以引导城市副中心的形成和发展	① 提高环线上乘客的直达性和减少换乘次数；② 改善环外平行线间乘客的换乘条件，缩短了出行时间；③ 减轻了市中心的线路负荷，起到疏散客流作用	我国北京地铁

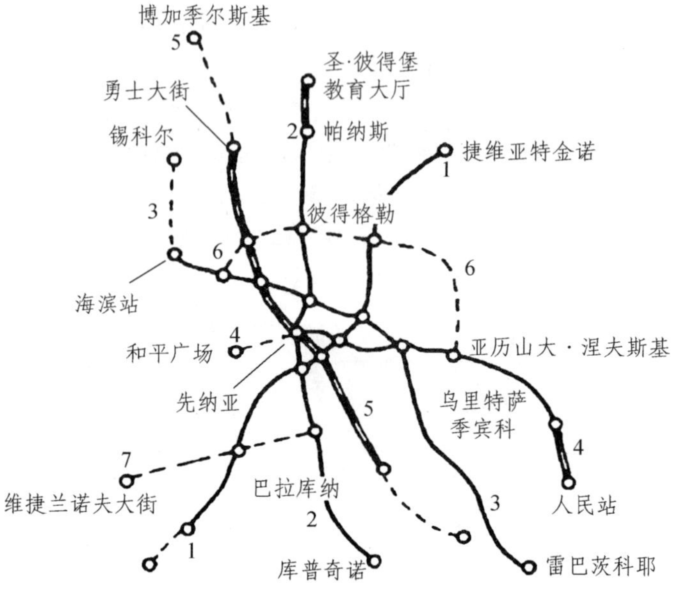

图 1.2　俄罗斯圣彼得堡放射形地铁网

注：1~7 为线路，虚线为未建成线路。

图 1.3　我国北京棋盘加环线形地铁网

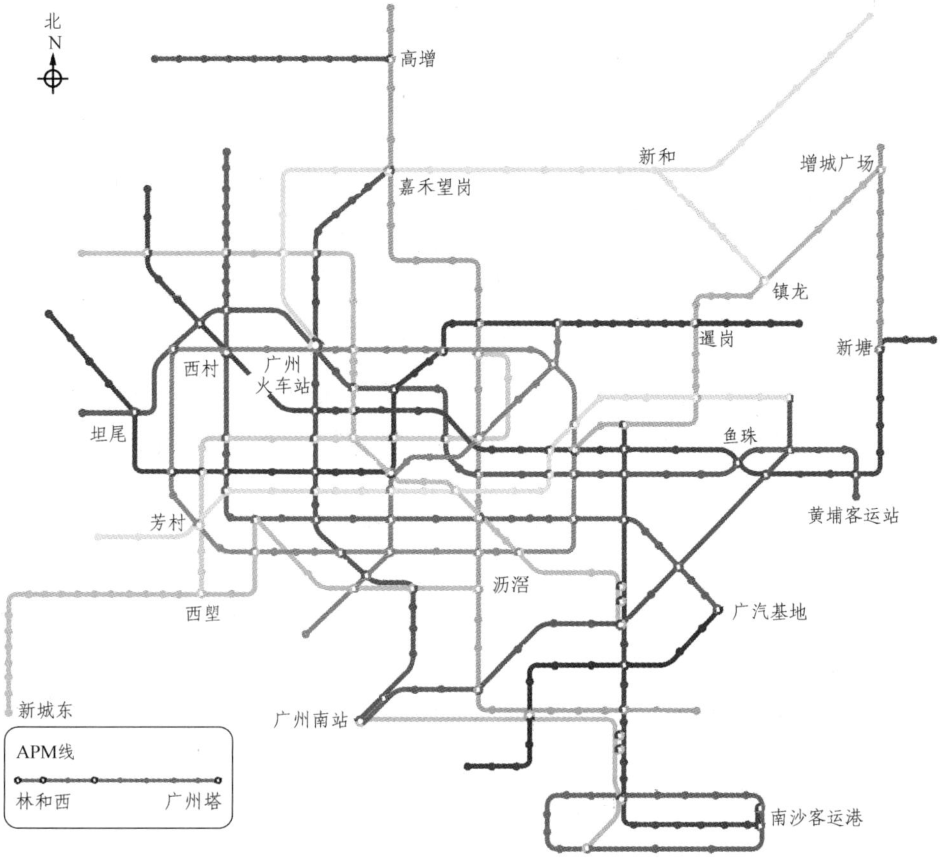

图 1.4　我国广州棋盘式地铁网

1.1.3　路网的组成

地铁路网中的每一条线路必须按照运营要求布置各项组成部分，以发挥其运营功能。路网通常由车站、区间隧道、折返设备、车辆段以及各种联络支线（渡线）组成，如图 1.5 所示。

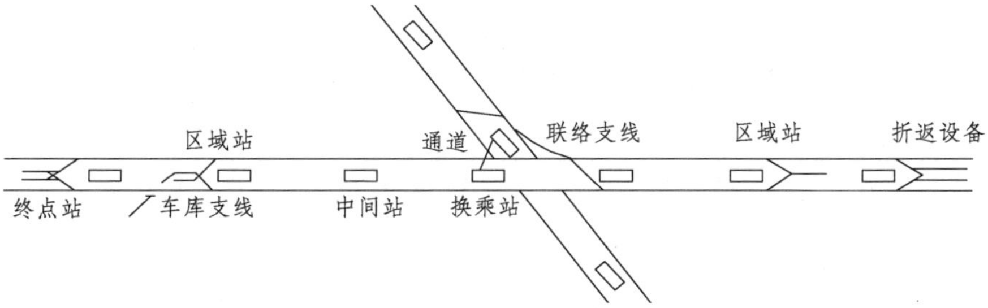

图 1.5　地铁线路网组成

1. 车站

（1）车站分布影响因素

①（特）大型客流集散点。

一般认为地铁上下车产生 3 万人次/h 或 20 万人次/d 及以上客流量的，称之为特大型客流集散点。（特）大型客流集散点往往是城市的政治、经济活动中心，是城市发展的窗口地段。该地段客流数量大、集中，对地面交通压力很大。地铁通过车站吸引这些客流能充分发挥自身的效能，并且对解决城市交通起到积极作用，所以地铁在大型集散点上必须设站。

② 城市规模大小。

城市规模大小包括城市建成区和规划区域面积及人口。城区面积大、人口多，线路上客流量大、乘距长时，地铁应以长距离乘客为主要服务对象，车站分布宜稀一些，以提高地铁乘客的交通速度。反之，车站分布宜密一些。

③ 城区人口密度。

我国地域辽阔，分布在南北东西各地的城市人口密度差异很大，如：2017 年北京常住人口密度为 1 323 人/km^2，首都功能核心区人口密度 2.3 万人/km^2；广州市常住人口密度为 1 530 人/km^2（2019 年），其中广州市越秀区的常住人口密度为 33 754 人/km^2。人口密度大，同样吸引范围内发生的交通客流量就大，因此车站分布宜密一些。

④ 线路长度。

一条线路的长度，短则几千米，短线路宜多设站，长线路宜少设站。

⑤ 城市地貌及建筑物布局。

城市中的江、河、湖、山和铁路站场、仓库区等，人口密度低甚至为无人区时可以不设站，但若有开发条件，则应在主出入口处考虑设站。

⑥ 地铁路网及城市道路网状况。

两条地铁线路交叉或地铁线路与城市主干道交叉时，为了乘客的方便，宜设车站。

⑦ 站间的合理距离。

我国规范规定：车站分布应以规划线网的换乘节点、城市交通枢纽点为基本站点，结合城市道路布局和客流集散点分布确定，车站间距在城市中心区和居民稠密区宜为 1 km 左右，在城市外围区宜为 2 km，超长线路的车站间距可适当加大。

除上述各因素外，线路平面、纵剖面、车站站位的地形条件，城市公交车线路网及车站位置，也会对地铁车站分布数目造成一定影响。

（2）车站分类

车站是乘客上下车及换乘的场所，也是列车始发和折返的场所。按运营功能，地铁车站分为中间站、换乘站、区域站和始发（终点）站。

① 中间站。

中间站（即一般站），仅供乘客上下车之用，功能单一，是地铁最常用的车站。

② 换乘站。

换乘站是位于两条及两条以上线路交叉点上的车站。它除具有中间站的功能外，更主要的是客流还可以从一条线上通过换乘设施转换到另一条线路上。

线路交叉位置和两站换乘站台的平面位置一般有交叉 L 形、T 形和十字形三种组合方式（图 1.6）。上下车站站台间以阶梯连接，如图 1.6 所示。其中十字形交叉方式施工比较简单，但在两站的端部进行换乘时，增加了乘客不必要的步行，同时在站台上形成了拥挤的步行人流，对客流疏散不利。

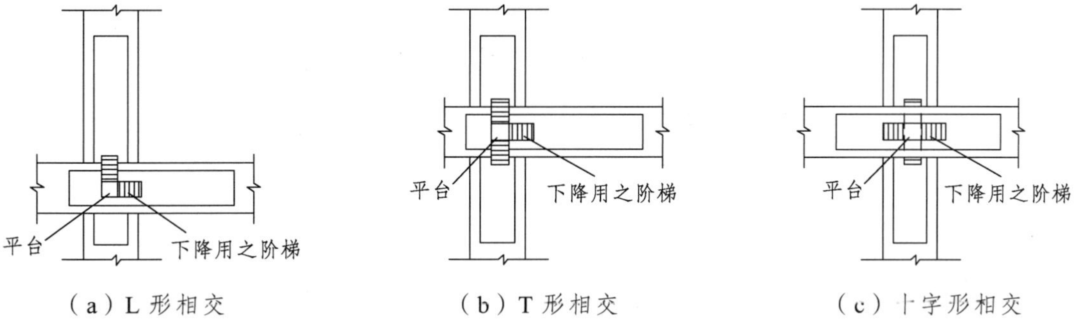

图 1.6　地铁换乘站的三种类型（垂直换乘方式）

在客流较大时，换乘的理想方案是采用平行型的换乘站，乘客只需走到站台的另一边或通过天桥地道即可换乘。但在车站前后的线路必须进行复杂的展线，并立体交叉，因此加长了线路，加大了坡度，增多了曲线，当线路夹角越大时，越复杂。平行型换乘站内均可设两个站台，两站台间以地道或天桥连接，如图 1.7 所示。

当车站位置较深时，可利用联合式的地面站厅或地下站厅来换乘。联合式地面或地下站厅用自动扶梯与两个车站连接，而在地面上只设一个共同出入口。如图 1.8 所示，这种换乘方式在深埋地铁车站中选用较多。

③ 区域站（即折返站）。

区域站是有折返线和设备的中间站，一般设在两种不同行车密度交界处，可根据客流量大小，合理组织列车运行。在两个区域站之间的区段上可增加或减少行车密度。

④ 终点站。

终点站是设在线路两端的车站。就列车上下行而言，终点站也是起点站（或称始发站）。终点站设有可供列车全部折返的折返线和设备，也可供列车临时停留检修。

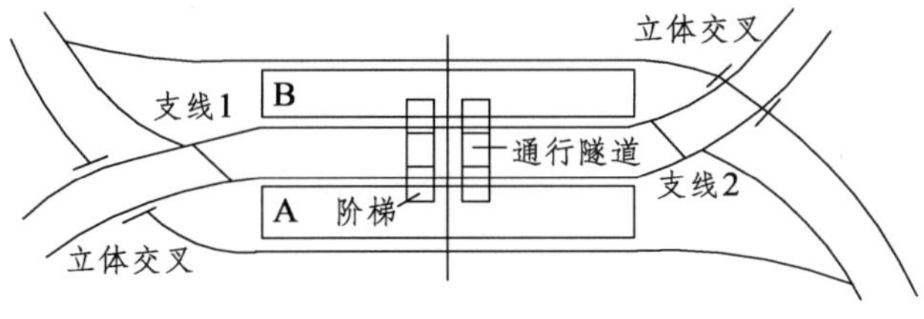

图 1.7　地铁平行型换乘站站台连接图

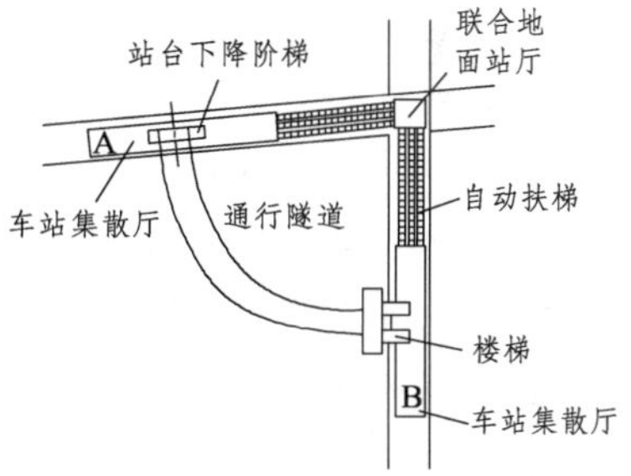

图 1.8　联合换乘站

2. 区间隧道

区间隧道供列车通过，内铺轨道，并设有排水沟，安装有牵引供电装置（接触轨——第三轨或架空接触线）、各种管线及信集闭设备。

3. 折返设备

折返设备有环形线、单线尽端线和双线尽端线。前两者只能供列车折返；后者可停放列车，列车也可在此进行临时检修（应设检修坑）。折返线是指在线路两端终点站或中间站供运营列车往返运行时的调头转线及夜间存车用线，如图 1.9 所示。

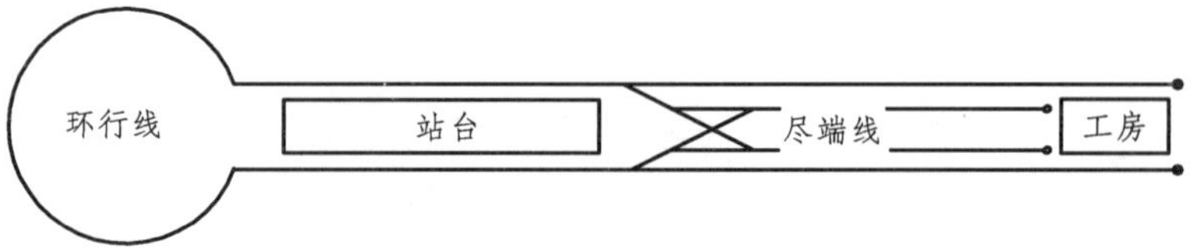

图 1.9　地铁折返线

折返线应根据行车组织交路设计确定，起、终点站和中间站折返站应设置列车折返线。折返线布置应结合车站站台形式确定，可采用站前折返或站后折返形式（图 1.10），并应满足列车折返能力要求。

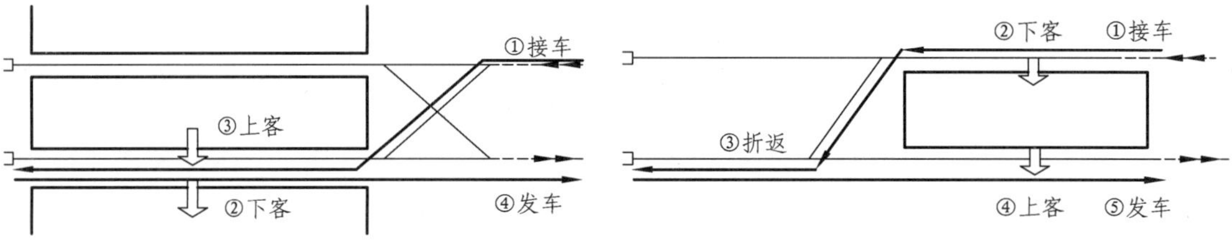

（a）站前折返　　（b）站后折返

图 1.10　折返形式

4. 车辆段（车库）

车辆段（车库）规模根据该地铁所拥有的车辆数来决定。车辆段一般位于靠近线路端点的郊区，早上车辆向市中心发车，夜间收班向郊区入库。车辆段设有待避线、停留线、检车区、修理厂、调度指挥所和信号所等。

车辆段通过出入线与正线相连。出入线主要有两种典型形式（图 1.11）：一是车辆段出入线与正线为平面交叉，二是车辆基地出入线与正线为立体交叉。车辆基地出入线与正线为平面交叉时，连接简单，渡线短，工程造价低。它的主要缺点是平面有敌对交路，车辆段向正线取送列车的能力低，因此采用该出入线时要验算通过能力。当车辆基地出入线长时，可在道岔后部增设安全线，如图 1.11（a）中虚线所示，将出段列车预先行驶到安全线道岔前端待命。车辆基地出入线与正线为立体交叉时，出入段列车与正线列车没有敌对交路，取送列车能力大，使用灵活。通常将出入线与折返线合并设置，则使用更为方便，只是工程较复杂，造价较高。

（a）车辆基地出入线与正线为平面交叉　　（b）车辆基地出入线与正线为立体交叉

图 1.11　车辆基地出入线的典型形式

5. 联络线

地铁路网中的每条线路（除支线外）都是各自独立运行的系统，为了使路网形成有机的整体，能机动灵活地调用路网中各线的车辆，因此需要设置联络线。联络线是指为沟通两条独立运营路线而设置的连接线，为两线车辆过线服务。

联络线一般采用单线，设置地点由路网规划研究统一安排。其设置位置（即设在两交叉线的哪一象限）应依据工程简单、施工干扰小、拆迁量少等原则选择。联络线的使用频率很低，正常情况下，一般每月仅使用 1 ~ 2 次。图 1.12 是联络线的实例。

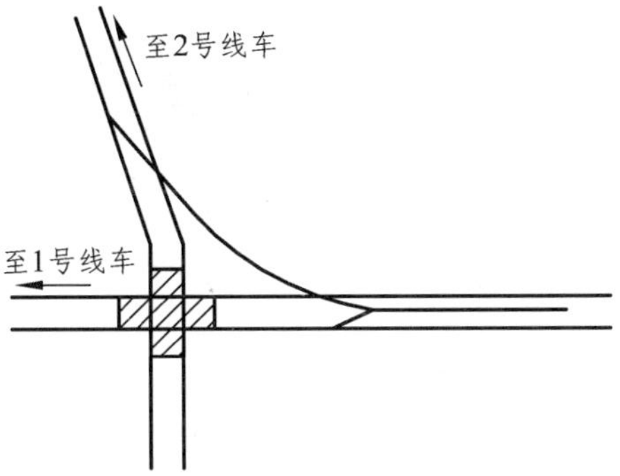

图 1.12　联络线的形式

6. 其他配线布置

停车线具备故障车待避和临时折返功能，停车线尾端应设置单渡线与正线贯通。正线应每隔 5 ~ 6 座车站或 8 ~ 10 km 设置停车线，其间每相隔 2 ~ 3 座车站或 3 ~ 5 km 应加设渡线。

用道岔将上行线、下行线及折返线连接起来的线路称为渡线，有单渡线和交叉渡线之分（图 1.13）。渡线单独设置时，用来临时折返列车，增加运营列车调度灵活性；在与其他配线合用时，能完成或增强其他配线的功能。当两折返线（停车线）之间相距 5 个车站，且工程不复杂时，宜在中间端再设一单渡线，平时可增加维修工程车折返的灵活性，一旦线路及设备发生故障时，可使运营中断地段缩短。

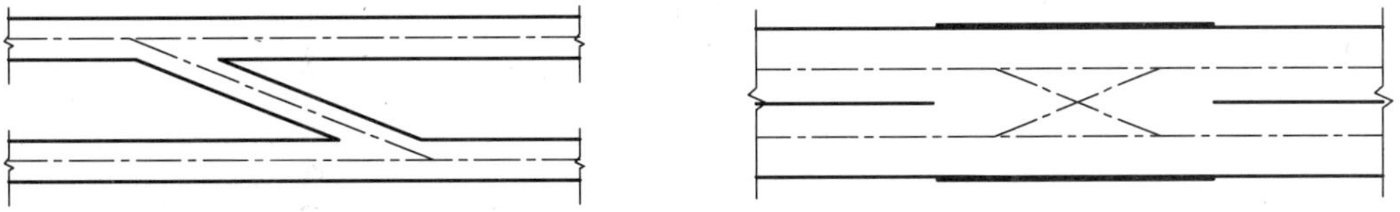

（a）单渡线　　（b）交叉渡线

图 1.13　渡线结构

工作任务 1.2　地铁限界设计

限界是一种规定的轮廓线，这种轮廓线以内的空间是保证地铁列车安全运行所必需的空间。隧道的大小和桥梁的宽窄，都是根据限界确定的，限界越大，行车安全度越高，但工程量和工程投资也随着增加。所以，要确定一个既能保证列车运行安全，又不增大桥隧空间的经济、合理的断面是制定限界的任务和目的。

1.2.1 地铁限界的种类与规定

地铁限界分为车辆限界、设备限界和建筑限界，如图 1.14 所示。

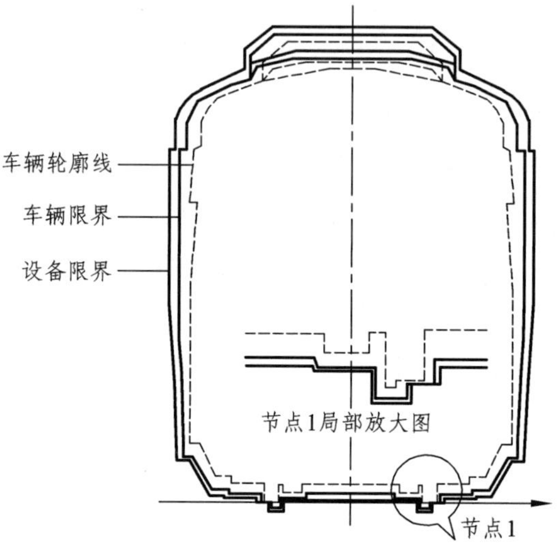

图 1.14 隧道内直线地段接触网受流车辆轮廓线、车辆限界和设备限界

① 车辆限界根据所处区域、地段分：按隧道内外区域，分为隧道内车辆限界和隧道外车辆限界；按列车运行区域，分为区间车辆限界、站台计算长度内车辆限界和车辆基地内车辆限界；按所处地段，分为直线车辆限界和曲线车辆限界。

② 设备限界按所处地段分为直线设备限界和曲线设备限界。

③ 建筑限界应分为隧道建筑限界、高架建筑限界、地面建筑限界。其中，隧道建筑限界可按工程结构形式分为矩形隧道建筑限界（明挖法）、圆形隧道建筑限界（盾构法）和马蹄形隧道建筑限界（矿山法），如图 1.15 所示。

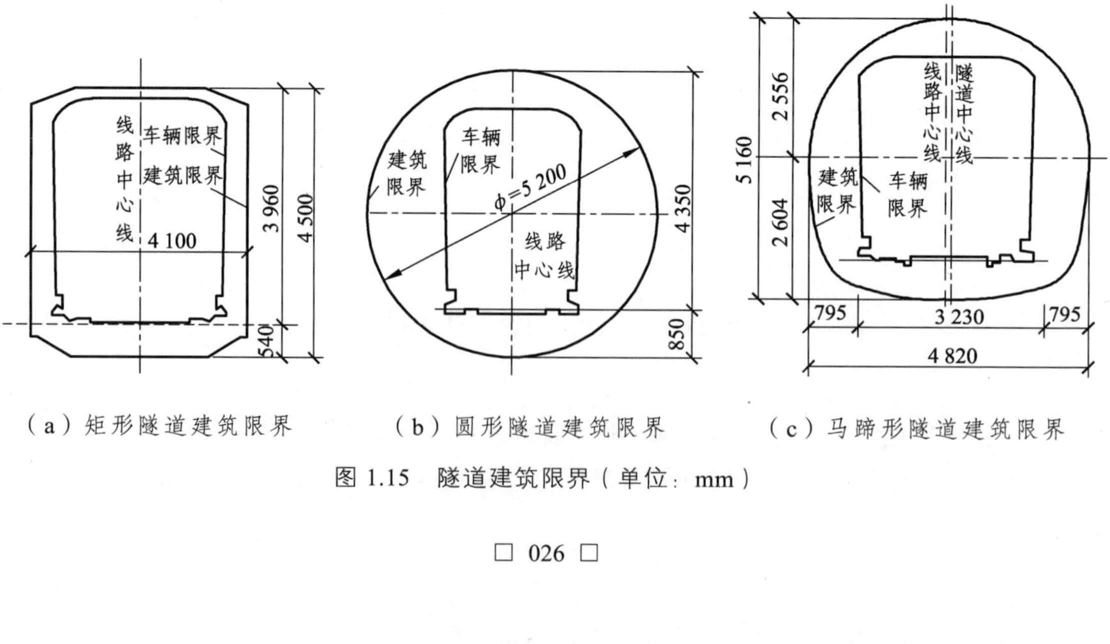

（a）矩形隧道建筑限界　（b）圆形隧道建筑限界　（c）马蹄形隧道建筑限界

图 1.15 隧道建筑限界（单位：mm）

1.2.2　制定限界的基本参数

（1）车辆的基本参数

各型车辆基本参数应符合本书导论中表 0.4 的规定。

（2）限界的基本参数

① 接触导线距轨顶面安装高度：地上线路接触线距轨面的高度宜为 4 600 mm，困难地段不低于 4 400 mm；车辆基地的地上线路接触线距轨面高度宜为 5 000 mm；隧道内接触线距轨面的高度不低于 4 040 mm。

② 轨道结构高度符合表 1.2 的规定。

表 1.2　轨道结构高度　　单位：mm

结构形式	轨道结构高度	
	正线、配线	车场线
矩形隧道	560	—
单线马蹄形隧道	650	—
单线圆形隧道	740	—
高架桥无砟道床	500 ~ 520	—
有砟道床（木枕 / 混凝土枕）	700 ~ 950	580 ~ 625
车场库内	—	500 ~ 600

③ 区间限界列车计算速度应为 100 km/h，过站限界列车计算速度应为 60 km/h。

④ 当区间设置疏散平台时，疏散平台应符合表 1.3 的规定，且疏散平台高度（距轨顶面）应不大于 900 mm。

表 1.3　疏散平台最小宽度　　单位：mm

设置位置	隧道内		隧道外	
	一般情况	困难情况	一般情况	困难情况
单线（设于一侧）	700	550	700	550
双线（设于中央）	1 000	800	1 000	800

1.2.3　车站限界

（1）车站直线地段建筑限界

车站隧道断面多为矩形和直墙拱形，其限界见图 1.16。车站直线地段建筑限界应符合下列规定：

① 站台面不应高于车厢地板面，站台面距轨顶面的高度应符合以下规定：A 型车应为（1 080±5）mm；B_1、B_2 型车应为（1 050±5）mm。

② 站台计算长度内的站台边缘至轨道中心线的距离，应按不侵入车站车辆限界确定。

站台边缘与车辆轮廓线之间的间隙，应符合下列规定：当车辆采用塞拉门时采用100^{+5}_{-0} mm；当车辆采用内藏门或外挂门时采用70^{+5}_{-0} mm。

③ 站台计算长度外的站台边缘至轨道中心线的距离，宜按设备限界另加不少于50 mm 安全间隙确定。

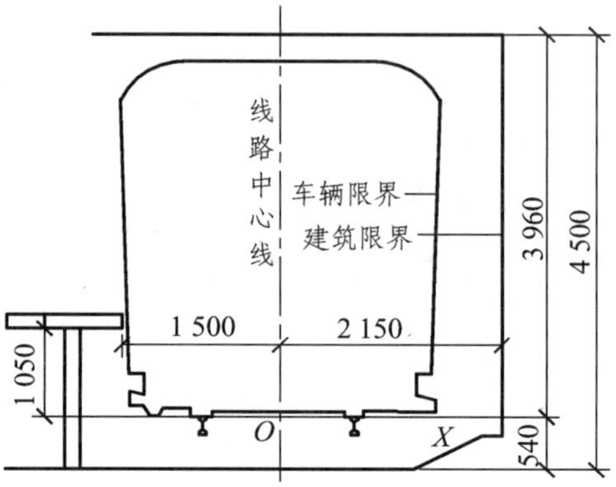

图 1.16　B_1、B_2型车辆的车站直线地段建筑限界（单位：mm）

（2）车站曲线地段建筑限界

车站曲线地段建筑限界，都应在直线地段车站的各有关尺寸基础上根据平面曲线半径和是否设置超高进行加宽。曲线车站站台边缘与车厢地板面高度处车辆轮廓线的水平间隙不应大于 180 mm。

工作任务 1.3　地铁线路设计

1.3.1　线路平面设计

1. 技术标准

（1）曲线半径

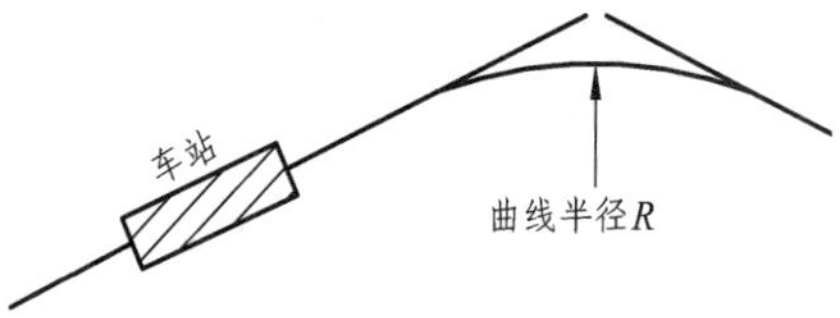

图 1.17　地铁曲线连接示意图

曲线半径（图 1.17）宜按标准从大到小合理选用。在实际工作中，最大半径一般很少超过 3 000 m。400 m 以下的曲线半径轮轨磨耗大、噪声大，应尽量少用，尤其是位于两站中间时更应少用。因此曲线半径是修建地铁的一个主要技术指标。最小曲线半径的计算公式为：

$$R_{\min}=\frac{11.8v^2}{h_{\max}+h_{qy}} \tag{1.1}$$

式中：$R_{\min}$——满足欠超高的最小曲线半径（m）；

v——地铁运行设计速度（km/h）；

$h_{\max}$——最大超高，取 120 mm；

h_{qy}——允许欠超高，一般取 153a，即 61.2 mm，其中 a 为当速度要求超过设置最大超高值时，产生的未被平衡的向心加速度。我国现行规范规定 $a = 0.4\ \text{m/s}^2$。

根据目前我国地铁车辆运行情况，规范规定的曲线最小半径如表 1.4 所示。

表 1.4　圆曲线最小曲线半径　　单位：m

线　路	A 型车		B 型车	
	一般地段	困难地段	一般地段	困难地段
正　线	350	300	300	250
出入线、联络线	250	150	200	150
车场线	150	—	150	—

车站站台宜设在直线上。当设在曲线上时，其站台有效长度范围的线路曲线最小半径应符合表 1.5 的规定。

表 1.5　车站曲线最小半径　　单位：m

车　型		A 型车	B 型车
曲线半径	无站台门	800	600
	设站台门	1 500	1 000

折返线、停车线等宜设在直线上。困难情况下，除道岔区外，可设在曲线上，并可不设缓和曲线，超高应为 0 ~ 15 mm。

（2）曲线连接

在地铁线路上，直线和圆曲线不是直接相连的，它们之间需要插入一段缓和曲线，如图 1.18。

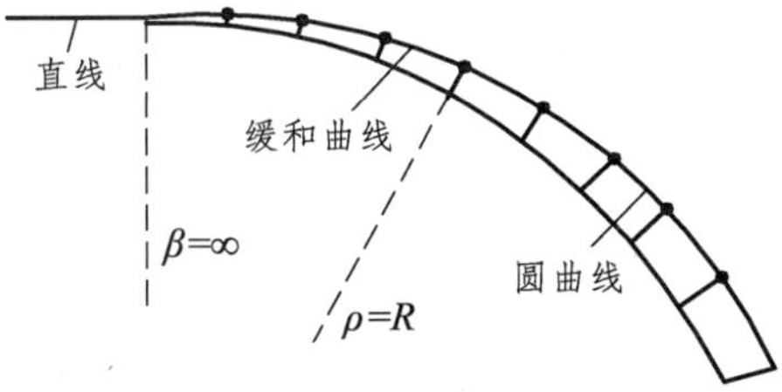

图 1.18　缓和曲线示意图

① 缓和曲线长度的计算。

缓和曲线长度应同时满足超高顺坡率的要求和限制超高时变率、保证乘客舒适度分析两个方面的要求进行计算。

从超高顺坡率的要求计算：一般超高顺坡率不宜大于 2‰，困难地段不应大于 3‰，按此要求，则缓和曲线的最小长度为：

$$L_1=\frac{h}{3}\sim\frac{h}{2} \tag{1.2}$$

式中：L_1——缓和曲线长度（m）；

h——圆曲线实设超高（mm）；

从限制超高时变率、保证乘客舒适度分析计算，则缓和曲线的最小长度为：

$$L_2=\frac{hv}{3.6f} \tag{1.3}$$

式中：L_2——缓和曲线长度（m）；

v——设计速度（km/h）；

f——允许的超高时变率，$f=40$ mm/s。

将 $f=40$ mm/s 和最大超高 h_{max}=120 mm 代入式（1.3）得 $L_2=0.84\ v$，因此缓和曲线的长度应满足上述二式。根据超高顺坡的要求，在一定的速度范围内，缓和曲线长度的计算方法为：

当 $v\leqslant 50$ km/h 时，缓和曲线 $L=h/3\geqslant 20$ m；当 50 km/h < $v\leqslant 70$ km/h 时，$L=h/3\geqslant 20$ m；当 70 km/h < $v\leqslant 3.2\sqrt{R}$（由 $R=\frac{11.8v^2}{H}$ 可得 $v=\sqrt{\frac{RH}{11.8}}=\sqrt{\frac{120}{11.8}R}=3.2\sqrt{R}$）时，$L=0.007vh\geqslant 20$ m。缓和曲线长度 L 值按上述公式计算求得，其计算按“2 舍 3 进 5，取 5 的整数倍”处理。

缓和曲线 L 的最小长度为 20 m，这主要是考虑不短于一节车厢的全轴距而确定的。全轴距指一节车厢第 1 位轴至最后位轴之间的距离，目前我国地铁车辆的全轴距最大不超过 20 m。

② 曲线半径的确定。

缓和曲线是为满足乘客舒适度要求而设置的，是否设置则视曲线半径 R、未被平衡离心加速度的时变率 β 是否能符合不大于 0.3 m/s^3 的规定而确定。当设计速度 v 确定后，按允许的 β 值，由下式可确定不设缓和曲线的曲线半径 R：

$$R\geqslant\frac{11.8v^3g}{1\,500\times 3.5L\beta+Lvig/2} \tag{1.4}$$

式中：v——设计行车速度（km/h）；

g——重力加速度（m/s^2），取 9.81；

L——车辆长度（m），取 19；

β——未被平衡离心加速度的时变率（m/s^3），取 0.3；

i——超高顺坡率（‰），取 2~3。

如最高速度为 $v=100$ km/h，取 $i=2$ ‰时，$R=2\,384$ m，即当速度为 100 km/h 时，$R\geqslant 2\,384$ m 就可不设缓和曲线，因此规范规定：在正线上当曲线半径等于或小于 3 000 m 时，圆曲线与直线间应根据曲线半径及行车速度设置缓和曲线。复曲线上两圆曲线的曲率差大于 1/2 000 时，应设置中间缓和曲线，其长度应根据计算确定，但不应小于 20 m。缓和曲线采用三次抛物线。

配线上是否设缓和曲线，无严格要求；联络线及车辆段出入线，一般应设缓和曲线；车场线上不设缓和曲线。

正线及配线上两缓和曲线尾端的圆曲线、不设缓和曲线的圆曲线，最小长度一般不应小于 20 m；困难条件下，不得小于一个车辆的全轴距。

正线、联络线、车辆基地出入线上，两相邻曲线间，无超高的夹直线最小长度应符合表 1.6 的要求。道岔缩短渡线，其曲线夹直线可缩短为 10 m。

表 1.6　夹直线最小长度　　单位：m

正线、联络线、出入线	一般情况	$\lambda \geq 0.5\ v$	
	困难时最小长度 λ	A 型车	B 型车
		25	20

2. 线路平面位置选择

（1）地下线平面位置

① 线路位于道路规划红线范围内。

地铁位于城市规划道路范围内，是常用的线路平面位置，对道路红线范围以外的城市建筑物干扰较小。图 1.19 为地铁线路的三种代表位置。图中的 *A* 位：地铁线路居道路中心，对两侧建筑物影响较小，地下管网拆迁较少，有利于地铁线路裁弯取直，减少曲线数量，并能适应较窄的道路红线宽度。其缺点是当采用明挖法施工时，破坏了现有道路路面，对城市交通干扰较大。*B* 位：地铁线路位于慢车道和人行道下方，能减少对城市交通的干扰和对机动车路面的破坏。*C* 位：地铁线路位于待拆的已有建筑物下方，对现有道路及交通基本上无破坏和干扰，地下管网也较少，但房屋拆迁及安置量大，只有与城市道路改造同步进行时，才十分有利。

② 线路位于道路范围以外。

在地质条件好、城市非建成区或广场或公园绿地（耕地）老街改造区等有利的条件下，地下线置于道路范围之外，可以达到缩短线路长度、减少拆迁、降低工程造价的目的。

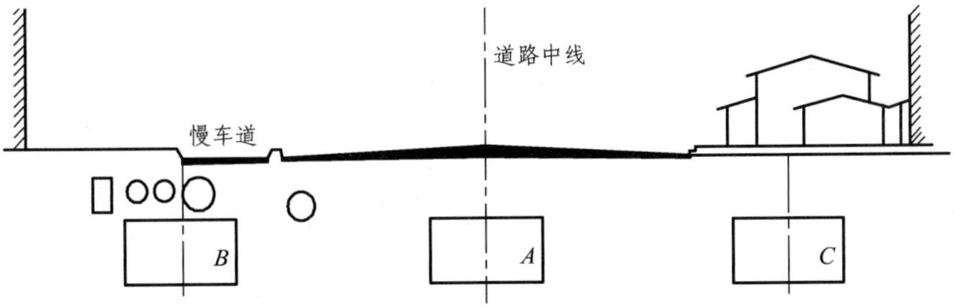

图 1.19　地铁线路设置位置示意图

（2）高架桥平面位置

高架线路平面位置选择要比地下线严格，其自由度更少。一般要沿城市主干道平行设置，道路红线宽度宜大于 40 m。在道路横截面上，地铁高架桥墩柱位置要与道路车行道分别配合，一般宜将桥柱置于分隔带上，如图 1.20 所示。

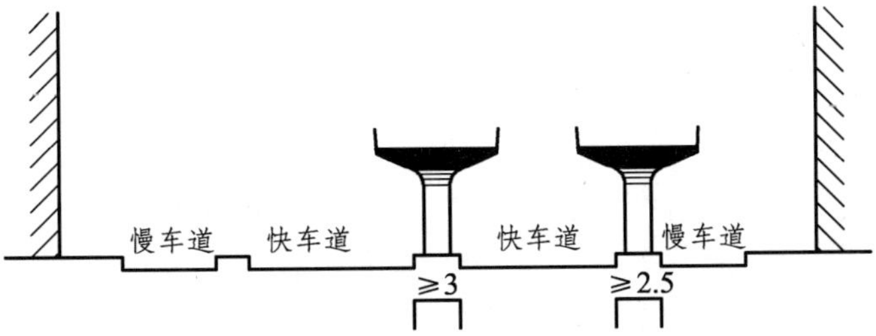

图 1.20　高架桥线路设置位置（单位：m）

（3）地面线平面位置

地面线位于道路中心带上，带宽一般为 20 m 左右，如图 1.21（a）所示。当城市快速路或主干道的中间有分隔带时，地面线设于该分隔带上，不阻隔两侧建筑物内的车辆按右行方向出入，不需设置辅路，有利于城市景观及减少地铁噪声的干扰。其不足处是乘客需通过地道或天桥进入地铁。

地面线位于快车道一侧，带宽一般为 20 m 左右，如图 1.21（b）所示。当城市道路无中间分隔带时，该位置可以减少道路改移量，其缺点是在快车道另一侧需要建辅路，增加道路交通管理的复杂性。

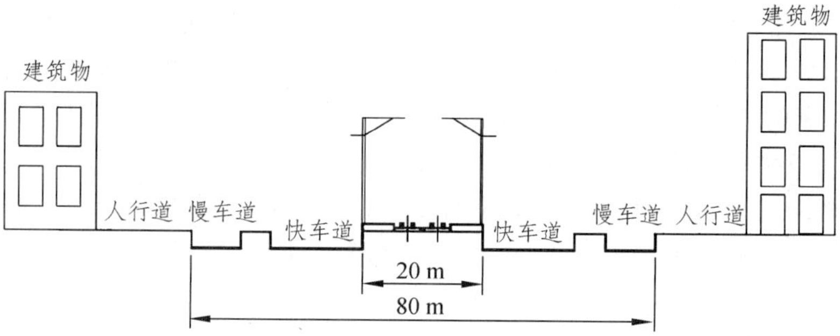

（a）地面线位于道路中心带上

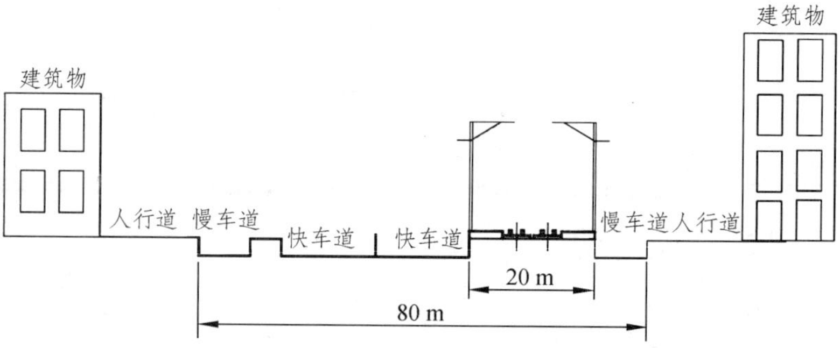

（b）地面线位于快车道一侧

图 1.21　地面线平面位置（单位：m）

（4）地铁与地面建筑物的安全距离

为了确保地铁施工时地面建筑物的安全，地铁与建筑物之间应留有一定距离，即安全距离。安全距离与施工方法、施工技术水平有密切关系。采用放坡明挖法施工时，其距离应大于土层破坏棱体宽度。

（5）线路位置比选

线路位置比选包括直线位置和曲线半径比选，比选内容为：

① 线路条件比选：包括线路长度、曲线半径、转角等。对于小半径曲线，在拆迁数量、拆迁难度、工程造价增加不多的情况下，宜推荐较大半径的方案；若半径大于或等于 400 m，则不宜增加工程造价来换取大半径曲线。

② 房屋拆迁比较：包括拆迁房屋数量、质量、使用性质、拆迁难度等的比较，质量

差的危房可以拆。住宅房屋易拆迁，办公房次之，工厂厂房难拆迁；学校、医院等单位，一般要邻近安置；商贸房屋的搬迁，在市场经济的条件下，拆迁难度大。

③ 管线拆迁比较：包括上下水管网、地下地上电力线（管）、地下地上通信电缆线（管）、煤气管、热力管等的数量、规格和费用、拆迁难度比较。大型管道改移费用高，下水管改移难度大。

④ 改移道路及交通便道面积比较：包括施工时改移交通的临时道路面积及便桥、恢复被施工破坏的正式路面及桥梁等。

⑤ 其他拆迁物比较：不属于上述拆迁内容的其他拆迁。

⑥ 地铁主体结构施工方法比较：包括施工的难易度、安全度、工期、质量等方面的综合分析评价。

3. 车站站位选择

车站站位选择原则有：① 方便乘客使用；② 与城市道路网及公共交通网密切结合；③ 与旧城房屋改造和新区土地开发结合；④ 方便施工，减少拆迁，降低造价；⑤ 兼顾各车站间距离的均匀性。

一般车站按纵向位置分为跨路口、偏路口一侧、两路口之间三种，按横向位置分为道路红线内外两种位置选择，见图 1.22。

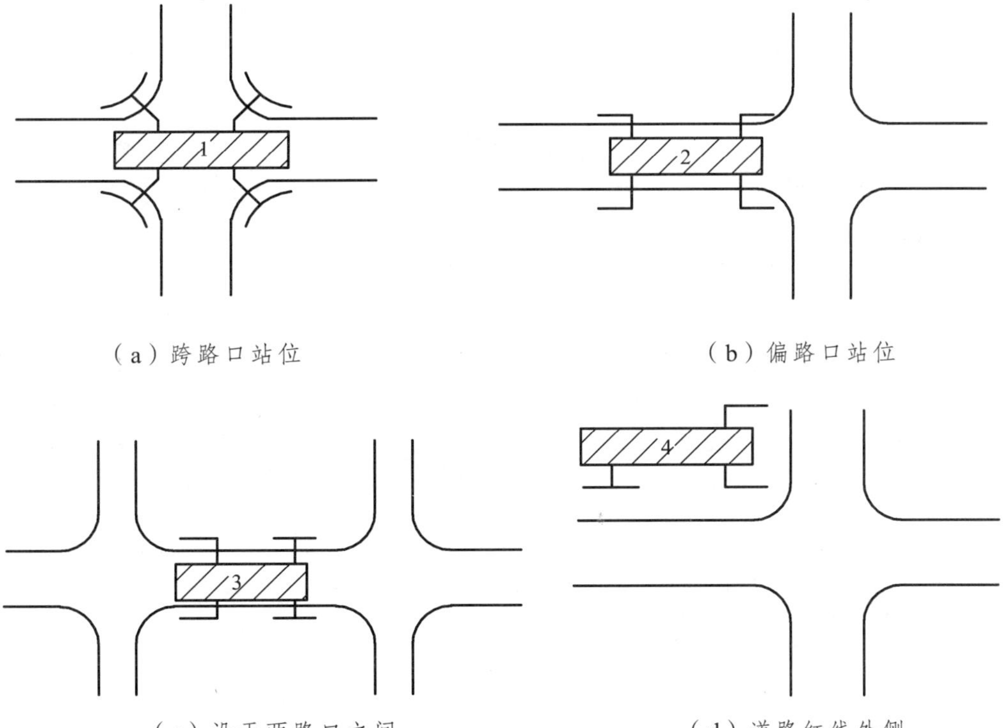

（a）跨路口站位

（b）偏路口站位

（c）设于两路口之间

（d）道路红线外侧

图 1.22 车站与路口位置关系

（1）跨路口站位

跨路口站位如图 1.22（a）所示。这种位置的车站站位跨主要路口，并在路口的各个角上都设有出入口，乘客从路口任何方向进入地铁均不需过马路，提高了乘客安全性，减少了路口的人、车交叉，与地面公交线衔接好，乘客换乘方便。

（2）偏路口站位

偏路口站位如图 1.22（b）所示。这种位置的车站不易受路口地下管线影响，减少了车站埋深，方便乘客使用，也减少了施工对路口交通的干扰和地下管线的拆迁，降低了工程造价。其缺点是乘客集中于车站一端，降低了地铁车站的使用效能，增加了运营管理上的困难。

（3）站位设于两路口之间

站位设于两路口之间如图 1.22（c）所示。当两路口都是主路口且相距较近（一般小于 400 m），横向公交线路及客流较多时，可将车站设于两路口之间，以兼顾两路口。

（4）道路红线外侧站位

道路红线外侧站位如图 1.22（d）所示。这种位置一般在有利的地形条件下采用。

4. 左右线路的位置关系

地铁线路不论是在地下、高架或地面，左线与右线一般并列于同一街道范围内。在左右线并列条件下，依照两线间距离的大小与轨面高差有各种组合形式。

（1）左右线等高并列平行

左右线等高并列平行形式如图 1.23 所示。图 1.23（a）所示线间距离为 3.6 ~ 5.0 m，适用于区间矩形隧道结构、采用敞口明挖方法施工或顶管法施工的线路；图 1.23（b）所示线间距离在 11 m 及以上，适用于车站矩形框架隧道结构；图 1.23（c）为左右线分开，线间距离宜大于 $2D$（D 为隧道开挖直径），困难情况下，采取土壤加固措施后，最大可降至 $1.4D$，适用于单线单洞圆形或马蹄形隧道结构、采用盾构法施工或矿山法施工的线路。

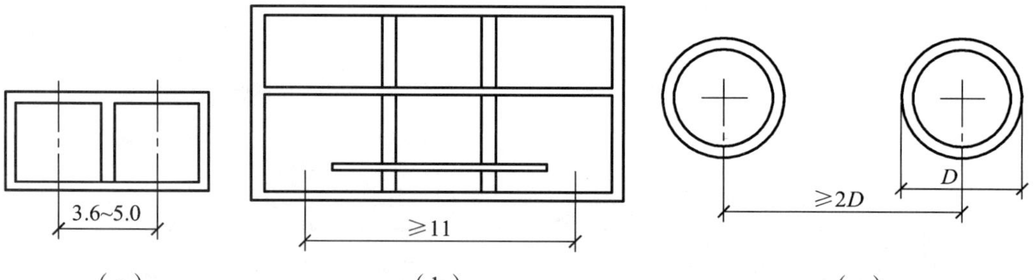

图 1.23　左右线等高并列平行的位置关系（单位：m）

（2）左右线上下重叠

这种形式明、暗挖法施工均可采用，适用于狭窄的街道下方布置线路，见图 1.24。

（3）左右线既不等高并列平行，又不上下重叠，并保持一定距离

这种形式采用暗挖法施工，适用于较窄的街道下方布置线路。香港地铁港岛线常有这种线路布置形式，由于上下行站台不等高，增加了车站的提升设备数量和高度，对乘客使用也欠方便，见图 1.25。

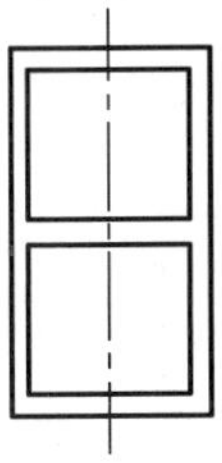

图 1.24　左右线上下重叠的位置关系

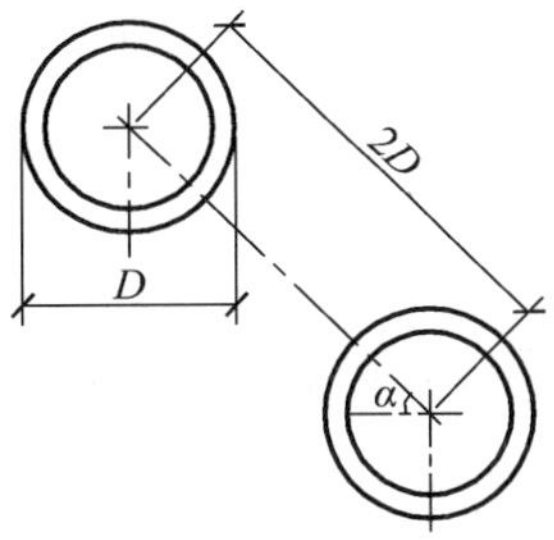

图 1.25　左右线上下错开的位置关系

1.3.2　线路纵剖面设计

线路纵剖面设计的一般原则：① 纵剖面设计应保证列车运行的安全、平稳及乘客舒适坡段应尽量长；② 线路纵剖面要结合不同的地形、地质、水文条件和线路敷设方式与埋深要求、隧道施工方法、地上地下建筑物与基础情况、线路平面条件等，进行合理设计；③ 尽量设计成符合列车运行规律的节能型坡道。车站一般位于纵剖面的高处，区间位于纵剖面的低处。除车站两端的节能坡道外，区间一般宜用缓坡，避免列车交替使用制动和给电牵引。

1. 技术标准

（1）最大坡度

① 区间线路。

地铁由于行车密度高和运量大，为保证行车安全与准点，其纵剖面设计原则要求列车在失去部分（最大可以达到一半）牵引动力的条件下，仍能用另一部分牵引动力，将列车从最大坡度上起动，因此最大坡度阻力及各种附加阻力之和，不宜大于列车牵引力的一半。

我国规范规定，正线上最大坡度不宜大于 30‰，困难地段可采用 35‰，在山地城市的特殊地形地区，经经济技术比较，有充分依据时，最大坡度可采用 40‰；联络线、出入线的最大坡度宜采用 40‰。

② 车站线路及配线。

车站宜布置在纵断面的凸形部位上；车站站台范围内的线路应设在一个坡道上，坡度宜采用 2‰，当具有有效排水措施或与相邻建筑物合建时，可采用平坡；具有夜间停车功能的配线，应布置在面向车挡或区间的下坡道上，隧道内的坡度宜为 2‰；道岔宜设在不大于 5‰的坡道上，在困难地段应采用无砟道床，尖轨后端为固定接头的道岔，可设在不大于 10‰的坡道上。

（2）最小坡度

对于最小坡度，由于排水的需要，规范规定宜采用 3‰，困难条件下可采用 2‰。

（3）坡段长度

规范规定，线路纵向坡段长度不宜小于远期列车长度，同时应满足两相邻竖曲线间的夹直线坡段长度不宜小于 50 m 的要求。

（4）坡段连接及竖曲线

规范规定，两相邻坡段的坡度代数差等于或大于 2‰时，应设圆曲线形的竖曲线连接，此要求比市郊铁路高，因为地铁的道床多为混凝土整体道床，其弹性变形量比碎石道床小得多。竖曲线的半径不应小于表 1.7 的规定。

表 1.7 竖曲线半径 单位：m

线别		一般情况	困难情况
正线	区间	5 000	2 500
	车站端部	3 000	2 000
联络线、出入线、车场线		2 000	

车站站台有效长度内和道岔范围内不得设置竖曲线，竖曲线离开道岔端部的距离应符合表 1.8 的规定。

表 1.8 道岔两端与平、竖曲线端部的最小距离

项目	至平面曲线端或竖曲线端	
	正线	车场线
道岔型号	60 kg/m-1/9	50 kg/m-1/7
道岔前端/后端	5/5（m）	3/3（m）

2. 影响纵剖面设计的因素

纵剖面设计除考虑设计原则与标准、埋设方式、线路平面条件、结构类型外，下列因素也影响纵剖面设计，而且须在设计过程中逐一考虑。

（1）覆土厚度

在浅埋地下线中，往往希望隧道结构尽量贴近地面，但受各种因素限制，因此需要确定最小覆土厚度。

（2）地下管线及建筑物

一般以改移地下管线较为适宜。工作中可与市政有关部门协商，下水管线与地下线纵剖面设计矛盾最突出，是纵剖面设计的重点。

地铁车站（包括车站出入口、通风道等）上方的地下管线，其横越管线宜改至车站两端区间，平行管线宜平移出车站范围，以减小车站埋深。即使改移管线在经济上不太合算，也宜改移管线，以方便乘客出入和节省运营费。只有地下管线无法改移时，才考虑地铁车站加大埋深或移动站位。

（3）地质条件

当地下线路遇到不良地质条件（主要是淤泥质黏土及流砂土层）时，应尽量考虑躲避；若躲避有困难时，应采取工程措施。

（4）施工方法

地下线采用明挖法时，为减少土方开挖量，车站与区间线路埋深越浅越节省工程造价，线路纵剖面主要坡型是车站位于低位，区间位于高位，即所谓凹形坡。当采用暗挖法时，一般应选择较深的好地层，线路纵剖面主要是凸形坡，车站位于纵剖面高处。

（5）排水站位置

地下线排水站主要是排除隧道结构渗漏水和冲洗水，设于线路纵剖面的最低点，

困难条件下，允许偏离不超过 10 m。排水站位置受很多因素制约，区间排水站要选择出水口的位置，为了检修，往往要求与区间通风道结合在一起；车站端部排水站受车站平面位置制约，至车站中心的距离往往是定数，因此纵剖面设计要考虑排水站的设置位置。

（6）防洪水位

在有洪水威胁的城市中修建地铁时，纵剖面设计要满足防洪要求。地面线路基、地下线的各种出地面口部，应按 100 年一遇的洪水位设计。

项目实战演练

项目实训 1.1　广州市轨道交通 11 号线线路设计实例

1. 线路概况

广州市轨道交通 11 号线起于新滘东路，经琶洲会展中心、员村、天河公园、华师、广州东站、云台花园、广州火车站、流花湖公园、荔湾湖公园、芳村、广州造船厂、逸景路，之后沿新滘路闭合形成环线（图 1.26）。线路穿越广州市主城区，串联广州市天河区、白云区、越秀区、荔湾区和海珠区，连接广州火车站、广州东站等大型交通枢纽，同时照顾芳村白鹅潭与员村城市设计，并与广州轨道交通 1、2、3、5、6、8、10、12、13、14、19、21 号线及广佛线换乘。

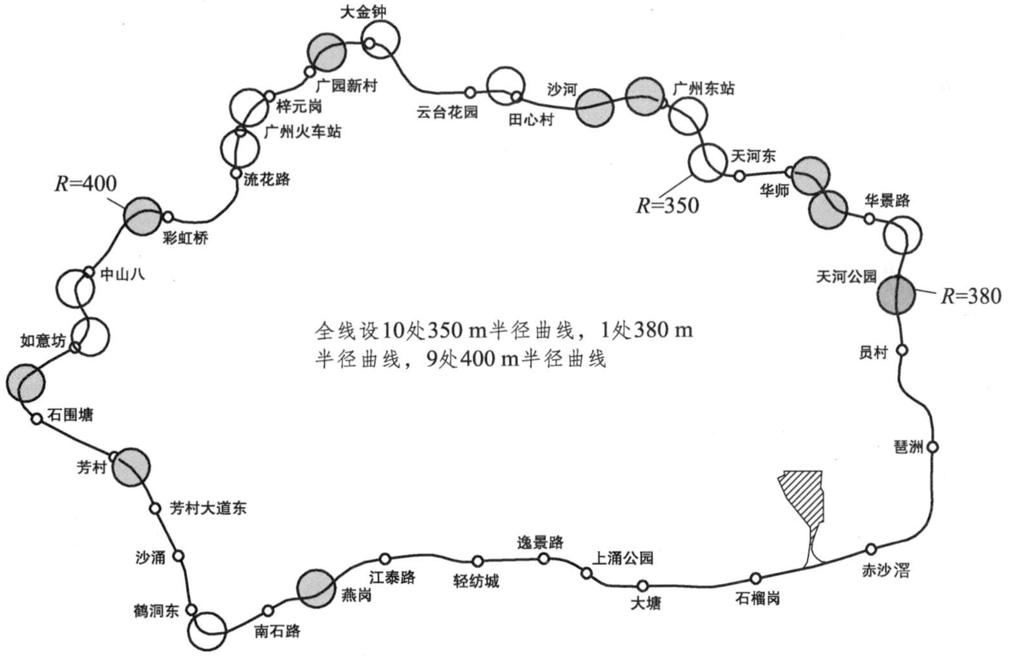

图 1.26　广州市轨道交通 11 号线工程平面示意图

线路全长 44.2 km，全部采用地下敷设方式，全线共设 32 座车站，平均站间距 1.38 km，最大站间距 2.41 km（赤沙滘—琶洲），最小站间距 0.63 km（大金钟—广园新村）。设置车辆段 1 座，位于黄埔涌的南侧，利用原赤沙车辆段及其西侧地块进行扩建。

11 号线设计速度为 80 km/h，采用 8 节 A 型车编组。

2. 工程地质与水文地质条件

11 号线主要的不良地质作用为地面沉降、岩溶、断裂、基岩风化不均及风化深槽、砂土液化和花岗岩与混合花岗岩球状风化体（孤石）。特殊性岩土有填土、软土、残积土及风化岩。

线路沿线大部分地段地下水水位埋藏较浅，水位埋深为 0.60 ~ 7.20 m。线路沿线第四系孔隙潜水主要赋存在第四系砂层中，其补给主要靠大气降水和珠江水，砂层水排泄主要表现为大气蒸发及珠江退潮时向江河排泄，地下水水位受季节和江河潮汐的影响明显。

3. 线路主要技术标准

（1）线路平面

列车最高运行速度：80 km/h。

正线数目：双线。

轨距：1 435 mm。

线路平面的最小曲线半径不得小于本项目表 1.4 的数值。

缓和曲线：线路平面圆曲线与直线之间应设置三次抛物线型缓和曲线；缓和曲线长度应根据曲线半径、列车通过速度及曲线超高设置等因素确定。

（2）线路纵断面

11 号线正线线路的最大坡度按不宜大于 30‰设计，困难地段可采用 35‰设计；联络线、出入线最大坡度一般情况按 35‰设计，困难条件按不宜大于 40‰设计（均不考虑坡度折减值）。

11 号线的正线最小坡度按不宜小于 3‰设计；困难情况下在确保排水条件下，可采用小于 3‰的坡度设计。

11 号线车站有效站台长度范围内的坡度按宜为 2‰设计，困难条件下按不大于 3‰设计。

相邻坡段的坡度代数差等于或大于 2‰时，应设圆曲线型竖曲线连接，竖曲线半径按本项目表 1.7 的规定取值。

4. 线路设计方案比选

（1）线路平面设计方案比选（广州东站段方案，图 1.27）

方案一：线路出沙河站后继续向东行进，下穿广州大道北高架桥后，沿禺东西路向东行进，下穿广州东站铁路股道后转向东南于广州东站北侧、广园快速路高架桥南侧设置广州东站，之后线路再次下穿铁路股道转向南，沿天寿路西侧南行至天河北路转向东，在龙口西路东侧设天河东站。

方案二：线路出沙河站后继续向东行进，下穿广州大道北高架桥后，沿禺东西路南侧向东行进，后转向东南沿铁路股道南侧至广州东火车站南侧设置广州东站，出站后转向南沿天寿路西侧南行至天河北路转向东，在龙口西路东侧设天河东站。

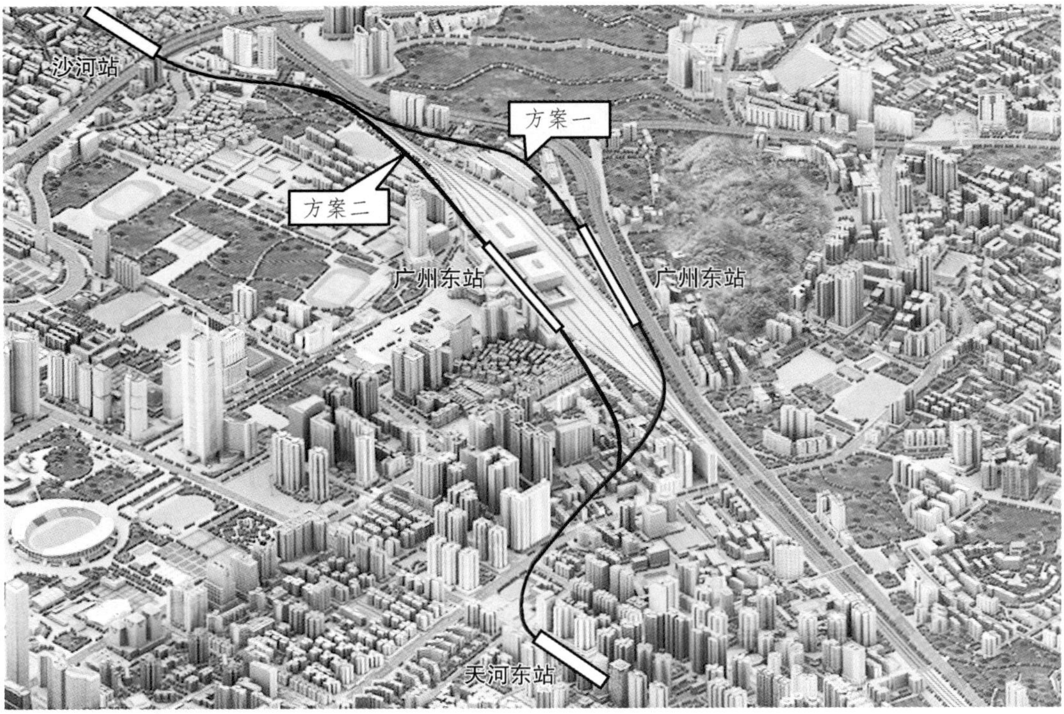

图 1.27　广州东站段方案现状示意图

以上两种线路方案的线位、站位综合比较详见表 1.9。

表 1.9　广州东站段方案综合比较

比较内容	方案一	方案二
路由	广州东站北侧路由	广州东站南侧路由
线路长度/km	3.3	3.1
广州东站站位	广园快速高架桥以南，广州东站北侧	广州东站南侧
线路技术条件	采用两处 R-350 m 的半径	采用一处 R-350 m 的半径
穿越建构筑物的影响	沿线穿越大量房屋，主要为东铁酒店、市公安局公交分局、珠委小区及水科院等	沿线穿越大量房屋，主要为全圣大厦、解放军体育学院、广州东站南站房、东站招待所、林和新村、林和东小区、市公安局公交分局、珠委小区及水科院等
与 1、3 号线换乘关系	距离 1 号线换乘距离较远，通道长约 220 m，与 3 号线换乘距离较近	与 1、3 号线换乘距离较近
施工条件	沿线穿越大量房屋，施工难度大	沿线穿越大量房屋，施工难度大
结论	推荐	不推荐

（2）线路纵断面设计方案比选（广园新村站至梓元岗站区间方案，图 1.28）

广园新村站至梓元岗站区间的纵断面方案为近似节能坡，接近广园新村站的坡采用坡率为 25‰的下坡，主要是纵向避让广州中医药大学校园的建（构）筑物。

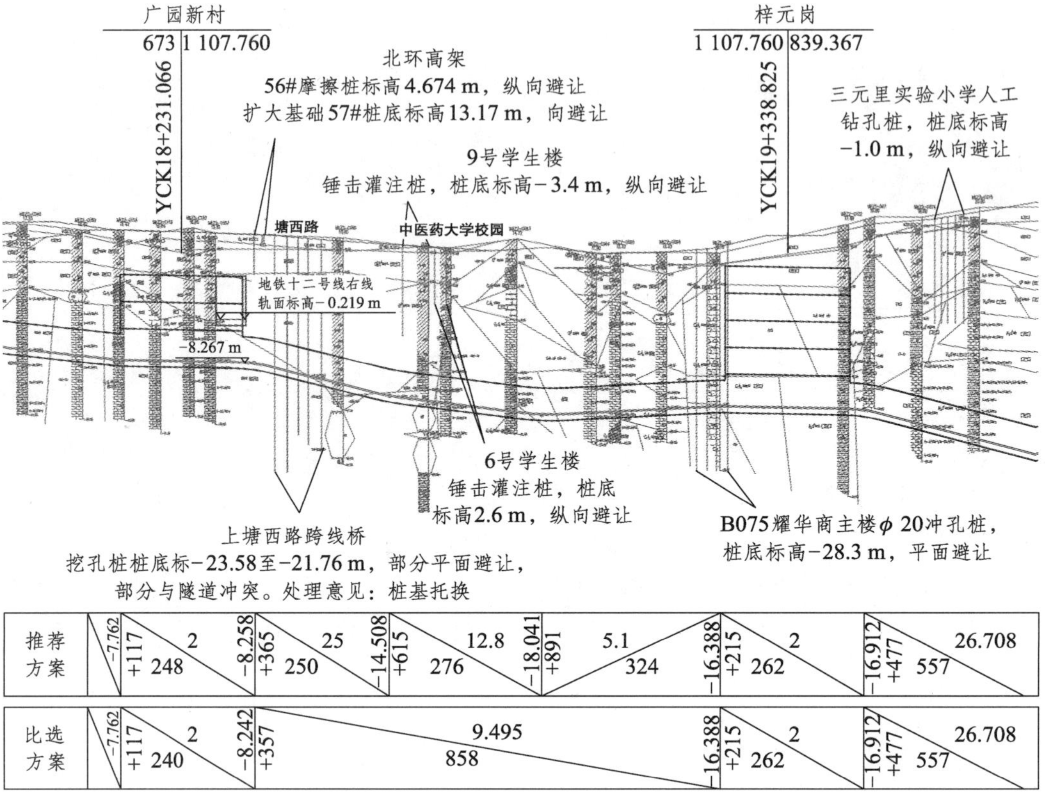

图 1.28　广园新村站至梓元岗站区间纵断面方案比选示意图

① 推荐方案：线路自广园新村站出站后，线路采用坡率为 25 ‰、坡长为 250 m 的下坡，接坡率为 12.8 ‰、坡长为 276 m 的下坡，然后接坡率为 5.1 ‰、坡长为 324 m 的上坡，到达梓元岗站。该方案左线与右线共消耗的牵引能耗为 103.070 kW · h。

② 比选方案：此方案采用单向坡，线路自广园新村站出站后，线路采用坡率为 9.495 ‰，坡长为 858 m的上坡，到达梓元岗站。该方案左线与右线共消耗的牵引能耗为 110.551 kW · h。

综合上所述，推荐方案的总牵引能耗较比选方案减少 7.481 kW · h，百分比为 6.8 %，见表 1.10。

表 1.10　广园新村站至梓元岗站区间纵断面能耗比较

方案	站间距/km	牵引能耗/（kW · h）	
		左线	右线
比选方案	1.108	70.224	40.327
推荐方案	1.108	65.811	37.259

项目实训 1.2　地铁区间线路设计

运用思维导图，绘制地铁线路设计（平面设计、纵断面设计）的主要内容及技术参数标准。

思考与练习

【思考题】

1. 地铁路网有哪些基本形式?

2. 说明地铁线路设计的阶段与各阶段的主要内容。

3. 什么是地铁限界?地铁限界的确定应考虑哪些因素?

4. 说明地铁线路平面设计的主要参数及要求,简述线路平面位置选择要点。

5. 说明地铁线路纵断面设计的主要参数及要求,简述影响地铁线路纵断面设计的主要因素。

【练习题】

1.(选择题)扫描扉页在线开放课程二维码。

2.(计算题)已知地铁通过曲线段最高运营速度为 75 km/h,外轨最大超高 120 mm,内轨最大欠高 61.2 mm,理论计算平面曲线最小曲线半径 $R_{\min}$?

项目 2　地铁车站与区间隧道设计

学习目标

1. 知识目标

（1）了解地铁车站与区间隧道设计的基本知识。

（2）明白地铁车站建筑、构造与结构设计的基本技术标准。

2. 能力目标

能进行地铁车站与区间隧道的简单设计。

项目导入

车站是地铁的交通枢纽，其主要具有承担乘客上下车、候车、换乘和集散的作用，同时也是布置运营管理和技术设备的场所。因此，车站是地铁设计中技术要求最复杂的部位。地铁车站不仅结构功能复杂，而且技术要求难度也大，造价通常为同长度区间隧道的 3~10 倍。因此，地铁车站设计是一项十分重要的技术工作。

一般来讲，城市中心区的客流量多于市区其他地方的客流量，市区的客流量多于郊区的客流量。市中心区往往又是城市的政治、经济、文化中心，位置重要。因此，车站的规模应有所区别。车站规模一般分为 3 个等级，见表 2.1。

表 2.1　车站规模等级适用范围

规模等级	适　用　范　围
1 级站	适用于客流量大，地处市中心区的大型商贸中心、大型交通枢纽中心、大型集会广场，大型工业区及位置重要的政治中心地区，客流量>20 万人/d
2 级站	适用于客流量较大，地处较繁华的商业区、中型交通枢纽中心、大中型文体中心、大型公园及游乐场、较大的居住区及工业区，客流量为（10~20）万人/d
3 级站	适用于客流量小，地处郊区各站，客流量<10 万人/d

注：客流量特别大，有特殊要求的车站，如客流量>100 万人/d 时，其规模等级可列为特级站。

车站规模的大小，将直接影响到地铁工程造价的高低。规模太大，则不经济；规模太小，又不能满足运营的需要和远期的发展，造成使用上的不便及改建的困难。因此，在确定车站规模等级的时候，应谨慎研究和考虑。

地铁车站总体设计包括车站的位置及类型、出入口与地面之间的关系、站台的类型及尺寸、出入口的立面形式、站厅在车站中的安排及类型等。总体设计中车站在线路中的位置，以及在线路中如何配置终点站、区域站、换乘站、中间站，都将影响乘客换乘的方便程度。它通常应由城市交通部门根据城市各区、各点的客流量及多种因素来决定，需要对车站、站台、出入口、站厅设计的规律进行分析。

地铁车站的建筑布置应满足车站的总体功能布置，归纳起来，地铁车站建筑一般包括供乘客使用、运营管理、技术设备和生活辅助四大部分。地铁车站的总体功能分析如图 2.1 所示。

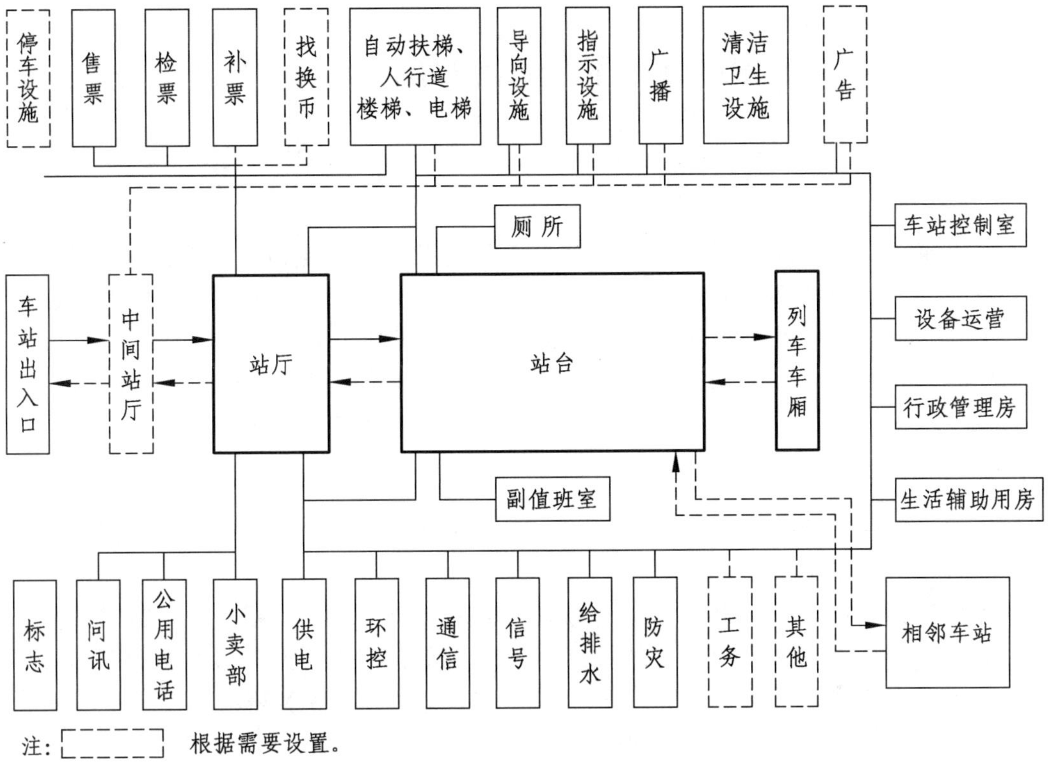

图 2.1 地铁车站总体功能分析

思政点拨

以人为本的理念是地铁设计的宗旨。以人为本是科学发展观的核心，体现了中国共产党全心全意为人民服务的根本宗旨。

请同学们观看《超级工程——北京地铁网络》纪录片（视频见扉页二维码）。

项目布置

学生分组讨论地铁车站及隧道设计，完成某条地铁车站与隧道设计（车站平面布置图、车站标准断面图、区间隧道断面图等）。

项目分析

本项目的核心是地铁车站与隧道设计，学生需要掌握车站建筑设计、结构构造设计、区间隧道设计等知识与技能。因此，本项目安排了地铁车站平面设计、地铁车站建筑设计等 6 个工作任务和 4 个项目实训。

工作任务 2.1　地铁车站平面设计

2.1.1　地铁车站总平面布局

车站建筑总平面布局主要解决在车站中心位置及方向确定以后，根据车站所在地周围的环境条件、城市有关部门对车站布局的要求，依据选定的车站类型，合理地布设车站出入口、通道、通风道等设施，以便使乘客能够安全、迅速、方便地进出车站。同时，车站建筑总平面布局还要处理地铁车站、出入口及通道、通风道及地面通风亭与城市建筑物、道路交通、地下过街道或天桥、绿地等的关系，使之相互协调统一。

1. 不同站台形式的车站布局

当前各国地铁车站采用的站台形式绝大多数为岛式站台、侧式站台和混合式站台。

（1）岛式站台车站

站台位于上下行车线路之间的站台布置形式称为岛式站台（图 2.2）。岛式站台与侧式站台的主要区别是岛式站台须用中间站厅解决客流集散问题。如岛式站台设计成双层，就可利用地下一层的两端或两侧作一部分设备用房，而办公、污水等用房可设置在站台所在的地下二层。如图 2.3 为岛式站台的平面布局关系图，图中虚线部分代表站台层。

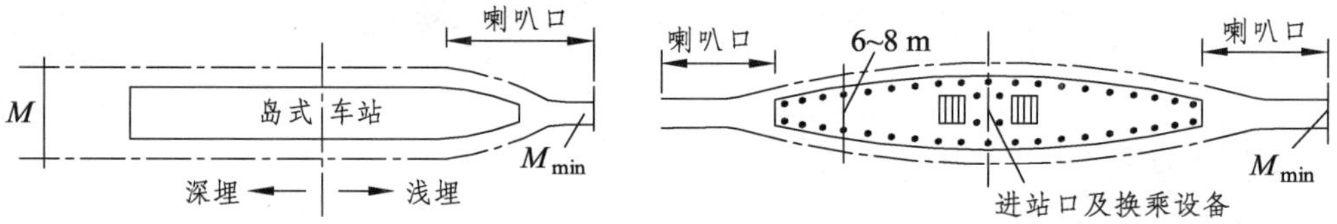

（a）一般岛式站台　　（b）弧形岛式站台

图 2.2　岛式站台

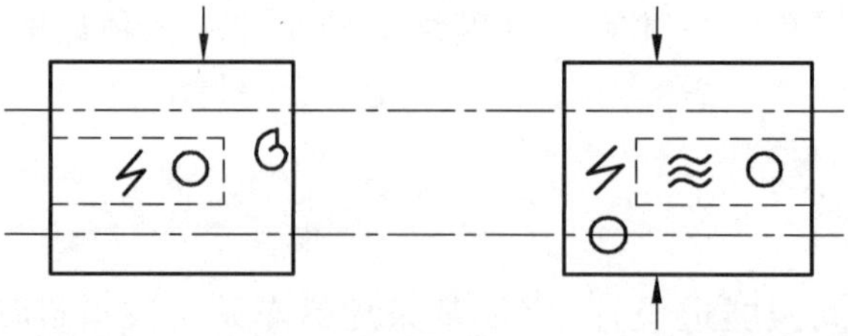

注：表示通风；表示供电；表示管理；表示供、排水；表示客流。

图 2.3　岛式站台车站的平面布局

（2）侧式站台车站

侧式站台（图 2.4）是位于一条轨道线路侧边的站台，即站台没有被两条轨道包围，只能服务于一条轨道线路上的列车。侧式站台两侧的端部可布置设备和管理用房，与乘客关系紧密的管理室、值班室、站长室、问讯室等管理用房应靠近乘客区域布置，而设备用房可布置在远离乘客的区域内，平面布局见图 2.5。

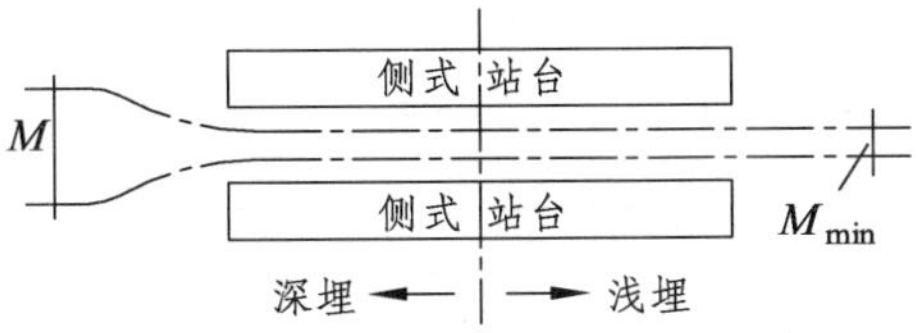

（a）2 台相对布置

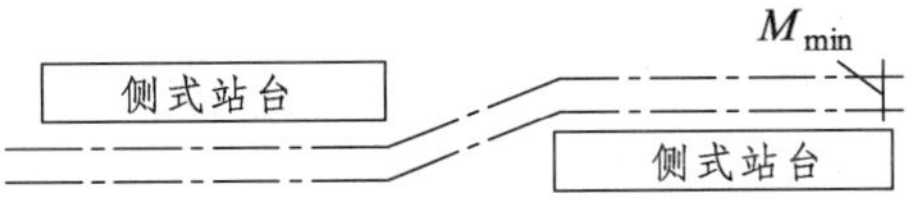

（b）2 台错开布置

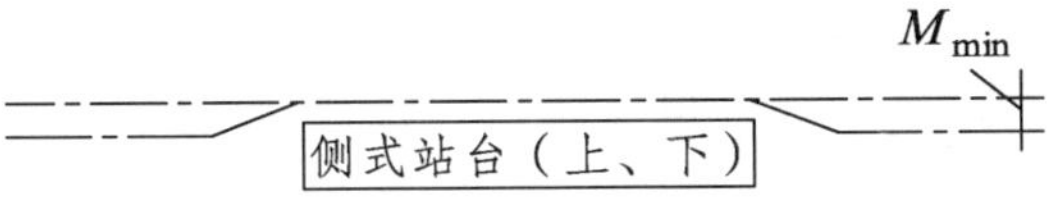

（c）上下层重叠布置

图 2.4　侧式站台

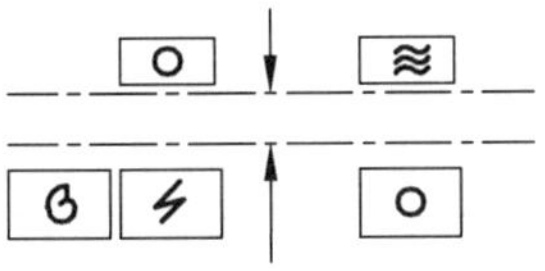

（a）平面布局 1

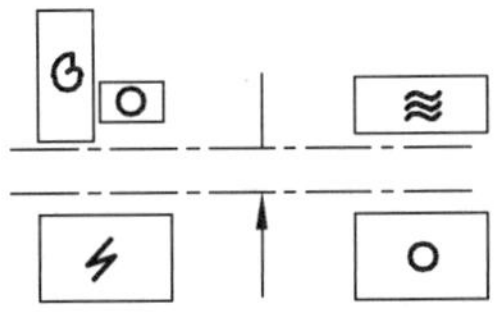

（b）平面布局 2

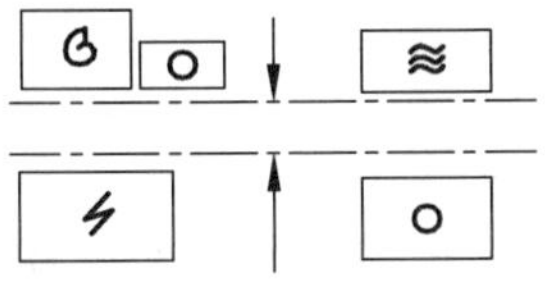

（c）平面布局 3

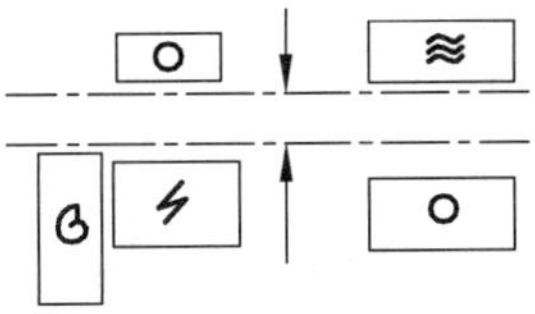

（d）平面布局 4

注：表示通风；表示供电；○表示管理；≋表示供、排水；→表示客流。

图 2.5　侧式站台的平面功能布局

岛式和侧式站台的优缺点比较列于表 2.2。

表 2.2　岛式站台与侧式站台优缺点比较

项目	岛式站台	侧式站台
站台使用	站台面积利用率高，可调剂客流，乘客有乘错车的可能	站台面积利用率低，不能调剂客流，乘客不易乘错车
站台设置	站厅与站台需设在两个不同高度上，站厅跨过线路轨道	站厅与站台可以设在同一高度上，站厅可以不跨过线路轨道
站内管理	管理集中，联系方便	站厅分设时，管理分散，联系不方便
乘客中途折返	乘客中途改变乘车方向比较方便	乘客中途改乘车方向不方便，需经天桥或地道

续表

项目	岛式站台	侧式站台
改扩建难易性	改建扩建时，延长车站很困难，技术复杂	改建扩建时，延长车站比较容易
站内空间	站厅、站台空间宽阔完整	站厅分设时，空间分散，不及岛式车站宽阔
喇叭口设置	需设喇叭口	不设喇叭口
造　价	较高	较低

（3）混合式站台车站

混合式站台（图 2.6）常用于规模较大的地铁车站，如折返站、大型立交换乘站。图 2.7 为混合式站台平面关系图，虚线表示不在同一层高程上。客流由独立式站厅进入 2 个站台，电气用房与污水用房设在岛式站台两端。在岛式站台左侧设 1 个行车主值班室，右侧和侧式站台右侧各设 1 个行车副值班室。

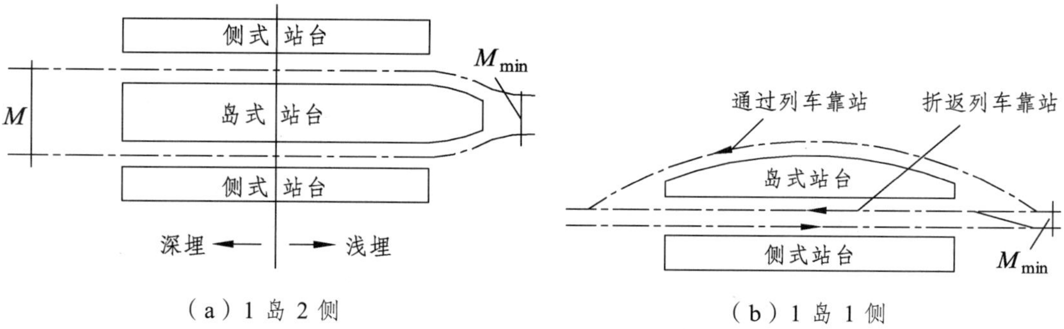

图 2.6　混合式站台

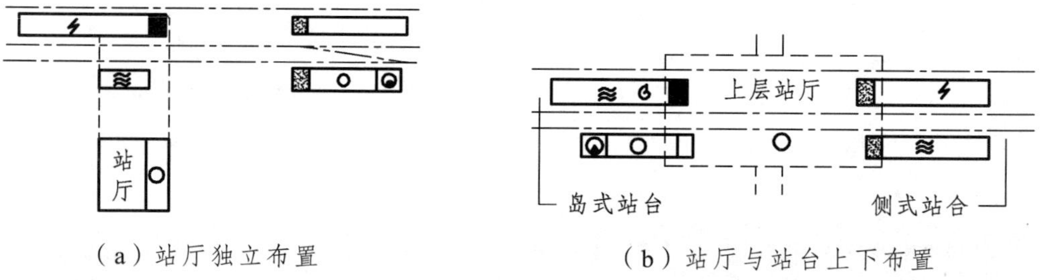

图 2.7　混合式站台车站的平面关系

2. 车站出入口的设置

车站出入口的设置对车站总平面设计较为关键。其注意的基本原则有：

（1）车站出入口、地面通风亭位置的选定

① 车站出入口的位置，一般都选在城市道路两侧、交叉路口及有大量人流的广场附近。出入口宜分散均匀布置，出入口之间的距离尽可能大一些，使其能够最大限度地吸引更多的乘客，方便乘客进入车站，如图 2.8 所示。

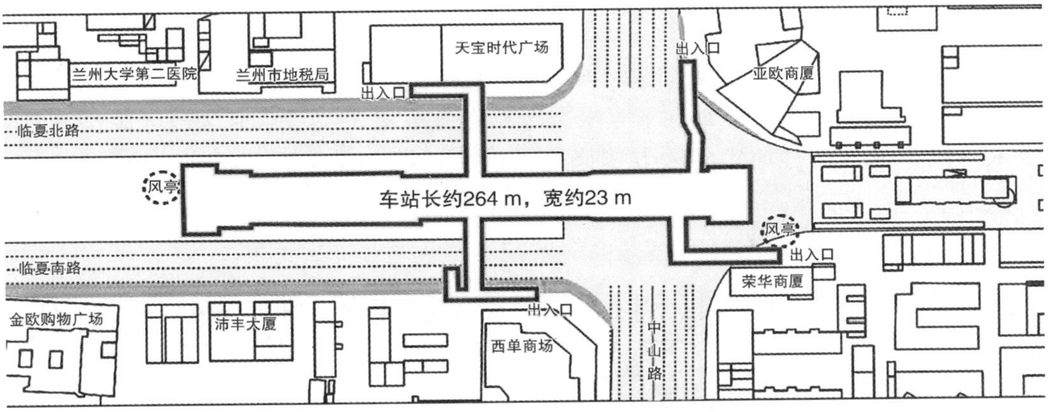

图 2.8　地铁车站分散均匀布置

② 单独修建的地面出入口和地面通风亭，其位置应符合当地城市规划部门的规划要求，一般都设在建筑红线以内。如有困难不能设在建筑红线以内时，应经过当地城市规划部门的同意，再选择其位置。地面出入口的位置不应妨碍行人通行。

③ 车站出入口宜设在火车站、公共汽车站、电车站附近，便于乘客换车。车站出入口与城市人流路线有密切的关系。应合理组织出入口的人流路线，尽量避免相互交叉和干扰。

④ 车站出入口应设在比较明显的部位，便于乘客识别，如图 2.9 所示。

⑤ 车站出入口和地面通风亭不应设在易燃、易爆、有污染源并挥发有害物质的建筑物附近，与上述建筑物之间的防火安全距离应符合有关规范的规定。

⑥ 车站主要出入口应朝向地铁的主客流方向。大商场、大型公交车站、大中型企业、大型文体中心、大居住区等都是地铁乘客的主要来源地和主客流方向，如图 2.10 所示。

⑦ 有条件时，车站出入口可以与附近的地下商场等建筑物相连通，方便乘客购物和进入车站。车站出入口也可设在附近建筑物的首层，对乘客进、出车站十分方便。

图 2.9　广州地铁中大站 A 出入口

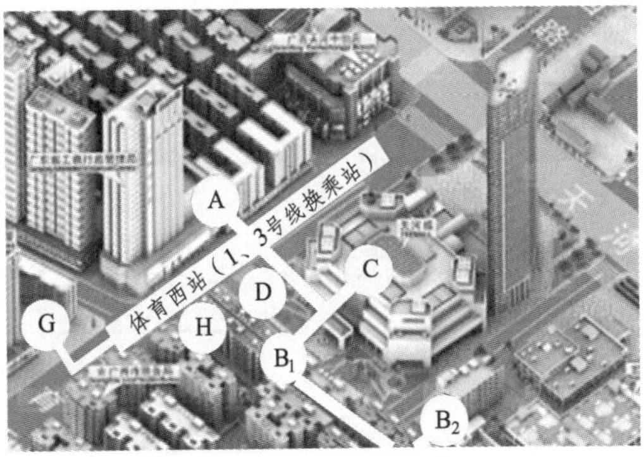

图 2.10　广州地铁体育西路站出入口布置

（2）车站出入口与城市过街地道、天桥、下沉广场相结合

当地铁车站出入口位于城市过街地道、天桥附近时，为了方便乘客，节约投资，可以将两者合并在一起修建。这种合建的地铁车站出入口兼城市过街道的位置，一般宜设在车站的端部，这样布置不致影响车站的管理和对站内人流路线造成干扰。从总的方面看，与城市过街地道、天桥结合的车站出入口，对城市建设和地铁运营都是有利的。

地铁车站出入口修建在城市下沉广场附近时，车站出入口可以直接设在下沉广场内，如下沉广场内设有商业网点，对乘客会十分方便。

（3）远、近工程应统一规划、统一设计

在进行车站建筑总平面布局时，应根据车站远期发展的需要，结合地区条件和具体情况，采取一次建成或者分期实施的方式修建。远、近期工程应统一规划、统一设计。

2.1.2　车站平面构成

地铁车站的平面基本由站厅、出入口、站台、辅助用房四部分组成，如图 2.11。

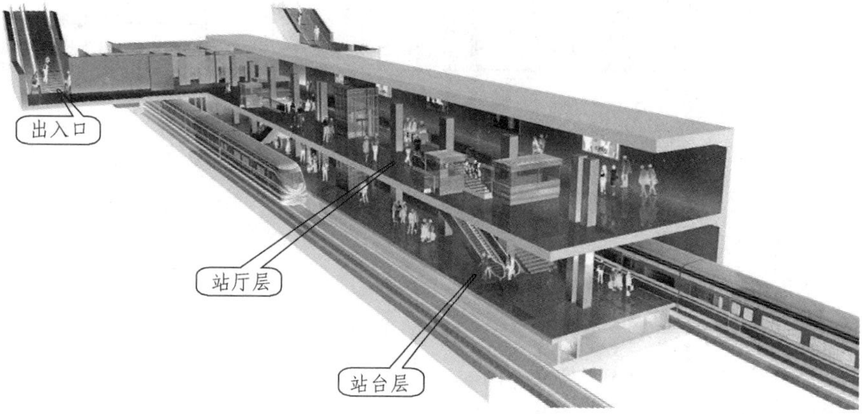

图 2.11　车站平面组成示意图

① 地面站厅或出入口：地铁与地面的联络口，供乘客进、出车站用，还具有组织和分配人流的作用。

② 站厅层：立面位于站台与地面之间，一般在中二层部分，供售票、检票、候车等用。侧式站台埋深较浅时，无法设中间站厅，可设地面站厅或以出入口代替中间站厅的作用。典型的车站站厅层布置如图 2.12（a）。

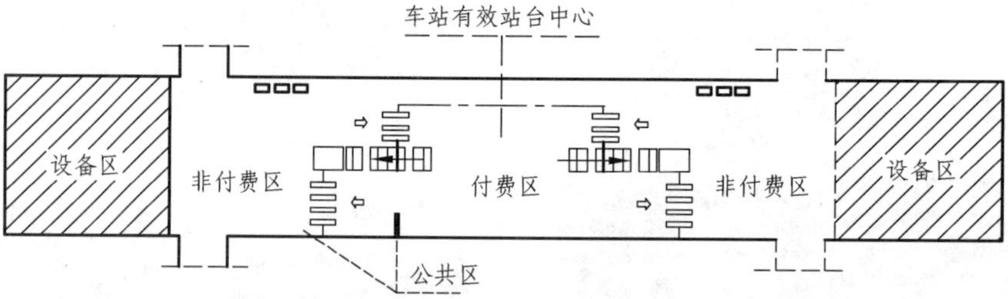

（a）站厅层示意图

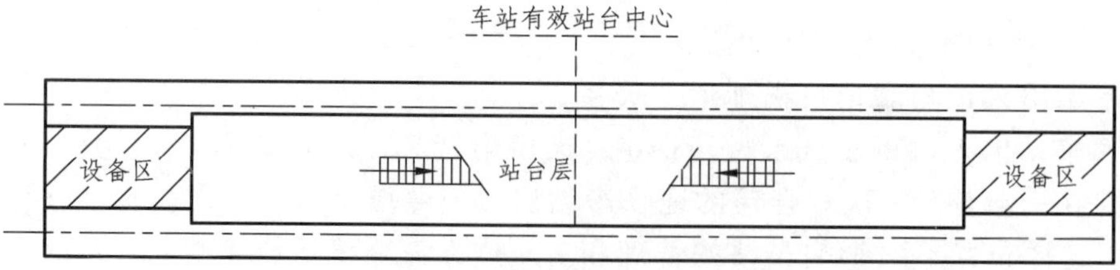

（b）站台层示意图

图 2.12　站台层、站厅层平面示意图

③ 站台：供乘客乘降，分散上下车客流，如图 2.12（b）。

④ 辅助用房：为保证地铁正常运行，除设置供乘客乘降用的站台外，还应有高压配电室、低压配电室、变压器室、牵引变电室、风机室、广播室、主副值班室、继电器室、信号工区及驻站通信引入室、仓库、厕所、污水泵房、服务人员休息室等辅助用房，如图 2.13 所示。

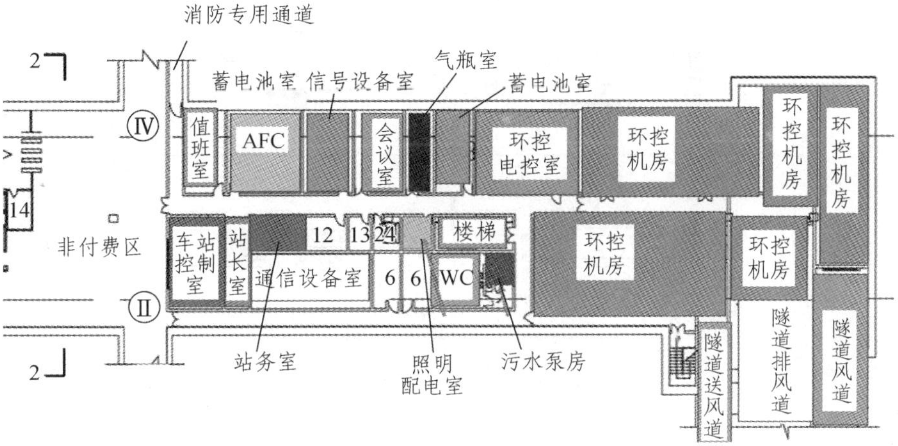

6—更衣室；12—清扫工具间；13—站务室；24—电缆井。

图 2.13 车站辅助用房布置

工作任务 2.2 地铁车站建筑设计

2.2.1 站厅层设计

站厅的作用是将由出入口进入的乘客迅速地、安全地、方便地引导到站台乘车，或将下车的乘客同样地引导至出入口出站。对乘客来说，站厅是上下车的过渡空间。乘客在站厅内需要办理上下车的手续，因此，站厅内需要设置售票、检票、问讯等为乘客服务的各种设施。站厅内设有地铁运营、管理用房，如图 2.14 所示。站厅又具有组织和分配人流的作用。

图 2.14 地铁站厅层

1. 站厅的位置

站厅的位置与人流集散情况、所处环境条件、车站类型、站台形式等因素有关。站厅设计得合理与否，将直接影响到车站使用效果及站内的管理和秩序。站厅的布置有以下 4 种，见图 2.15：

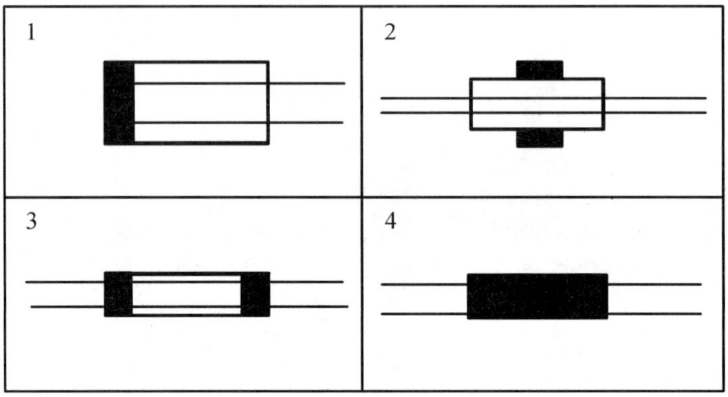

1—站厅位于车站一端；2—站厅位于车站两侧；3—站厅位于车站两端的上层或下层；
4—站厅位于车站上层。

图 2.15　车站站厅布置示意图

① 站厅位于车站一端：这种布置方式常用于终点站，且车站一端靠近城市主要道路的地面车站。

② 站厅位于车站两侧：这种布置方式常用于侧式车站。客流量不大时多采用这种布置方式。

③ 站厅位于车站两侧的上层或下层：这种布置方式常用于地下岛式车站及侧式车站站台的上层、高架车站站台的下层。客流量较大者多采用这种布置方式。

④ 站厅位于车站上层：这种布置方式常用于地下岛式车站和侧式车站，适用于客流量很大的车站。

2. 站厅层设计

根据车站运营及合理组织客流路线的需要，站厅划分为付费区及非付费区两大区域。付费区是指乘客需要经购票、检票后方可进入的区域，经过付费区才能到达站台。非付费区也称免费区或者公用区，乘客可以在本区内自由通行。付费区与非付费区之间应分隔。

由于地铁车站一般修建在城市主要道路下面，站厅还具有过街通道的功能。因此，为了便于各个出入口的联系和穿行，可以在站厅的一侧或双侧设置通道。由此，也可以将站厅层分为 3 类：

① 站厅层不能穿行。

② 站厅层单侧可以穿行。

③ 站厅层双侧可以穿行（附客流方向）。

站厅层设计示例见图 2.16：

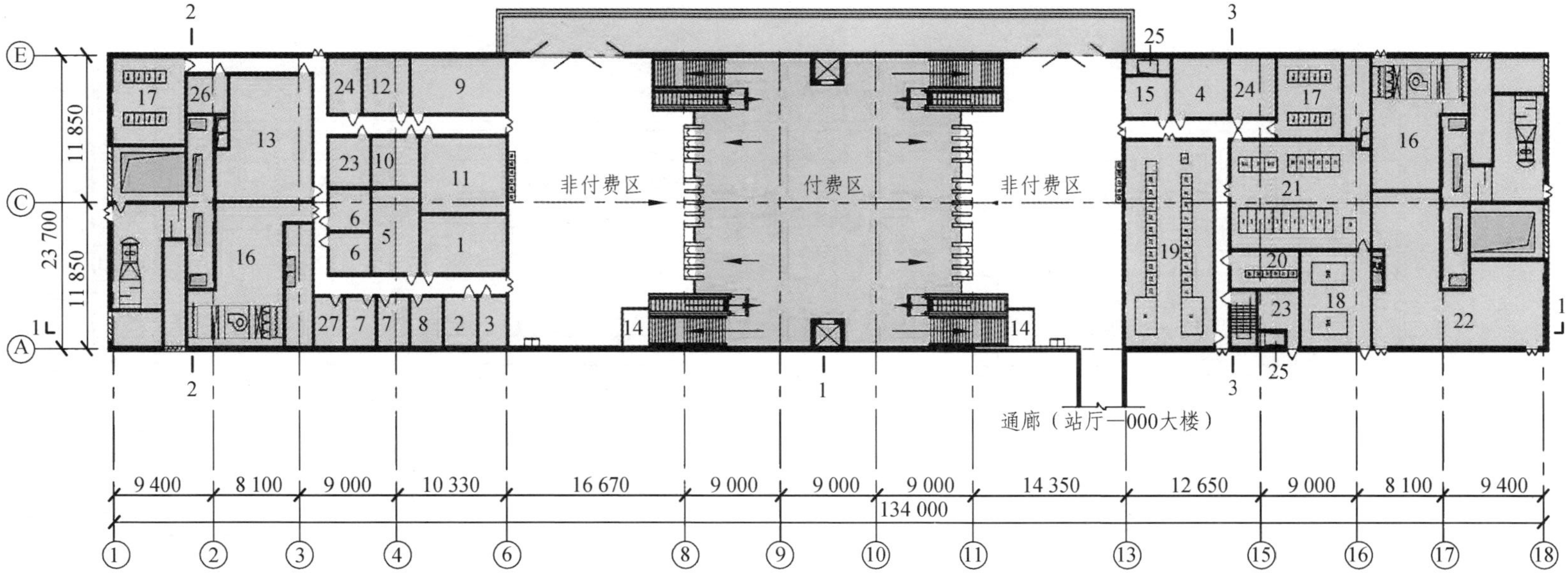

（a）站厅层不能穿行（单位：mm）

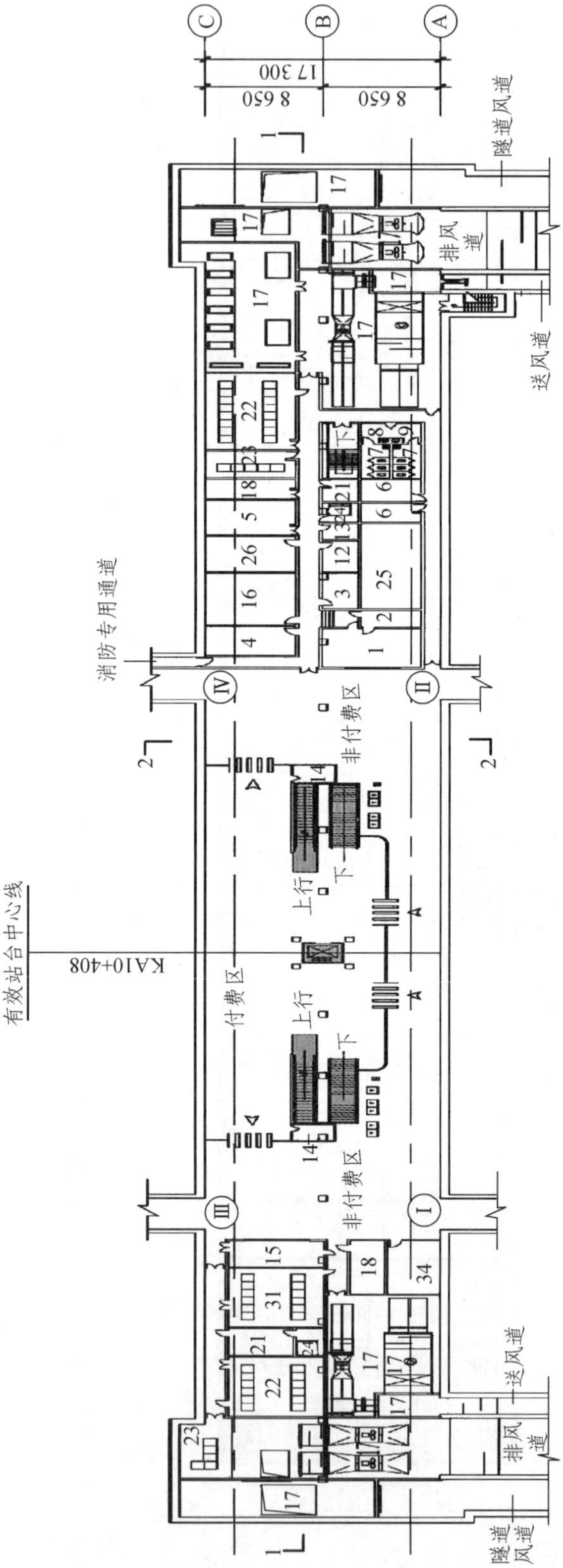

（b）站厅层单侧可以穿行（单位：mm）

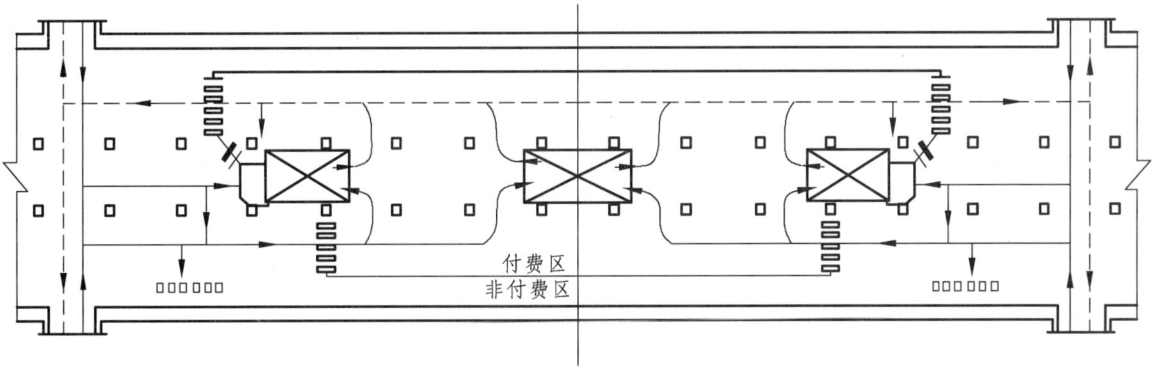

（c）站厅层双侧可以穿行（附客流方向）

图 2.16　站厅层设置形式

2.2.2 站台层设计

站台层是供乘客上下车及候车的场所。站台层布设有楼梯、自动扶梯及站内用房，如图 2.17 所示。站台层设计主要是设计其几何尺寸。

图 2.17　广州地铁大学城站站台层效果图

1. 站台长度

站台长度分为站台总长度及站台有效长度两种。站台总长度根据站台层房间布置的位置以及需要由站台进入房门的位置而定，是指每侧站台的总长度。站台有效长度是指远期列车编组总长度与列车停站时允许停车距离不准确值之和，也称为站台计算长度，是供乘客上下车的有效长度，也是列车停站位置的长度。站台有效长度（计算长度）按照下式计算：

$$L = s \cdot n + \delta \tag{2.1}$$

式中：L ——站台有效长度（m）；

s ——列车每节长度（m）；

n ——列车的节数；

δ ——列车停车误差，无站台门时应取 1 ~ 2 m，有站台门时应取 ±0.3 m 之内。

2. 站台宽度

站台宽度主要根据车站远期预测高峰小时客流量大小、列车运行间隔时间、结构横断面形式、站台形式、站房布置、楼梯及自动扶梯位置等因素综合考虑确定。在确定站台宽度设计时，不仅要考虑车站的上下车客流，还要考虑车站的结构差异。岛式和侧式车站站台宽度的计算见下式：

岛式站台宽度：

$$B_d = 2b + n \cdot z + t \tag{2.2}$$

侧式站台宽度：

$$B_c = b + z + t \tag{2.3}$$

$$b = \frac{Q_{上} \cdot \rho}{L} + b_a \tag{2.4}$$

$$b = \frac{Q_{上,下} \cdot \rho}{L} + M \tag{2.5}$$

式中：b——侧站台宽度（m），见图 2.18，取公式（2.4）和公式（2.5）计算结果的较大值，且不小于 2.5 m；

n——横向柱数（m）；

z——柱子宽度（含装饰层厚度）（m）；

t——每组楼梯与自动扶梯宽度之和（含与柱子间所留孔隙）（m）；

$Q_{上}$——远期或客流控制期每列车超高峰小时单侧上车设计客流量（人）；

$Q_{上,下}$——远期或客流控制期每列车超高峰小时单侧上下车设计客流量（人）；

ρ——站台上的人流密度（m^2/人），取 0.33 ~ 0.75；

L——站台计算长度（m）；

M——站台边缘至站台门立柱内侧距离（m），无站台门时取 0；

b_a——站台安全防护带宽度（m），取 0.4，采用站台门时用 M 替代 b_a 值。

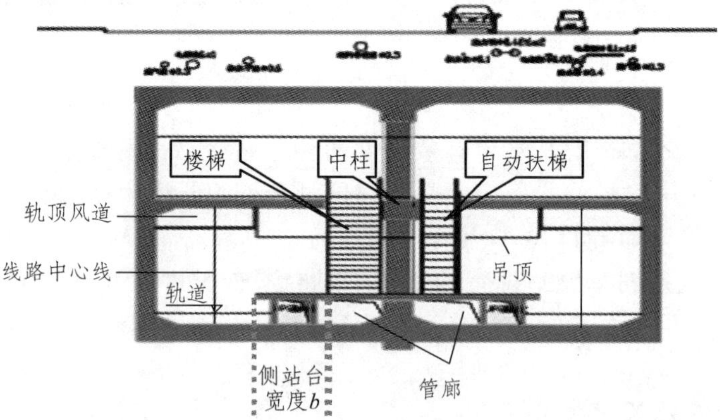

图 2.18　岛式车站站台布置

为了保证车站安全运营和安全疏散乘客的基本需要，我国规范规定了车站站台的最小宽度尺寸，见表 2.3。

表 2.3　车站各部位的最小宽度（GB 50157—2013）

车站站台形式		最小宽度/m
岛式站台		8.0
岛式站台的侧站台		2.5
侧式站台（长向范围内设梯）的侧站台		2.5
侧式站台（垂直于侧站台开通道口设梯）的侧站台		3.5
站台计算长度不超过 100 m 且楼、扶梯不伸入站台计算长度	岛式站台	6.0
	侧式站台	4.0
通道或天桥		2.4
单向楼梯		1.8
双向楼梯		2.4
与上下均设自动扶梯并列设置的楼梯（困难情况下）		1.2
消防专用楼梯		1.2
站台至轨道区的工作梯（兼疏散梯）		1.1

3. 站台高度

站台高度是指线路走行轨顶面至站台地面的高度。站台实际高度是指线路走行轨下面结构底板面至站台地面的高度，它包括走行轨顶面至道床底面的高度。站台高度的确定，主要根据车厢地板面距轨顶面的高度而定，如图 2.19 所示为位于直线上车站的站台高度，从车站隧道底板顶面至站台面高度为 A 型车不小于 1 640 mm，B 型车不小于 1 610 mm，隧道底板顶面至钢轨顶面高度为不小于 500 mm（一般为整体道床），车厢地板至钢轨面高度为 965 mm。

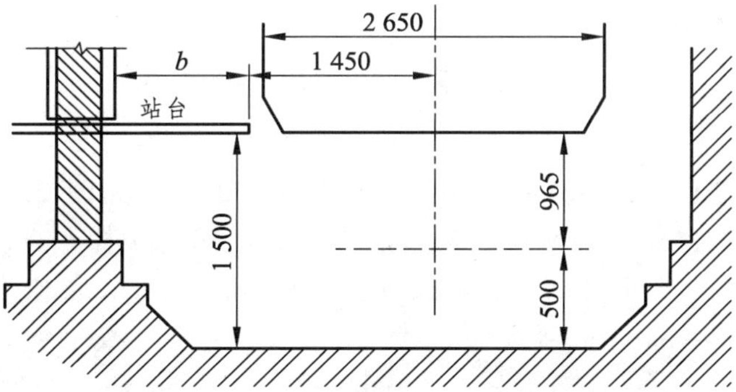

图 2.19　车站站台高度（单位：mm）

4. 站台上部净空高度

站台上部净空高度，一般由建筑艺术及工程上的要求来决定，增大高度较为美观，但结构边墙、立柱均增高，工程数量亦相应增大。最小站台上部净空高度，一般规定为 3 m。

5. 车站各部位主要尺寸

不同的地铁车站主要尺寸根据车站规模而不同，上海地铁 1 号线地铁车站主要尺寸见表 2.4。

表 2.4　上海地铁 1 号线车站主要尺寸　单位：m

规模	站台总宽	侧站台宽	站台长度	站台面至吊顶面高	吊顶设备层高	纵向柱中心距
大	14	3.5~4	186	3	1.1	8~8.5
中	12	2.5~3	186	3	1.1	8~8.5
小	10	2.5	186	3	1.1	8

2.2.3　车站主要设施与房间布置设计

1. 车站主要设施

（1）客流通道口

客流通道口主要位于站厅层的公共区，分左右两侧布置，有利于地面道路出入口的均匀布置。有时车站位于地面十字交叉道路的下面，站厅通道通常以通向地面道路交叉口的 4 个方向布置，如图 2.20 所示。通道口的通行总宽度必须大于站台至站厅楼梯（包括自动楼梯）的总宽度，以利于灾变时的紧急疏散。根据规范规定，通道口最小宽度不能小于 2.4 m。

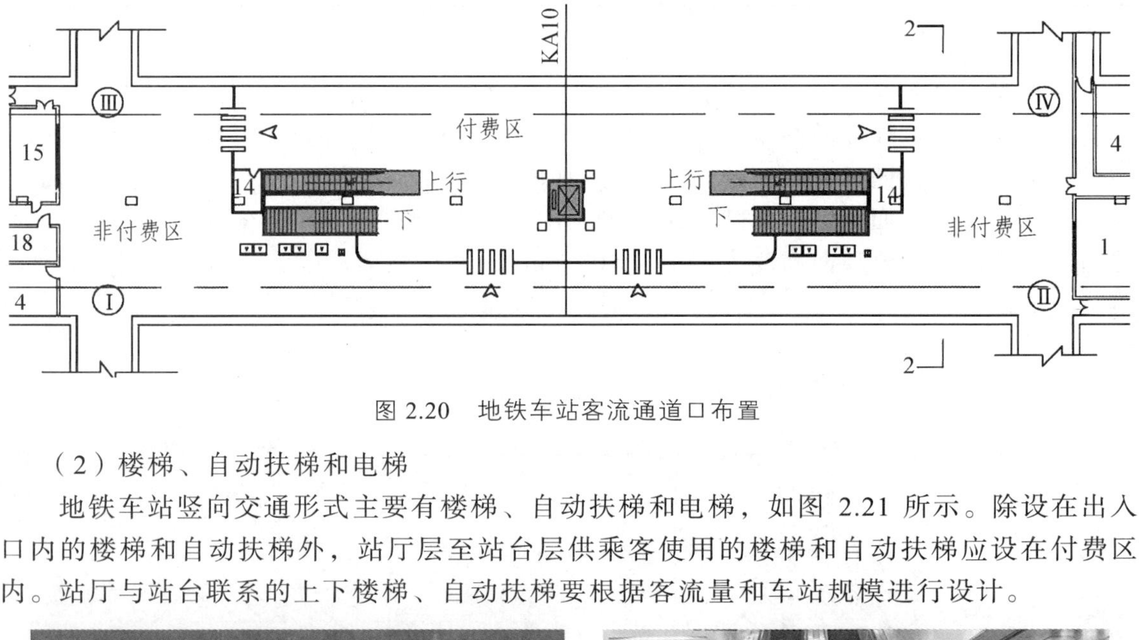

图 2.20　地铁车站客流通道口布置

（2）楼梯、自动扶梯和电梯

地铁车站竖向交通形式主要有楼梯、自动扶梯和电梯，如图 2.21 所示。除设在出入口内的楼梯和自动扶梯外，站厅层至站台层供乘客使用的楼梯和自动扶梯应设在付费区内。站厅与站台联系的上下楼梯、自动扶梯要根据客流量和车站规模进行设计。

图 2.21　地铁车站楼梯、自动扶梯的布置

① 自动扶梯台数。

规范规定，自动扶梯的设置倾角为30°，有效净宽1.0 m，设计通过能力不大于9 600人/h。车站的出入口至站厅以及站台至站厅之间应设置便于乘客和通勤人员进出的上下行自动扶梯。自动扶梯台数计算见下式：

$$n = \frac{NK}{n_1 \eta} \tag{2.6}$$

式中：N——预测的上行与下行的出站客流量（人/h）；

K——超高峰小时系数，选用1.2～1.4；

n_1——每小时输送客流的能力（人次/h），见表2.5；

η——自动扶梯的利用率，选用0.8。

表2.5　车站各部位的最大通过能力

部位名称			最大通过能力/（人次/h）
1 m宽楼梯	下行		4 200
	上行		3 700
	双向混行		3 200
1 m宽通道	单向		5 000
	双向混行		4 000
1 m宽自动扶梯	输送速度0.5 m/s		6 720
	输送速度0.6 m/s		≤8 190
售票口	人工		1 200
	自动		300
检票口	人工检票口		2 600
	自动检票机	三杆式	1 200
		门扉式	1 800
		双向门扉式	1 500

② 楼梯宽度。

人行楼梯的设置倾斜度为26°34′，乘客使用的楼梯一般多采用踏步高度150 mm、宽度300~320 mm。人行楼梯最小宽度单向通行时为1 800 mm，双向通行时不小于2 400 mm。楼梯宽度计算见下式：

$$m = \frac{N'K}{n_2 \eta'} \tag{2.7}$$

式中：N'——预测的上行与下行的进站客流量（人/h）；

K——超高峰小时系数，选用 1.2 ~ 1.4；

n_2——楼梯的通行能力（人次/h），见表 2.5；

η'——楼梯的利用率，选用 0.7。

③ 电梯。

有无障碍设计要求时及车站站房区内，站厅层至站台层之间宜设垂直电梯，以方便残疾人使用并便于运送站内小型机具、设备和物件。

④ 楼梯宽度安全疏散时间验算。

提升高度不超过 3 层的车站，乘客从站台层疏散至站厅公共区或其他安全区域的时间，应按下式进行验算：

$$T = 1 + \frac{Q_1 + Q_2}{0.9[A_1(N-1) + A_2B]} < 6\,\text{min} \tag{2.8}$$

式中：Q_1——远期或客流控制期中超高峰小时 1 列进站列车的最大客流断面流量（人）；

Q_2——远期或客流控制期中超高峰小时站台上的最大候车乘客（人）；

A_1——一台自动扶梯通过能力［人/（min · m）］，取 8 100 人/（min · m）；

A_2——疏散楼梯（上行单向）的通过能力［人/（min · m）］，取 3 700 人/（min · m）；

N——自动扶梯数量；

B——疏散楼梯总宽度（m），每组楼梯的宽度应按 0.55 m 的整倍数计算；

1——人们遇灾变时所需的反应时间（一般为 1 min）。

车站楼梯的安全疏散时间我国规定不超过 6 min，而法国则规定不超过 5 min，因此不同的国家对其规定并不相同。

（3）售、检票设施

售、检票设施是指乘客使用的售、检票系统，如图 2.22 所示。全国地铁车站售、检票设施的通过能力可分别按通过的人数来计算，地铁规范对售、检票设施的最大通过能力的规定见表 2.5。

（a）检票机

（b）自动售票机

图 2.22　地铁检票、售票设施

2. 车站主要房间布置

各国地铁系统的组织管理体制不同，且在技术水平、设备设施方面也存在着差异，因此车站内运营管理、技术设备用房的组成内容和面积定额也有所不同。

（1）变电所

地铁用电分为牵引用电和动力照明用电两种，前者供地铁列车牵引供电用，后者供设备及照明使用。

（2）环控用房

环控用房主要是指厕所、洗手间等，一般设在车站一端，供乘客和站务人员使用。

（3）主、副值班室

主、副值班室分设在站台的两端，如车站设有控制室时，则可不设主值班室。主、副值班室设有控制台及调度电话等，室内要求安静，应采取隔声、吸声措施。

（4）车站控制室

车站控制室设于站厅层，位于车站客流最多的一端。如车站控制室与站厅相邻，则可在朝向站厅的墙面上设置大面积的玻璃窗，室内地面高于站厅地面 0.6~0.9 m，便于对站厅的瞭望。

（5）站长室

站长室应靠近站厅，并且宜与车站控制室相邻，大门直通车站控制室，便于工作联系。站长室附近可设会议室。

2.2.4 地铁车站出入口建筑物设计

1. 地面站厅

地面站厅是旅客进出地铁车站的咽喉，其位置选择、规模大小，应满足城市规划和交通的要求，并应便于乘客进出站。地面站厅在建造时可单独修建；在地面比较狭窄时，亦可与待建或已建的建筑物联合修建，但应预先采取措施消除和减少风机及自动扶梯运转时噪声和震动的公害。为方便出站人员的疏散，联合修建时的建筑物应退出建筑红线 5 m 以外。

地面站厅的位置应尽可能使乘客横穿街道的次数少，所以常常设于街道十字路口一侧。地面站厅地坪高程，要考虑暴雨时最高水位。为避免水淹的可能，应高出地面 10~15 cm。地面站厅净空高度，一般在 2.2~3.5 m。地面站厅面积除考虑客流量、建筑艺术要求外，还应考虑是否要设售票、检查、管理办公室，如没有中间站厅时，还应考虑休息、候车、小卖部等需要。

图 2.23 为单独设地面站厅方案，图中自动扶梯大厅设有检票口。售票厅内设人工及自动售票口，售票口数目由客流决定。办公室用于管理地面站厅。出口大厅，有时可能不设，即由自动扶梯大厅直接出站。地下设施通风井的进风口和排风口宜分开建设，其水平距离不小于 10 m，垂直距离不小于 6 m；如有室外售票处，则需要设置前室，将售票厅、出入口与广场分隔开来。图 2.24 所示为地面站厅与其他建筑物。

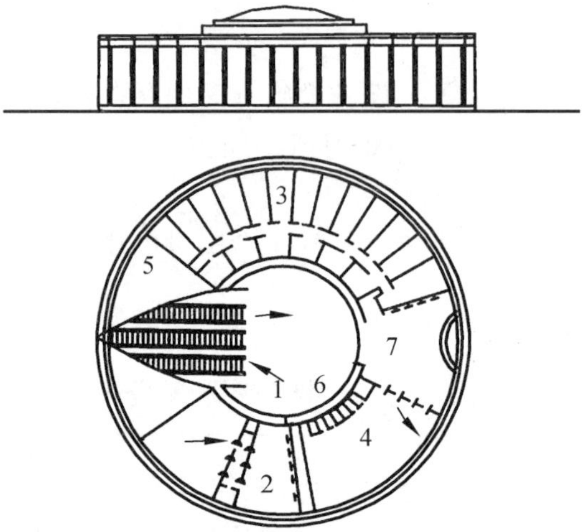

1—自动扶梯大厅；2—售票厅：3—办公室；4—出口大厅；5—通风渠及进排风设备；6—自动电话；7—前室。

图 2.23　地面站厅

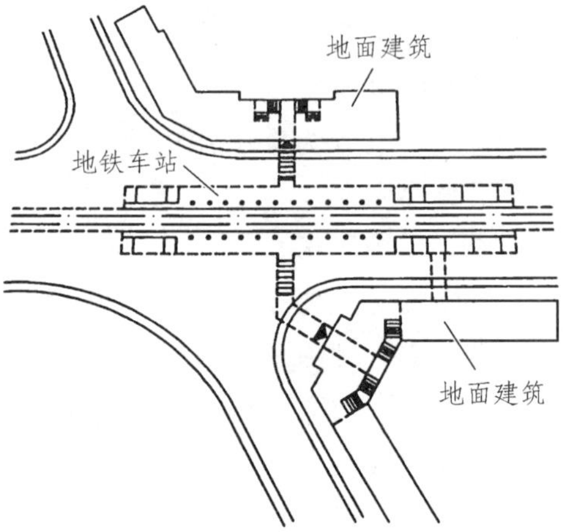

图 2.24　地面站厅与其他建筑物

2. 地面出入口及人行通道

（1）位置选择

出入口位置决定于车站的地势和所选地区的具体条件，并应满足城市规划及交通的要求，一般选择在人流集中的地方。

① 设在沿街人行道边（图 2.25）和街道拐弯处，可采用平面曲线形式，并可设双向出入口。设在人行道上的出入口（图 2.26），可加设栏杆围护。

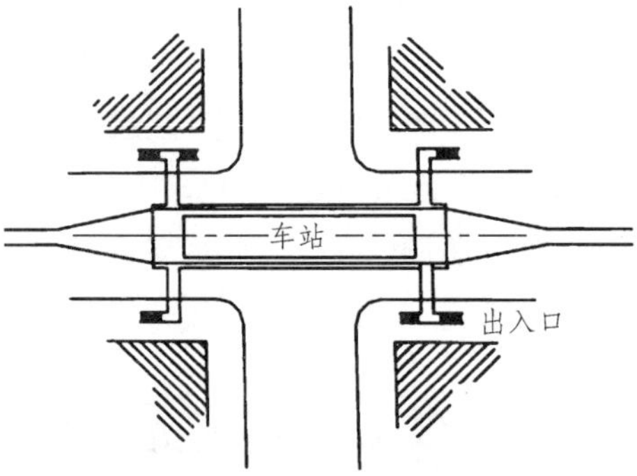

图 2.25　沿街道布置

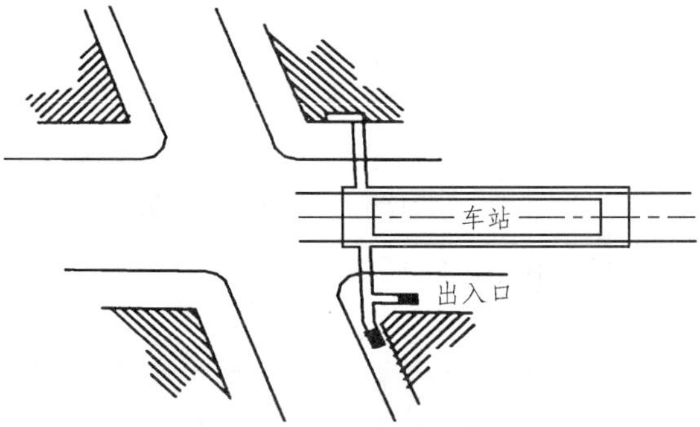

图 2.26　双向出入

② 设在街道中心广场、街心花园、安全岛内等。

③ 设在建筑物内，如购物中心商业楼内等。

④ 设在车站广场及停车场上，以方便乘客换乘。

（2）地面出入口的平面类型

出入口平面一般有三种形式：一形、L 形、T 形，如图 2.27。一形最简单；L 形（或平面曲线形）可设于街道拐角处；如在人行道上设置时，以 T 形较好，双向出入，宽度可减半。

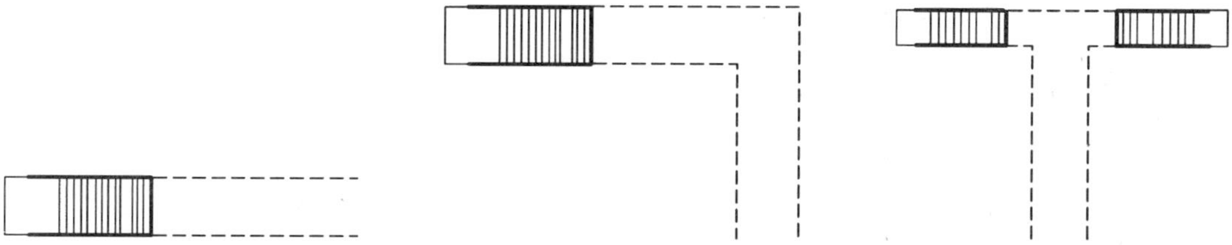

（a）一形　　（b）L 形　　（c）T 形

图 2.27　出入口平面布置形式

地面出入口可以采用独建式（图 2.28）或合建式（图 2.29）设计，合建式出入口一般与地铁风亭、交通枢纽和地面楼房合建。

图 2.28　独建式出入口

图 2.29　与风亭合建式出入口

（3）地铁出入口及通道的数目和宽度

出入口数量的确定：一般情况下，浅埋地下车站的出入口数量不宜少于 4 个；深埋地下车站出入口的数量不宜少于 2 个。对于客流量较少的车站，若是浅埋，其出入口数量可以酌情减少，但不应少于 2 个。对于地下浅埋车站分期修建出入口的，第一期修建的出入口数量不应少于 2 个，每端的出入口不宜少于 1 个。

主要尺寸的确定：出入口宽度按车站远期预测超高峰小时客流量计算确定。根据出入口位置、主客流方向以及可能产生的突发性客流，应分别乘以 1.1~1.25 的不均匀系数。车站出入口宽度的总和，应大于该站远期预测超高峰小时客流量所需的总宽度。出入口的最小宽度不应小于 2.5 m。兼作城市地下人行过街道的车站出入口，其宽度应根据城市过街客流量加宽。

车站出入口地面与站厅地面高差较大时，宜设置自动扶梯。

① 出入口通道宽度：按车站远期预测超高峰小时客流量计算确定：

$$b=\frac{QKa}{C_t N} \tag{2.9}$$

式中：b——通道宽度（m）；

Q——车站高峰小时客流量（人/h）；

K——超高峰系数（$K=1.2\sim1.4$）；

a——出入口客流不均匀系数（$a=1.1\sim1.25$）；

C_t——通道双向混行通过能力［人/（h·m）］，每米宽取 4 000 人/h；

N——出入口数量（单支取 2，双支取 4，图 2.30）。

上述出入口通道宽度具体为：

单支（车站两侧各一个）：$b_1 = \dfrac{QK}{4\,000 \times 2}$（m）

双支（车站两侧各两个）：$b_2 = \dfrac{QKa}{4\,000 \times 4}$（m）

② 出入口楼梯宽度计算：

单支（车站两侧各一个）：

$$B_1 = b_1 \quad \text{［图 2.31（a）］}$$

$$B_2 = \frac{b_1 \times 1.25}{2} \quad \text{［图 2.31（b）］}$$

双支（车站两侧各两个）：

$$B_3 = \frac{b_2 \times 1.25 \times 1.25}{2 \times 2} \quad \text{［图 2.31（c）］}$$

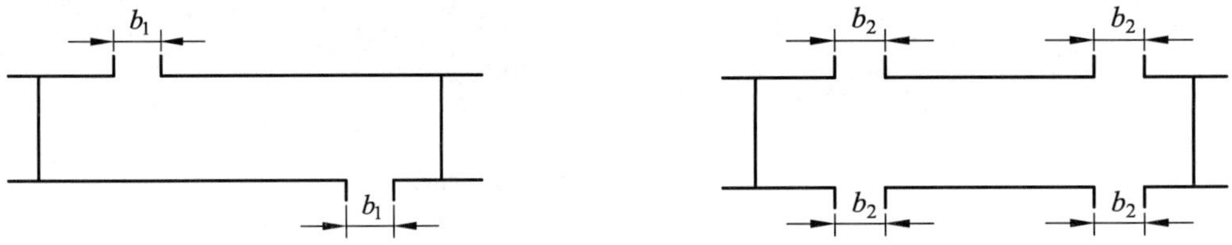

图 2.30　通道宽度 b

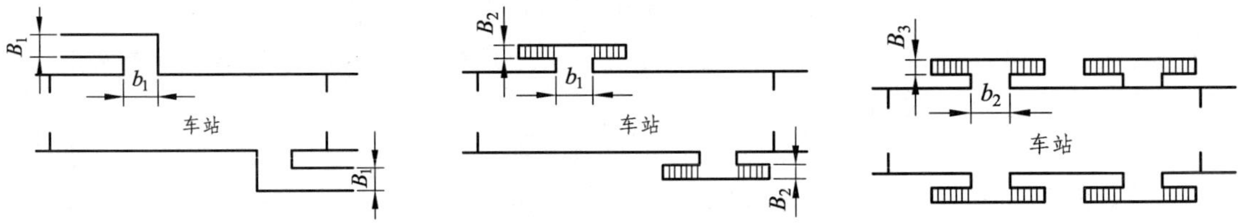

图 2.31　出入口楼梯宽度 B

出入口、楼梯及通道的最小尺寸应符合表 2.6 中的规定：

表 2.6　出入口、楼梯及通道的最小尺寸规定

部　位	最小尺寸/m	
	净宽	净高
出入口	2.4	2.4
楼　梯	1.8（单向）、2.4（双向）	2.4
通道或天桥	2.4	2.4

3. 出入口的无障碍设计

近年来国内外修建的地铁车站，在一些重要车站及大型车站，考虑了无障碍设计，如设有“盲人道”或安设音响信号设施等，为残疾人乘坐地铁提供了方便条件。

对于地下车站和高架车站，一般设置供残疾人使用的专用垂直电梯或坡道。坡道适用于侧式站台车站，但因斜坡道的最大坡度不得超过 8%，最小宽度不得小于 1.6 m（图 2.32），对车站来说是不经济的，因此多采用垂直电梯（见图 2.33）。

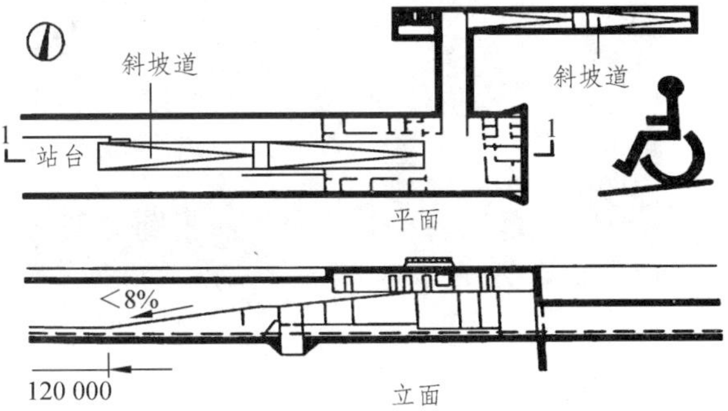

图 2.32　某车站无障碍设计（单位：mm）

图 2.33　地铁车站垂直电梯

2.2.5　地铁车站装饰装修设计

地铁装饰装修是车站建筑艺术形成的重要内容，它不仅关系到车站使用，同时涉及通过建筑装饰装修来体现的车站的主题思想内容。

地铁车站不像地面车站，乘客可依地面建筑物特征来确定自己所处车站位置和事先知道下一站的站名，所以在地铁车站设计中，特别在装修中，应注意一条线路的建筑处理的统一整体概念和各个车站装修艺术上的不同变化，以获得有效的具体特征。

车站装饰装修的设计原则是：

① 朴素大方、适用、经济和美观。

② 选用饰面材料在考虑适当的外观和价格的同时，也应考虑耐久性、抗破坏性能、耐火性能，冲洗、养护，以及修复、声学效果等。

③ 具有足够的照度，给乘客以明快、舒适的感觉。

④ 各种装修设计要有所不同，便于乘客识别，并应设置乘客向导设备（如站名牌、指示牌等）和为乘客服务的设施（如座椅、时钟等）。

车站装饰装修工程包括墙柱饰面工程、吊顶工程、地面工程、室外附属工程等，各区域装修材料应用示例如图 2.34 所示。

（a）站厅层　　（b）站台层

（c）出入口通道

（d）卫生间

（e）设备区

（f）出入口

图 2.34　地铁车站建筑装饰示例

1. 车站装修工程

（1）吊顶

地铁车站天花板吊顶主要是指用于集散厅、台上部的吊顶，是车站建筑艺术、照明、通风、吸声等方面的综合工程，是车站建筑装修的重点。

吊顶的作用有：① 吊顶可提高灯具的发光效率，根据建筑艺术的要求，做成各种形式，改善地铁车站的空间气氛，克服空间低的压抑感觉，达到开朗新颖的效果，使人能有一个舒适的环境感。② 吊顶能遮挡住主体结构的大梁、硬肋的施工偏差，其上部空间（一般留有 80 cm 的高度）可作车站照明、通信管线通道或兼作通风道使用。③ 可架设灯具，满足照明需要，根据设计要求敷设吸声材料，以满足要求。④ 可起防漏及防潮作用。

地铁吊顶的设计要求能防火、防锈、防震、防水、不易积尘、易于清扫、便于维修，并且有一定的强度。吊顶尽量做到设计定型化、生产工厂化和施工装配化。

吊顶构造的形式有：平吊顶、人字形和折板式吊顶。有些地方，结构本身即具有建筑上的价值，或者由于其他理由，有不设吊顶或不需要设置吊顶的情况。结构将任其暴露在外，这是所谓的结构顶棚方式。其做法主要有下列三种：① 拉毛，用于适宜以构造饰面处理的公共场所。② 保持自然状态和涂漆，用于只需要最小处理的设备房间，以及不适宜构造饰面的公共场所。③ 喷涂吸声材料，用于需要吸声处理的地方，如在轨道上的站台平面。

（2）地面装修

地铁车站地面，由于车站的不同区域和各种不同服务房间要求不一致，对地面有不同的建筑要求。一般要求地面耐磨、防滑、易清洁、易修复、防潮、美观且有光泽。在地面装修中，常用的装饰材料有大理石、美术水磨石、缸砖、瓷砖、马赛克、聚氯乙烯砖、橡胶、木材等。

（3）柱子装修

地铁车站的中间站厅及集散厅部分，均设有柱子，通常是钢筋混凝土或钢管柱，其形状大致有圆形、矩形、方形、正多边形等。从车站建筑艺术整体要求出发，柱子外表面均应进行装饰处理，常用的有面砖、大理石、不锈钢、铝合金复合板等。

（4）墙面装修

墙面装修主要是指车站人行通道的侧面墙、中间站厅的内墙面以及站台部分的侧墙墙面的装修。常有水磨石及大理石墙面、马赛克墙面、外露混凝土墙面、喷漆墙面等。

2. 车站色彩设计

色彩的选用应配合如何改善地下车站狭长、低矮空间所形成的压抑/沉闷感和高架车站的视觉污染感等选用。车站的地、墙和吊顶的色调在总体上要求明快，宜采用高明度、低彩度色系。

对于一个车站来说，应有一个主色调。站台休息椅的色彩可配合本车站主色调或一条线的主色调选用，这样可大大增强车站的识别性。整个线网中，每条线都应有各自的色彩标色，每条线的列车和站台上开行方向的指示牌等色带均应采用同一标色，如图 2.35。

图 2.35　地铁车站色彩设计示例

3. 路引、导向、标志、广告等设计

（1）地铁标志

地铁标志是代表一个城市地铁含义的形象符号，应便于识别且具有个性，能引导乘客进入车站。地铁标记往往设置在出入口明显部位，一般配有灯光，便于夜间识别。

（2）指示标志

指示标志是表示地铁某处的职能或某场所用途的标志，常见的有两种：一种是供乘客使用或与乘客联系密切的场所，如售票处检票口、补票处、问讯处、站长室、站名牌、公共厕所、残疾人电梯等等。此种标志应全线统一，并配有英文，且与国际标、国内标尽量统一。另一种是车站内用房名称及与乘客无直接联系的场所，如各设备、管理用房的名称。此种标志较为自由。

（3）导向标志

导向标志的作用是引导乘客的行进方向。导向标志一般设在通道内的交叉口、转弯处及不易判明走向的地方。此种标志应全线统一，同时配有英文。

（4）疏散导向标志

疏散导向标志是当地铁发生事故时，引导乘客迅速、安全疏散所设置的标志。一般在距地面 1 m 或在地面处设置。其间距一般不大于 15 m。如区间设有应急通道，则每隔 20 m 设一处。

（5）广告箱

广告通常有色灯广告和照射广告，目前地铁车站常将广告设计成色灯广告箱。色灯广告箱的设计应纳入整个车站室内环境设计之中。色灯广告箱的位置不能阻挡、影响车站指示、导向等标志功能的使用。

4. 车站建筑装饰设计特征及趋势

地铁作为一种高效、便捷、节能、环保的城市轨道交通工具，在缓解城市交通堵塞压力、增强城市活力、调整城市功能布局、带动相关行业发展、提升城市运作效率和城市竞争力等方面的优势显著。地铁除了是交通运输的载体外，也是每个国家或地区一定时期历史、文化背景、经济实力的综合反映，而一个城市的特点，以及城市的历史环境、社会环境和人文环境的表达，可以通过地铁车站装饰装修特色来实现，最终达到建筑装饰艺术风格与城市文化、地域文化个性的完美统一、自然融合。随着城市化进程加快，地铁工程建设进入高速发展阶段，地铁车站装饰装修作为装饰行业的一个新兴市场，也将迅速崛起、快速发展。地铁车站建筑及装饰设计具有如下特征：

① 地铁车站设计中融入了地区文化和城市标签，成为城市对外开放和交流的名片。如图 2.36、图 2.37 所示，采用中国剪纸和中国文字雕刻作为地铁建筑设计。

图 2.36　中国剪纸的地铁出入口设计

图 2.37　中国文字的雕塑艺术设计

② 地铁车站的设计考虑了多功能化。如莫斯科地铁一直被公认为世界上最漂亮的地铁，地铁站的建筑造型各异、华丽典雅，享有“地下的艺术殿堂”之誉，如图 2.38。莫斯科地铁还以名人、历史事迹、政治事件为主题而建造，如“普希金”“契诃夫”等名人。最后莫斯科地铁建造时还考虑战时的防护要求，可供 400 万居民掩护之用。

图 2.38　莫斯科地铁

③ 地铁车站的设计充满了艺术和文化气息。

瑞典斯德哥尔摩地铁站（图 2.39）是一个充满趣味的艺术殿堂，在其百余个站台内绘制了数百件的艺术作品，因而被誉为世界上最长的艺术长廊。其中最富有特色的莫过于索尔纳（Solna Centrum）“洞穴”地铁站，艺术家 Karl-Olov Bjork 和 Anders Aberg 将一幅幅变幻莫测的红色天空绘制于地下洞穴之中，神秘的气息油然而生！

图 2.39　瑞典斯德哥尔摩地铁站

工作任务 2.3　地铁车站结构构造

地铁车站结构形式与区间隧道衬砌结构一样，根据施工方法不同，可基本上分为矩形框架（或称为箱形框架结构）、拱形结构和圆形结构三种。

2.3.1　矩形框架结构车站

矩形框架结构是明挖车站中采用最多的一种形式，根据功能要求，可以设计成单层、双层、单跨、双跨或多层多跨等形式。该结构具有净空断面利用充分、杆件刚性结合、断面最经济的特点。侧式车站一般采用多跨结构；岛式车站多采用三跨结构，站台宽度≤10 m 时站台区宜采用双跨结构，有时也采用单跨结构；在道路狭窄的地段修建地铁车站时，也可以采用上下行线重叠的结构。图 2.40 为典型明挖法施工矩形框架结构断面图。

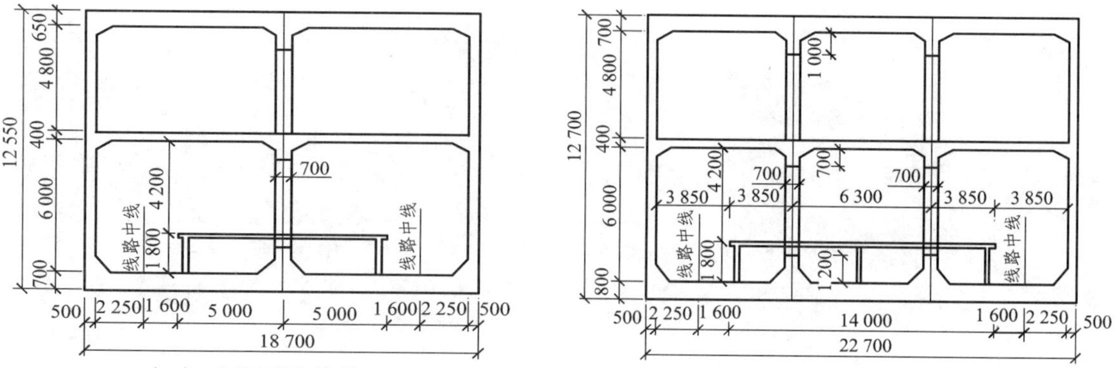

（a）两层两跨结构　　（b）两层三跨结构

图 2.40　典型明挖法施工矩形框架结构断面（单位：mm）

2.3.2　拱形结构车站

1. 单拱结构

单拱结构一般用于站台宽度较窄的单跨单层或单跨双层车站，可以获得良好的建筑艺术效果，是莫斯科地铁在拱形覆土较薄的车站中采用的一种断面形式。结构由拱形顶板的变截面单跨斜腿刚架和平底板组成，墙角与底板之间采用铰接，并在其外侧设有与底板整浇的挡墙，用以抵抗刚架的水平推力。图 2.41、图 2.42 为拱形车站的横断面。

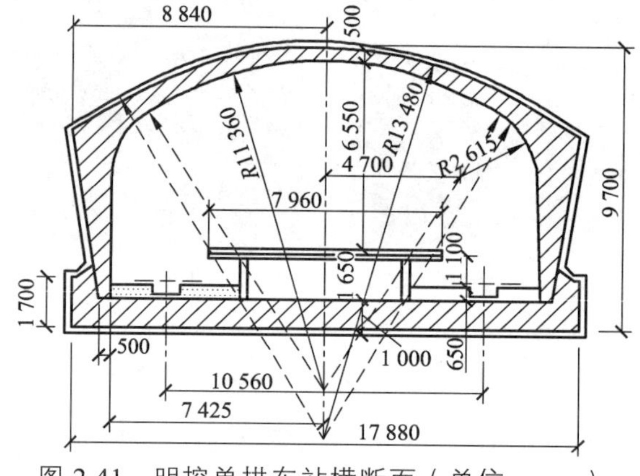

图 2.41　明挖单拱车站横断面（单位：mm）

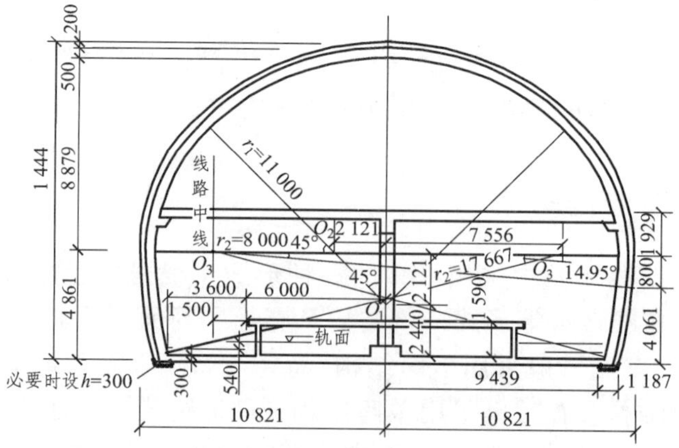

图 2.42　暗挖单拱车站横断面（单位：mm）

2. 双拱和三拱结构

当地铁车站位于深埋地段或即使位于浅埋地段，但为了不妨碍地面繁忙的交通，也需采用暗挖法施工时，车站结构通常可采用双拱或三拱结构。这两种结构形式在我国近期建成和正在建设的浅埋地铁车站中比较流行。图 2.43 为建在较硬岩层中的深埋双拱车站，图 2.44 为深圳地铁某双拱车站结构断面图，图 2.45 为三拱隧道结构断面图。

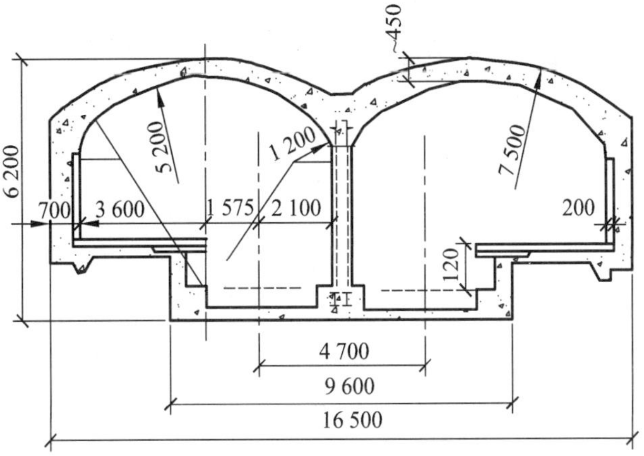

图 2.43　双拱立柱车站实例（单位：mm）

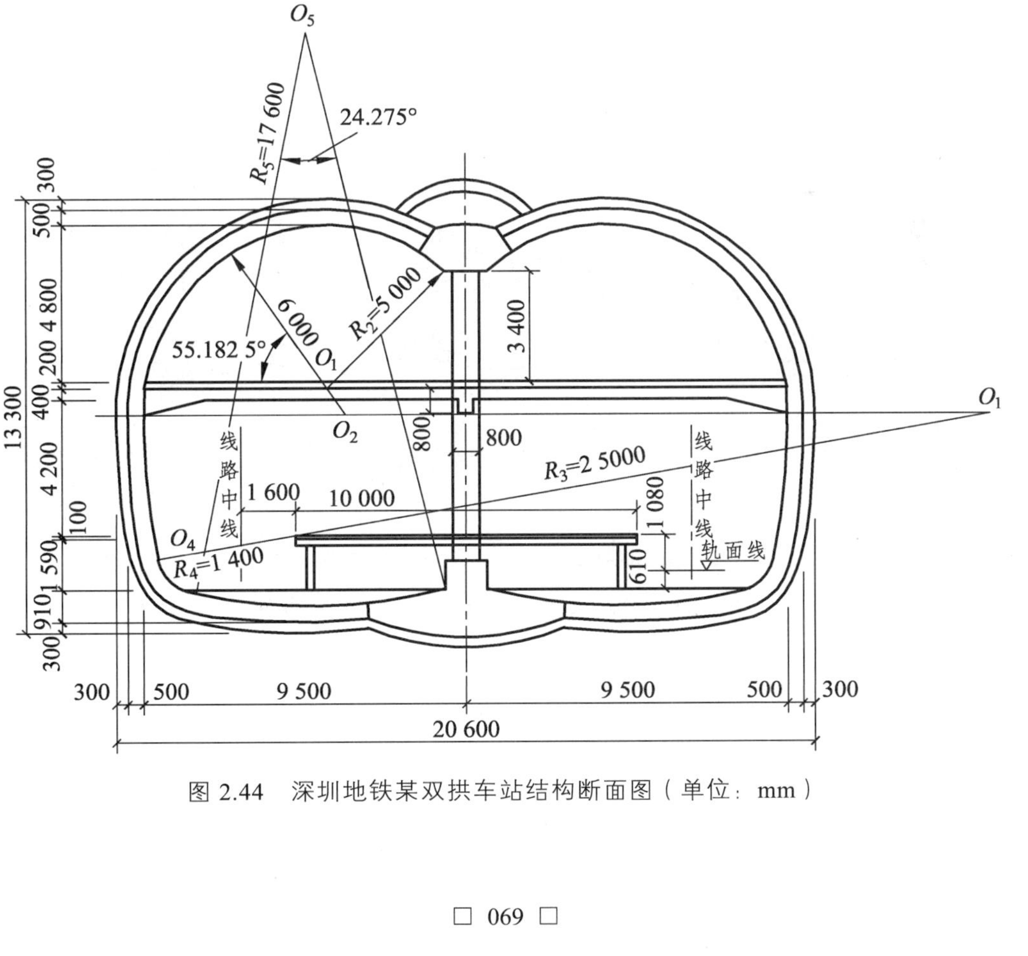

图 2.44　深圳地铁某双拱车站结构断面图（单位：mm）

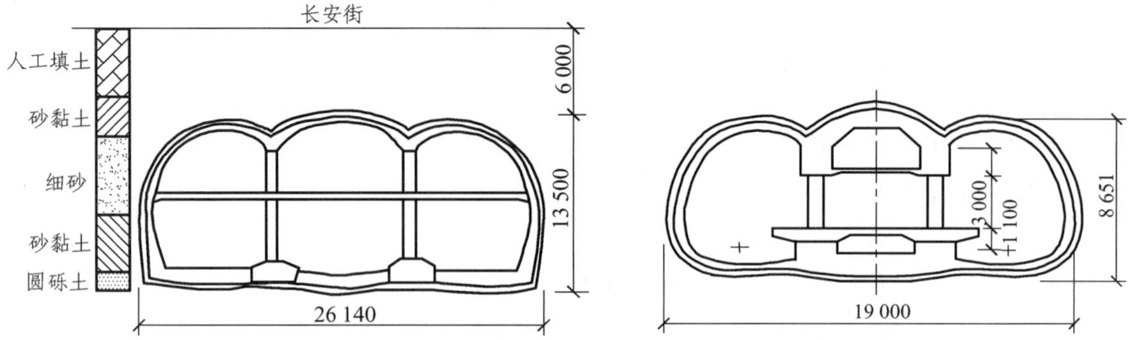

（a）西单地铁车站　　（b）北习志野车站

图 2.45　三拱立柱式车站实例（单位：mm）

广州地铁 2 号线越秀公园站设计采用了暗挖 3 座隧道构成车站结构，如图 2.46 所示。车站站台采用 3 个单洞暗挖形式，其中两侧为行车主隧道，中间为纵向人行通道，三者之间以 4 个横通道相连，形成假岛式站台；站台公共区两端各设 3 台自动扶梯通过斜隧道分别与南、北端负 1 层连接，北端通过主隧道延长段与负 3 层连接；两端站台有效宽度各为 3.5 m，中间人行通道净宽 5 m，横通道净宽 6 m；两端站台设置屏蔽门，各长 135.24 m。乘客客流组织为：到站列车→两侧候车站台（负 3 层）→横通道→中间纵向人行通道→两端自动扶梯→两端斜隧道→两端站厅（负 1 层）→出入口→出站。乘客进站线路则依次反向。

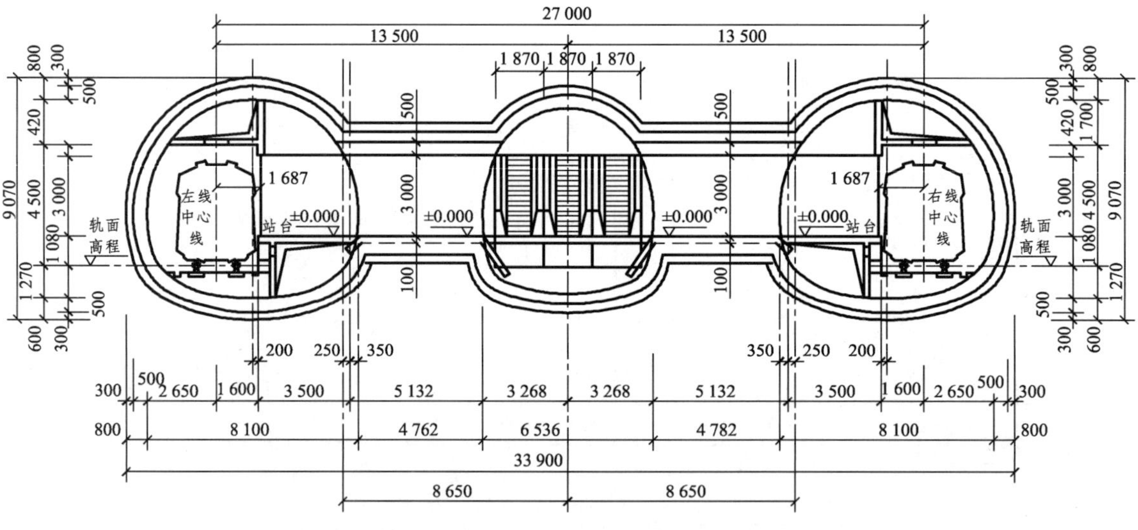

图 2.46　广州地铁 2 号线越秀公园站（3 拱隧道式）（单位：mm）

2.3.3　圆形结构车站

圆形结构车站主要适用于采用盾构法施工的深埋地铁车站，且大多在欧洲早期地铁（如俄罗斯、乌克兰等）建筑中采用，其结构类型主要有双圆侧式站台车站、三拱塔柱式车站、三拱立柱式车站等。

1. 由两个并列的圆形隧道组成的侧式站台车站

由两个并列的圆形隧道组成的侧式站台车站如图 2.47 所示，每个隧道内都设有一组轨道和一个站台。两隧道的相对位置主要取决于场地条件和车站的使用要求，一般多设于同一水平，乘客从车站两端或车站中部夹在两圆形隧道之间的竖井（或自动扶梯隧道）进入站台；在两个并列隧道之间可以用横向通道连通，两隧道之间的净距应保证并列隧道施工的安全并满足中间竖井（或斜隧道）的净空要求。

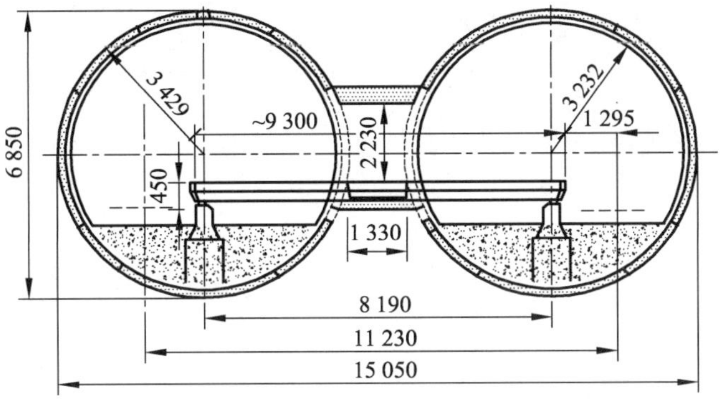

图 2.47　伦敦地铁盾构车站（单位：mm）

2. 由 3 个并列的圆形隧道组成的三拱塔柱式车站

由 3 个并列的圆形隧道组成的三拱塔柱式车站如图 2.48 所示，两侧为行车隧道并在其内设置站台，中间隧道为集散厅，用横通道将 3 个隧道连成一个整体。乘客从中间隧道两端或位于车站中部的竖井（或斜隧道）进入集散厅。此种形式的车站在俄罗斯的深埋地铁中采用较多。

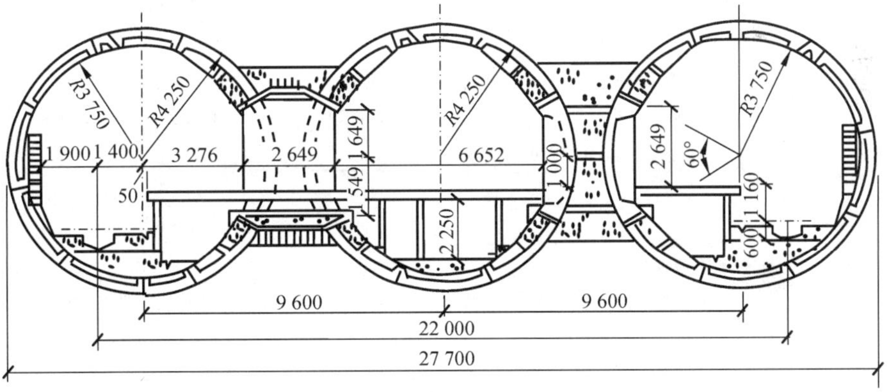

图 2.48　基辅地铁三拱塔柱式车站（单位：mm）

3. 三拱立柱式车站

传统立柱型车站为三跨结构，先用单圆盾构开挖两旁侧隧道，然后施工中间站厅部分，将它们连成一体。中间站厅视施工方法的不同，可以是拱形的或平顶的。两旁侧隧道的拱圈及中间隧道的拱圈（或平顶）支承在纵梁及立柱上。这种形式的车站也被称为眼镜形车站，是一种典型的岛式车站（图 2.49），乘客从车站两端的斜隧道或竖井进入站台。站台宽度应满足客流集散要求，一般不小于 10 m，站台边至立柱外侧的距离不小于 2 m。

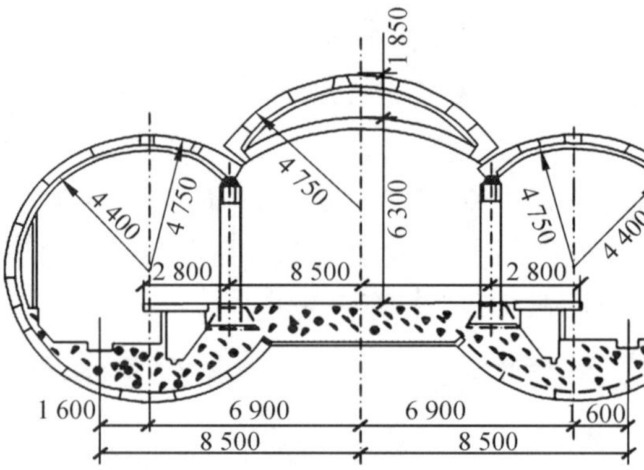

图 2.49　莫斯科地铁三拱立柱岛式车站（单位：mm）

工作任务 2.4　地铁车站通风与防灾设计

2.4.1　地铁车站的通风设计

地下车站四周封闭、客流量大、机电设备多、湿度较大、站内空气污浊，为了及时排除车站内的污浊空气，给乘客创造一个舒适的环境，在地下车站内需要设置环控系统。地面车站及高架车站都修建在地面以上，原则上采用自然通风方式。

在国外早期修建的地铁工程中，大多采用自然通风方式。在地下隧道的顶板或侧墙上留有通风孔洞，外接直通地面的竖井，地面竖井口部设有金属格栅。这种简易的通风口设在道路上，每隔 80 ~ 150 m 设一个，利用列车行驶时的活塞作用来进行隧道内与地面空气的交换。这种靠自然通风的地下车站，其通风效果不好。随着社会的发展和科学技术的进步，地下车站逐步采用了机械通风的通风方式，地下环境得到了很大的改善。

在近期国内外修建的地下车站中，普遍采用了环控设备。环控设备主要有通风机、冷冻机组、控制设备、通风管道及附属设备等，一般分两层布置（图 2.50）。

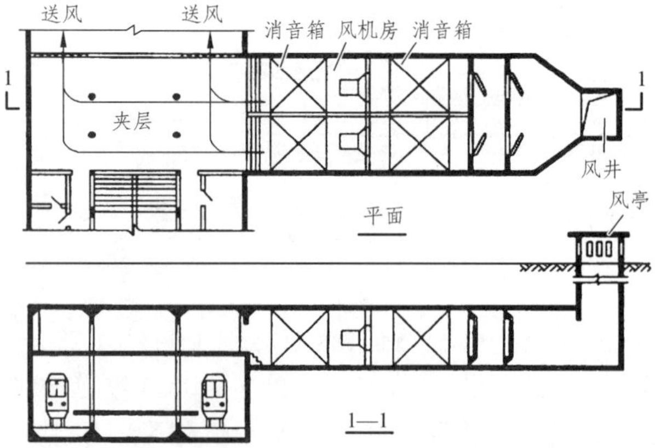

（a）车站风机房及风亭

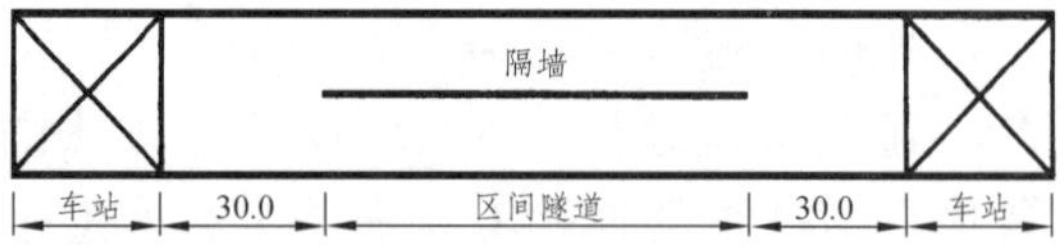

（b）车站与区间隧道间的隔墙布置（单位：m）

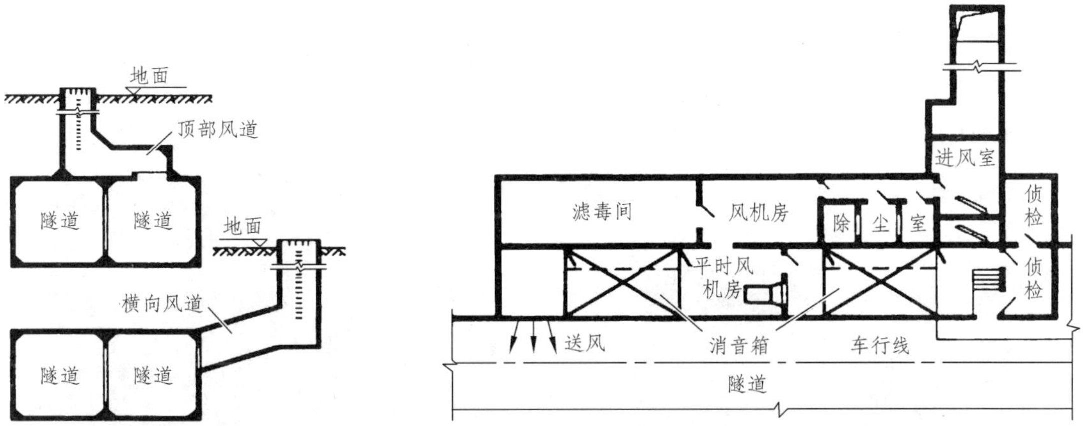

（c）自然通风的风道及风口示意　　（d）通风系统的平行式布置

图 2.50　地铁通风布置图

1. 车站通风道

通风道的数量根据当地气候条件、车站规模、温湿度标准等因素由环控专业计算确定。地下车站一般设 1～2 个车站通风道。

车站通风道的平面形式及长宽高尺寸应根据工艺布置、车站所在地的环境条件、道路及建筑物设置情况等因素综合考虑决定，见图 2.51。

1—机房；2—风道。

图 2.51　车站通风过平面示意图

车站的送风方式有端部纵向送风、侧面横向送风、顶部纵横向送风及混合式送风几种。车站的通风管道可设在车站吊顶及站台板下的空间内。

2. 地面通风亭

通风道在地面口部所设的有围护结构的建筑物称为地面通风亭，简称地面风亭。为防止雨雪、灰砂、地面杂物等被风吹入通风道内，并从安全考虑，地面通风亭一般均设有顶盖及围护墙体。墙上设门，供运送设备及工作人员出入使用。车站通风亭上部设通风口，风口外面可设或不设金属百叶窗。

通风口距地面的高度一般不小于 2.0 m，最低不小于 0.5 m。位于低洼及临近水面的通风亭应考虑防水淹设施，防止水倒灌至车站通风道内。

地面通风亭的大小主要根据风量及风口数量决定，同时还要考虑运送设备的方便。地面通风亭位置应选在地势较高、平坦且通风良好、无污染的地方。城市道路旁边的地面通风亭，一般应设在建筑红线以内。地面通风亭与周围建筑物的距离应符合防火间距的规定，其间距不应小于 6 m。进风及排风口之间应保持一定距离：如进风及排风口之间的水平距离小于 5 m 时，其高差不应小于 3 m；当进风及排风口之间的水平距离大于 5 m 时，其高差可以不作规定。地面通风亭可设计成独建式或合建式，其建筑处理尽量与周围环境协调（图 2.52）。

图 2.52 地铁车站通风亭

2.4.2 地铁车站的防灾设计

1. 地铁车站防灾的重要性及灾害的种类

地铁车站内人流密集并设有大量机电设备，一旦发生灾害，将会涉及国家财产的损失和人民生命的安危。如 1987 年 11 月 18 日，英国伦敦地铁国王十字车站因为一只未熄灭的丢弃烟头引发了重大火灾事故，此次事故共造成 32 人死亡、100 多人受伤，另有 1 名消防员也在救火的过程中牺牲；1969 年 11 月 11 日，我国北京地铁万寿路站至五棵松站之间，由于电动机车短路引起火灾，死亡 6 人，中毒 200 多人，死者中有一名时年 22 岁的消防队员；2003 年 2 月 18 日，韩国大邱市地铁中央路站发生火灾，造成 198 人死亡、146 人受伤、298 人失踪；1995 年，日本阪神地震中，大开、长田、三宫、上泽和新长田等地铁车站以及区间隧道发生了程度不同的震害，其中大开站和上尺站遭到彻底的破坏，一半以上的中柱完全倒塌，顶板塌陷，侧墙出现大量宽大裂纹，造成地铁上方的国道路基大量塌陷，有的塌陷深度达 15 m，致使日本南部交通瘫痪，如图 2.53 所示；2001 年 9 月 17 日，受第 16 号台风百合登陆影响，我国台北市大部地区遭受水淹，交通瘫痪，地铁板南线、淡水线、中和线、新店线等，因遭水淹而停营 6 个月，造成数十万人交通不便。因此，车站防灾设计十分重要。

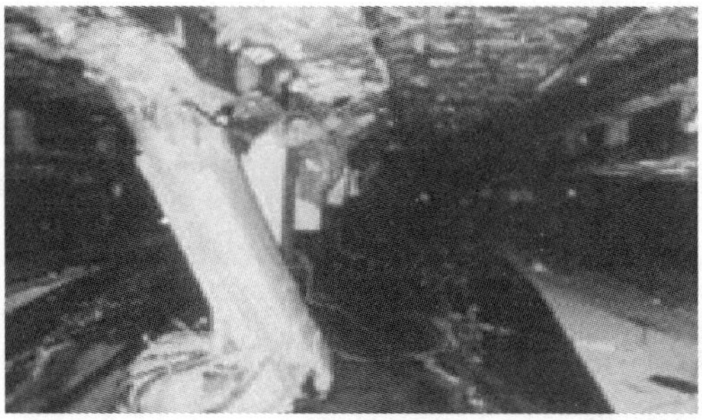

（a）倒塌破坏

（b）混凝土局部压碎破坏

图 2.53 大开地铁车站中柱坍塌破坏

地铁灾害的种类有火灾、水灾、地震、人为破坏等。这里重点叙述建筑防火、防水灾问题。

火灾事故是地铁运输系统中危险性较高的事故类型之一，它对地铁运营系统的危害性主要体现在燃烧产生的烟气、毒害物质、燃烧辐射热等对人员与设备的威胁。地下车站空间的特点是：狭窄封闭，发生火灾后，产生的骤增高温、大量浓烟及有害气体将很快充满站内空间，不易立即消散和排除，扑救困难；站内人数较多，容易造成拥挤，给安全疏散工作造成一定的难度；消防人员与站内疏散人流进、出方向不一致，相互干扰，影响通过能力；站内工作面狭窄，消防人员工作面不易展开，消防指挥系统联系不便，大型灭火设备不能进入车站内。以上因素都给车站灭火工作带来一定的难度和影响。

水灾事故也是地铁运输系统中危险性较高的事故类型之一。地铁内的系统低于地坪线，从而导致地上的雨水容易灌入地铁内。因此，地铁在设计时不得不规划充分的防水排水设施，即使如此也可能发生水淹地铁站事件，如上述的台北捷运水灾事故。为此，在发生暴雨时，地铁车站出入口的防潮板和线路上的防水闸门都要关闭。

2. 建筑防火技术措施与要求

（1）耐火等级

考虑到地铁工程的重要性，我国规范规定地下车站及区间、高架车站及区间、地面车站、地面出入口及通道、通风道及地面通风亭的耐火等级为一级，地铁地面其他建筑物的耐火等级不低于二级。

一级防火等级，要求主要设备及办公用房应采用耐火极限不低于 3 h 的隔墙、2 h 的楼板与其他部位隔开。站厅层、站台层、出入口楼梯、疏散通道、封闭楼梯间等部位是乘客和工作人员疏散的必经之处，因此，其顶部及地面的装修材料应采用非燃材料；对于其他部位的装修也不应采用可燃材料。石棉及玻璃纤维制品等有毒物质或燃烧后会产生有毒物质的塑料类制品在装修中禁止使用。

（2）疏散时间

地铁车站应保证遇到远期高峰小时客流量时，在发生火灾的情况下，6 min 内将一列车乘客和站台上候车的乘客及站内工作人员疏散完毕。

（3）防火间距

地面车站、高架车站、地面出入口、地面通风亭等地铁建筑物与周围建筑物的防火距离应不小于 6 m。

（4）防火分区、防烟分区、安全出口

① 防火分区、防烟分区：发生火灾时，为了把火灾控制在一定范围内，减少火灾造成的损失，需要在车站内划分防火分区。除站厅和站台外，每个防火分区的最大允许使用面积不应超过 1 500 m^2，地上车站不应超过 25 000 m^2。车站内的消防泵房、蓄水池、污水泵房、厕所、盥洗室等，因无可燃物或可燃物很少，不易发生火灾，此类房间面积可不计入防火分区面积之内。车站应按其使用性质、面积大小划分防烟分区，每个防烟分区的使用面积不宜超过 750 m^2。防烟分区不得跨越防火分区。防烟分区的顶棚用突出不小于 0.5 m 的梁、挡烟垂壁、隔墙来划分。

② 安全出口：每个防火分区安全出口的数量不应少于 2 个，并应有 1 个出口直通地

面安全区域，与相邻防火分区连通的防火门可作为第 2 个安全出口。竖井爬梯出口不得作为安全出口。

（5）防火墙、防火门、疏散楼梯间

防火门、窗应划分为甲（1.2 h）、乙（0.9 h）、丙（0.6 h）3 级。

① 防火墙：两个防火分区之间应设防火墙。当设置防火墙有困难时，可采用水幕保护的防火卷帘或复合防火卷帘。

② 防火门：防火墙上的门应采用甲级防火门（1.2 h），管道间应采用丙级防火门（0.6 h），疏散楼梯间及主要通道上的防火门为甲级防火门（1.2 h）。

③ 疏散楼梯间：地下车站内的疏散楼梯应设封闭式楼梯间。站厅层至站台层的电梯应设封闭前室。

安全出口楼梯和疏散通道的宽度，应保证在远期高峰小时客流量遇到火灾的情况下，6 min 内将乘客和工作人员疏散到安全地点。安全出口、门、楼梯及疏散通道最小净宽应符合表 2.7 的规定。

表 2.7 安全出口、门、楼梯及疏散通道的最小净宽 单位：m

地点	安全出口、门、楼梯宽度	疏散通道宽度	
		单面布置房间	双面布置房间
地铁车站设备、管理区	1.0	1.2	1.5
地下商场等公共场所	1.5	1.5	1.8

附设在地铁内的地下商场等公共场所的安全出口、门、楼梯及疏散通道，其宽度应按通过人数每 100 人不小于 1 m 净宽计算，商场等公共场所的房间门至最近安全出口的距离不得超过 35 m。袋形走廊（指只有一个安全疏散出口、类似于一个布袋的走道）尽端的房间，其与疏散出口的最大距离不应大于 17.5 m。

（6）设备及其他要求

地铁区间隧道及车站等处的消火栓及其用水量设置应符合表 2.8 中的规定。

表 2.8 消火栓最大间距、最小用水量及水枪最小充实水柱长

地点	最大间距/m	最小用水量/（$L\cdot s^{-1}$）	水枪最小充实水柱长/m
车站	50	20	10
折返线	50	10	10
区间（单洞）	100	10	10

与地铁车站同时修建的地下商场、可燃物品仓库和Ⅰ、Ⅱ、Ⅲ类地下汽车车库应设自动喷水灭火装置，地下变电所的重要设备间、车站通信站、信号机房、车站、控制室、控制中心等重要设备间和发电机房宜设气体灭火装置。

地铁车站及隧道必须设置事故机械通风系统、疏散指示与救援防护系统、防灾报警与监控系统等。防灾报警与监控系统应设置中心和车站两级控制室［如 FAS 系统（火灾报警系统）］。车辆运营及控制中心（OCC）、站厅层、站台层、折返线和停车线、车辆段等都应设自动报警装置。两个控制中心监控全线防灾设备的运行，如在火灾、水灾、地震时

发布指令和命令、控制设备运行状况等。

3. 建筑防水淹技术措施与要求

在多暴雨地区，地面洪水位较高地区，地势低洼地区，临近海、江、湖、河水面，或在水面下修建地铁时，如靠近上述水面设有出入口、地面通风亭，为了防止暴雨引起的洪水泛滥、城市排水系统不畅、地震、战争等因素而导致大量地面水及地下水涌入地铁隧道内，造成事故或被水淹没，有必要对地铁的重点部位采取防水淹措施，以确保地铁的安全。

（1）防水淹主要措施

为防止暴雨出现后倒灌车站，出入口处及通风亭门洞下沿应比室外地坪高 150～450 mm，必要时设置防水淹门。位于水域下隧道的排水应设排水泵房，每座泵房所担负的隧道长度单线不宜超过 3 km，双线不宜超过 1.5 km，主要排出渗漏、事故、凝结、生产、冲洗的消防水。

① 地面口部设施：地面口部设施主要是防止地面水流入地铁隧道内。应采取如下方式设置：加高车站地面出入口、地面通风亭等部位的地面，使其地面高出室外地面 150～450 mm，或口部设活动挡水板等。

② 设防水密闭隔断门：这是在隧道内设置的隔水设施。当隧道内发生水情时，利用防水密闭隔断门将水堵截在一定的范围内，使其不致波及全隧道，以确保其他部位的安全。

（2）地铁防水

地铁结构防水设计与施工的原则是“以防为主、防排结合、多道防线、刚柔结合、综合治理”。根据地铁结构物使用要求、用途、工程性质以及水文地质条件等，并根据《地下工程防水技术规范》（GB 50108—2008）确定地下工程防水等级，将其按渗漏程度分为 4 级，见表 2.9。

表 2.9　地下工程防水等级

防水等级	标　准
一级	不允许渗水，无湿渍
二级	不允许渗水，有少量、偶见的湿渍。 工业与民用建筑：湿渍总面积不大于总防水面积的 0.1%，单个湿渍面积不大于 0.1 m^2，任意 100 m^2 防水面积不超过 2 处。 其他地下工程：湿渍总面积不大于防水面积的 0.2%，单个湿渍面积不大于 0.2 m^2，任意 100 m^2 防水面积不超过 3 处；其中隧道工程还要求平均渗水量不大于 0.05 L/（m^2·d），任意 100 m^2 防水面积上的渗水量不大于 0.15 L/（m^2·d）
三级	有少量漏水点，不得有线流和泥流； 单个湿渍面积不大于 0.3 m^2，单个漏水点的漏水量不大于 2.5 L/d，任意 100 m^2 防水面积不超过 7 处
四级	有流水量，不得有线流和漏泥砂； 整个工程平均漏水量不大于 2 L/（m^2·d），任意 100 m^2 防水面积的平均漏水量不大于 4.0 L/（m^2·d）

地铁结构防水等级为：

① 地铁车站及机电设备集中地段，防水等级为一级，即围护结构不允许渗漏水，结

构表面不得有湿渍。

② 地铁区间隧道及附属工程，防水等级为二级或三级，即围护结构不得有线漏，结构表面可有少量漏水点。

地铁给排水用房主要有给水泵房、排水沟、污水泵房、厕所等。

4. 人防安全技术措施与要求

（1）规范要求

按国家规定，地铁在建设中应结合人防按六级抗力等级设防：在常规武器袭击下，能保障列车运行及人员出入，作为城市防空疏散运输干道；在核武器、生化武器袭击下，车站能作为 800 人的临时待避场所。

（2）人防车站主要设计内容

① 车站与区间隧道间设一道防护隔断门；800 人的单元防护，预留 2×24 t 的玻璃钢饮用水水箱和干厕所位置。

② 出入口、通风口均要考虑防护措施。

③ 装修应符合防震、抗震要求，顶板不允许抹灰，平时使用的吊顶应便于战时拆除。

工作任务 2.5　区间隧道的衬砌结构构造

地铁区间隧道衬砌结构构造主要取决于隧道的用途、沿线地形、地物、水文地质、工程地质、施工方法、环境要求、维修管理、工期要求及投资高低等因素。

2.5.1　明挖法修建的隧道结构构造

明挖法施工的隧道结构通常采用矩形断面，一般为整体浇筑或装配式结构，其优点是内轮廓与地铁建筑限界接近，内部净空可以得到充分利用，结构受力合理，顶板上便于敷设城市地下管网设施。

1. 整体式衬砌结构

整体式衬砌结构断面分单跨、双跨等形式，见图 2.54。整体式衬砌由于其整体性好，防水性能容易得到保证，故可适用于各种工程地质和水文地质条件，但其施工工序较多，速度较慢。

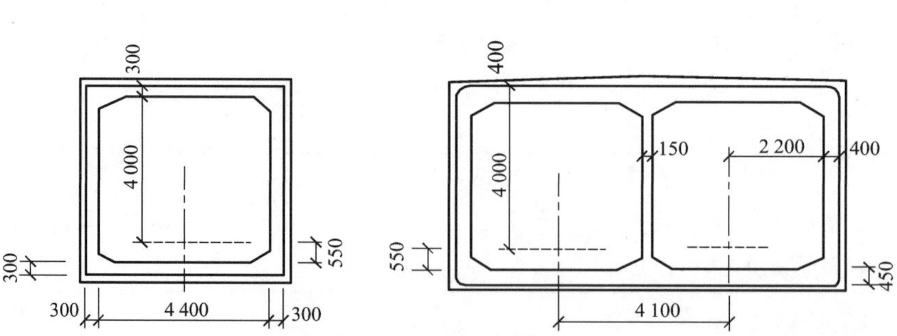

图 2.54　明挖法修建的整体式衬砌结构形式（单位：mm）

2. 预制装配式衬砌

预制装配式衬砌的结构形式应根据工业化生产水平、施工方法、起重运输条件、场地条件等因地制宜选择，目前以单跨和双跨较为通用，见图 2.55。装配式衬砌整体性较差，对于有特殊要求（如防护、抗震）的地段要慎重选用。

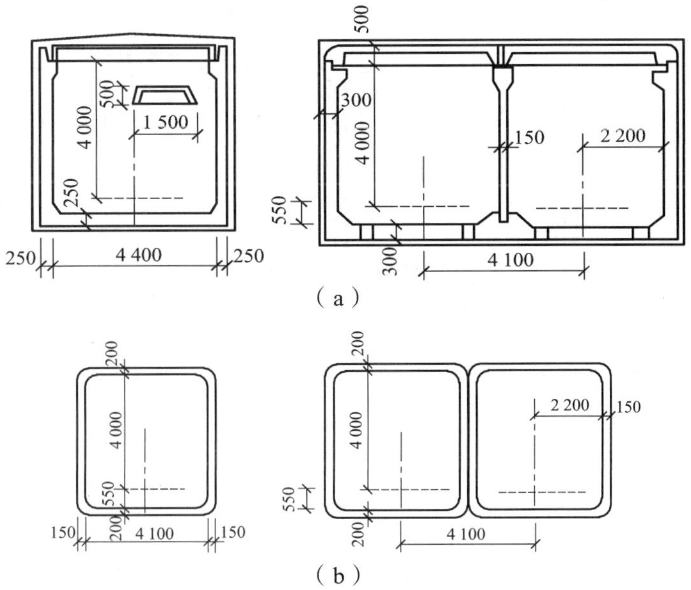

图 2.55　明挖法修建的装配式衬砌结构形式（单位：mm）

3. 区间喇叭口隧道

喇叭口衬砌通常都采用整体式钢筋混凝土结构，图 2.56 表示非对称形喇叭口结构。

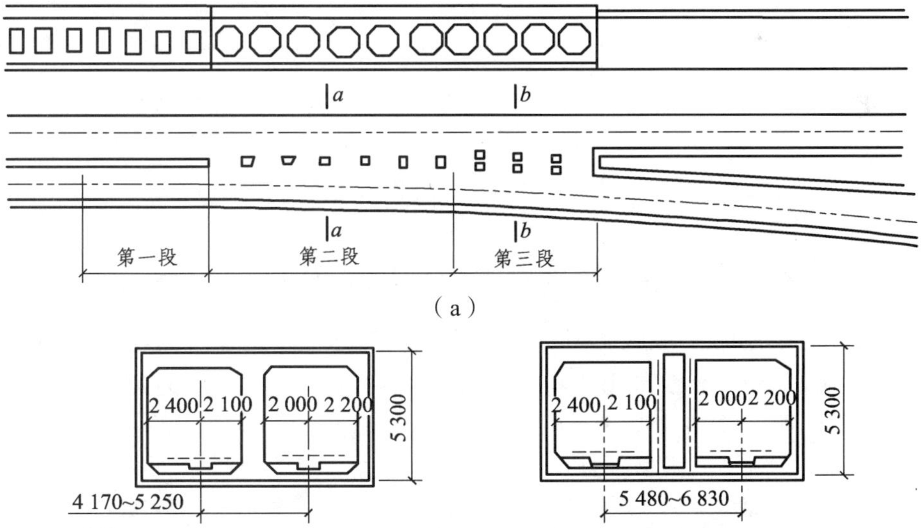

（b）*a*—*a* 剖面　　（c）*b*—*b* 剖面

图 2.56　非对称形的喇叭口结构（单位：mm）

4. 渡线隧道、折返线隧道

为满足运营需要，进行列车折返调度、换线、停车等作业，区间隧道内需设置单渡线、交叉渡线，这种专为渡线设置的隧道称为渡线隧道。渡线可设置在两条正线之间，也可由正线引出并逐渐与正线分开，这就必须在渡线部分专门设置隧道。由于正线与岔线的间距逐渐变化，渡线隧道断面也必须相应变化，为施工方便，可以采用分段变化。在渡线地段一般布置为三股道与四股道，故隧道的总跨度比较大，原则上以一跨一线为宜，有三跨三线式、四跨四线式等，如图 2.57 所示。但如技术条件能保证，也可以设计为大跨度渡线隧道。

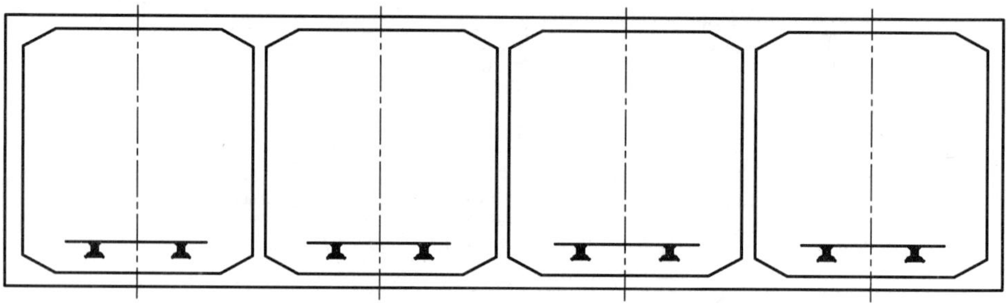

图 2.57　四跨四线渡线隧道结构

5. 联络通道及其他区间附属结构物

根据国内外地铁运营中的灾害事故分析发现，列车有可能在区间隧道内发生火灾而又不能牵引到车站时，乘客必须在区间隧道下车。为了保证乘客的安全疏散，两条单线区间隧道之间应设置联络通道，见图 2.58，这样可使乘客通过联络通道从另一条隧道疏散到安全出口。这种通道也可供消防人员和维修人员使用、敷设管线路等。

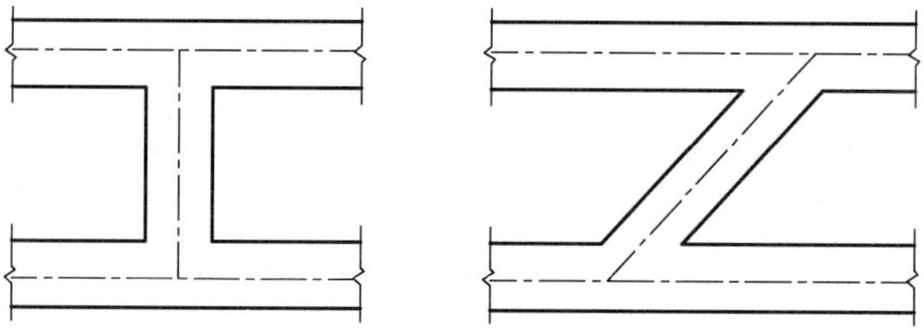

（a）正交联络通道　　（b）斜交联络通道

图 2.58　联络通道

2.5.2　暗挖法（矿山法）修建的隧道结构构造

地铁区间隧道采用暗挖法施工时，一般采用拱形结构，其基本断面形式为单拱、双拱和多跨连拱，见图 2.59。前者多用于单线或双线的区间隧道或联络通道，后两者多用在停车线、折返线或喇叭口岔线上。

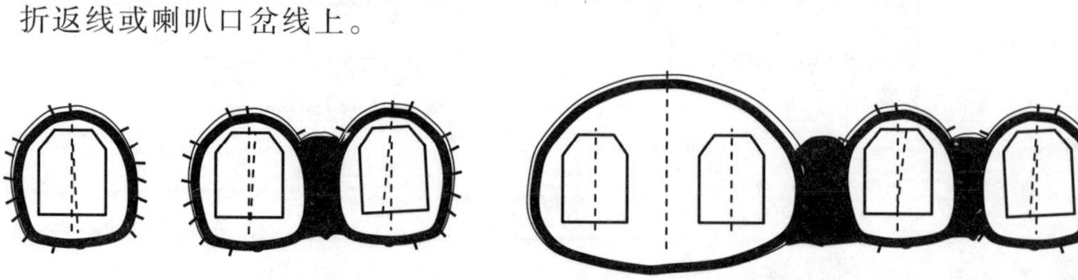

图 2.59　矿山法修建的衬砌结构形式

根据上述对隧道衬砌结构的基本要求以及隧道所处的围岩条件、地下水状况、对地表下沉的控制、断面大小和施工方法等，可以采用基本结构类型及其变化方案。

1. 衬砌的基本结构类型——复合式衬砌

这种衬砌结构是由初期支护、防水隔离层和二次衬砌所组成的。图 2.60 为北京地铁单线区间隧道的复合式衬砌。外层为初期支护，其作用为加固围岩、控制围岩变形、防止围岩松动失稳，是衬砌结构中的重要承载单元，一般应在开挖后立即施作，并应与围岩密贴。所以，外层最适宜采用喷锚支护，根据具体情况，选用锚杆、喷混凝土、钢筋网和钢支撑等单一或并用而成。

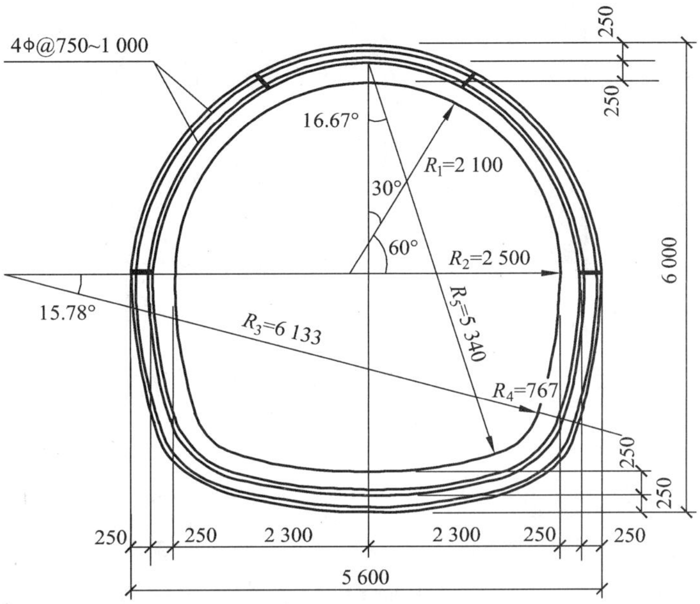

图 2.60　复合式衬砌构造（单位：mm）

内层为二次衬砌，通常在初期支护变形稳定后施作。因此，它的作用主要为安全储备，并承受静水压力，以及围岩蠕变或因围岩性质恶化和初期支护腐蚀后所引起的后续荷载，并提供光滑的通风表面。故内层一般采用模筑混凝土，但也可采用喷混凝土。

在初期支护和二次衬砌之间一般需敷设不同类型的防水隔离层。

2. 衬砌结构的变化方案

在干燥无水的坚硬围岩中，区间隧道衬砌亦可采用单层的喷锚支护，不做防水隔离层和二次衬砌，但此时对喷混凝土的施工工艺和抗风化性能都应有较高的要求，衬砌表面要平整，不允许出现大量的开裂。

当岩层的整体性较好、基本无地下水、防水要求不高，从开挖到衬砌这段时间围岩能够自稳，或通过锚喷临时支护围岩能够自稳时，可采用单层整体现浇混凝土衬砌或装配式衬砌，不做初期支护和防水隔离层。为适应不同的围岩条件，整体式衬砌可做成等截面直墙式和等截面或变截面曲墙式，前者适用于坚硬围岩（Ⅳ类以上），后者适用于软弱围岩。

一般要求在衬砌做好后向衬砌背后注浆，充填空隙，改善衬砌受力状态，减少围岩变形。同时衬砌混凝土本身需有较高的自防水性能。

暗挖法可用来修建折返段等特殊地段的隧道。

2.5.3 盾构法修建的隧道构造设计

盾构法修建的隧道衬砌有预制装配式衬砌、预制装配式衬砌和模筑钢筋混凝土整体式衬砌相结合的双层衬砌以及挤压混凝土整体式衬砌三大类，见图 2.61 及图 2.62。

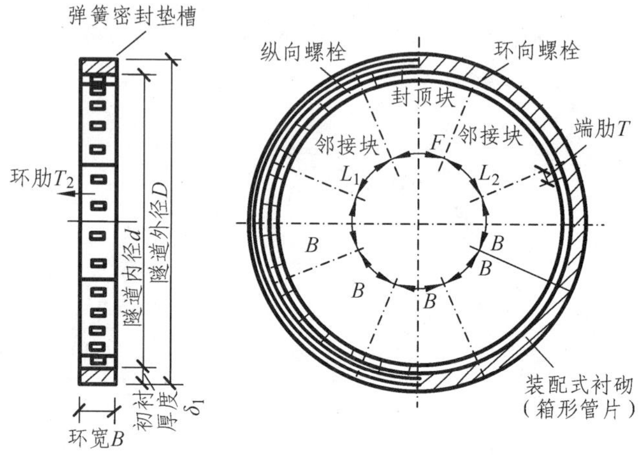

图 2.61 单层装配式衬砌圆环的构造

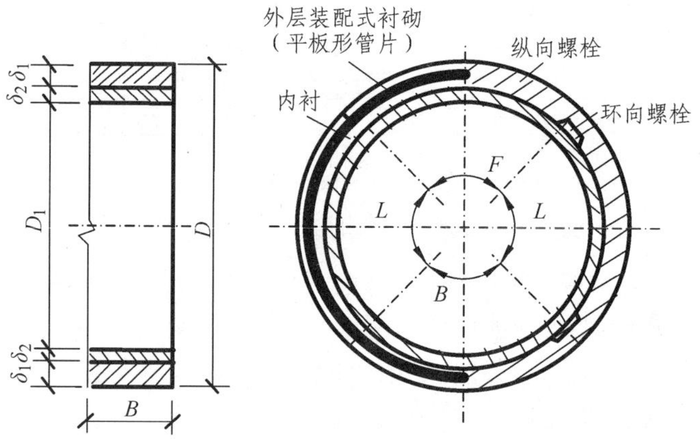

图 2.62 双层衬砌圆环构造

1. 预制装配式衬砌

预制装配式衬砌是用工厂预制的构件（称为管片），在盾构尾部拼装而成的。管片种类按材料可分为钢筋混凝土、钢、铸铁以及由几种材料组合而成的复合管片。

按管片螺栓手孔成型大小，可将管片分为箱形和平板形两类，如图 2.63 和图 2.64 所示。平板形管片是指因螺栓手孔较小或无手孔而呈曲板形结构的管片。平板形管片由于管片截面削弱较少或无削弱，故对千斤顶推力具有较大的抵抗力，对通风的阻力也较小。无手孔的管片也称为砌块。现代的钢筋混凝土管片多采用平板形结构。

衬砌环的组成，一般有两种方式：一种是由若干标准管片（A）、两块相邻管片（B）

和一块封顶管片（K）组成；另一种是由若干块 A 形管片、一块 B 形管片和一块 K 形管片构成。见图 2.65，相邻管片一端带坡面，封顶管片则两端或一端带坡面。从方便施工、提高衬砌环防水效果角度看，第一种方式较好。

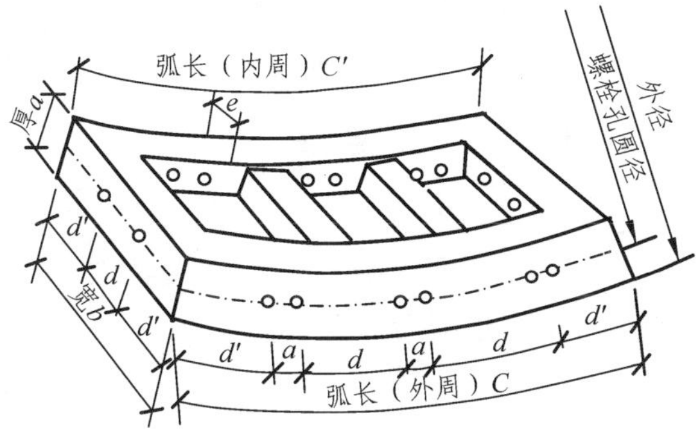

图 2.63　箱形管片

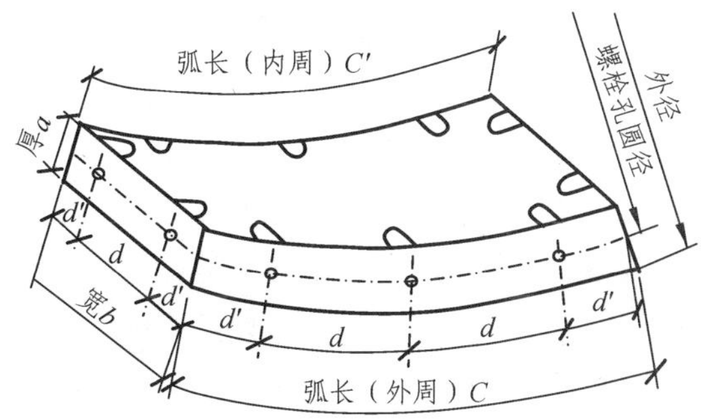

图 2.64　平板形管片

衬砌环的拼装形式有错缝和通缝两种，见图 2.66。错缝拼装可使接缝分布均匀，减少接缝及整个衬砌环的变形，整体刚度大，所以是一种较为普遍采用的拼装形式。但当管片制作精度不够高时，管片在盾构推进过程中容易被顶裂，甚至顶碎。在某些场合，例如需要拆除管片修建旁通道处或有某些特殊需要时，衬砌环通常采用通缝拼装形式，以便于结构处理。

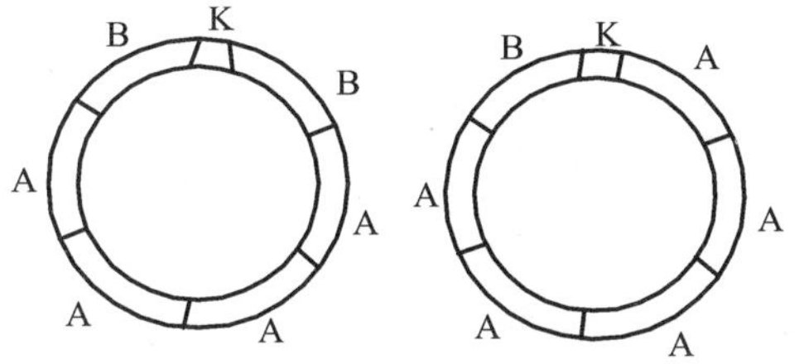

（a）　　（b）

图 2.65　管片分块方法

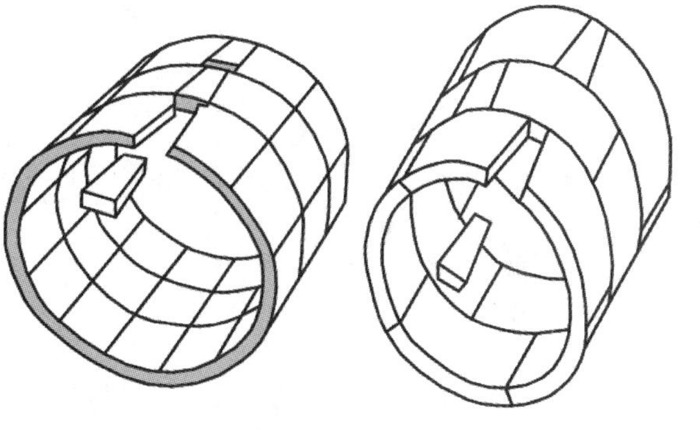

（a）通缝　　（b）错缝

图 2.66　管片拼缝形式

2. 双层衬砌

为防止隧道渗水和衬砌腐蚀，修正隧道施工误差，减少噪声和震动以及作为内部装饰，可以在装配式衬砌内部再做一层整体式混凝土或钢筋混凝土内衬。根据需要还可以在装配式衬砌与内层之间敷设防水隔离层。国内外在含地下水丰富和含有腐蚀性地下水的软土地层内的隧道，大都选用双层衬砌，即在隧道衬砌的内侧再附加厚 250 ~ 300 mm 的现浇钢筋混凝土内衬，主要解决隧道防水和金属连接杆件防蚀问题，也可使隧道内壁光洁，减小空气流动阻力。

3. 挤压混凝土整体式衬砌

挤压混凝土衬砌（Extrude Concrete Lining，简称 ECL）就是随着盾构向前推进，用一套衬砌施工设备在盾尾同步灌注的混凝土或钢筋混凝土整体式衬砌，因其灌注后即承受盾构千斤顶推力的挤压作用，故有此称谓。

挤压混凝土衬砌可以是素混凝土或是钢筋混凝土，但应用最多的是钢纤维混凝土。

工作任务 2.6　区间隧道线路上部建筑

地铁隧道线路上部建筑是地铁的重要组成部分。地铁的特点是行车密度大，维修养护时间少，而且完全是客车性质，这就需要使用既能保证行车安全、平稳、快速、舒适，又能尽量减少维修工作量的线路上部建筑。

2.6.1　地铁隧道线路上部建筑结构及组成

轨道铺设于隧道内，是直接承受机车、车辆巨大压力的部分，由钢轨、轨枕、扣件、道床、道岔等组成，典型结构如图 2.67 所示。

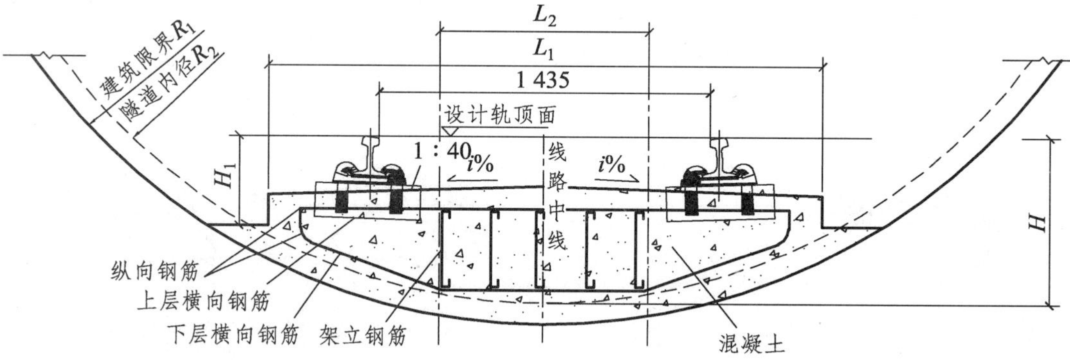

H—道床结构高度；L_1—道床宽度；L_2—道床中心宽度；H_1—轨面至水沟底高差。

图 2.67　地铁轨道典型结构图（尺寸单位：mm）

1. 钢轨

钢轨是轨道主要组成部件。它的作用是引导机车车辆的车轮前进，承受车轮的巨大压力，并将压力传递到轨枕上。钢轨必须要为车轮提供连续、平顺且阻力最小的滚动表面。

我国地铁或轻轨没有统一的选型标准，现行主要钢轨类型有 74 kg/m、60 kg/m、50 kg/m、43 kg/m、38 kg/m 五种；标准轨长为 24 m 和 12.4 m；轨距 1 435 mm。我国地铁正线上一般选用 60 kg/m 钢轨，空车运行、行车速度低的车场线等可采用 50 kg/m 钢轨。随着地铁车辆轴重加大和年通过总质量的增长及列车速度的提高，目前各国都有选择重型钢轨的趋势，重型钢轨不仅能增加轨道的稳定性，还能增加回流的断面，减少杂散电流。

钢轨接头是轨道的薄弱环节，为减小接头磨耗和冲击震动，提高行车平稳性和乘客舒适度，作为客运专线的地铁（轻轨）线路，一般铺设长轨节，即无缝线路。

2. 轨枕

在轨道结构中，轨枕的作用是承受来自钢轨上的各种力，并将力传递至道床，起保持钢轨方向、轨距和位置等作用。

常见轨枕类型及主要尺寸见表 2.10。由于各地区情况及设计条件不同，轨枕尺寸根据各地区设计图纸的具体要求确定，表中仅列出一般情况的轨枕尺寸。

表 2.10　常见轨枕类型及主要尺寸

轨枕类型	长/mm	宽/mm	高/mm
普通短轨枕	450	270	170
薄型短轨枕	450	270	120
车辆段短轨枕	318	270	170
预应力长枕	2 500	250	200

3. 扣件

扣件将钢轨与轨枕连接在一起，是轨道的重要组成部件。扣件的作用是将钢轨固定在正确位置，阻止钢轨纵向和横向位移，防止钢轨倾翻，同时还能提供必要的弹性、绝缘性能，对轨距、水平有一定的调整能力，并且结构要尽量简单，以便于制造、施工和维修等。

我国已建和在建的地铁铺设的扣件类型较多，例如上海地铁 1 号线采用 DTⅢ型扣件［图 2.68（a）］，上海地铁 2 号线采用 DTⅥ型扣件［图 2.68（b）］，均为全弹性分开式扣件。

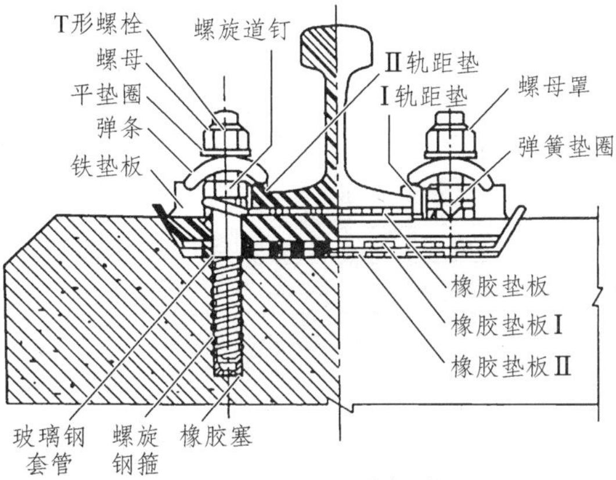

（a）DTⅢ型扣件

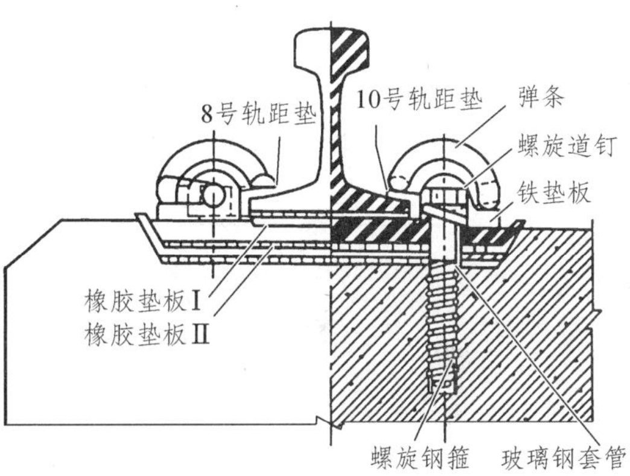

（b）DTⅣ型扣件

图 2.68　扣件构造

4. 道床

道床的主要作用是支撑轨枕，将轨枕上部的巨大压力均匀地传递给基础，并固定轨枕的位置，阻止轨枕纵向或横向移动。

常见道床类型及主要尺寸见表 2.11，由于各地区情况及设计条件不同，道床尺寸根据各地区设计图纸的具体要求确定，表中仅列出一般情况的道床尺寸。

表 2.11　常见轨枕类型及主要尺寸

道床类型	标准板长/mm	圆形隧道结构高度/mm
一般减振道床	12 000	790
减振垫浮置板道床	6 000	860
钢弹簧浮置板道床	25 000	960

一般整体道床分无枕式和轨枕式整体道床两种。

（1）无枕式整体道床

无枕式整体道床（图 2.69）也称为整体灌注式道床，没有专门的轨枕，承轨槽和挡肩在灌注混凝土时一次成型，连接扣件的玻璃钢套管按设计位置预埋在道床内，然后再安装钢轨和扣件。这种形式的道床施工方法烦琐，机具复杂，进度慢，承轨台抹面精度不易保证，难以达到设计要求，北京地铁一期工程就采用了这种道床，之后国内较少采用。

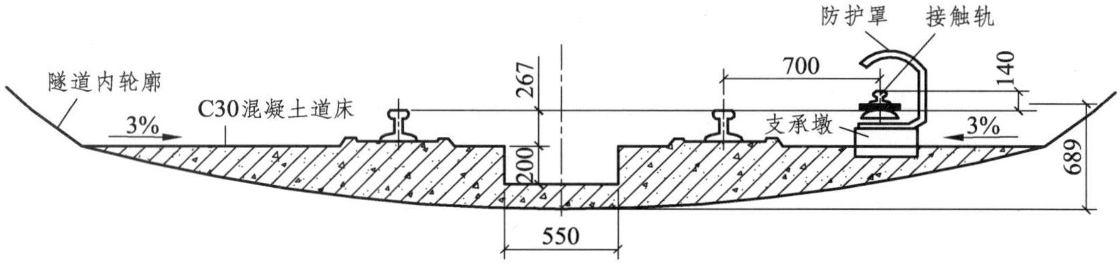

图 2.69　无枕式整体道床（单位：mm）

（2）轨枕式整体道床

这种形式道床又可分为短枕式和长枕式两种。

① 短枕式整体道床也称为支承块式整体道床，即钢轨置于支承块（短轨枕）上，支承块为钢筋混凝土预制，嵌入混凝土道床中，道床为现浇素混凝土，采用中心水沟。短轨枕在工厂预制，其横断面为梯形，内布钢筋，底部外露钢筋钩，以加强与道床混凝土的连接。这种道床稳定、耐用，结构比较简单，造价较低，施工方便，进度较快。北京地铁一、二期工程，天津地铁均铺设了这种道床，如图 2.70 所示。

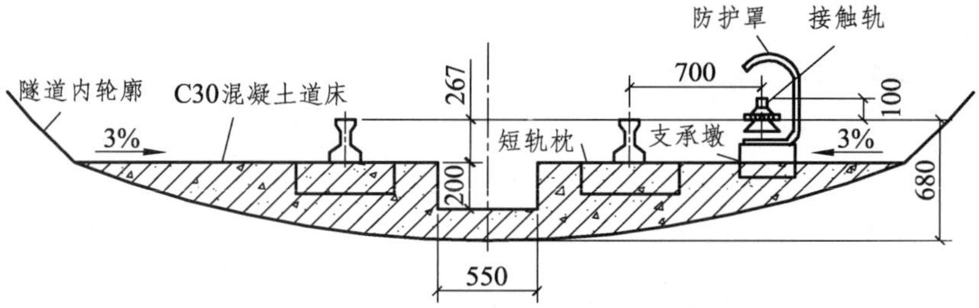

（a）*A*—*A*

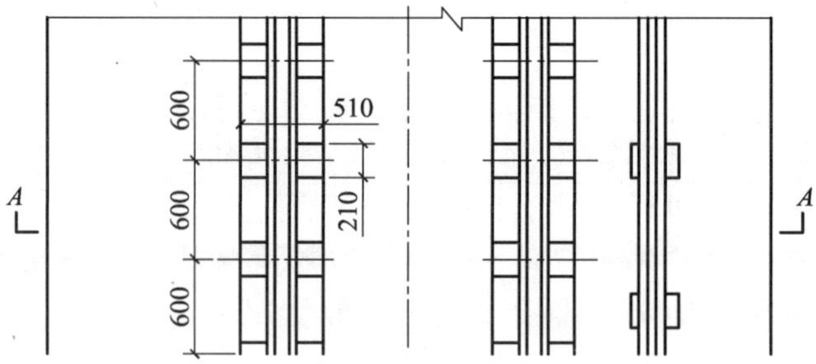

（b）平面图

图 2.70　短枕式整体道床（尺寸单位：mm）

② 长枕式整体道床设侧向排水沟，长轨枕一般要预留圆孔，使道床纵向筋穿过，以加强与道床的连接，使道床更加坚固、稳定和整洁美观。这种道床适用于软土地基隧道，可采用轨排法施工，进度快，施工精度亦容易得到保证。我国上海和新加坡地铁铺设这种

道床的适用状况良好，如图 2.71 所示。

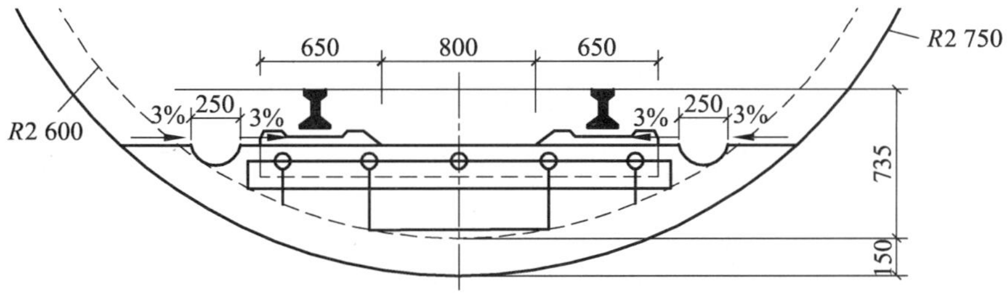

图 2.71　长枕式整体道床（单位：mm）

③ 其他形式整体道床。

为减少振动和噪声，整体道床还有几种形式，如弹性短枕式、塑料短枕式、短木枕式、浮置板式、纵向浮置板式（图 2.72）、弹性整体道床等，都具有较好的减振降噪效果，对防振、防噪有严格要求的地段可选铺这些形式的整体道床。

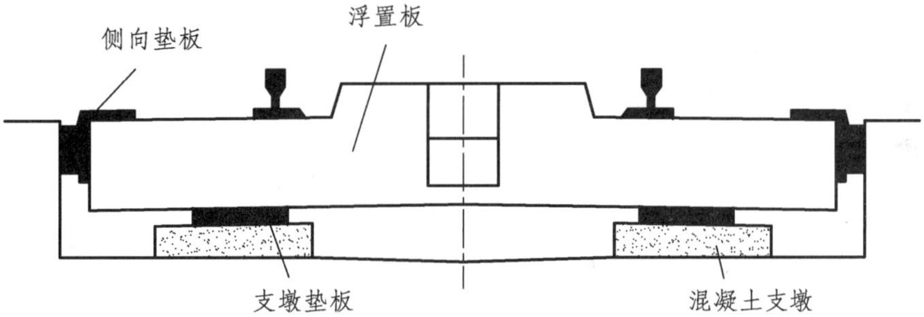

图 2.72　纵向浮置板式整体道床

5. 道岔

道岔是一种使机车车辆从一股道转入另一股道的线路连接设备，也是轨道的薄弱环节之一。终始车站、中间站、行车线、检修线的附近，车辆需要折返、调动的部位均需设置道岔。道岔应设在直线地段，道岔端部距曲线端部的距离不宜小于 4 m，车场线可减少到 3 m。

从广义上来说，道岔包括线路的连接与交叉。它有连接、交叉、连接与交叉三种基本形式。轨道交通常用的线路连接设备有各种类型的单式道岔和复式道岔，交叉设备有直角交叉及菱形交叉，连接与交叉设备的组合有交分道岔及交叉渡线等。

根据用途和平面形状，道岔的标准类型有普通单开道岔、单式对称道岔、三开道岔、交叉渡线、交分道岔等。普通单开道岔也称单开道岔，由转辙器、辙叉及护轨和连接部分组成。

道岔号数为辙叉角余切的取整值，常用的道岔号数有 9 号、12 号、18 号等。号数越大的道岔，允许侧向通过的列车速度越大。一般来说，正线与配线上宜选用 9 号道岔，车场线位置处宜采用不大于 7 号的道岔。

2.6.2　地铁隧道内轨道工程施工

1. 轨道施工内容

地铁轨道工程分正线轨道工程和车辆段（停车场）轨道工程，其主要施工内容包括线路基桩、道床、道岔、线路、轨道安全设备及附属设备、伸缩调节器，具体内容见表 2.12。

表 2.12　轨道主要施工内容

序号	项目	具体内容
1	线路基桩	线路基桩一般施工流程为桩位交接、导线复测、控制基桩测设、加密基桩测设，根据对轨道铺设精度的控制要求，正线控制基标一般采用 CPⅢ轨道基础控制网
2	道床	道床分无砟道床和有砟道床。无砟道床主要设置在正线及车辆段（停车场）库内线，其一般施工流程为场地交接、基底清理、轨排组装架设、钢筋安装、模板安装、轨排精确定位、混凝土浇筑及养护；有砟道床主要设置在车辆段（停车场）库外线，其一般施工流程为场地交接、底砟摊铺、轨排铺设、铺砟整道
3	道岔	道岔是轨道施工的薄弱环节之一，通常在车站大量铺设。道岔能够充分发挥线路的通过能力，是轨道线路的重要组成部分
4	线路	轨道分无缝线路轨道和有缝线路轨道。无缝线路轨道主要设置在正线上，其一般施工流程为钢轨焊接、应力放散、轨道整理；有缝线路轨道主要设置在车辆段（停车场）内及正线的配线上，通常包含钢轨铺设、轨道整理
5	轨道安全设备及附属设备	轨道安全设备及附属设备主要包括线路标识、防脱护轨、钢轨涂油器、车挡及疏散平台等，一般在轨道线路的几何尺寸趋于稳定的情况下施工，特殊部位需在运营单位的配合下完成
6	伸缩调节器	钢轨伸缩调节器又称温度调节器，是一种调节钢轨伸缩的设备。在轨道上安设钢轨伸缩调节器，可利用尖轨或基本轨相对错动调节轨线的伸缩

2. 轨道施工方法

（1）人工散铺

以下工况或施工条件宜采用散铺方式施工：

① 车站岔区配线、折返线等铺轨，采用门式起重机转线困难的地段；

② 小作业面需平行施工的部分区间、车站的道岔及其他工期需要提前铺设的节点地段；

③ 不满足机铺条件的其他地段。

（2）机铺

宜采用机铺施工的工况：满足采用门式起重机的条件，有足够的场地（满足轨料存放、轨排组装、道路运输要求）建设铺轨基地，且可从铺轨基地连续施工的地段。

（3）半机铺半散铺

宜采用半机铺半散铺的工况：

① 地下线车站浮置板等特殊道床地段；

② 铺轨基地下料口不满足轨排吊装要求，但可进行各种材料吊装的铺轨地段；

③ 可从铺轨基地起始连续施工的地段，铺轨基地使用时间短，基地没有配置门式起重机或者无法架设的情况。

项目实战演练

项目实训 2.1　典型车站总体布置示例

某典型的车站总体布置示例如图 2.73 所示。

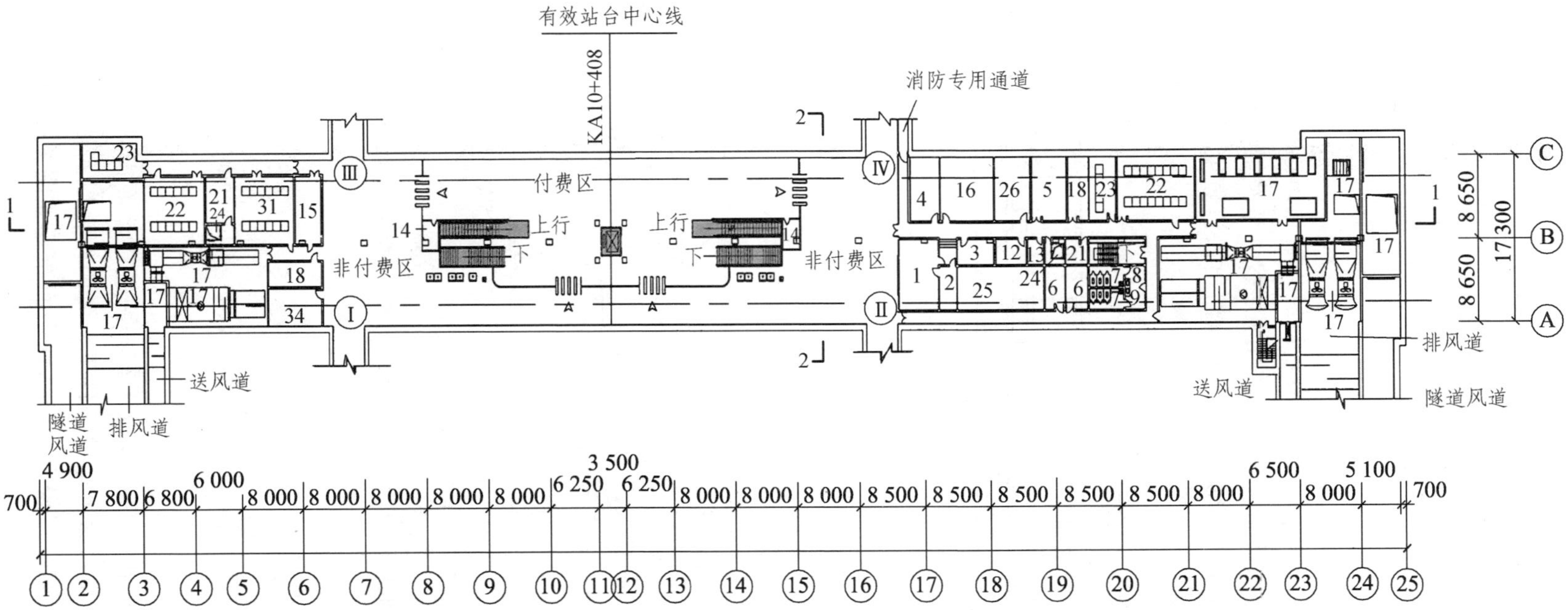

1—车站控制室；2—站长室；3—站务室；4—公安值班室；5—会议室；6—更衣室；7—卫生间；8—盥洗间；9—茶水间；10—乘务员休息室；11—车站备品库；12—清扫工具间；13—垃圾间；14—售票及问讯处；15—银行；16—AFC 用房；17—环控机房；18—气瓶室；19—降压变电所；21—照明配电室；22—环控电控室；23—蓄电池室；24—电缆井；25—通信设备室；26—信号设备室；27—信号电源设备室；28—污水泵房；29—废水泵房；30—屏蔽门设备及控制室。

图 2.73　典型的车站总体布置举例

项目实训 2.2　地铁车站结构设计方案示例

1. 三跨箱形框架岛式站台车站

此种车站由两个 L 形出入口和两个 T 形出入口经人行通道连接地面与中间站厅，再以双向宽楼梯将地下中间站厅与站台（中间集散厅）连接，车站辅助房间分别设于站台两端和中间部分。当规划安设自动扶梯时，其 L 形地面出入口宽度要考虑扶梯与阶梯并列配置时的必要宽度，如图 2.74。

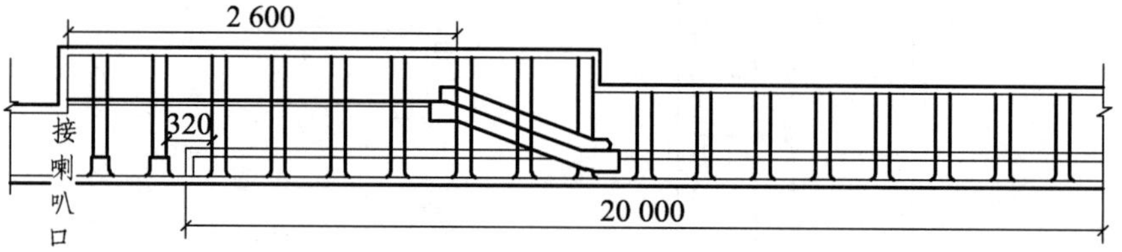

（a）纵断面图

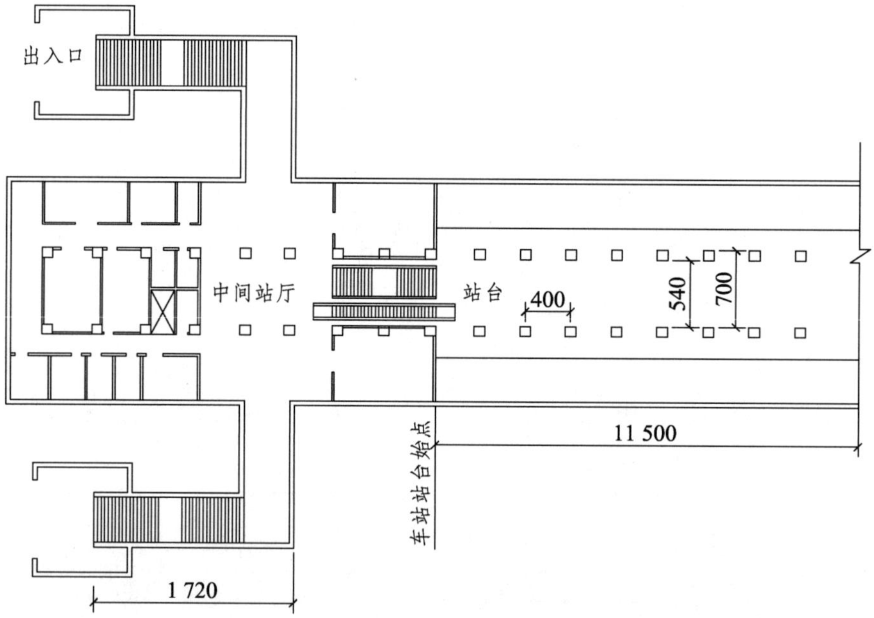

（b）平面图

图 2.74　三跨岛式站台车站示例（尺寸单位：cm）

2. 四跨箱形框架侧式站台车站

此种车站有两个 T 形地面出入口，分设于车站两侧，地面出入口由人行道直接连接车站侧站台，没有中间站厅。在埋深可能的条件下，两侧站台以跨线天桥相连通。车站辅助房间设于车站两端或天桥两侧二层楼上，车站的平面布置如图 2.75 所示。图 2.76 为车站示例。

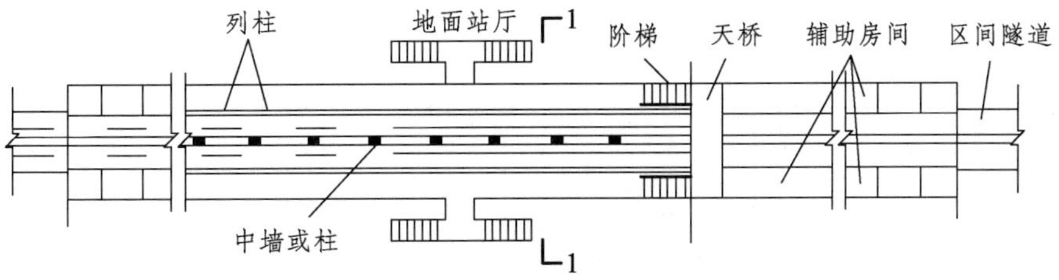

（a）平面

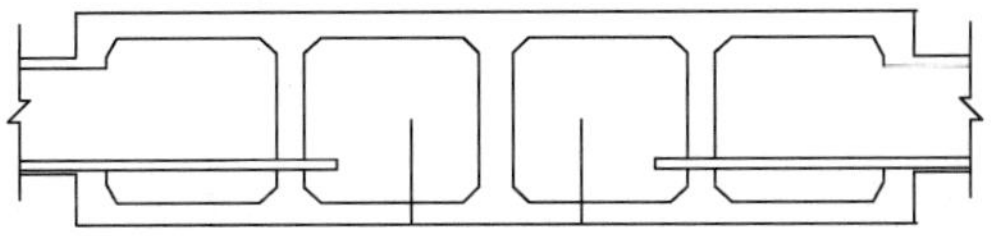

（b）1—1 断面

图 2.75　四跨侧式车站

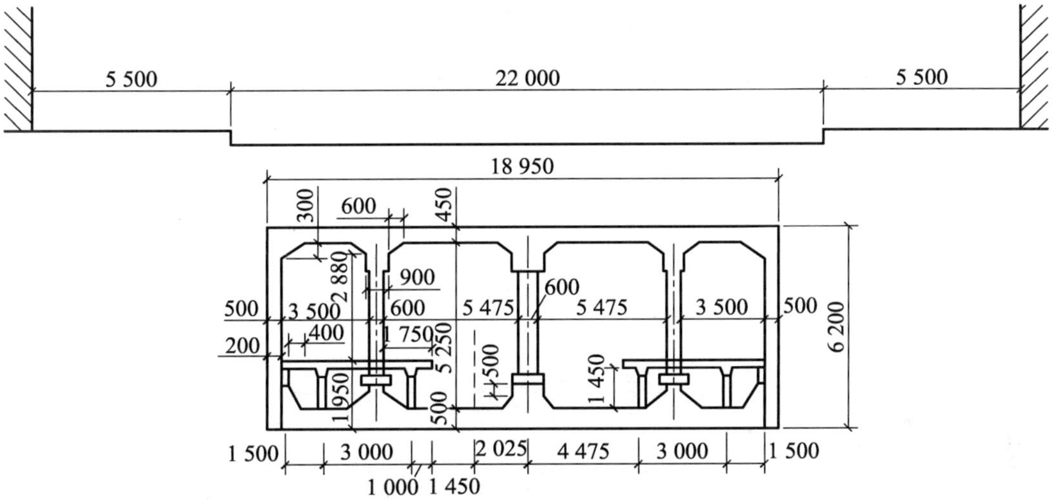

图 2.76　四跨侧式站台车站示例（尺寸单位：mm）

3. 双跨箱形框架侧式站台车站

此种车站有 4 个 T 形地面出入口，分设于车站两侧，经人行通道与中间站厅相连，中间站厅以单向楼梯与站台相连，站台上不设立柱，站台宽度可适当减窄，站台瞭望条件较好。车站辅助房间分设于车站两端或中间站厅部分。车站平面布置如图 2.77 所示。

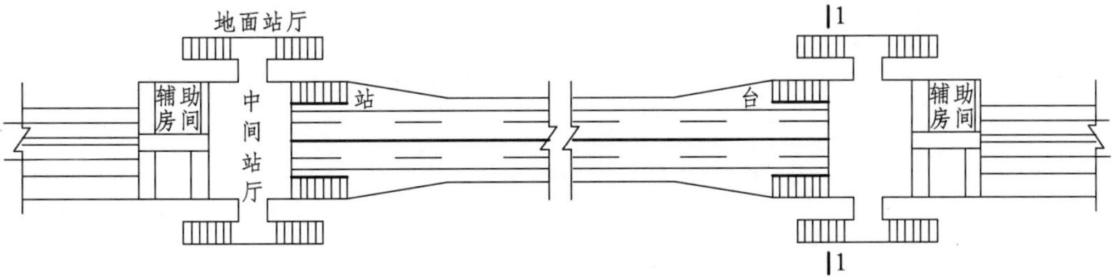

（a）平面

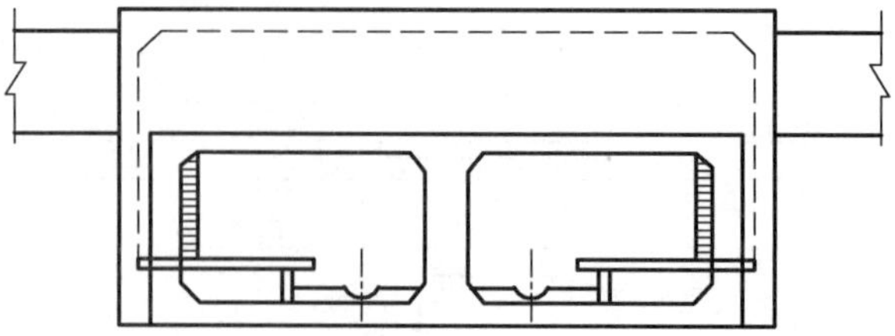

（b）1—1 断面

图 2.77　双跨侧式车站

4. 双跨拱形结构岛式站台车站

此种车站同样有个 T 形地面出入口，分设于车站两侧，经人行通道与中间站厅相连，中间站厅以单向楼梯与站台相连，站台上仅设一排立柱（双拱结构），这样站台宽度又可大为减窄。车站辅助房间分设于车站两端或中间站厅部分。车站结构示例如图 2.78。

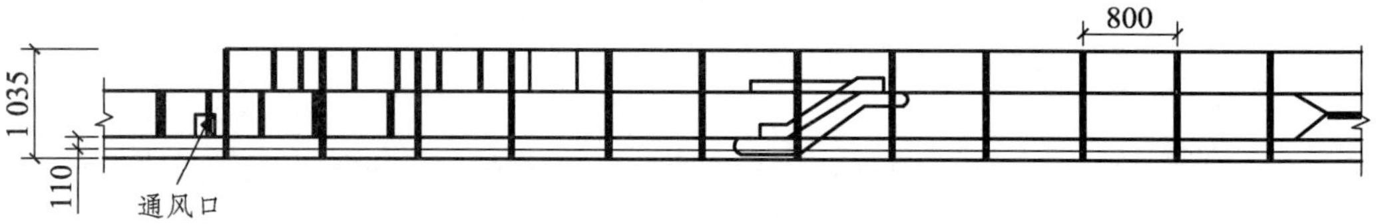

（a）车站立面

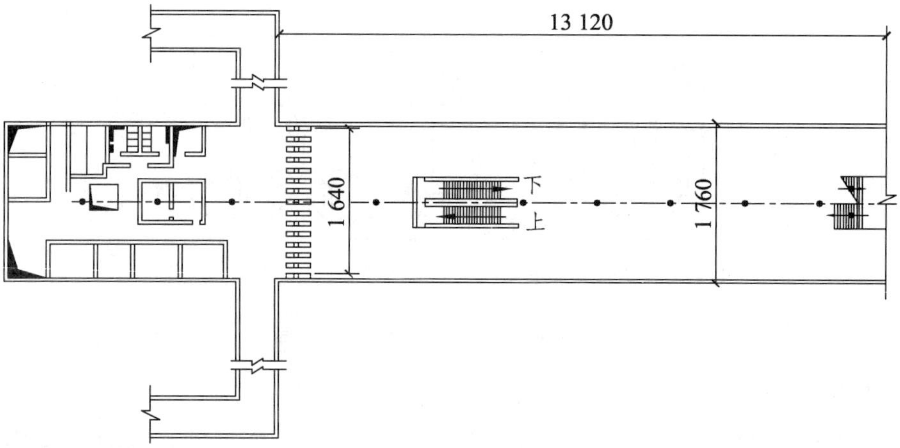

（b）地下一层（站厅层）平面

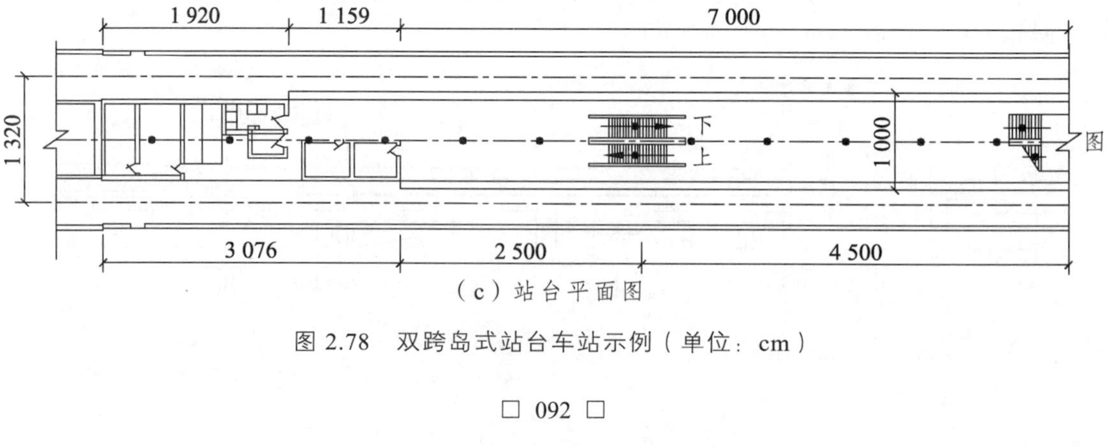

（c）站台平面图

图 2.78　双跨岛式站台车站示例（单位：cm）

项目实训 2.3　地铁车站建筑设计实例

【问题描述】

客流密度为 $0.5\ m^2$/人，采用三跨两柱双层结构的岛式站台车站，站台上的立柱为 0.6 m×0.6 m 的方柱，两柱之间布置楼梯及自动扶梯，使用车辆为 A 型车（车长 23.6 m），列车编组数为 6 辆，定员 1 860 人/列，站台上工作人员为 10 人，列车运行时间间隔为 2 min。试对该地铁车站进行建筑设计。

1. 车站站台设计

（1）车站预测客流量组织（表 2.13）

表 2.13　车站预测客流量组织　　单位：人次/h

预测客流量	上行线		下行线	
	上车	下车	上车	下车
16 976	7 232	2 090	1 309	6 345

超高峰小时系数取 $K = 1.3$。

车站的客流组织应以安全、流畅、便捷并尽可能避免客流交叉干扰为原则，使乘客方便进站，迅速出站，并在紧急情况下能安全疏散。

进站乘客从地面通过出入口进入车站站台层，通过进站检票机进入站台付费区候车。对于出站客流，按相反方向通过出站检票机便能迅速出站。

站台层的进、出站检票机均分别集中设置，这样避免了客流在付费区的交叉。在非付费区，通过自动售票机、加值机、验票机的合理摆放，尽量减少客流交叉。

（2）车站站台有效长度计算

站台有效长度（有站台门）：$L = sn + \delta = 23.6 \times 6 \pm 0.3 = 141.3 \sim 141.9\ \text{m}$

取有效长度为 141.5 m。

（3）楼梯与自动扶梯计算

本设计从节约投资考虑，出站客流上行乘自动扶梯，进站客流下行走步行楼梯。

上行线与下行线上车人数：7 232 + 1 309 = 8 541 人/h；

上行线与下行线下车人数：2 090 + 6 345 = 8 435 人/h。

① 自动扶梯台数计算：

$$n = \frac{NK}{n_1 \eta} = \frac{(2\,090 + 6\,345) \times 1.3}{8\,100 \times 0.8} = 1.69$$（自动扶梯输送速度 0.6 m/s，n_1 取 8 100）

考虑到在 139 m 站台长度内，至少设置 2 个出入口，因此采用 2 部 1 m 宽自动扶梯，分别设置在每个出站口。

② 楼梯宽度计算：

$$m = \frac{N'K}{n_2 \eta'} = \frac{(7\,232 + 1\,309) \times 1.3}{3\,200 \times 0.7} = 4.96\ \text{m}$$（楼梯按双向混行设计，n_2 取 3 200）

为保证事故疏散时间的要求，采用 2 部 3 m 宽楼梯。

楼梯和自动扶梯并列布置，$t = 3 + 1 = 4$ m。

（4）站台层的事故疏散时间计算

人行楼梯和自动扶梯的总量布置除了应满足上下乘客的需要外，还应按站台层的事故疏散时间不大于 6 min 进行验算。消防专用梯及垂直电梯不计入事故疏散用。

检算防灾要求：

$$T = 1 + \frac{Q_1 + Q_2}{0.9[A_1(N-1) + A_2 B]} = 1 + \frac{1\,860 + \left(\frac{7\,232 + 1\,309}{60} \times 2\right) + 10}{0.9 \times \left[\frac{8\,100}{60} \times (2-1) + \frac{3\,700}{60} \times 6\right]}$$

$$= 5.7\,\text{min} < 6\,\text{min}$$

满足规范防灾要求。

（5）站台宽度计算

参考式（2.4）、式（2.5）计算侧站台宽度。

$$Q_{上} = 7\,232 \times 1.3/30 = 314\text{人},$$

$$Q_{上，下} = (7\,232 + 2\,090) \times 1.3/30 = 404\text{人}$$

$$b = \frac{Q_{上} \cdot \rho}{L} + b_a = \frac{314 \times 0.75}{141.5} + 0.4 = 2.06\,\text{m}$$

或

$$b = \frac{Q_{上,下} \cdot \rho}{L} + M = \frac{404 \times 0.75}{141.5} + 0 = 2.14\,\text{m}$$

两者取大，同时需满足 $b > 2.5$ m，所以，$b = 2.5$ m。

岛式车站站台宽度：$B_d = 2b + nz + t = 2 \times 2.5 + 2 \times 0.6 + 4 = 10.2$ m

考虑到自动扶梯的安装宽度及楼梯扶手宽度，站台宽度 B_d 取 11 m。

2. 车站出入口及通道设计

（1）出入口数量布置

车站出入口的布置应与主客流的方向相一致，设 4 个出入口，分别布置在车站的东南、西南、东北、西北，如图 2.79 所示。

客流量分布：东南、西南、东北和西北各分布客流量的 25%。

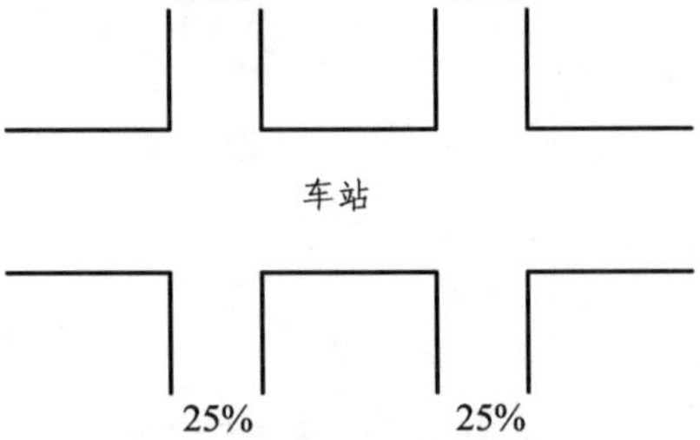

图 2.79　出入口布置

（2）出入口通道宽度 b 计算

取任一出入口计算。

本站采用双支（车站两侧各两个）出入口通道，参考式（2.9）进行计算。

$$b_2=\frac{QKa}{4\times4\,000}=\frac{(7\,232+2\,090+1\,309+6\,345)\times1.3\times1.2}{4\times4\,000}=1.66\text{ m}$$

考虑最小尺寸规定及装饰层厚度 b_2 取 2.5 m。

（3）直升电梯

3 号出入口旁设置一部垂直电梯直达站台，供残疾人使用。

项目实训 2.4　某地铁车站建筑设计

【问题描述】

某地铁车站，客流密度为 0.5 m^2/人，采用两跨双层结构的岛式站台车站，站台上的立柱为 0.8 m×0.8 m 的方柱，两柱之间布置楼梯及自动扶梯，使用车辆、列车编组、列车定员见表 2.14，站台上工作人员为 10 人，其中 A 型列车运行时间间隔为 2 min，B 型列车运行时间间隔为 3 min。任务分配如表 2.14。

表 2.14　不同车型、不同车辆编组的高峰小时客流量/活载　　单位：人次/h

车型	编组	列车载客量	预测客流量	上行方向		下行方向	
				上车	下车	上车	下车
A 型车（学号尾数为单号）	4 辆（倒数第二位尾数为单号）	1 240	11 230	4 220	1 670	1 460	3 880
	6 辆（倒数第二位尾数为双号）	1 860	17 100	6 940	1 820	1 780	6 560
B 型车（学号尾数为双号）	4 辆（倒数第二位尾数为单号）	950	8 680	4 120	450	430	3 680
	6 辆（倒数第二位尾数为双号）	1 440	12 500	4 950	1 260	1 310	4 980

【任务内容】

对该地铁车站进行建筑设计，包含：

① 站台的有效长度及宽度；

② 中间站厅到站台之间楼梯及自动扶梯的宽度，并按防灾要求检算；

③ 车站出入口及通道设计计算；

④ 车站站台层、站厅层和地铁车站标准剖面图纸。

思考与练习

【思考题】

1. 地铁车站建筑由哪些部分组成？一般应怎样布局？
2. 岛式站台与侧式站台各有什么特点？站台的长度、宽度和高度应如何确定？
3. 出入口通道及楼梯宽度如何计算？
4. 明挖法施工的区间隧道一般采用什么断面形式？有哪些衬砌形式？
5. 复合衬砌由哪些部分组成？各起什么作用？
6. 明挖地铁车站结构由哪些部分组成？
7. 暗挖法施工的车站隧道有哪些结构形式？
8. 盾构法施工的车站有哪些结构形式？

【练习题】

1.（选择题）扫描扉页在线开放课程二维码。

2.（计算题）已知地铁车站预测高峰客流量如表 2.15 所示，车站客流密度为 0.5 m^2/人。车站采用 3 跨 2 柱双层结构的岛式站台车站，站台上的立柱为 0.6 m×0.6 m 的方柱，两柱之间布置楼梯及自动扶梯，使用车辆为 A 型车，车长 23.6 m，远期列车编组数为 6 辆，定员 1 860 人/列，站台上工作人员为 10 人，列车运行时间间隔为 2 min，列车停车的不准确距离为 2 m。

试设计：

① 车站站台的有效长度和宽度；

② 中间站厅到站台之间楼梯及自动扶梯的宽度，并按防火灾要求进行检算。

表 2.15　车站预测客流量　　单位：人次/h

预测客流量	上行线		下行线	
	上车	下车	上车	下车
16 937	7 155	2 128	1 271	6 383

项目 3　地铁结构计算

学习目标

1. 知识目标

（1）了解地铁结构计算的流程。

（2）明白地铁结构计算中主要荷载的确定。

（3）掌握地铁结构设计一般规定。

2. 能力目标

能进行简单的地铁结构计算及设计。

项目导入

地下结构和地面结构如房屋、桥梁等在赋存环境、力学作用机理等方面都存在着明显的差异。地下结构则埋设于地层中，四周都受到地层的约束，所以，地层不仅对结构施加荷载，即所谓地层压力或称围岩压力，同时地层又帮助结构承受荷载，减小结构的内力。这种结构与地层共同作用机理与地面结构完全不同。理论研究和工程实践都证明，这种共同作用的效果主要取决于地层条件以及结构与地层的相对刚度。在稳固的地层中，结构的刚度比地层的刚度小，则地层对结构变形的约束作用大，而产生的地层压力则小。反之，在松软不稳定地层中，结构的刚度比地层的刚度大，地层的约束作用小，甚至可以忽略不计，地层压力则很大。

用于地下结构的设计模型随结构形式和施工方法而异，主要分为四种：

（1）荷载-结构模型（荷载-结构法）

荷载-结构模型是地下工程结构设计使用最多的一种，俄罗斯、美国、澳大利亚、英国、意大利、德国、日本等普遍使用这种设计方法，我国现行的《地铁设计规范》和《铁路隧道设计规范》中也均推荐采用。这种设计模型具有明确的受力概念及清楚的安全系数评价方法。一般采用此种方法来分析二次衬砌内力。

（2）地层-结构模型（地层-结构法）

这种模型包括解析法和数值法两种，目前广泛使用数值法进行地铁结构计算，数值法中以有限元法（FEM）为主。有限元本身严密精确，但由于岩土本构关系的复杂性、岩土计算参数确定的不精确性以及其结果难以验证的特点，往往使有限元计算结果未能在工程中得到直接应用，只能作为设计人员的定性参考。这种类型亦可简称连续介质力学方法。

（3）以工程类比为依据的经验法（经验类比法）

该方法根据实践经验和工程地质条件对围岩进行分类，然后按不同围岩分类确定所需的地下结构支护系统，从而用于隧道结构的设计。由于隧道的地质情况复杂多变，坑道稳定与施工因素密切相关，加之计算模型的局限性，目前隧道结构设计仍需在很大程度上借助于经验类比法，特别是在初期支护的设计中主要采用。

（4）室内试验加以洞周变形量测为依据的收敛-约束模型（收敛-约束法）

该法因能够提供直观的信息，以更确切地估计地层和结构的稳定性和安全度，常受到现场人员的欢迎。但收敛-约束法的原理还不完善，存在很多问题也难以解决，如地层和衬砌的响应曲线目前仍无法正确确定，这使得该方法只能停留在定性描述阶段，实际工作中较少运用。

目前我国地铁建设发展的趋势，仍以建设浅埋地铁为主，在这种情况下地铁结构大多埋设在第三、第四纪的软弱地层中，结构与地层共同作用较弱，荷载较为明确，按我国多年地铁的设计经验和我们的看法，似应采用荷载-结构模型为主。对于深埋或浅埋于岩层中的地铁结构物，除采用传统矿山法施工的结构仍可采用荷载-结构模型外，其余可采用连续介质模型，但主要是采用以工程类比为基础的经验法，辅以结构计算。

思政点拨

中国土木工程詹天佑奖，简称詹天佑大奖，是中国土木工程领域工程建设项目科技创新的最高荣誉奖。深圳地铁 11 号线工程获得第十七届中国土木工程詹天佑奖。深圳地铁 11 号线在建设中自主创新 73 项技术，其中具有国内、世界领先水平的创新技术 6 项；荣获省部级科技进步奖 24 项、省部级优秀设计奖 6 项、省部级工法 10 项；授权发明专利 10 项、实用新型专利 17 项；研究成果形成标准、专著 4 部。在这些硕果累累的背后，“创新”是我们的制胜法宝，同学们应展开想象的翅膀，在学习基本理论的基础上大胆进行探索。

项目布置

分析地铁结构计算的荷载类型及其计算，并完成某明挖地铁车站矩形结构计算（含结构内力图、配筋图、计算书）。

项目分析

本项目的核心是结构设计流程及其荷载计算，但完成某明挖地铁车站矩形结构计算需要掌握地铁结构的计算方法、荷载组合、结构设计一般规定等知识与技能。因此，本项目安排地铁结构的计算方法、结构荷载计算和地铁结构设计一般规定 3 个工作任务和 3 个项目实训。

工作任务 3.1　地铁结构的计算方法

3.1.1　地铁结构计算的简化

线路设置于地下的地铁结构物的主体是钢筋混凝土车站和隧道建筑结构，这些结构物根据其在地下线路中的功能不同，形状也有所不同。尽管结构形式和功能不同，但是它们几乎都为钢筋混凝土结构。因此地下结构物的设计与地下钢筋混凝土结构物的设计在原理上是一致的。如浅埋地铁结构多数采用钢筋混凝土矩形框架结构，因此在进行结构设计时，框架节点视为刚性节点，在外力作用下结构是高次超静定结构。力矩分配法是地铁结构较适用的内力计算方法。图 3.1（a）所示为浅埋地铁区间隧道结构，其结构要承受竖向的地层压力、侧向压力及地面车辆等荷载，如图 3.1（b）所示。根据弹性力学的基本原理，可视其为平面应变问题。计算时可沿隧道纵轴方向取 1 m 作为计算单元。除双线区间隧道结构以外，地铁车站采用明挖法施工时大多也采用多层多跨的复杂矩形框架结构，其计算可按自由变形框架计算，地基反力假定为直线分布。图 3.2 为浅埋车站矩形框架结构的计算简图。

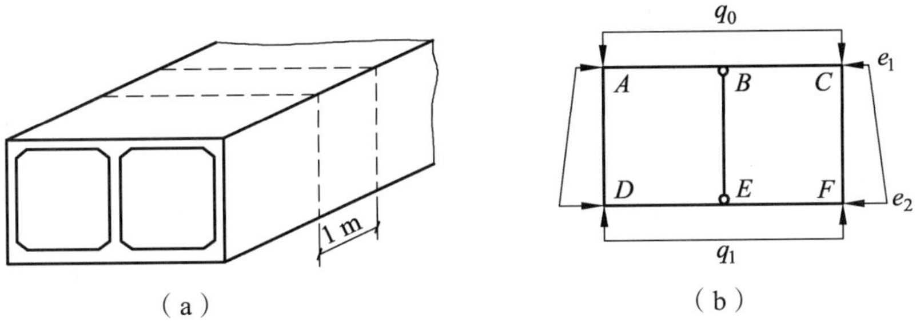

图 3.1　浅埋地铁区间隧道框架结构

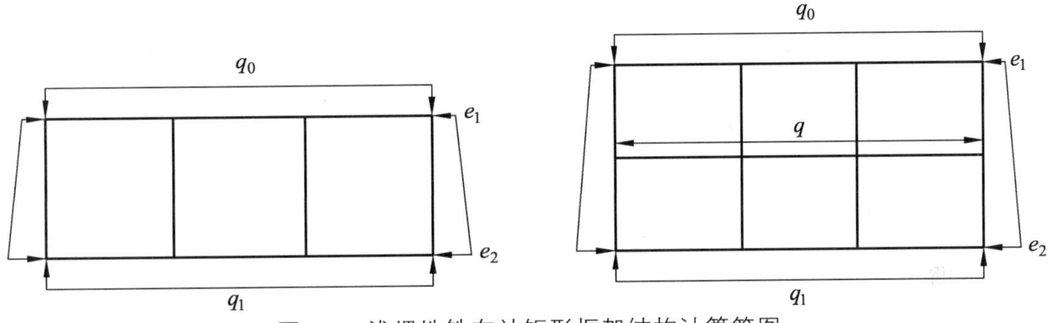

图 3.2　浅埋地铁车站矩形框架结构计算简图

3.1.2　地铁结构设计与计算的流程

在进行地铁设计时，首先应完成线路的平面和纵断面技术标准的设计，在此之后即可进行具体的结构设计与计算，所应遵循的设计与计算流程如图 3.3：

① 选定设计断面。首先根据结构用途、建筑限界、线路平面、纵断面、道床尺寸等决定结构内部空间尺寸，再根据结构高度和宽度的关系、荷载状况，参照类似的已有结构假定断面厚度，选定供计算用的结构形状和尺寸，并确定合理的计算模型。

② 荷载计算。当设计地下结构时，计算可考虑的荷载较多，其中主要的是路面活荷载、垂直和水平土压力、地下水压力、结构自重、结构内部荷载以及考虑人防和地震的特殊荷载等。计算时应结合构造形式、地质条件和施工方法等因素综合考虑。

③ 框架内力计算。当框架及荷载均为对称时，可取结构的一半进行计算。内力计算采用力矩分配法或有限单元法，先求出各个节点的弯矩 M、轴力 F_N 和剪力 F_S，然后绘制出结构截面的弯矩 M 图、轴力 F_N 图和剪力 F_S 图。

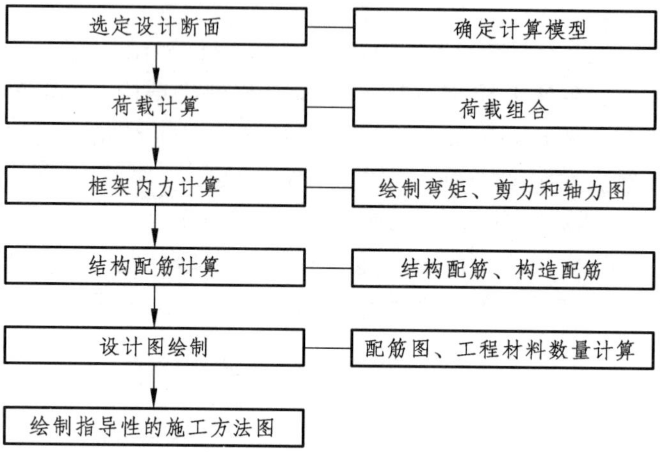

图 3.3　地铁结构设计与计算流程

④ 结构配筋计算。根据弯矩图、轴力图和剪力图，按钢筋混凝土结构设计基本原理和现行钢筋混凝土设计规范，进行结构及构件的配筋计算。

⑤ 设计图绘制。根据配筋计算的结果绘制结构的配筋图，并计算出工程材料数量。

⑥ 根据车站和区间隧道所处的环境，以及计算的结构变形、内力状况，绘制指导性的施工方法图。

工作任务 3.2　结构荷载计算

3.2.1　荷载种类

1. 作用在地铁结构上的荷载及分类

采用荷载-结构模型进行地铁结构设计时，首先确定作用在结构上的荷载大小及其分布规律。作用在地铁结构上的荷载，现行规范按荷载作用情况将其分为永久荷载、可变荷载和偶然荷载三大类，分别按明挖结构、暗挖结构进行荷载分类，见表 3.1、表 3.2。

表 3.1　明挖结构荷载分类表

荷载类型	荷载名称
永久荷载	结构自重
	地层压力
	结构上部和破坏棱体范围的设施及建筑物压力
	水压力及浮力
	混凝土收缩及徐变作用
	预加应力
	设备重量
	地基下沉作用

续表

<table>
<tr><th colspan="2">荷载类型</th><th>荷载名称</th></tr>
<tr><td rowspan="6">可变荷载</td><td rowspan="4">基本可变荷载</td><td>地面车辆荷载及其冲击力</td></tr>
<tr><td>地面车辆荷载引起的侧向土压力</td></tr>
<tr><td>地铁车辆荷载及其冲击力</td></tr>
<tr><td>人群荷载</td></tr>
<tr><td rowspan="2">其他可变荷载</td><td>温度变化影响</td></tr>
<tr><td>施工荷载</td></tr>
<tr><td colspan="2">偶然荷载</td><td>地震作用</td></tr>
</table>

表 3.2 暗挖结构荷载分类表

<table>
<tr><th colspan="2">荷载类型</th><th>荷载名称</th></tr>
<tr><td rowspan="9">主要荷载</td><td rowspan="4">恒载</td><td>结构自重</td></tr>
<tr><td>围岩压力</td></tr>
<tr><td>水、土压力</td></tr>
<tr><td>混凝土收缩及徐变作用</td></tr>
<tr><td rowspan="5">活载</td><td>列车活载</td></tr>
<tr><td>公路活载</td></tr>
<tr><td>渡槽流水（立交明洞时）</td></tr>
<tr><td>冲击力</td></tr>
<tr><td>地面车辆荷载引起的土压力</td></tr>
<tr><td colspan="2" rowspan="4">附加荷载</td><td>制动力</td></tr>
<tr><td>温度变化的影响</td></tr>
<tr><td>灌浆压力</td></tr>
<tr><td>施工荷载</td></tr>
<tr><td colspan="2">偶然荷载</td><td>地震作用</td></tr>
</table>

永久荷载即长期作用的恒荷载，在其作用期内虽有变化但也是微小的，如地层压力、结构自重、隧道上部或岩土破坏棱柱体内的设施及建设物基底附加应力、静水压力（含浮力）、混凝土收缩和徐变影响力、预加应力以及设备重量、地基下沉影响力、侧向土层抗力和地基反力等。

可变荷载又可分为基本可变荷载和其他可变荷载两类。基本可变荷载，即长期且经常作用的变化荷载，如地面车辆荷载（包括冲击力）和它所引起的侧向土压力、地铁车辆荷载（包括冲击力、摇摆力、离心力）以及人群荷载等。其他可变荷载，即非经常作用的变化荷载，如温度变化、施工荷载（施工机具作用力、盾构千斤顶推力、注浆压力）等。

偶然荷载即偶然的、非经常作用的荷载，如地震力、爆炸力等。

2. 荷载组合

结构的计算荷载应根据上述三大类荷载同时存在的可能性进行最不利组合，一般来说，对于浅埋地铁结构物，以基本组合（仅考虑永久荷载和可变荷载）最有工程实际意义。只有在特殊情况下，如 7 度以上地震区，或有战备要求等才有必要按照偶然组合（三类荷载都进行考虑）来验算。在设计中，以对结构整体或构件可能出现的最不利荷载组合进行计算。地铁结构设计的荷载组合见表 3.3。

表 3.3　荷载组合

组合验算工况		永久荷载	可变荷载	偶然荷载	
				地震荷载	人防荷载
基本组合 1：永久荷载+基本可变荷载		1.35	1.4		
标准组合 2：永久荷载+基本可变荷载		1.0	1.0		
偶然组合 3	永久荷载+地震荷载	1.2	1.0	1.3	
	永久荷载+人防荷载	1.2	1.0		1.0
构件抗浮稳定验算		1.0			

3.2.2　部分荷载计算规定

1. 结构自重

计算结构自重时，各种材料重度应根据现行《建筑结构荷载规范》及相关标准确定。

2. 地层压力

地层压力是地铁结构物承受的主要荷载。准确地确定地层压力是很困难的，可按以下原则初步确定。规范规定，土质隧道可用下述通用方法计算地层压力：明挖和盖挖施工的结构一般应按计算截面以上全部土柱重力计算；盾构法施工和土质地层矿山法施工的隧道宜根据所处地质和水文地质条件及覆土厚度，并考虑土体卸载拱作用的影响计算。

规范指出地层的水平压力按下列规定考虑：施工期间作用在支护结构主动区的土压力宜根据变形控制要求在主动土压力和静止土压力之间选择；明挖结构长期使用阶段或逆作法结构承受的土压力宜按静止土压力计算；明挖法或矿山法支护结构的初期支护应考虑100%的外侧土压力，内衬结构应考虑与支护结构或初期支护的共同作用而分担的土压力，分别按最大、最小侧压力两种情况，与其他荷载进行不利组合；盾构法施工的隧道应考虑外侧的土压力，并宜按静止土压力计算；荷载计算应考虑地面荷载和破坏棱体范围的建筑物，以及施工机械等引起的附加水平侧压力。

穿越土层的隧道可以采用以下标准划分其深浅埋程度：当隧道拱顶到地表的土层覆盖厚度 H 满足 $H>$（2.0~2.5）h（h 为土体塌落拱的高度）时，为深埋土质隧道；反之，为浅埋土质隧道。深埋土体中的隧道围岩压力计算方法可参见相关土力学参考书。

（1）深埋岩质隧道

深埋岩质隧道采用荷载-结构模型时，地层压力（围岩压力）按围岩的松动压力考虑，并根据现行《铁路隧道设计规范》所建议的公式进行计算。

① 竖向压力 q 按以下公式计算：

$$q = 0.45 \times 2^{s-1} \cdot \gamma \cdot \omega \qquad (3.1)$$

式中：q ——竖向均布围岩压力（kPa）。

s ——围岩级别，如属Ⅱ级，则 $s=2$。

γ ——围岩容重（kN/m^3），各级围岩的天然容重参见表 3.4。

ω —— 跨度影响系数，其值为：

$$\omega=1+i\cdot(B_t-5) \tag{3.2}$$

其中：B_t ——隧道宽度（m）；

i ——以 $B_t=5$ m 为基准，B_t 每增减 1 m 时的围岩压力增减率。当 $B_t<5$ m 时，取 $i=0.2$；当 $B_t>5$ m 时，取 $i=0.1$。

表 3.4　各级围岩的天然容重　　单位：kN/m^3

围岩级别	Ⅰ	Ⅱ	Ⅲ	Ⅳ	Ⅴ	Ⅵ
γ	26 ~ 28	25 ~ 27	23 ~ 25	19 ~ 22	17 ~ 20	15 ~ 16

公式（3.1）的适用条件为：$H_t/B_t<1.7$，H_t 为隧道高度；深埋隧道；不产生显著偏压力及膨胀力的一般隧道；采用矿山法施工的隧道。

② 侧向压力 e 按表 3.5 中的经验公式计算：

表 3.5　围岩水平匀布压力

围岩级别	Ⅰ、Ⅱ	Ⅲ	Ⅳ	Ⅴ	Ⅵ
水平均布压力 e	0	$<0.15q$	$(0.15\sim0.3)q$	$(0.3\sim0.5)q$	$(0.5\sim1.0)q$

（2）浅埋土质隧道

① 竖向压力 q。填土与浅埋暗挖隧道，因其上方无法形成承载拱，竖向压力按结构顶板上的全部土柱进行计算，即：

$$q=\gamma h \tag{3.3}$$

式中：h——隧道拱顶至地表的垂直厚度（m）。

② 侧向压力 e。根据结构受力过程中墙体位移与地层间的相互关系，侧向压力分别按主动、被动和静止土压力计算。在地铁结构计算中，主动或被动土压力习惯上采用朗金（W. J. M，Rankine）土压力理论，即：

$$\left.\begin{aligned}e_a&=q_i\cdot\tan^2\left(45°-\frac{\varphi}{2}\right)-2c\cdot\tan\left(45°-\frac{\varphi}{2}\right)\\e_p&=q_i\cdot\tan^2\left(45°+\frac{\varphi}{2}\right)+2c\cdot\tan\left(45°+\frac{\varphi}{2}\right)\end{aligned}\right\} \tag{3.4}$$

式中：e_a、e_p——主动和被动土压力（kPa）；

q_i——作用在距离地面 h_i 深度处单位面积上的总垂直压力（kPa），$q_i=p+\gamma h_i$，其中 p 为地面上的均布荷载即超载（kPa）；

φ——黏性土的内摩擦角（°）；

c——黏性土的内聚力（kPa），若为砂性土，则 $c=0$。

（3）静水压力的计算方法

计算静水压力时，一般有两种方法可供选择：一种是和土压力分开计算（水土分算）；

另一种是将其视为土压力的一部分和土压力一起计算（水土合算）。对于砂性土可采用水土分算。对黏性土则宜用水土合算，因为在黏性土中的水大多是非重力水（结合水），不对土粒起静水压力作用。

3. 其他荷载

① 车站站台、楼板和楼梯等部位的人群均布荷载的标准值应采用 4.0 kPa；设备用房楼板的计算荷载应根据隔墙布置以及设备安装、检修和正常使用的实际情况进行确定，其标准值不得小于 8.0 kPa。

② 施工荷载一般可按 20 kPa 计算，在端头井附近由于盾构隧道施工堆放管片及其他特殊情况时，其值应按相关专业要求确定。

③ 地面车辆荷载及其冲击力：当覆土厚度大于 3 m 时，可按 10 kPa 均布荷载计算，并不考虑动力影响；当覆土厚度小于 3 m 时，其地面超载则按有关规范的规定确定；当覆土厚度小于 2 m 时，还需考虑相应的动力影响。

④ 隧道上方和破坏棱体内的设施和建筑物压力：凡规划明确的，应以其设计的基底应力和基底距隧道结构的距离计算；凡不明确的，应在设计要求中作出规定，如上海市规定为 20 kN/m^2。

工作任务 3.3　地铁结构设计一般规定

3.3.1　地铁结构设计原则

1. 明挖结构设计原则

① 地铁结构的设计应以地质勘察资料为依据，根据现行国家标准《地铁、轻轨交通岩土工程勘察规范》按不同设计阶段的任务和目的确定工程勘察的内容和范围，考虑不同施工方法对地质勘探的特殊要求，通过施工中对地层的观察和监测反馈进行验证。

② 地铁结构的设计，应减少施工中和建成后对环境造成的不利影响，也应考虑城市规划引起周围环境的改变对结构的影响，位于城市主干道下的地铁车站顶板覆土不应小于 3 m；位于城市次干道下的车站顶板覆土不应小于 2.5 m；对于特殊地段，在取得规划部门的同意后，覆土厚度要求可作适当调整。

③ 地铁的结构设计应根据沿线不同地段的工程地质和水文地质条件及城市总体规划要求，结合周围地面既有建筑物、管线及道路交通状况，通过对技术、经济、环境影响和使用效果等综合评价，合理选择施工方法和结构形式。在含水地层中，应采取可靠的地下水处理和防治措施。

④ 地铁的主体结构按设计使用年限 100 年的要求进行耐久性设计，并满足现行的混凝土结构设计规范和地铁设计规范中的有关规定。

⑤ 地铁结构的设计，应根据施工方法、结构或构件类型、使用条件及荷载特性等，选用与其特点相近的现行结构设计规范和设计方法，结合施工监测进行信息化设计。

⑥ 地铁结构的净空尺寸应满足本线的建筑限界和其他使用及施工工艺等要求，并考

虑施工误差、测量误差、结构变形和位移的影响。

⑦ 地铁结构按当地的地震烈度进行抗震计算，其设防分类为乙类，抗震等级一般不低于三级。在结构设计时采取相应的构造处理措施，以提高结构的整体抗震能力。

⑧ 地下车站必须具有战时防护功能，在规定的设防部位结构设计按六级（或五级）人防的抗力标准进行验算，并设置相应的防护措施。

2. 暗挖结构设计原则

① 用暗挖法施工的结构，其结构计算简图应根据工程地质和水文地质条件、衬砌构造特点及施工工艺加以确定。计算中应考虑衬砌与地层共同作用或考虑地层抗力对衬砌变形的约束作用。

② 浅埋暗挖隧道应采用初期支护和必要的辅助工法进行开挖和支护，其设计参数应以工程类比为主，辅以理论计算，并通过现场监控量测反馈和修正。

③ 车站隧道衬砌应采用复合衬砌，其初期支护应按主要承载结构设计，并应满足刚度和强度的要求。复合衬砌在设计和施工中均应根据工程地质和水文地质条件，做好施工组织设计，采取有效工程技术措施，确保施工各阶段最终实现支护和围岩的稳定，严格控制地面沉降量，及早浇注仰拱及全部二次衬砌。二次衬砌须采用钢筋混凝土内衬，并且能承受实际的水压力。

④ 暗挖法施工引起的地表沉降量限制值，应视车站站址周围的条件确定，一般情况下其限制值为 30 mm。地面隆起量应控制在 10 mm 以内；当车站站址内有重要地下管线或重要建（构）筑物时，应按实际情况确定。

3.3.2 工程结构材料

地下结构的工程材料一般采用钢筋混凝土或预应力混凝土，必要时也可采用钢结构、钢与混凝土组合、高分子聚合物等。材料的选择应根据结构类型、受力、使用要求和所处的环境等条件，并考虑可靠性、耐久性和经济性。

混凝土的原材料和配合比、最低强度等级、最大水胶比和单方混凝土的胶凝材料最小用量应符合 100 年使用期的耐久性要求，还要满足抗裂、抗渗透、抗侵蚀的要求。为了减小地下超长结构混凝土的温度收缩应力和沉降变形应力，除立柱和纵梁等构件外，一般环境下的混凝土强度等级不得低于表 3.6 的规定。

表 3.6 混凝土的最低设计强度等级

施工方法	结构类型	混凝土最低设计强度等级
明挖法	整体式钢筋混凝土结构	C30
	装配式钢筋混凝土结构	C30
	作为永久结构的地下连续墙和钻孔灌注桩	C30
盾构法	整体式钢筋混凝土结构	C30
	装配式钢筋混凝土结构	C50
矿山法	喷射混凝土衬砌	C20
	现浇混凝土或钢筋混凝土衬砌	C30

3.3.3 构造要求

1. 伸缩缝、施工缝和沉降缝

地铁的区间隧道和车站一般属于超长结构。目前业界已经认识到控制此结构由于温度应力及差异沉降引起的纵向应力和有害裂缝的必要性。上海、广州、南京、天津等城市的地铁车站大多采用地下连续墙与内衬墙叠合的构造，顶板、中板、底板等水平构件的钢筋锚入地下连续墙内，形成刚节点。由于先期浇筑地下连续墙对后浇内衬和水平构件混凝土受冷收缩变形的约束较大，与地下连续墙交接处的顶板易产生斜裂缝，与地下连续墙交接处的底板易产生垂直于纵向的垂直裂缝，裂缝间距一般为 8~10 m，长度可达 1.5~2.0 m，其宽度达 0.2~1.0 mm。这些温度收缩应力裂缝可能贯穿整个截面，引起地下水渗漏。许多工程实践表明，即使沿纵向每隔 30~40 m 设置一条贯通整个结构横断面的伸缩缝，内衬墙与顶底板相交节点附近增设纵向构造钢筋，稍有不慎，内衬墙仍然会出现收缩裂缝。为了控制地下结构的温度收缩应力裂缝，工程界通常采用下列技术措施：

① 设计伸缩缝、诱导缝和施工缝。

② 设置后浇带或控制分段浇筑的长度。

③ 合理选择水泥品种和强度等级。

④ 控制混凝土入模温度，加强养护和洞口的遮挡。

⑤ 及时回填，保证地下结构内外温度不出现急剧变化。

2. 钢筋的混凝土保护层厚度

地下结构钢筋的保护层厚度应根据结构的类别、实际的环境条件，综合考虑混凝土的强度、施工精度和耐久性要求等，借鉴国内外同类工程的实践经验提出，适用于普通钢筋混凝土结构。其中矿山法施工的地下结构是采用《铁路隧道设计规范》（TB 10003—2016）规定的数值。

受力钢筋的混凝土保护层的厚度不得小于钢筋公称直径，且在一般环境条件下应符合表 3.7 的规定。箍筋、分布筋和构造筋的混凝土保护层厚度不得小于 20 mm。

表 3.7 受力钢筋的混凝土保护层最小厚度 单位：mm

结构类别	地下连续墙		灌注桩	明挖结构					钢筋混凝土管片		矿山法施工的结构		
				顶板		楼板	底板				初期支护或锚喷衬砌		二次衬砌
	外侧	内侧		外侧	内侧		外侧	内侧	外侧	内侧	外侧	内侧	
保护层厚度	70	50	70	50	40	30	50	40	40	30	40	40	35

注：① 车站内的楼梯及站台板等内部构件，钢筋的保护层厚度可采用 25 mm。

② 顶进法和沉管法施工的隧道主筋的保护层厚度可采用明挖结构的数值。

③ 矿山法施工的结构，当二次衬砌的厚度大于 50 cm 时，主筋的保护层厚度应采用 40 mm。

3. 配筋率

明挖法施工的地下结构周边构件和中楼板每侧暴露面上分布钢筋的配筋率，当分布钢筋用 Ⅰ 级钢筋时不宜低于 0.3%；当为 Ⅱ 级钢筋时不宜低于 0.2%，同时分布钢筋的间距也不宜大于 150 mm。当受拉主筋的混凝土保护层厚度大于或等于 40 mm 时，分布钢筋宜配置在受力筋的外侧。车站内后砌的内部承重墙和隔墙等应与主体结构可靠拉结，轻质隔墙应与主体结构连接。

项目实战演练

项目实训 3.1　地铁结构荷载计算实例

【问题描述】

已知某地铁采用明挖法施工，其框架结构尺寸及埋深如图 3.4 所示，计算作用在该结构上的主要荷载。已知路面荷载为 22 kN/m^2，超载系数为 1.2；隧道底盖板上覆盖土壤为砂性土，其天然重度为 γ=17.5 N/m^3，土的饱和重度为 γ_{sat}=19.5 kN/m^3；钢筋混凝土重度为 γ_{co}=25 kN/m^3；顶板考虑的人防荷载为 147 kN/m^2，侧墙的人防荷载为 78.4 kN/m^2，超载系数为 1.2；土壤内摩擦角为 φ=30°，黏聚力 c=20 kPa，水的重度 γ_w=9.8 kN/m^3，中间圆立柱间距为 3.0 m，圆立柱半径为 0.3 m。

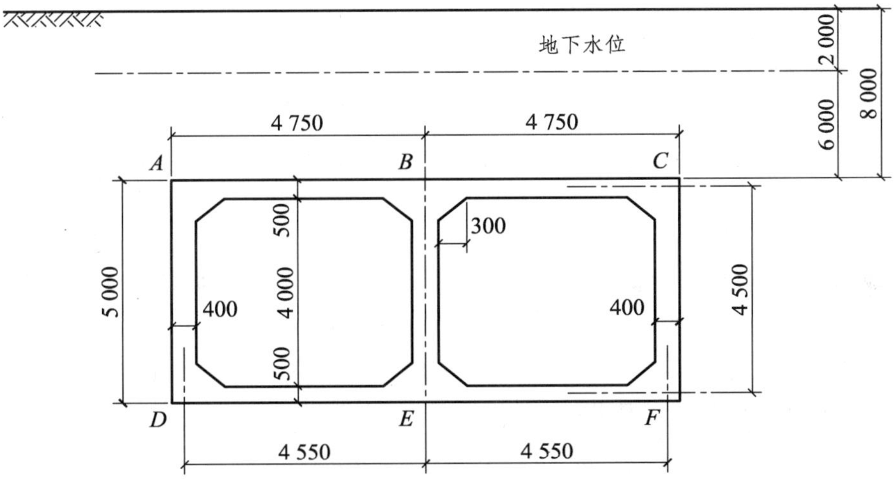

图 3.4　明挖隧道框架结构（尺寸单位：mm）

【解答过程】

取隧道纵向长度为 1 m 的结构进行计算，具体计算过程如下：

1. 求隧道顶板所承受的所有荷载

隧道顶板的荷载作用在顶板的结构轴线所在的平面上，主要有：

（1）路面荷载

$$\frac{22\ \text{kN/m}^2\times1.2\times9.5\ \text{m}\times1.0\ \text{m}}{9.5\ \text{m}\times1.0\ \text{m}}=26.40\ \text{kN/m}^2$$

（2）顶板上部土体的荷载

鉴于顶板上覆土体为砂性土，因此土压力的计算采用水土分算的方法，按照地下水位以上和地下水位以下的土壤分别计算，具体见下：

① 地下水位以上的土体压力，计算时土体容重采用天然容重，则有：

$$\frac{17.5\ \text{kN/m}^3 \times 2.0\ \text{m} \times 9.5\ \text{m} \times 1.0\ \text{m}}{9.5\ \text{m} \times 1.0\ \text{m}} = 35.00\ \text{kN/m}^2$$

② 地下水位以下的土体压力，计算时土体容重采用浮容重，则有：

$$\frac{(19.5-9.8)\ \text{kN/m}^3 \times 6.25\ \text{m} \times 9.5\ \text{m} \times 1.0\ \text{m}}{9.5\ \text{m} \times 1.0\ \text{m}} = 60.63\ \text{kN/m}^2$$

③ 地下水的重力，从地下水位开始计算其压力，则有：

$$\frac{9.8\ \text{kN/m}^3 \times 6.25\ \text{m} \times 9.5\ \text{m} \times 1.0\ \text{m}}{9.5\ \text{m} \times 1.0\ \text{m}} = 61.25\ \text{kN/m}^2$$

由此可得隧道顶板所承受的土体压力和水压力总荷载为 156.88 kN/m^2。

（3）顶板所承受的人防荷载

$$\frac{147\ \text{kN/m}^2 \times 1.2 \times 9.5\ \text{m} \times 1.0\ \text{m}}{9.5\ \text{m} \times 1.0\ \text{m}} = 176.40\ \text{kN/m}^2$$

（4）顶板的自重

$$\frac{0.5\ \text{m} \times 9.5\ \text{m} \times 1.0\ \text{m} \times 25\ \text{kN/m}^3}{9.5\ \text{m} \times 1.0\ \text{m}} = 12.50\ \text{kN/m}^2$$

将以上各荷载相加便可得出隧道顶板所承受的竖向荷载为 372.18 kN/m^2。

2. 求结构侧墙所承受的侧向荷载

在计算侧墙所受的侧向土压力时，按照地下水位以上和地下水位以下不同地层的容重来加以考虑。由于是砂性土，需要采用水土分算的方法进行计算。

（1）侧墙所受侧向主动土压力

① 侧墙顶部的侧向主动土压力：

$$\begin{aligned} e_1 &= q_1 \cdot \tan^2\left(45° - \frac{\varphi}{2}\right) - 2c \cdot \tan\left(45° - \frac{\varphi}{2}\right) \\ &= (26.4 + 17.5 \times 2 + 9.7 \times 6.25) \times \tan^2\left(45° - \frac{30°}{2}\right) - 2 \times 20 \times \tan\left(45° - \frac{30°}{2}\right) \\ &= 17.58\ \text{kN/m}^2 \end{aligned}$$

② 侧墙底部的侧向主动土压力：

$$\begin{aligned} e_2 &= q_2 \cdot \tan^2\left(45° - \frac{\varphi}{2}\right) - 2c \cdot \tan\left(45° - \frac{\varphi}{2}\right) \\ &= (26.4 + 17.5 \times 2 + 9.7 \times 10.75) \times \tan^2\left(45° - \frac{30°}{2}\right) - 2 \times 20 \times \tan\left(45° - \frac{30°}{2}\right) \\ &= 32.13\ \text{kN/m}^2 \end{aligned}$$

（2）侧墙所受的侧向水压力

① 侧墙顶部侧向水压力：

$$\gamma_w h_1 = 9.8\ \text{kN/m}^3 \times 6.25\ \text{m} = 61.25\ \text{kN/m}^2$$

② 侧墙底部侧向水压力：

$$\gamma_w h_2 = 9.8\ \text{kN/m}^3 \times 10.75\ \text{m} = 105.35\ \text{kN/m}^2$$

（3）侧墙所受人防荷载

$$78.4\ \text{kN/m}^2 \times 1.2 = 94.08\ \text{kN/m}^2$$

由以上可得侧墙顶部所受的侧向压力合计为 172.91 kN/m^2，侧墙底部所承受的侧向压力合计为 231.56 kN/m^2。

3. 底板所承受的荷载

（1）由底板自重产生的荷载

$$\frac{0.5\ \text{m} \times 9.5\ \text{m} \times 1\ \text{m} \times 25\ \text{kN/m}^3}{9.5\ \text{m} \times 1.0\ \text{m}} = 12.50\ \text{kN/m}^2$$

（2）由顶板传递的荷载

$$\frac{372.18\ \text{kN/m}^2 \times 9.5\ \text{m} \times 1.0\ \text{m}}{9.5\ \text{m} \times 1.0\ \text{m}} = 372.18\ \text{kN/m}^2$$

（3）由侧墙传递的荷载

$$\frac{0.4\ \text{m} \times 4.5\ \text{m} \times 1\ \text{m} \times 2 \times 25\ \text{kN/m}^3}{9.5\ \text{m} \times 1.0\ \text{m}} = 9.47\ \text{kN/m}^2$$

（4）由立柱传递的荷载

$$\frac{3.14 \times 0.3\ \text{m} \times 0.3\ \text{m} \times 3.7\ \text{m} \times 25\ \text{kN/m}^3}{9.5\ \text{m} \times 1.0\ \text{m} \times 3} = 0.92\ \text{kN/m}^2$$

（5）由顶板纵梁传递的荷载

$$\frac{0.6\ \text{m} \times 0.55\ \text{m} \times 1\ \text{m} \times 25\ \text{kN/m}^3}{9.5\ \text{m} \times 1.0\ \text{m}} = 0.87\ \text{kN/m}^2$$

则底板所受到竖向向下的荷载为 395.94 kN/m^2。

另外，结构底板还承受地下水压力的作用，其方向指向底板，其数值为：

$$9.8\ \text{kN/m}^3 \times 10.75\ \text{m} = 105.35\ \text{kN/m}^2$$

底板在上述荷载的作用下应保持平衡，因此还受到地基反作用力，假设地层提供的反力在底板上均匀分布，则其数值可为 290.59 kN/m²。

此外，当区间隧道结构建成并投入运营后，地下水位会逐渐恢复到原先的状态，因此还需要计算区间隧道结构所承受的地下水的浮力，其数值大小为单位长度的隧道体积所排开的地下水重力，即：

$$9.5\ \text{m}\times 5.0\ \text{m}\times 1\ \text{m}\times 9.8\ \text{kN/m}^3 = 465.5\ \text{kN}$$

作用在单位面积底板上的水浮力为：

$$\frac{465.5\ \text{kN}}{9.5\ \text{m}\times 1.0\ \text{m}}=49.00\ \text{kN/m}^2$$

通常为便于分析，鉴于隧道框架结构是轴对称结构，因此可认为隧道结构两侧边墙所承受地层压力和水压力也为对称荷载。根据以上计算得到的荷载结果，即可以绘出明挖区间隧道框架结构承受的荷载模式，如图 3.5 所示。

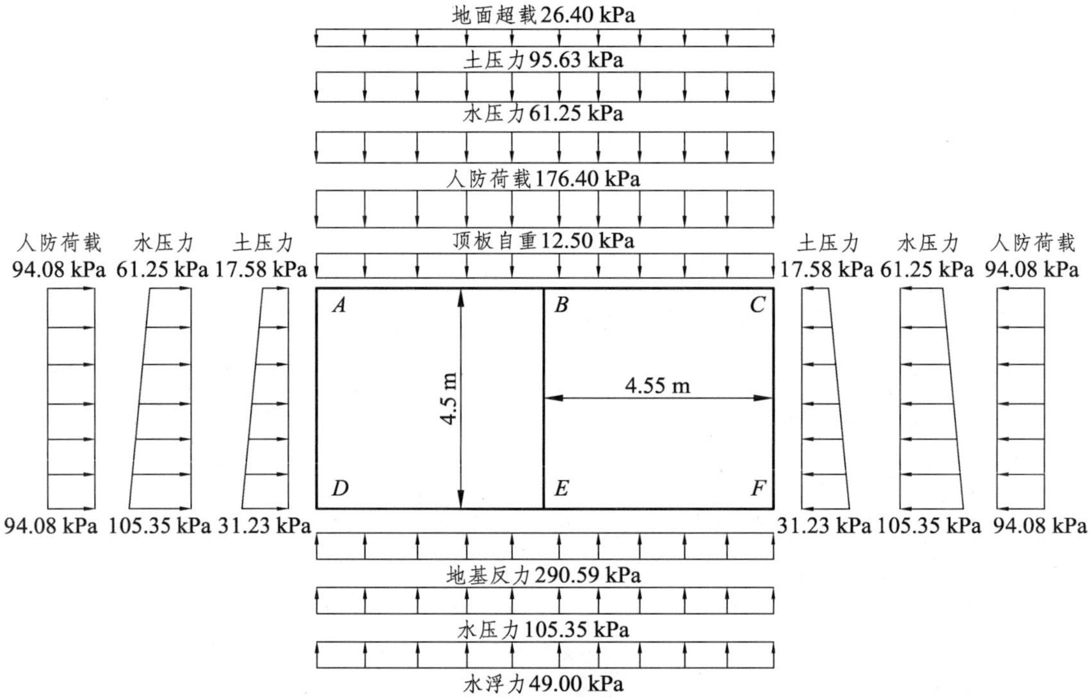

图 3.5 明挖隧道框架结构的荷载

项目实训 3.2 广州地铁 3 号线广州东站结构设计实例

1. 工程概况

本站位于广州火车东站下方，下穿地铁 1 号线广州东站，与地铁 1 号线站、火车东站南站房、待建北站房呈十字形布置。车站主要包括主体结构暗挖隧道工程、北站厅明挖工程、南站厅明挖工程、出入口通道及风亭风道等。

南站厅为地面两层、地下五层框架结构，其中地下一层至地下三层为铁城地下车库预留井，地下四层（通道层）和地下五层（站台层）位于铁城地下车库底板下，明挖竖井，深约 17 m，面积约 992.3 m^2。

北站厅为地下二层明挖结构，结构总长 73 m，宽 29～43 m，深 12 m 左右，建筑面积 2 316 m^2。左、右线站台层隧道位于火车东站南站房及铁路站场的下方，埋深 25 m 左右，右线站台隧道为双层单跨暗挖结构，左线站台隧道为单洞暗挖结构，开挖跨度分别为 12.3 m 和 8.85 m，左、右线线间距 22.2 m，隧道间岩柱净宽 6.85 m。右线站台层隧道起讫里程为 YDK0＋337.176～＋574.112，左线站台层隧道起讫里程为 ZDK0＋336.676～＋574.089。

站台层共设 7 个横通道连通左、右线站台层隧道，横通道均为拱顶直墙形单洞隧道。

2. 工程地质与水文地质简述

本站地处瘦狗岭南麓，地势略呈北高南低，地面高程为 13.74～21.13 m，钻孔揭露岩土层自上而下有：人工填土层〈1〉、冲-洪积土层〈4-1〉、红层可塑状的残积土〈5-1〉、红层硬塑—坚硬状的残积土层〈5-2〉、红层全风化带〈6〉、红层强风化带〈7〉、红层中风化带〈8〉、红层微风化带〈9〉。

车站范围内地下水位平均埋深 2.4～4.0 m，平均埋深 3.21 m，主要补给来源为大气降水。素（杂）填土和全风化带孔隙水、基岩强—中风化带裂隙水为本站主要含水层。

3. 结构设计方案选取与计算

（1）主体结构方案

车站主体左、右线站台层为东站主体结构双线暗挖隧道，岛侧式站台，站台宽度分别为 3.8 m 和 7.0 m（含楼扶梯宽），线路线间距为 22.2 m。该主体结构暗挖隧道位于火车东站南站房及铁路站场的下方，埋深 25 m 左右，处于微风化岩层中，采用开挖跨度分别为 12.3～13.1 m（右线）和 7.05～10.65 m（左线）的两单洞暗挖结构；初期支护采用 C20 喷射钢纤维混凝土，承担施工期间的围岩压力，二次衬砌为 C30（S8）钢筋混凝土，承受使用期间全部荷载；左、右线隧道在站台层由 7 个横通道连接，横通道宽度为 3.5 m、6 m、6.3 m 不等，均为暗挖结构；初期支护与二衬间设全包防水层，防水层采用土工布＋2.0 mm 防水板。

（2）主体结构计算

① 主要尺寸的拟订。结构主要尺寸拟订的原则：暗挖法结构形式和尺寸应根据工程地质、水文地质条件、埋置深度、结构工作的特点，结合施工条件等通过工程类比和结构计算确定。

结构主要尺寸的拟订应根据承载力极限状态及正常使用极限状态的要求，并取各自最不利组合，分别进行承载力的计算和稳定、变形及裂缝宽度验算。

在结构计算中应考虑施工过程中形成的支护结构的作用。

主体结构的主要尺寸如下（单位：mm）：

初期支护采用 C20 钢纤维喷射混凝土，厚 200；二次衬砌采用 C30 钢筋混凝土，右线隧道拱 600，侧墙 600，仰拱 750，中板 400；左线隧道梁拱 500，侧墙 500，仰拱 600。

② 计算图式。主体结构按底板置于弹性地基上的平面框架，采用平面杆系单元模拟，按荷载-结构模式进行计算。围岩压力作用于初期支护上，水压力作用于二次衬砌上，

初期支护与二次衬砌之间采用压杆连接，相互作用。地层反力采用土-弹簧模拟，详见图 3.6。

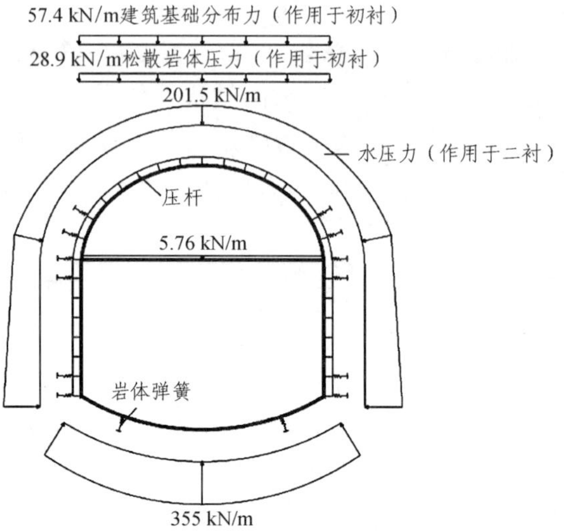

图 3.6　结构计算简图

设计选取主体结构典型断面，采用 SAP84 软件进行内力分析，计算结果如图 3.7 和表 3.8 所示。

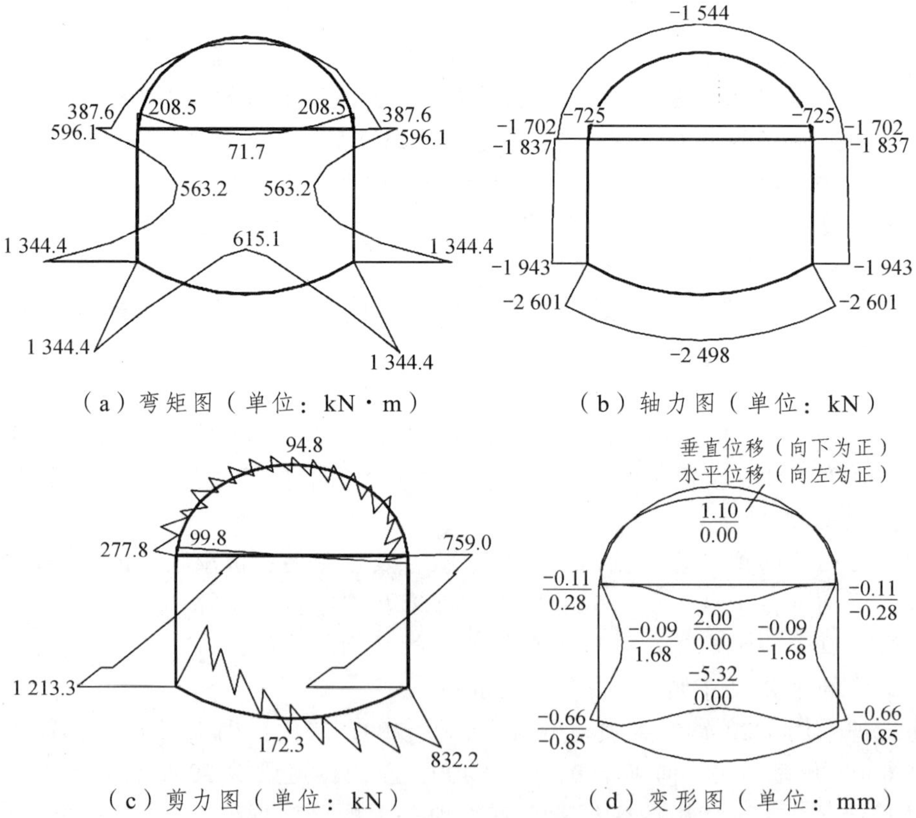

图 3.7　右线隧道二次衬砌典型断面内力图

表 3.8　广州东站（右线隧道）内力计算结果

构件			计算内力			构件尺寸/mm	配筋率/%	裂缝宽度/mm	备注
			弯矩/（kN·m）	剪力/kN	轴力/kN				
初期支护	拱部		17.8	71.8	748	200			每延米
	侧墙		15.1	17.9	418	200			每延米
二次衬砌	拱部	内侧	19.4	128.8	2 056	600	0.2	0.11	每延米
		外侧	387.6	277.8	1 702		0.33	0.19	
	侧墙	内侧	563.2	72.7	1 836	600	0.44	0.29	每延米
		外侧（角点）	1 344.4	1 213.3	1 943		1.34	0.19	
	仰拱	内侧	615.1	172.3	2 498	750	0.29	0.25	每延米
		外侧（角点）	1 344.4	832.2	2 601		0.88	0.19	
	中板	上侧	208.5	99.8	725	400	0.48	0.27	每延米
		下侧	71.7	0	725		0.20	0.12	

项目实训 3.3　某地铁明挖隧道框架结构计算

【问题描述】

实训 3.1 中结构和荷载（图 3.4），使用结构设计软件（如 SPA84、PKPM 等）进行结构内力计算。

【实训任务】

使用结构设计软件完成结构计算，画出结构内力图（轴力图、剪力图和弯矩图），并完成标准断面的配筋计算。

思考与练习

【思考题】

1. 地铁结构计算的主要计算模型有哪些？试述各自的适用范围及特点。
2. 地铁结构设计与计算的流程？

【练习题】

1.（选择题）扫描扉页在线开放课程二维码。

2.（计算题）某地铁隧道埋深为 30 m，围岩为Ⅴ级，净宽为 12 m，净高为 10 m，围岩天然容重 20 kN/m^3，试计算该地铁隧道围岩压力。

3.（计算题）某矩形地铁车站埋深为 3.0 m，车站侧墙高 10 m，地面以下土层为无黏性土，其强度指标为 φ=20°，土的天然容重 γ = 19 kN/m^3。饱和容重 γ_{sat} = 21 kN/m^3，地下水位距地面 4 m。填土表面作用着连续均布的超载 q = 20 kPa。试求作用在墙背上的总压力（土压力和水压力），并要求绘出侧墙压力分布图？（土压力用朗金理论计算，水位上下 φ 相同）

项目4　地铁施工前期策划与准备

学习目标

1. 知识目标

（1）了解地铁施工前期策划。

（2）明白地铁施工的前期准备工作。

（3）掌握地铁车站及区间隧道各种施工方法。

2. 能力目标

（1）能进行地铁施工调查。

（2）能进行地铁围岩分级。

（3）能进行地铁施工方法的选择。

项目导入

地铁工程和地面工程的施工有很多不同之处，有其显著的特点。地铁工程的特点主要表现在：地下作业环境差，地质条件多变，不确定因素多（如溶洞、塌方、断层、变形等），工程施工影响大；工作面狭小，各施工工序相互影响大，大型地铁工程（如隧道）是一条形工程，工序循环周期性强，利于专业化流水作业；地铁工程施工不受气候影响，施工安排相对稳定；等等。地铁工程除了上述隧道工程的特点外，还具有独特的特点。

1. 地铁施工包含地上和地下两部分

地上部分包含施工围蔽及建筑物防护、车站口、地铁出入口、明挖段施工、交通疏通、管沟拆迁、地上附属建筑施工等项目；地下部分包括车站地下部分、区间地铁施工、地下其他工程施工等项目。地上地下互为条件，既相互联系，又相互干扰，施工中要统筹考虑。一般的施工顺序是先地面施工，为地下施工创造条件；然后地下施工或在有条件的情况下地上、地下同时施工；最后在主体工程施工完毕后，进行地面附属工程施工，或地面其他项目施工。

2. 工程地质条件复杂

不同区域和城市的地质条件复杂多变，有海积平原、冲积平原和台地等多种地貌单元，随着我国地铁建设规模的不断扩大，地铁线路常位于“软硬交错”地层（如上部为人工填土、黏性土、淤泥质土、砂类土及残积土，下部为花岗岩、微风化岩等坚硬岩石层或孤石），还常遇到断裂破碎带和溶洞等特殊地质构造，穿越或邻近江河湖海等。

3. 地铁施工干扰较多

地铁施工要受到地面建筑、城市规划、交通运营、城市地下管线、城市居民正常生活等各种因素的影响，施工考虑因素多，施工干扰大，施工管理受限较多。

4. 地铁施工涉及专业多、工程复杂

地铁施工专业需求庞杂、工程类型多种多样，涉及基础处理、边坡防护、地下结构支护、开挖、结构混凝土施工、钢结构施工、隧道明挖与暗挖施工、盾构施工、三电施工、轨道施工、防排水施工、地面不同建筑物和构造物施工等，工程极其复杂。

地铁施工不仅需要建设、设计、施工、监理等单位密切合作，而且需要各专业统筹设计、充分交流、共同管理、密切合作，施工管理中要做到严密计划、科学管理、综合平衡和合理调度。施工中节点控制和相互参与是施工配合的主要手段。

5. 工程协调量大

地铁参建单位包括建设、勘察、设计、施工、监理、监测、检测和材料设备供应等单位，专业多、项目多、环节多、接口多，同时与工程周边社区居民、权属管理单位的关系密切，沟通组织协调量极大。

6. 施工作业面受限

地铁施工处于一流大城市人流较大地区，创造施工作业面非常困难，施工作业面严重受限，造成施工困难的同时也给施工组织安排带来了很大不便。施工前进行方案比选、科学计划安排，尽最大限度利用有限的作业面是一项非常重要的工作。

7. 施工周期长

地铁既是线形构筑物，又是立体构筑物，具有体形庞大的特点，产品固定而又不能分割，而且具有系统性，即同一地点要依次进行多个分部作业，从地面到地下再到地面，施工周期大大高于其他类似工程。

在施工过程中，各阶段各环节必须有机地结合成整体，在时间上不间断，空间上少闲置，使用过程稳定有序、质量控制到位，才能保证施工顺利完成。

8. 安全风险高

以上工程特点决定了地铁工程施工安全风险高，特别是近些年来，由地铁施工引起的基坑垮塌、路面沉降甚至房屋倒塌事故时有发生。因此，我们必须要充分重视地铁施工的安全风险。

思政点拨

不打无准备之仗！没有调查就没有发言权！（毛泽东）

《礼记·中庸》："凡事豫则立，不豫则废。言前定则不跲，事前定则不困，行前定则不疚，道前定则不穷。"这告诫我们，做任何事之前，我们必须做好调查及充分准备。

项目布置

分析地铁施工前期总体策划，并完成某条地铁施工的前期准备工作。

项目分析

本项目的核心是地铁施工前期准备,但完成地铁施工前期准备需要掌握地铁施工前期总体策划、施工准备等知识与技能。因此，本项目安排地铁施工前期总体策划、地铁施工的前期准备等 3 个工作任务和 2 个项目实训。

工作任务 4.1　地铁施工前期总体策划

针对地铁项目，做好前期总体策划，进行合理的施工组织安排，加强项目前期方案预控，是地铁建设顺利开展的前提。精心的策划不仅是实现科学决策的前提，还是实现预期目标、提高工作效率的重要保证。

4.1.1　管理模式

工程项目的管理模式是指一个工程项目建设的基本组织模式,以及在完成项目过程中各参与方所扮演的角色及合同关系。工程项目的管理模式确定了工程项目管理的总体框架，项目参与各方的职责、义务和风险分担，因而在很大程度上决定了项目的合同管理方式，以及建设速度、工程质量和造价。

1. 组织机构

建立一个完善、高效、灵活的项目管理组织，可以有效地保证项目管理组织目标的实现。只有建立了组织机构，信息沟通体系才能形成，并有效地应对项目环境的变化，有效地满足项目组织成员的各种需求，使其具有凝聚力、组织力和向心力，为确保施工项目管理任务的完成提供组织保证。地铁项目应按工程规模大小确定项目经理部机构设置，合理划分施工区段和施工任务，确定各工区设置规模。

（1）项目管理层次

根据合同结构和工程特点，为简化管理程序、提高管理效率、降低管理成本，一般采用决策层、管理层和作业层三级管理模式。

（2）项目组织机构

项目组织机构纵向由决策层、管理层和作业层组成，横向可分为工程技术部、安质环保部、物资设备部、征拆协调部、计划合同部、财务部、办公室、测量队及试验室，并应充分体现“设置精简、职责明确、功能多样、办事高效”的原则。土建项目部管理组织机构可参照图 4.1 进行构建。

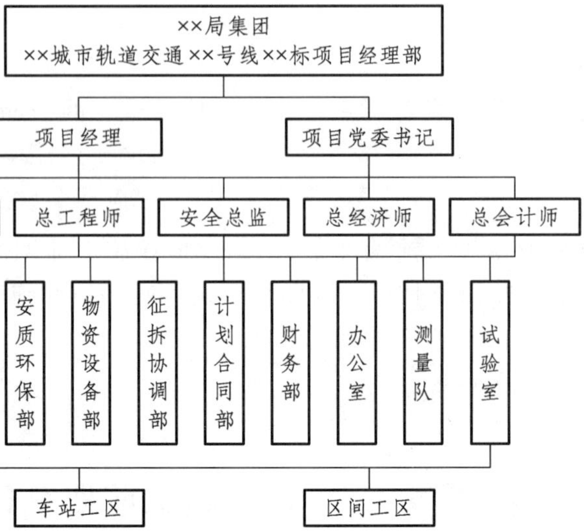

图 4.1 土建项目部管理组织机构框图

2. 分包管理

建设工程分包模式主要有劳务分包和专业工程分包两种形式。劳务分包是指施工总承包企业或者专业承包企业将其承包工程中的劳务作业发包给具有相应资质的施工劳务企业完成的活动。专业工程分包是指施工总承包企业依据总承包合同和建设单位的允许将其所承包工程中的非主体工程、非关键工序的专业工程发包给具有相应资质的其他建筑企业完成的活动。

施工单位应在对合同进行初步分析的基础上，根据工程规模、工程特点、项目构成、工期长短及施工难易、合同价格水平、劳动力和机械设备等各种资源条件，并综合其他相关因素，确定项目的分包模式。

4.1.2 策划内容

项目总体策划是指项目上场后，在实施性施工组织设计编制前对工程项目的管理模式、组织机构、人员分工、施工总平面布置、施工技术方案、施工关键线路、质量、安全、机械设备选型和配置、施工材料组织、风险源辨识及应对措施等进行总体策划。项目策划的基本原则应以“事前策划、目标清晰，过程控制、执行有力，事后总结、不断规范”为总体思路，遵循“以合同条件为基础、以施工组织优化为重点”的原则。

根据项目管理内容，对项目全过程的各个环节进行策划。工程项目前期施工策划的主要内容如下。

1. 项目目标

按照合同约定和工程特点，项目策划应首先确定项目总体目标，如工期、质量、安全、经济效益、环保、绿色文明施工、信誉评价、科技创新和工程创优等目标及具体措施。

2. 工程筹划

按照迅速进场、确保重点、全面展开的原则组织施工，根据合同工期和本单位相关管理办法，编制总体施工顺序、总体工程进度计划、关键节点工期安排，识别关键线路和关键工序，分析影响进度的主要因素，制订应对措施。施工安排以控制重难点工程（即关键线路上的工程）为主线均衡有序推进，施工中合理配置资源及安排施工顺序，在保证安全质量的同时确保工期目标的实现。

车站两端都接盾构区间的地铁土建工程，应依据“先车站后区间、先主体后附属”，以及“各段有序推进、紧抓关键工程、确保工期目标”的原则施工。车站前期的主要任务是提供端头盾构井（特别是盾构始发井），车站施工时应以此为重点，以最快的速度提供盾构施工所需场地（一般不小于 100 m），以实现盾构区间掘进和车站平行施工。工期紧张时，可考虑在盾构端 120 m 处设置横向中间隔断墙，优先提供盾构工作井，以尽早满足盾构始发条件，达到缩短整体工期的目的。在工期极其紧张的情况下，可将中间隔断墙设置在距盾构端 50 m 处，盾构机采用分体始发。

3. 风险预控

地铁项目周边环境条件及工程结构较为复杂，进场后施工单位应立即开展项目风险源的识别工作，对全管段不良地质和特殊岩土、上跨下穿重要建（构）筑物、地下管线及周边环境等进行全面调查，在风险识别的基础上，对自身风险工程和环境风险工程进行定性分级，提前做好安全风险评估，制定相应的技术措施（对重特大风险源必须制订相应的专项处置方案），并在此基础上采取分级管理。风险识别和管理不是一次性行为，而应有规律地贯穿于整个项目施工过程中。

除以上工程和环境风险外，动工前还应识别以下主要风险：法律风险（主要是合同风险）、财务风险（主要是成本风险、资金风险、分包工程风险等）和人文环境风险（主要是风俗民情、地方政策等风险）。

4. 方案优化

施工方案作为施工组织的核心内容，是控制项目工期、质量、安全、效益目标实现的关键。通过方案优化，进行技术经济分析，充分利用现有人力、设备、施工环境资源和技术资源，结合施工项目的设计标准、施工质量、工期目标、安全目标要求，从而使施工方案达到技术可靠、资源均衡、进度较快、成本最低、效益最大的优化目的。

制订方案的过程中严禁照抄、照搬标书或其他工程施工方案，必须经过认真分析、优化、比选，制订出切合本工程实际的施工方案。施工方案未制订或未经论证的项目不得开工。

5. 资源配置

资源配置主要是制订人、材、机的配置及进场方案，即：结合施工经验和施工能力确定施工队伍，拟订作业总人数及进场计划；明确工程主要原材料总量及分批进场计划，遵从调配优先、合理利用的原则提高周转材料的利用率；本着技术先进、经济合理的原则配置盾构机、门式起重机等重要施工机械设备，尽可能利用现有设备，购置设备时应充分考虑适用性、配套性、经济性和技术先进性。

（1）劳动力调配

为便于项目组织管理，应将工程项目划分为若干施工单元，根据工程难易程度和工程数量的多少选择相应的施工队伍，并结合项目特点和工期要求，拟订作业总人数及进场计划。各队伍除配备足够的管理和安全技术人员外，各班组还应根据作业内容配备满足作业要求的人员和相应工种，特种工须持证上岗。

（2）机械设备配置

施工机械设备的配置是施工组织的一项重要工作内容，应根据工程实际情况对所需的施工机械设备（如盾构机、门式起重机等重要机械设备）进行优化和动态配置，明确所有机械设备的种类、型号、数量、进退场时间、中间停置时间、设备来源等，并由项目物资设备、财务和计划合同等部门测算出各种机械设备的月折旧费、租赁费、修理费、燃油费和进退场费等，经专题分析讨论会审定后确定机械设备配置方案。

机械设备的采购、运输、租赁应由项目物资设备部负责调查，调查的主要内容为当地机械设备资源和市场价格。有盾构施工的项目，要重点调查盾构设备的运输路线，沿途桥梁的承载能力，限宽、限高设置等等。

（3）施工材料采购

项目开工前，要根据钢材、混凝土等主要材料的需求量，调查来源和供应能力，制订主要工程材料供应方案。结合建设单位要求、主材供给形式（甲控、甲供等），选择合格供应商。项目物资设备部和计划合同部根据建设单位提供的合格供应商名录，对商品混凝土（管片）、水泥及钢材供应商进行探索性的调查，同时初步了解使用单位对供应商的评价（以供应能力、质量稳定性、报价水平为主要标准），并对市场价格进行后期评估。在对合同价格和材料数量进行分析的基础上，结合建设单位供应价格和市场实际价格，对材料费用进行策划。

（4）周转材料调配

地铁项目使用的周转材料主要有钢支撑、钢围图、脚手架、模板、方木、钢管、钢轨等。项目施工组织方案确定后，技术部门应提供周转材料使用计划，物资设备部据此编报周转材料配置计划，上报上级物资设备部门。周转材料的配置应遵循以本单位闲置周转材料为主的基本原则，优先调配内部闲置资源。

（5）水、电、通信、燃料

根据总体策划安排，在工程正式开工前应做好供水、电力、通信、燃料的调查，为工程开工创造条件。

① 根据施工用水需求，调查水源位置、容量、水质、供应方式及收费标准。要注意特殊要求，提前筹划，例如消防水管管径不小于 100 mm。

② 调查沿线电网及变电站位置、等级、容量、收费标准、可提供的容量及要求、临时用电与永久用电结合的可能性及技术经济比较。如短期不能从电网接入，要考虑自发电的可行性。

③ 调查通信条件，比选不同通信方案，提出施工通信安排意见。

④ 调查燃料的品种、质量、供应能力和价格，选择合适的加油站加油。

（6）试验室

地铁施工一般在工程当地委托符合条件的检测单位承担检测工作。项目部试验室须提前筹划，为工程开工创造条件，尤其是混凝土原材料检验、配合比等试验周期较长，必须提前安排。各地都有合格检测机构名录，需要提前调查，签订检测合同。

6. 成本管理

成本管理的主要目的就是寻求项目效益的最大化，而合理组织方案即是最大的效益，设计优化也是提高经济效益的重要途径。因此，成本管理不是一个部门的工作，而需要各个部门的相互协作，才能提高前期总体策划中成本控制的工作效率。各阶段成本管控重点：

（1）开工前阶段

在完成工程量预控、方案预控、单价预控、责任预算编制、效益策划 5 个环节后，应根据合同特点及其执行环境进行成本测算，对影响成本的主要环节和关键因素进行分析，确定项目盈亏点及安全、质量、工期管控重点，编制成本管控方案和变更索赔实施方案；找出影响工程成本的主要分项，确定二次经营分项子目，明确责任人并在施工过程中做好相应资料的收集工作。

（2）施工阶段

施工阶段的责任成本管理主要包括二次分解、临建成本控制、工程数量控制、劳务成本控制、材料消耗控制、机械成本控制、管理费用控制、变更索赔、成本核算与分析、考核兑现 10 个环节。

（3）竣工收尾阶段

竣工收尾阶段包括竣工决算、销户并账、余款清收和终期考评 4 个环节。

工作任务 4.2　地铁施工前期准备

4.2.1　地铁施工调查

城市地铁施工往往受地形、地质、环境条件的限制，因此，必须事先对施工区域内的场地条件、地形及地质、周边建筑物及管线、环境保护等做出详细调查，这对线路选定、盾构选定、隧道规模及辅助工法的选定乃至设计、施工、养护等各阶段都有重要意义。

1. 施工场地调查

施工场地调查的目的是为安全、快速且经济地施工而搜集必要的信息资料。

施工场地调查的内容包括：临时工程设施，工地的临时用地、用水、用电，施工材料、设备放置场地等布置。地铁车站或线路一般沿街头布置，可利用面积往往不足。地铁车站与区间隧道从时间上错开施工，先施工车站及车站端头盾构工作井，然后再在工作井附近布置各种临时设施和材料渣土的堆放。地铁车站上面往往是城市人口密集的地方，在这些地方施工对于路面破坏的时间是有限制的，必须尽快完成地面作业转入地下，减少对城市交通和居民的干扰。

施工场地布置的基本原则：尽量减小施工用地范围，以满足施工生产和现场管理为主，少干扰既有道路交通；方便施工组织；生活、生产区域分开；经济合理，简洁美观，安全防火；充分利用既有交通，减少施工临时便道工程；严格遵守国家及相关部门的要求与规定。

（1）工地临时布置

工地临时房屋主要包括施工人员居住用房、办公用房、食堂及其他生活设施用房，以及试验养护室、工作棚、仓库。施工管理用房中，还要考虑按合同要求的现场业主代表、监理工程师、监测和设计单位代表的办公及生活用房。施工管理办公室及职工生活区和生产区应尽可能分开，以免受施工噪声粉尘干扰，符合城市安全、卫生管理的条例。最好是采用能多次利用的装配式临时房屋，有条件的可采用集装箱式便于搬运的生活办公用房，一般来说，它所摊销给工程的折旧费及运输、装拆费要比修建临时房屋节省。

（2）线路的调查

线路调查是为了调查工程区域环境道路情况，主要考虑施工运输、盾构机进场路线，及时进行相关整修、疏解交通等，并结合线路调查结果进行施工场地布置。

（3）工地仓库、材料堆场、渣土弃场

易受大气侵蚀的材料，如水泥、工具、机械配件、橡胶止水带及其粘贴材料、易散失的材料等，一般都储存在临时仓库中。钢筋、木材等一般放置料棚中，砂、石等一般堆放在露天的料场中。地铁区间隧道施工根据施工进度，留有预制钢筋混凝土管片堆放的场地。堆放时，钢筋混凝土管片凹面向上，最多只能叠放 3 块，每块之间要加枕木垫块保证运输起吊、堆放过程中不出现碰损边角现象。粘贴防水橡胶垫必须在工棚内进行，保证一定的粘贴时温湿度。粘贴好橡胶止水带的管片进入工作井以前应用防雨布遮挡，避免先期遇水膨胀失去防水性能。

地铁车站和隧道施工中要挖掘大量土石方，城市市区土方的堆集、外运都有很多困难。车站开挖一般在夜间施工，挖土机挖出土方直接装车运到指定排放场。隧道施工必须全天候作业，通常在洞口设置一定体积的泥浆槽，将白天挖掘的土方存放在泥浆槽内，晚上用载重卡车外运。泥浆处置不好可能污染环境，甚至会受到城市环保部门的处罚。

地铁施工一般需要有压注浆材料搅拌、注浆材料设备堆放场地。特别是在隧道施工中，为防止地面沉降和维持开挖面稳定，施工中经常大量压注惰性或活性浆液，这些材料有的属水硬性的，必须放置在施工棚内。浆液搅拌场一般设置在洞口车站主体结构一侧。

（4）施工现场运输

地铁车站和隧道场内运输一般分为水平运输及垂直运输。水平运输是将材料或构件从仓库、料场或预制加工厂地运到使用地点，在城市里一般以载重汽车为主；垂直运输主要是修建地铁车站时，将材料设备吊放到已开挖基坑内；预制管片必须从工作井吊入隧道口，再由电瓶车运至工作面，由盾构机旋转臂将管片就位。场内运输的方式应根据工地的地形、地物，材料在场内的运距、运量以及周围道路和环境等因素选择。材料供应运输与施工进度要密切配合，做到场外运输与场内运输一气呵成，即由场外运来的材料直接运至施工使用地点；或场内外运输紧密衔接，材料运到场内后不存入仓库、料场，由场内运输工具转运至使用地点。这样可以节省工地仓库、料场面积，减少工地装卸费用。

（5）工地供电、供水和排水

工地用电应尽可能利用当地电力供应，从当地电站、变电站或高压电网取得电能。工地用电包括各种电动施工机械和设备用电量，地铁车站、隧道内和地面办公室生活照明用电等。按各种电机、设备、照明及线路负荷计算出电力总负荷，按此负荷选择供电设备。城市地铁盾构施工属于不能停顿的施工，应保持来自两个不同电站的两路电源，当一路停电时，马上切换另一路供电。

工地临时用水通常包括施工用水、生活用水和消防用水。施工用水主要供应施工机械、运输工具及其他施工用水。隧道施工中的泥水平衡盾构、开挖基槽的循环多头钻机等施工设备用水量大，特别是泥浆制备、泥渣分离施工工艺需要大量用水。生活用水主要供工地施工人员洗衣物、洗浴、饮用及食堂炊事用水等。工地灭火主要用常备灭火器，消防用水供应工地全部消防栓灭火。

地铁施工用水应利用城市供水系统，优选自来水。

（6）施工临时借地

临时借地要由建设单位与被借地的单位或管理单位签订协议，再由建设单位移交给施工单位使用并在施工期间由施工单位维护管理。场地移交时应由被借地单位或场地管理单位、政府征地办、建设单位、施工承包单位、监理单位五方共同在现场确认无误后签订正式移交手续。

2. 地形及地质调查

地形及地质条件对地铁施工影响较大，必须进行认真调查。而地质调查主要是要做好地质勘察工作。

我国《城市轨道交通岩土工程勘察规范》（GB 50307—2012）规定：我国地铁工程地质勘察应按规划、设计阶段的技术要求，分阶段开展相应的勘察工作，一般分为可行性研究勘察、初步勘察、详细勘察，施工阶段可根据需要开展施工勘察工作和工法勘察工作。

（1）地质勘察的阶段和要求

① 可行性研究勘察。

地铁可行性研究按其工作深度，分为预可行性研究和工程可行性研究。预可行性研究中的勘察主要侧重于收集与研究已有的文献资料；而在工程可行性研究中，需在分析已有资料的基础上，通过踏勘，对各个可能方案作实地调查，并对不良地质作用、特殊岩土及关键工程进行必要的勘探，大致查明工程地质条件。

② 初步勘察。

初步勘察的目的是初步查明地铁线路、车站、车辆基地和相关附属设施的工程地质和水文地质条件，分析评价地基基础形式和施工方法的适宜性，预测可能出现的岩土工程问题，提出初步设计所需的岩土参数，提出复杂或特殊地段岩土治理的初步建议，为初步设计提供地质依据。

初勘与详勘在基本内容方面没有明确划分的界限。初勘阶段采用工程地质调查与测绘、勘探与取样、原位测试、室内试验等多种手段相结合的综合勘察方法，一般通过调绘，查明具有控制隧道方案的主要工程地质问题，得出定性评价。而深入细致的定量工作，则在详勘阶段完成。初步勘察的主要任务是：

a. 收集带地形图的拟建线路平面图、线路纵断面图、施工方法等有关设计文件及可行性研究勘察报告、沿线地下设施分布图。

b. 初步查明沿线地质构造、岩土类型及分布、岩土物理力学性质、地下水埋深条件，进行工程地质分区。

c. 初步查明特殊性岩土、不良地质作用的类型、成因、分布、规模，预测其发展趋势及可能的危害。

d. 初步查明沿线地表水、地下水的水位、流量、水质、地下水类型、补给、径流、排泄条件等。

e. 评价场地稳定性和工程适宜性。对抗震设防烈度大于或等于 6 度的场地，应初步评价场地和地基的地震效应。季节性冻土地区，应调查场地土的标准冻结深度。

f. 初步评价水和土对建筑材料的腐蚀性。

g. 对环境风险等级较高的工程周边环境，分析可能出现的工程问题，提出预防措施的建议。

初勘野外工作结束后，应在现场进行初步资料整理，并做好检校工作。文字说明的提纲、图表的底图、勘察及各项调查等原始资料的分析整编，应在工地完成。

③ 详细勘察。

详细勘察的目的是查明各类工程场地的工程地质和水文地质条件，分析评价地基、围岩及边坡稳定性，预测可能出现的岩土工程问题，提出地基基础、围岩加固与支护、边坡治理、地下水控制、周边环境保护方案建议，提供设计、施工所需的岩土参数，满足施工图设计要求。详勘阶段采用勘探与取样、原位测试、室内试验，辅以工程地质调查与测绘、工程物探的综合勘察方法。

详勘工作的主要任务：在初勘的基础上开展进一步深入细致的工作，着重查明和解决初勘时未能查明解决的地质问题，补充、核对初测时的地质资料。对初勘时建议深入调查、勘探的重大复杂地质问题应做出可靠的结论。应根据地质特征，着重分析地基的稳定性、均匀性和承载能力，地下工程围岩的稳定性和可挖性，边坡的稳定性及工程对周围环境的影响，等等；正确评价和预测地铁线路的工程地质、水文地质条件及其发展趋势；提供设计、施工所需的定量指标，以及设计、施工应注意的事项和整治措施意见。

④ 施工勘察。

施工阶段地质勘察的主要任务：

a. 验证勘察资料的准确性，根据实际情况修正勘察报告中提供的技术参数。

b. 解决施工中遇到的工程地质、水文地质问题。

c. 对工程区域内重大建筑物及附近地面沉降进行监测。

d. 绘制隧道竣工地质图。

e. 对地下水的动态进行长期观测。

f. 对围岩、衬砌或管片岩体应力及变形进行观测。

（2）工程地质调查

工程地质调查的目的是查明工程区域内的工程地质条件，为新建、增建、改建地铁工程的设计与施工提出可靠的地质资料。

工程地质调查的内容：研究地貌基本特征，划分地貌基本成因类型，分析其与基底岩性和新构造运动的关系；调查各类土的工程地质特征，包括土的堆积年代（老堆积土、一般堆积土、新近堆积土）、土的成因类型（残积土、坡积土、洪积土、冲积土、冰积土和风积土）、土的粒度和塑性指数、土的鉴别等。

（3）水文地质调查

水文地质调查主要是通过水文地质调查测绘勘探及试验等，提出勘探区的水文地质条件，为工程设计提供合理的水文地质参数，以便采取措施，排除或防止地下水造成危害。

水文地质调查的基本内容包括地貌调查、地层岩性调查、地质构造调查、地下水露头调查、地面水调查等。同时还应重点调查历年最高水位、最低水位和回灌水位，分层查明地下水位、水量、含水层层位、地下水与地面水的水力联系和补给条件，测定有关地层的渗透性，并应按相应要求评价地下水对工程的影响。

3. 周边建（构）筑物及管线调查

在工程设计阶段必须考虑拟建工程区域的既有建（构）筑物和管线对工程设计的影响，出于经济成本或是安全风险考虑，工程设计应该避开某些重要的建筑物或管线，因为在地下施工过程中，极有可能引起地面沉降，危及周边建（构）筑物和地下管线的安全。为此，工程施工前必须对周围的既有建（构）筑物和管线做周密的调查。

（1）调查的主要项目

① 对施工影响范围内的建筑物进行详细的调查，并清楚地列出房屋当前状况，包括建筑材料、建筑物的结构形式、基础状态、使用功能、垂直度及损坏情况。对建筑物的内外结构（包括建筑物的表面情况和维修情况）进行检测并记录。

② 调查地下管线使用功能、结构特征及其与地下工程结构的相对位置。

③ 调查各种电缆线材的规格型号、使用要求、保护装置、外径、地下埋深以及地上架设的电杆高度、荷载情况、基础形式。

④ 对地面沉降很敏感的建筑，如烟囱、变电站、气柜、炉、电视塔、化工装置、铁路、江堤防洪闸、桥基等，要重点进行调查。

⑤ 调查重要的公路和道路基础。

⑥ 调查地下障碍物的状况，如废旧管道的结构、管径、长度、埋深、储水量等。

（2）建（构）筑物调查方式

① 走访：通过对沿线范围内建筑物的户主进行走访，耐心向户主详细询问该建筑物的施工年代、历史状况、基础形式以及尽可能多的图纸资料，对所有相关建（构）筑物，特别是有沉降、裂缝的建筑物照相存档，同时走访政府规划、土房产等管理部门，明确建筑物的法律地位和获取有关设计、规划资料，尽可能为房屋鉴定，提前做好施工准备。

② 房屋鉴定：在明挖车站土方开挖前和盾构始发前，委托有资质的房屋鉴定评估单位对距土方开挖点 100 m 范围内，或隧道埋深 2 倍范围内的所有建筑物进行第三方鉴定，在施工完毕或通过监测发现不利情况时，由第三方重复鉴定并提交评估报告。

（3）对地下、地上管线的调查

管线调查：调查范围为盾构施工影响的范围，调查内容主要包括管线功能、类型、管线材料、接头形式等。

① 走访：根据招标文件提供的初步资料，走访有关管线的业主或管理单位，以获取更多的管线设计施工资料，从而了解管线结构形式，更加明确管线的保护要求。实地调查中应邀请各管线权属单位的管理人员，管线的规划、设计、施工人员及当地居民等熟悉管线情况的人员协助。

② 物探：对隧道上方及影响范围内，利用各种设备仪器等工具对地下管线进行科学的探测，除初步证实资料中的管线外，要了解管线的平面位置（坐标）、埋深（高程）、走向、规格、材质、特征点、附属物等，更应注意探测资料中没有的管线，获得必要的数据。

③ 坑探：根据资料和物探结果，人工在沿线有管线埋藏的剖面横向或纵向开挖坑道，将管线暴露出来，以证实资料和物探结果的准确性。

④ 另外在车站围护结构施工前，参考有关单位提供的资料，沿围护结构横向和纵向拉槽探明及验证管线的位置、深度等有关情况，确保不因错漏任何地下管线而影响正常施工。

⑤ 测量：采用全站仪对车站、区间等地面以上有关的建（构）筑物、管线等进行详细的测量，获得准确的测量数据。

（4）地下管线调查前的准备工作

① 必须全面收集和整理测区内已有的地下管线资料，包括各种地下管线图及技术说明等，并进行分析比较，确定其能否利用及需要补充的内容。

② 现场踏勘时，应察看地下管线分布和出露情况、直埋管线的地面标志保存情况。

③ 制订地下管线调查、探测和测绘的实施计划。对线路沿线具有明显管线点的地下管线及其附属设施应进行实地调查、量测，记录管线点有关数据和填写管线调查表，并应符合下列规定：

a. 实地调查时应查明管线的性质、类型、走向、电缆条数、材质、载体特征、敷设方式及日期、产权单位以及建筑和附属设施等。

b. 在明显管线点上应测量地下管线的埋深。

c. 当地下管线偏离窨井中心间距大于 0.2 m 时，应以管线在地面的投影位置设置管线测点，窨井作为专业管线附属物处理。

d. 地下管廊、管沟或管线隧道应量测其外径或外壁断面尺寸。圆形断面可量测其内直径，矩形断面可量取内宽度和高度，并应获取对应结构的厚度，同时在图上进行标注，单位以毫米表示。

4. 环境保护调查

环境调查以生态环境、社会环境、生活环境等为主要内容。由于工程施工会产生噪声、震动、枯水、地面沉降、大气与地下水污染等问题，从而影响土地利用、交通运输、生态平衡、地上与地下建筑物以及人民生活环境，所以必须将施工期间及工程使用后对环境的不利影响限制在容许的程度之内。施工前，要调查当地社会环境、生态环境现状与水土保持的要求，并预测工程施工和运营后周围环境可能产生的变化。

4.2.2 地铁施工准备

施工准备是整个工程建设的序幕和整个工程按预期开工的重要保证。施工准备一般是分阶段进行的，开工前的准备工作比较集中，开工以后随着工程施工的进展，各工种施工之前也都有相应的准备工作。因此施工准备工作又是经常性的，需要适应施工中经常变化的客观因素的影响。地铁工程项目施工准备工作按其性质及内容通常包括技术准备、物资准备、劳动组织准备、施工现场准备和施工场外准备。

1. 技术准备

技术准备是施工准备最重要的内容。任何技术的差错或隐患都可能危及人身安全和引起质量事故，造成巨大的损失。认真做好技术准备工作，是工程顺利进行的保证，具体有以下内容：

① 熟悉、审查施工图纸及有关设计资料。

a. 了解设计意图，对工程性质，平、纵布置，结构形式都要认真研究并掌握。

b. 相关设计文件及说明是否符合国家有关的技术规范；设计图纸及说明是否完整，图中的尺寸是否准确，图纸之间是否有矛盾。

c. 对工程作业难易程度做出判断，明确工程的工期要求。

d. 工程使用的材料、配件、构件等采购供应是否有问题，能否满足设计要求。

② 调查工程所在地区的自然条件（地形、地质、水文、气象等）的勘察资料和施工技术资料。

a. 自然条件调查。地形情况调查包括地形地貌、河流、交通、工程区域附近建筑物的情况。地质调查包括地层地质构造、性质、围岩类别和抗震级别；水文地质调查包括地下水的质量、含水层厚度、流向、流量、流速、最高及最低水位等；气象资料调查包括气温情况、季节风情况、雨量、积雪、冻结深度、雨季及冬季的期限；地下障碍物调查包括各种地下管线、地下防空洞、附近建筑基础、文物等。

b. 技术经济条件调查，包括：工地附近可能利用的场地，需要拆迁的建筑，可以租用的民房等，当地可利用的地方材料和供应量；交通运输能力及当地可能提供的交通运输工具，以及修建为施工服务的临时运输道路、桥涵、码头等的可能性与条件；水、电、通信情况，当地可能支援的劳动力的数量及技术水平，以及医疗卫生、文化教育、消防治安等机构的供应和支持能力。

③ 根据获得的工程控制测量的基准资料，进行复测和校核，确定工程的测量网。

④ 在调查获得的新的资料基础上确定施工方案，补充和修改施工设计。

⑤ 编制施工图预算和施工预算，以预算来安排施工资金。按照确定的施工方案和修改的施工图设计，根据有关的定额和标准，编制工程造价的经济文件。施工预算按照施工图预算，根据施工组织设计和施工定额进行编制。

2. 物资准备

地铁工程施工的物资准备工作，主要包括现场的基本条件和所需的建筑材料、设备等。

开工前必须准备的基本条件有：施工道路，施工所用的水、电、气、通信设施；施工场地的平整和布置；修建施工的临时用房（机械修理房、木材加工房、材料库房、炸药库房、生活用房、办公室、会计室、调度室等）；搭建工程用房（压缩空气房、配电房、水泥搅拌房、材料检测房等）。

物资主要有建筑材料、构件加工设备、工程施工设备（施工机具和设备、运输车辆）、安装设备等。建设过程中应根据施工设计、施工预算和施工进度的计划，按各阶段施工需求量，计划组织货源和安排物资供应。

3. 劳动组织

（1）工程项目的组织机构

根据工程项目的规模、结构特点和复杂程度，按照因事设职、因职选人、合理分工、密切协作相结合的原则，组建工程项目的组织机构。

（2）工程项目的施工队伍

施工队伍的组建应根据该工程的劳动力需要量计划，考虑专业、工种的合理搭配，强化技术骨干的主导作用，技工、普工的比例要满足合理的劳动组织，符合流水施工组织方式的要求。

（3）建立健全各项管理制度

建立、健全工地的各项管理制度，是工程顺利进行的保证。其内容一般有：工程质量检查与验收制度、工程技术档案管理制度、建筑材料（构件、配件、制品）的检查验收制度、技术责任制度、施工图纸学习与会审制度、技术交底制度、工地及班组经济核算制度、材料出入库制度、安全操作制度、劳动制度和机具使用保养制度等。

4. 施工现场准备和施工场外准备

施工现场准备就是开创工作面前的现场准备，包括三通一平（水通、电通、路通和场地平整）、征地拆迁等。

施工场外准备包括场外道路及各相关方的施工配合等。

施工准备从施工进场开始，到每一项单位工程开工报告被监理审批完成。施工准备的各项工作相互关联，互为补充和配合。要保证施工准备工作的质量、加快速度，应加强与业主、设计单位和当地政府的协调，健全施工准备工作的责任和检查制度，在施工全过程中有组织、有计划地进行。

工作任务 4.3　围岩分级及施工方法选择

4.3.1　围岩分级

围岩指的是隧道周围一定范围内，对洞身的稳定有影响的岩（土）体，或指隧道开挖后对其稳定性产生影响的那分部岩体（土体）。

围岩分级的方法有多种，它是在人们对隧道工程的不断实践和对围岩的地质条件逐渐加深了解的基础上发展起来的，不同国家、不同行业都根据各自的工程特点和目的提出了各自的围岩分级方法。现行的许多围岩分级方法中，作为分级的基本要素大致有以下三类：

① 与岩性有关的因素，如岩石的强度和变形性质（抗压强度、弹性模量、弹性波速等），由此可将岩石分为硬岩、软岩、膨胀岩等。

② 与地质构造有关的因素，如岩体的完整性或结构状态，软弱结构面的分布与性态、风化程度、节理发育程度、块度大小等，在围岩分级中占有重要地位。

③ 与地下水有关的因素。隧道施工的大量实践证明，水是造成施工塌方、使坑道围岩丧失稳定的重要原因之一。

我国《城市轨道交通岩土工程勘察规范》（GB 50307—2012）规定：应根据隧道围岩的工程地质条件、开挖后的稳定状态、弹性纵波波速将围岩级别分为六级。

1. 岩石坚硬程度

根据单轴饱和抗压强度 f_r 的大小可将岩石分为硬质岩和软质岩两类，见表 4.1。

表 4.1 岩石坚硬程度的划分

岩石类别		单轴饱和抗压强度 f_r / MPa	代表性岩石
硬质岩	极硬岩	>60	未风化—微风化花岗岩、闪长岩、辉绿岩、玄武岩、安山岩、片麻岩、石英岩、石英砂岩、硅质砾岩、硅质石灰岩等
	硬岩	30 ~ 60	弱风化的极硬岩；未风化或微风化的熔结凝灰岩、大理岩、板岩、白云岩、灰岩、钙质胶结的砂岩和粉砂岩，结晶颗粒较粗的岩浆岩
软质岩	较软岩	15 ~ 30	强风化的极硬岩；弱风化的硬岩；未风化或微风化的千枚岩、片岩、砂质泥岩，钙泥质胶结的粉砂岩和砾岩、泥灰岩、页岩、云母片岩、凝灰岩等
	软岩	5 ~ 15	弱风化—强风化的硬质岩；弱风化的软岩及未风化或微风化的泥质岩类，泥岩、煤、泥质胶结的砂岩和砾岩等
	极软岩	<5	全风化的各类岩石和成岩差的岩石

2. 岩体完整程度

按岩体完整程度可将岩石划分为完整、较完整、较破碎、破碎和极破碎五类，见表 4.2。

表 4.2 岩体完整程度的划分

完整程度	结构面特性	结构类型	岩体完整性指数 K_v
完整	结构面 1 ~ 2 组，以构造型节理或层面为主，密闭型	巨块状整体结构	$K_v>0.75$
较完整	结构面 1 ~ 2 组，以构造型节理、层面为主，裂隙多呈密闭型，少有填充物	块状结构	$0.55<K_v\leqslant 0.75$
较破碎	结构面一般为 3 组，以节理及风化裂隙为主，在断层附近受构造影响较大，裂隙以微张型和张开型为主，多有填充物	层状结构，块石碎石结构	$0.35<K_v\leqslant 0.55$
破碎	结构面一般大于 3 组，以风化型裂隙为主，在断层附近受构造影响较大，裂隙宽度以张开型为主，多有填充物	碎石角砾状结构	$0.15<K_v\leqslant 0.35$
极破碎	结构面杂乱无序，在断层附近受断层作用影响较大，宽张裂隙全为泥质或泥夹岩屑充填，填充物厚度大	散体状结构	$K_v\leqslant 0.15$

注：岩体完整性指数 $K_v=\dfrac{v_{\text{p岩体}}^2}{v_{\text{p岩石}}^2}$，$v_{\text{p岩体}}$ 和 $v_{\text{p岩石}}$ 分别为岩体和岩石的纵波速率。

3. 围岩分级

根据岩石坚硬程度和岩体完整程度将围岩分为六级，表 4.3 给出了各级围岩的主要工程地质特征、结构特征和完整性等指标，并预测了隧道开挖后可能出现的坍方、滑动、膨胀、挤出、岩爆、突然涌水及瓦斯突出等失稳的部位和地段。

表 4.3　地铁工程围岩分级表

序号	围岩主要工程地质条件：主要工程地质条件	围岩主要工程地质条件：结构特征和完整状态	围岩开挖后的稳定状态（单线）	围岩弹性纵波速度/（$km \cdot s^{-1}$）
Ⅰ	硬质岩石（饱和抗压极限强度 f_r>60 MPa）；受地质构造影响轻微，节理不发育，无软弱面（或夹层）；层状岩层为厚层，层间结合良好、岩体完整	呈巨块状整体结构	围岩稳定、无坍塌，可能产生岩爆	>4.5
Ⅱ	硬质岩石（f_r>60 MPa）：受地质构造影响较重，节理较发育，有少量软弱面（或夹层）和贯通微张节理，但其产状及组合关系不致产生滑动，层状岩层为中层或厚层，层间结合一般，很少有分离现象，或为硬质岩石偶夹软质岩石、岩体较完整	呈大块状砌体结构	暴露时间长，可能出现局部小坍塌；侧壁稳定；层间结合差的平缓岩层，顶板易塌落	3.5 ~ 4.5
	软质岩石（30 MPa<f_r≤60 MPa）：受地质构造影响轻微，节理不发育；层状岩层为厚层，层间结合良好、岩体完整	呈巨块状整体结构		
Ⅲ	坚硬岩和较硬岩：受地质构造影响较重，节理较发育，有层状软弱面（或夹层），但其产状及组合关系尚不致产生滑动；层状岩层为薄层或中层，层间结合差，多有分离现象；或为硬、软质岩石互层	呈块石状镶嵌结构	拱部无支护时可产中小坍塌，侧壁基本稳定，爆破震动过大易塌	2.5 ~ 4.0
	较软岩（15 MPa<f_r≤30 MPa）和软岩（5 MPa<f_r≤15 MPa）：受地质构造影响严重，节理较发育；层状岩层为薄层、中层或厚层，层间结合一般	呈大块状砌体结构		
Ⅳ	坚硬石和较硬岩：受地质构造影响极严重，节理较发育；层状软弱面（或夹层）已基本被破坏	呈碎石状压碎结构	拱部无支护时，可产生较大的坍塌，侧壁有时失去稳定	1.5 ~ 3.0
	较软岩和软岩：受地质构造影响严重，节理较发育	呈碎石状镶嵌结构		
	土体： 1. 具压密或成岩作用的黏性土、粉土及碎石土 2. 黄土（Q_1、Q_2） 3. 一般钙质或铁质胶结的碎石土、卵石土、粗角砾土、粗圆砾土、大块石土	1、2 呈大块状压密结构；3 呈巨块状整体结构		
Ⅴ	软岩受地质构造影响严重，裂隙杂乱，呈石夹土或土夹石状；极软岩（f_r≤5 MPa）	呈角砾、碎石状松散结构	围岩易坍塌，处理不当会出现大坍塌，侧壁经常小坍塌；浅埋时易出现地表下沉（陷）或坍至地表	1.0 ~ 2.0
	土体：一般第四系的半干硬—硬塑的黏性土及稍湿至潮湿的一般碎石土、卵石土、圆砾、角砾土、粉土及黄土（Q_3、Q_4）	非黏性土呈松散结构，黏性土及黄土呈松软结构		
Ⅵ	岩体：受地质构造影响严重，呈碎石、角砾及粉末、泥土状	呈松软状	围岩极易坍塌变形，有水时土砂常与水一齐涌出；浅埋时易坍至地表	<1.0（饱和状态的土<1.5）
	土体：可塑、软塑状黏性土，饱和的粉土或砂类土等	黏性土呈易蠕动的松软结构，砂性土呈潮湿松散结构		

① 表中“围岩级别”和“围岩主要工程地质条件”，不包括膨胀性围岩、多年冻土等特殊岩土。

② Ⅲ、Ⅳ、Ⅴ级围岩遇有地下水时，可根据具体情况和施工条件适当降低围岩级别。

4.3.2 地铁施工方法选择

地铁在城市中修建，其施工方法受到地面建筑、道路、城市交通、环境保护、施工机具以及资金条件等因素的影响特别大，其施工技术要求高、难度大、造价高。自 1860 年以来，地铁经过 100 多年的实践，在不断吸取先进科技成果的基础上，创造了适应各种围岩条件和环境要求的施工方法，使城市地铁的建设得到了很大程度的发展。

1. 车站施工方法及比选

地铁车站施工方法的选择不仅要满足地铁工程本身的使用功能，同时也要满足合理开发利用地上、地下有效空间的要求，并考虑由于施工给周围环境带来的不良影响。其施工方法的选择是否合理，对线路埋深、车站结构形式、工期及土建工程造价等具有极大的影响，直接影响到全线的社会效益、经济效益和环保效益。

地铁车站的施工方法有明挖法、盖挖法、暗挖法。根据规范，盖挖法现已归并到明挖法中；暗挖法包括盾构法和矿山法，在我国，一般特指矿山法。三种施工方法的综合比较见表 4.4。

表 4.4 地铁车站施工方法比较

比选内容		明挖法	盖挖法	暗挖法
投资	土建费	低	较低	高
	拆迁费	高	高	低
	自动扶梯费	低	低	高
	运营费用	低	低	高
	综合造价	低	较低	高
施工	施工难度	施工简便	技术成熟，难度小	技术复杂，难度大
	防水质量	容易保证	较容易保证	较难保证
	工期	短	较长	长
	安全性	好	较好	较差
环境影响	商业经济活动	大	较大	小
	城市居民生活	大	较大	小
	地面交通	时间长	时间较短	没影响
	房屋拆迁量	大	大	极少
	管线拆迁量	大	大	极少

2. 区间隧道施工方法及比选

地铁区间隧道施工方法选择主要受工程地质、水文地质、地形地貌、沿线环境的要求、施工单位的技术水平、施工进度、经济条件等因素限制。隧道及地下工程的类型很多，工程特点各异，相应的施工方法和技术也各不相同。表 4.5 为我国目前地铁区间隧道采用的施工方法及其比较。

表 4.5　地铁区间隧道施工方法一览表

序号	施工方法	环境场地要求	应用举例	优点	缺点	发展方向（关键技术）
1	明挖法	城市郊区场地开阔区域；软岩和土体	北京、天津	进度快、工作面大、便于机械和大量劳动力投入	破坏环境生态、影响交通、产生尘土和噪声污染	① 有效井点降水系统； ② 可靠的支撑系统； ③ 大型土方机械、混凝土搅拌及运输机械
2	矿山法（新奥法）	岩石或坚硬土体	青岛、重庆	对地面干扰小、造价低	进度慢、劳动强度高、风险大	① 多臂钻孔台车； ② 自动装药引爆装置； ③ 光面爆破、喷锚支护，监控量测数据反馈指导设计和施工
3	浅埋暗挖法	埋深较浅，对土体进行冻结、注浆、搅拌桩、管棚法加固，浅埋隧道	北京、哈尔滨	对地面干扰小、造价低、便于土法上马	机械化程度低、劳动强度高、环境恶劣、风险大	① 发展可靠的深层地基处理技术； ② 小型灵活的地下开挖机械； ③ 可靠的临时支护措施和机具
4	盾构和顶管法	软弱地层、深埋隧道	北京、上海和广州	对地面影响小、机械化程度高、安全、劳动强度低、进度快	机械设备复杂、价格昂贵、工艺烦琐、需要专业施工队伍	① 开发适用不同地质条件、自动更换刀盘的土压、泥水平盾构和顶管； ② 钢纤维挤压混凝土衬砌； ③ 三维仿真计算机管理系统，管理信息化、自动化； ④ 自动导向、中途对接异型盾构
5	沉管法	跨越江河湖海、软地基	上海、广州、南昌等过江隧道	造价低、速度快、隧道断面大	封锁江河水面，需要专门的驳运、下沉、对接设备	① 大型涵管制作及驳运技术； ② 地下定位对接、防水技术
6	凿岩机法（TBM 法）	坚硬岩石地质	广州	速度快、机械化程度高、安全、对地面无干扰	造价高、使用技术复杂，刀具易磨损	① 开发国产高性能凿岩机； ② 改进高强合金刀具； ③ 完善后配套系统； ④ 超前不良地质探测系统

项目实战演练

项目实训 4.1　确定某地铁围岩级别

【问题描述】

某地铁隧道围岩测得岩体的纵波波速为 3 500 m/s，相应岩块的纵波波速为 5 000 m/s，岩石的饱和单轴抗压强度 $f_r = 45$ MPa，则该岩体完整性指数 K_v 是多少？岩体的完整程度是什么？该围岩级别可能是什么？并确定采用的施工方法。

项目实训 4.2　编写某地铁工程施工前期准备工作方案

学生分组完成某条地铁工程施工前期准备工作方案。

思考与练习

【思考题】

1. 简述地铁工程施工的特点。
2. 简述地铁施工调查的目的和意义。
3. 围岩及围岩分级的定义是什么？
4. 地铁工程施工方法有哪些？各有什么特点？

【练习题】

1.（选择题）扫描扉页在线开放课程二维码。

项目 5　地铁明挖法施工

学习目标

1. 知识目标

（1）了解各种基坑围护结构、基坑内支撑体系的特点及其比选。

（2）掌握敞口明挖法、盖挖法施工特点、施工步骤及其要点。

2. 能力目标

（1）能分析判断敞口明挖法、盖挖法施工时易出现的问题，提出应对措施及预防方案。

（2）能独立完成地铁明挖法施工技术交底和施工方案的编写。

项目导入

明挖法是从地表面向下开挖，在预定位置修筑结构物方法的总称，即指挖开地面，由上向下开挖土石方至设计标高后，自基底由下向上顺作施工，完成主体结构，最后回填基坑或恢复地面的施工方法。明挖法是目前我国城市地铁尤其是地铁车站最常用的一种施工方法，主要包括围护结构、内支撑体系、地下水控制等内容，如图 5.1 所示。既有资料表明，我国地铁车站采用明挖法施工的占比为 85%以上，充分体现出该工艺施工的优越性及适应性。我国在明挖法地铁施工中积累了丰富的经验，已经形成了相对完善的施工技术体系，在地面交通和环境允许的情况下，一般首先考虑明挖法施工的可行性。但其缺点也是明显的，如阻断交通时间较长，噪声与震动等对环境的影响。图 5.2 为地铁车站明挖法工作分解结构图。

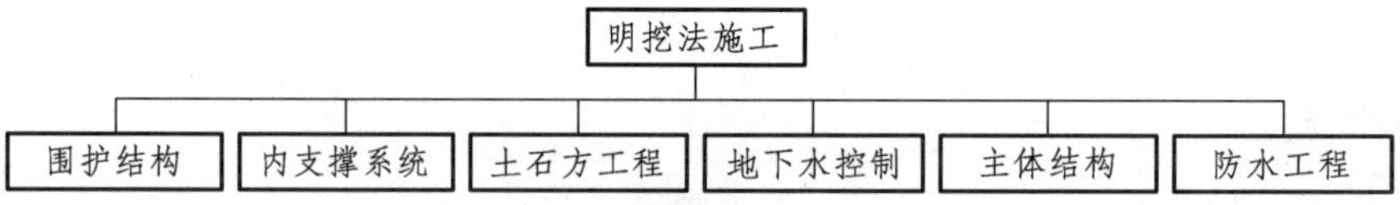

图 5.1　明挖法施工技术体系

随着埋深的增加，明挖法的工程费用、工期都将增大。同时明挖法对周围环境的影响大，对地面交通、商业活动、居民生活的影响以及地下管线的拆迁量比暗挖法大；当地下水位较高时，降水和地层加固费用非常高。因此在采用明挖法时，应充分考虑各种施工方法的特征，选择最能发挥其特长的施工方法。明挖法施工分类如下：

① 按照有无支护结构，明挖法可分为敞口放坡基坑和有围护结构的基坑，具体分类如图 5.3 所示。

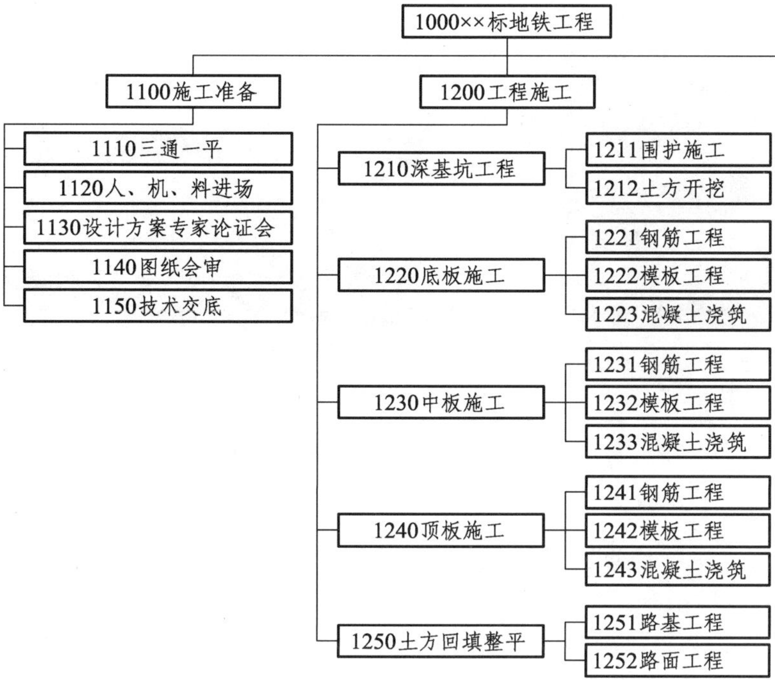

图 5.2　地铁车站明挖法工作分解结构图

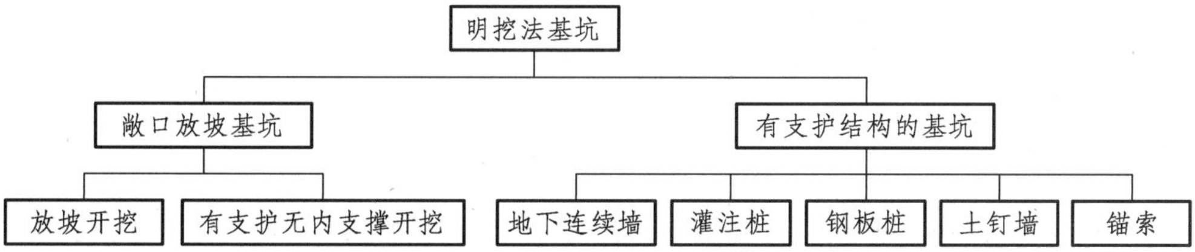

图 5.3　明挖法基坑类型

② 按照地下主体结构施工顺序，明挖法又可分为明挖顺作法、盖挖顺作法、盖挖逆作法、盖挖半逆作法等，后三种方法又可统称为明挖覆盖施工法（盖挖施工法）。盖挖法是基于明挖法施工技术的改进，是事先修建盖板，并在其遮盖下进行后续作业的施工方法。

明挖法施工重点要解决的问题有：基坑的稳定性问题及施工工序、围护结构的选择以及降水问题。其施工工序一般可分为 4 大步，即围护结构施工—内部土方开挖—工程结构施工—管线恢复及覆土（图 5.4）。

（1）围护结构施工　　　（2）内部土方开挖

（3）工程结构施工

（4）管线恢复及覆土

图 5.4　明挖法施工程序

思政点拨

作为一名土木人，有一定的职责、尊严和权利。在工作过程中，如何尽职尽责、维护自身尊严、实现用权为公，最终在工作生涯中能够坚守我们的职业操守，保障祖国基础建设工作的质量，向党和人民交上一份无悔的合格答卷，这是我们大家应该思考的问题。

项目布置

根据场地及工程条件选择明挖施工方法，并完成某地铁车站明挖法施工技术方案。

项目分析

本项目的核心是地铁明挖法施工技术，但完成某明挖地铁车站施工需要掌握明挖施工方法、基坑围护结构、基坑支撑体系、主体结构施工等知识与技能。因此，本项目安排明挖施工方法、基坑围护结构、基坑支撑体系等共 6 个工作任务和 3 个项目实训。

工作任务 5.1　明挖施工方法

5.1.1　放坡明挖法

对于基坑深度较浅、施工场地空旷、周围建筑物和地下管线及其他市政设施距离基坑较远的情况，一般采用敞口放坡开挖，因为这是最为经济合理的施工方法。放坡明挖法包括全放坡开挖和半放坡开挖（图 5.5）。全放坡开挖是指基坑采取放坡开挖不进行坑墙支护，根据地质条件采用相应的边坡坡度，分段开挖至所需位置进行结构施工，完成后进行回填，将地面恢复到原来状态。其优点是不必设置支护结构，缺点是土方挖填量较大、费人力，而且占用场地多。半放坡开挖与全放坡开挖断面的区别主要是基坑底部可设置一定高度的直槽，如果土质较差，则必须在直槽中打设悬臂式钢桩以加强土壁稳定。半放坡开挖与全放坡开挖断面比较，可少挖一部分土方，但为了保持边坡稳定，常常需要沿基坑两侧设井点降水。

（a）全放坡开挖　　　　　　　　（b）半放坡开挖

图 5.5　敞口放坡明挖法

基坑开挖施工过程中，由于开挖等施工活动会导致土体原始应力场的平衡状态遭到破坏，当土体抗剪强度下降或附加应力超过极限值时，便会出现土体的快速或渐进位移，即发生边坡失稳。因此，采用敞口放坡的基坑修建地铁时，保证基坑边坡的稳定是整个施工过程的关键；否则，一旦边坡坍塌，不但地基受到震动，影响承载力，而且也会影响周围地下管线、地面建筑物和交通安全。

1. 基坑边坡失稳的破坏形式和影响因素

大量计算和实际观测表明，基坑边坡破坏形式与土层的岩性、地面超载以及边坡的形状等因素有密切关系。

（1）基坑边坡主要的破坏形式

① 沿近似圆弧的滑动面转动，这种破坏常常发生在较为均质的黏性土层中。

② 沿近乎平面的滑动面滑移，这种破坏常常发生在无黏性土层中。

（2）影响基坑稳定的因素

基坑边坡坡度是直接影响基坑稳定的重要因素，当基坑边坡土体中的剪应力大于土体的抗剪强度时，边坡就会失稳坍塌。为保持基坑边坡的稳定，可采取以下措施：

① 根据土层的物理力学性质确定边坡坡度，并于不同土层处做成折线形或留置台阶。

② 做好降排水和防洪工作，保持基底和边坡的干燥。

③ 严格控制基坑边坡坡顶 1 ~ 2 m 范围堆放材料、土方和其他重物以及较大的机械等荷载。

④ 在基坑开挖过程中，随挖随刷边坡，不得挖反坡。

⑤ 基坑放坡坡度受到限制而采用围护结构又不经济时，可采用坡面土钉、挂金属网喷混凝土或抹水泥砂浆护面等措施。

⑥ 暴露时间在 1 年以上的基坑，一般需采用护坡措施。

2. 基坑边坡坡度的确定

确定基坑边坡坡度的方法有三种，即计算法、图解法和查表法。

（1）计算法

如图 5.6，假定边坡破裂面为通过坡脚的一个平面，滑动面上部土体的重力为：

$$G=\frac{\gamma h^2}{2}\cdot\frac{\sin(\theta-\varphi)}{\sin\theta\sin\varphi} \tag{5.1}$$

当土体处于极限平衡状态时，边坡最大高度为：

$$h=\frac{2c\sin\theta\cos\varphi}{\gamma\sin^2\left(\frac{\theta-\varphi}{2}\right)} \tag{5.2}$$

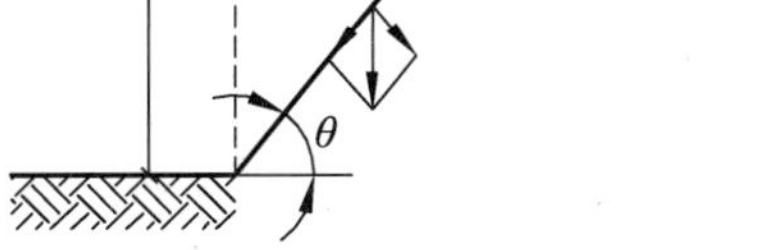

图 5.6　计算法示意图

式中：c ——土体黏结力（kN/m^2）；

θ ——边坡坡度角（°）；

φ ——土的内摩擦角（°）；

γ ——土体重度（kN/m^3）。

若土体 c、θ、γ 值和开挖深度 h 为已知，则基坑边坡的坡度角即可求出。并由以上公式可知：

① 当 $\theta=\varphi$，$c=0$ 时，边坡极限高度不受限制，并且边坡处于平衡状态。

② 当 $\theta>\varphi$ 时，边坡为陡坡，其 c 值越大，则边坡极限高度越高。

③ 当 $\theta>\varphi$ 时，若 $c=0$，则 $h=0$，即为非黏性土时，边坡任何高度都是不稳定的。

④ 坡度角 θ 越大，坡高 h 越小；反之，坡度角越小，则坡高越大。

（2）图解法

对于基坑边坡坡度为直线，坡顶为平面，而土质均匀时，其稳定边坡角或极限坡高，可根据计算资料综合整理而得到的基坑边坡图解曲线来求得。

（3）查表法

一般在地质条件良好、土质较均匀而地下水位低或通过降水将地下水位维持在基底面以下时，常采用查表法确定基坑边坡的坡度，可参考《建筑地基基础设计规范》。

3. 基坑边坡失稳的防止措施

（1）边坡修坡

改变边坡外形，将边坡修缓或修成台阶形（图 5.7）。这种方法的目的是减少基坑边坡的下滑重量。因此必须结合在坡顶卸载（包括卸土）才更有效果。

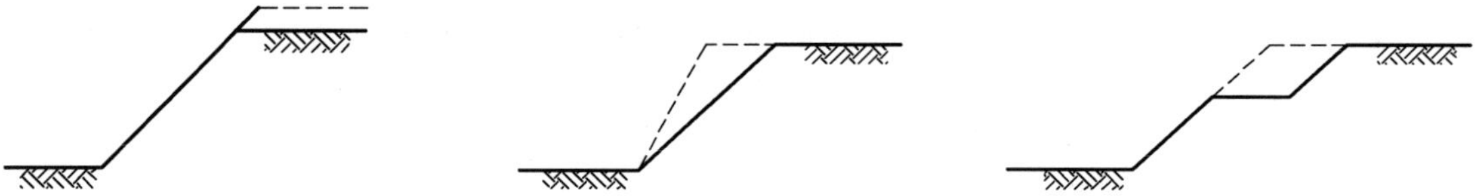

（a）坡顶卸土　　（b）坡度减小　　（c）台阶放坡

图 5.7　边坡修坡

（2）设置边坡护面

设置基坑边坡混凝土护面的目的是控制地表水经裂缝渗入边坡内部，从而减少因为水的因素导致土体软化和孔隙水压力上升的可能性。护面可以做成 10 cm 混凝土面层。为增加边坡护坡面的抗裂强度，内部可以配置一定的构造钢筋，如图 5.8 所示。

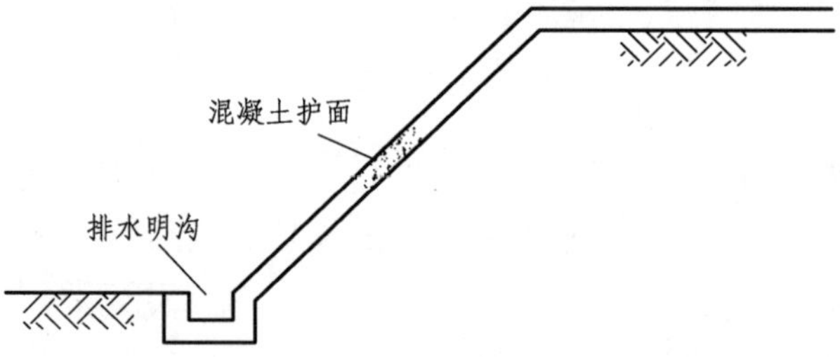

图 5.8　基坑边坡设置混凝土护面

（3）边坡坡脚抗滑加固

当基坑开挖深度大，而边坡又因场地限制不能继续放缓时，可以对边坡抗滑范围的土层进行加固（图 5.9）。采用的方法有设置抗滑桩、悬喷法、分层注浆法、深层搅拌法等。

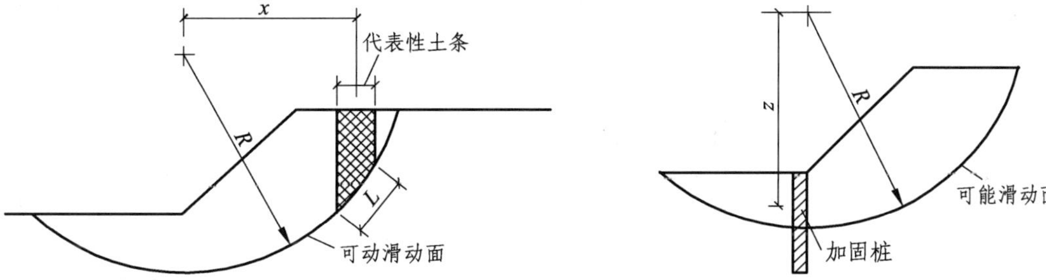

图 5.9　基坑边坡坡脚抗滑加固

5.1.2　明挖顺作法

当基坑很深，地质条件差，地下水位高，特别是又处于城市繁华的市区，建筑物密集，交通繁忙，无足够空地满足施工需要，没有条件采用敞口放坡基坑时，应用有围护结构的基坑进行明挖法施工，该法叫明挖顺作法。其施工基本顺序为：基坑围护结构施工—路面开挖—埋设支撑防护与开挖—地下结构物的施工—回填—拔桩恢复路面，如图 5.10 所示。

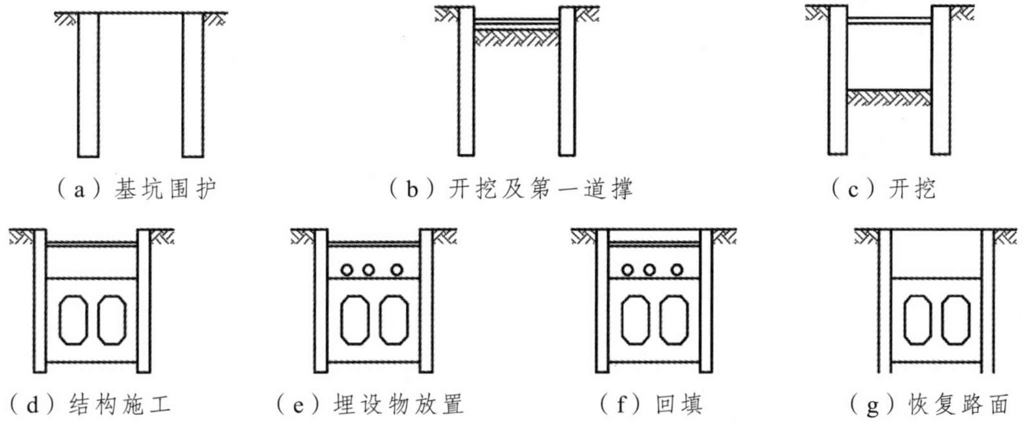

图 5.10　明挖顺作法施工步骤

5.1.3　盖挖法

与敞口明挖法相比，盖挖法不会长时间占用场地，并且对于地面的影响较小，在城市繁华地段地铁施工中盖挖法具有明显优势。但盖挖法也存在一定的不足：一是施工工艺繁杂，对于施工人员的技术水平具有较高的要求；二是施工条件不如明挖顺作法。

盖挖法与一般明挖法和暗挖法的主要区别是，先采用地下连续墙、钻孔桩等形式作围护结构，然后修筑地下结构的顶板或临时路面盖板，最后在顶板或临时路面盖板的保护下进行土方开挖和结构施工。因其恢复路面较快，因此对交通的阻断时间很短。相对于暗挖法，该法施工相对简便，造价较低，因此成为地面交通繁杂的地铁工程适用的施工方法。

1. 盖挖顺作法

盖挖顺作法系于现有道路上，按所需宽度，由地表面完成挡土结构后，以定型的预制标准覆盖结构（包括纵、横梁和路面板）置于挡土结构上维持交通，往下反复进行开挖和加设横撑，直至设计标高。依序由下而上建筑主体结构和防水措施，回填土并恢复管线或埋设新的管线。最后，视需要拆除挡土结构的外露部分及恢复道路，见图 5.11。

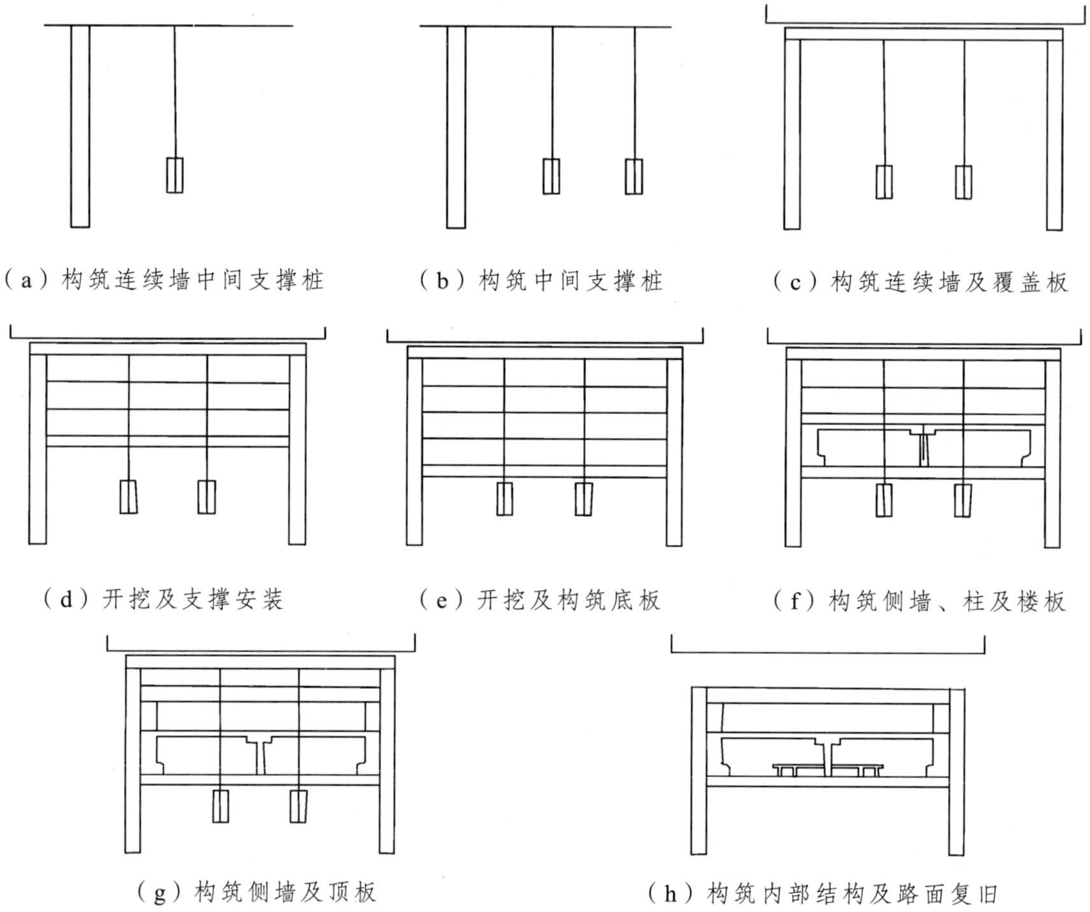

图 5.11　盖挖顺作法施工步骤

盖挖顺作法主要依赖坚固的挡土结构，根据现场条件、地下水位高低、开挖深度以及周围建筑物的邻近程度，可以选择钢筋混凝土钻（挖）孔灌注桩或地下连续墙。对于饱和的软弱地层，应以刚度大、止水性能好的地下连续墙为首选方案。随着施工技术的不断进步，工程质量和精度更易于掌握，故现在盖挖顺作法中的挡土结构常用来作为主体结构边墙体的一部分或全部。如开挖宽度很大，为了缩短横撑的自由长度，防止横撑失稳，并承受横撑倾斜时产生的垂直分力以及行驶于覆盖结构上的车辆荷载和吊挂于覆盖结构下的管线重量，经常需要在建造挡土结构的同时建造中间桩柱以支承横撑。中间桩柱可以是钢筋混凝土的钻（挖）孔灌注桩，也可以采用预制的打入桩（钢或钢筋混凝土桩）。中间桩柱一般为临时性结构，在主体结构完成时将其拆除。为了增加中间桩柱的承载力或减少其入土深度，可以采用底部扩孔桩或挤扩桩。

2. 盖挖逆作法

如果开挖面较大、覆土较浅、周围沿线建筑物过于靠近，为尽量防止因开挖基坑而引起邻近建筑物的沉陷，或需及早恢复路面交通，但又缺乏定型覆盖结构，可采用盖挖逆作法施工。其施工步骤：

① 先在地表面向下做基坑的围护结构和中间桩柱。和盖挖顺作法一样，基坑围护结构多采用地下连续墙，或钻孔灌注桩，或人工挖孔桩；中间桩柱则多利用主体结构本身的中间立柱以降低工程造价。

② 随后即可开挖表层土至主体结构顶板底面标高，利用未开挖的土体作为土模浇注顶板，它还可以作为一道强有力的横撑，以防止围护结构向基坑内变形。

③ 待回填土后将道路复原，恢复交通，以后的工作都是在顶板覆盖下进行，即自上而下逐层开挖并建造主体结构直至底板。

④ 在特别软弱的地层中，且邻近地面建筑物时，除以顶楼板作为围护结构的横撑外，还需设置一定数量的临时横撑，并施加不小于横撑设计轴力 70%～80%的预应力，如图 5.12 所示。

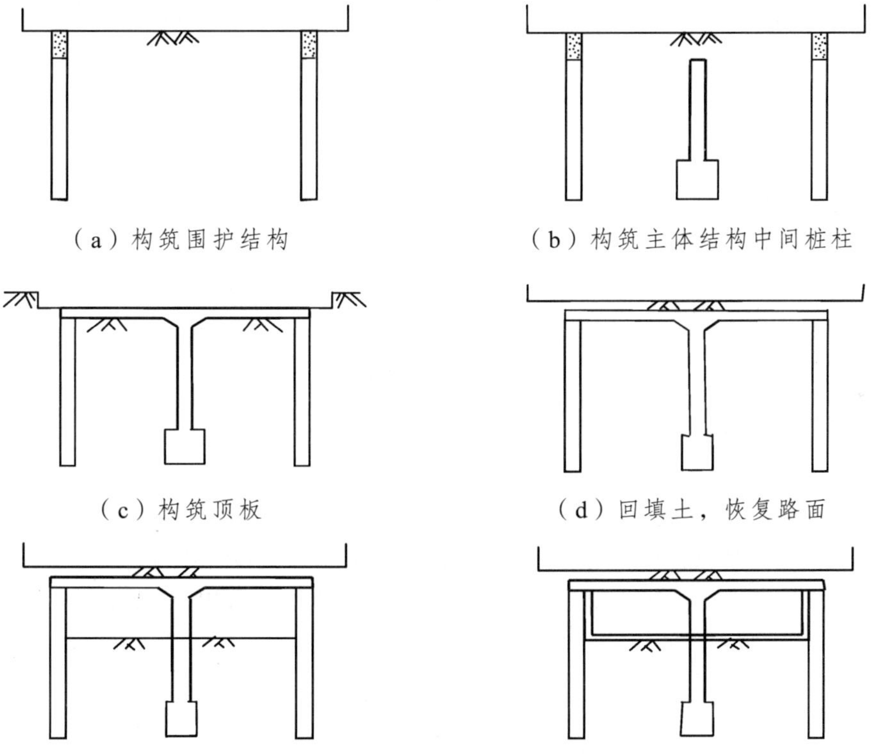

（a）构筑围护结构　（b）构筑主体结构中间桩柱

（c）构筑顶板　（d）回填土，恢复路面

（e）开挖中层土　（f）构筑上层结构

图 5.12　盖挖逆作法施工步骤

3. 盖挖半逆作法

盖挖半逆作法指先浇筑永久性顶板，恢复道路交通，然后从上向下挖土并逐层施作临时支撑，开挖至底部标高后，施作底板，再从下向上依次逐层浇筑各层结构板，同时拆除临时支撑。盖挖半逆作法施工步骤如图 5.13 所示。盖挖半逆作法与逆作法的区别在于它是顶板完成及恢复路面后，向下挖土至设计标高后先修筑底板，再依次序向上逐层建筑侧墙、楼板。在半逆作法施工中，一般都必须设置横撑并施加预应力。盖挖半逆作法与盖挖顺作法的施工工序类似，区别在于盖挖半逆作法先浇筑的是永久性顶板，对道路的干扰时期短。

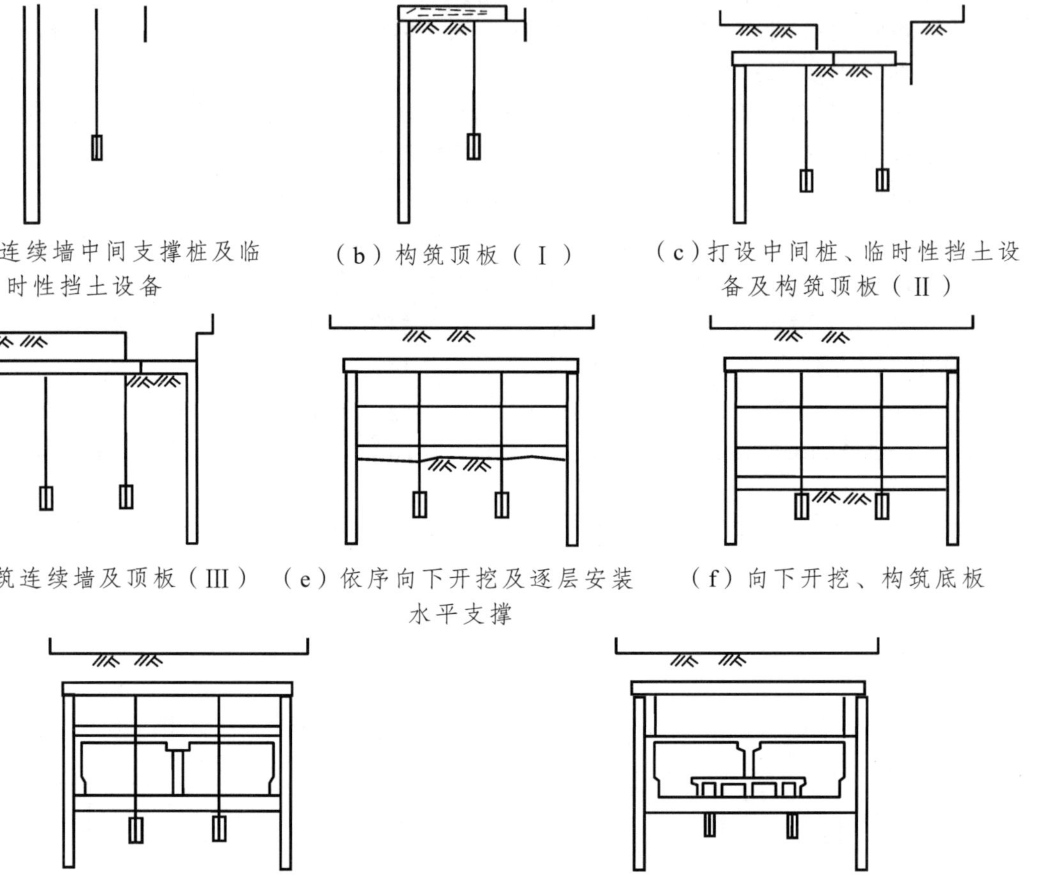

(a)构筑连续墙中间支撑桩及临时性挡土设备　(b)构筑顶板(Ⅰ)　(c)打设中间桩、临时性挡土设备及构筑顶板(Ⅱ)

(d)构筑连续墙及顶板(Ⅲ)　(e)依序向下开挖及逐层安装水平支撑　(f)向下开挖、构筑底板

(g)构筑侧墙、柱及楼板　(h)构筑侧墙及内部之其余结构物

图 5.13　盖挖半逆作法施工步骤

在基坑建设中，盖挖逆作法和盖挖半逆作法在保护周边环境上有比较好的作用和效果，而盖挖顺作法相对较差。比较发现，盖挖逆作法和盖挖半逆作法对环境的保护能力相差并不大，而盖挖半逆作法还是一种经济适用的施工方法，值得在城市中心区域地铁建设中推广应用。

工作任务 5.2　围护结构

5.2.1　围护结构概述

1. 基坑围护体系的组成

基坑围护体系由两部分组成，一是围护结构，一是内支撑。内支撑与围护结构一起，以增强支护结构的整体稳定性，不仅直接关系到基坑的安全和土方开挖，对基坑的工程造价和施工速度的影响也很大。

明挖法施工中围护结构的选择，应充分考虑地质条件的差异、围护结构的刚度以及对基坑防水的要求等因素来确定。围护结构可分为排桩（包括钢板桩、挖孔桩、钻孔桩、水泥土搅拌桩或劲性水泥土搅拌桩等）、地下连续墙、土钉墙及锚索等围护结构。

2. 围护结构的形式及其特点

在地铁工程（通常为车站）的明挖法施工中，基坑的围护结构是土体和支护结构相互作用的有机体，主要承受基坑开挖卸荷所产生的水、土压力，并将压力传递给支撑体系，不仅可确保基坑邻近建筑物及设施的正常使用，也可保证基坑的稳定性及坑内作业的安全性。目前，地铁工程中常见的基坑围护结构包括地下连续墙、灌注桩、钻孔咬合桩、SMW 工法桩、钢板桩、土钉墙及锚索等，当地铁车站结构施工方法选定后，车站土建工程的经济性主要由围护结构控制，因此，选择合适的围护结构相当重要。一般来说，常用的围护结构其特点如表 5.1 所述。

表 5.1 地铁基坑常用的围护结构形式及特点

序号	围护结构形式	适用范围	优 缺 点	工艺简述
1	地下连续墙	主要应用于软土地基或砂土地基，基坑开挖深度大或在密集的建筑群中施工的基坑，对周围地面沉降、建筑物的沉降要求需严格限制且对抗渗有较严格要求的地基中，也可应用于各种卵石和岩层的地基中；但实际施工中存在入岩地下连续墙施工周期长、穿卵石地层时漏浆严重等问题。因此，在卵石和岩层的地基中应谨慎使用	优点：施工时震动小、噪声低、防渗性能好、刚度大、工效高、工期短、质量可靠、经济效益高。 缺点：每段墙之间的接头质量较难控制，容易形成结构的薄弱点；在城市施工时，废泥浆不易处理	① 施工准备； ② 导墙施工； ③ 泥浆制备； ④ 成槽施工； ⑤ 钢筋笼制作及吊装； ⑥ 水下混凝土浇筑
2	灌注桩	适用于黏性土、砂土、卵石土、碎石土及岩石等地层	优点：墙身强度高，刚度大，支护稳定性好，变形小。根据土层及工期要求，可选择人工挖孔、钻孔灌注桩、冲孔桩、旋挖灌注桩等多种设备。 缺点：造价较高，工期较长；桩间缝隙易造成水土流失，特别是在高水位砂层地区，需根据工程条件采取注浆、普通水泥搅拌桩、旋喷桩、大直径搅拌桩、三轴搅拌桩等施工措施来解决止水问题；桩身质量不易控制，易出现断桩、缩颈、露筋和夹泥现象	① 施工准备； ② 导墙施工或护筒安装； ③ 泥浆制作； ④ 成孔施工； ⑤ 钢筋笼制作及吊装； ⑥ 混凝土浇筑

续表

序号	围护结构形式	适用范围	优缺点	工艺简述
3	钻孔咬合桩	适用于风化石灰石岩层、砂砾石层及软土地层深基坑围护结构的施工，在饱和富水软土层重要地段的施工中最能体现其优越性。当围护结构需要具备防水效果且不具备地下连续墙施工条件时，可采用钻孔咬合桩	优点：排桩整体受力，抗荷载能力强；防水效果较好；不易塌孔，震动小，适合紧邻地下管线等构筑物的施工；无泥浆、噪声低、施工环保效果好；成桩垂直度好，整体性强，节约混凝土。 缺点：施工造价较高；需对接头桩进行堵漏处理，特别是在粉细砂层施工效果不理想	① 施工准备； ② 钻机就位，埋设护筒； ③ 泥浆制作； ④ 成孔施工； ⑤ 钢筋笼制作及吊装； ⑥ 混凝土浇筑
4	SMW 工法	从黏性土到砂性土，从软弱的淤泥和淤泥质土到较硬、较密实的砂性土，甚至在含有砂卵石的地层中经过适当的处理都能够适用。软土地区一般用于开挖深度不大于 13.0 m 的基坑工程	优点：施工扰动小、无泥浆污染、震动噪声小、止水性能好、施工工期短、工程造价低。 缺点：在基坑深度较大时该围护结构刚性不足，需增加内支撑密度，对施工影响较大	① 施工准备； ② 导墙施工； ③ 拌桩； ④ 插入型钢； ⑤ 拔除型钢
5	钢板桩	适用于基坑深度较小的黏性土、粉性土、砂性土、淤泥等土层，也可以在特定硬土层中使用	优点：具有良好的耐久性，基坑施工完毕回填土后可将槽钢拔出回收再次使用；施工方便、工期短。 缺点：不能挡水和土中的细小颗粒。在地下水位高的地区需采取隔水或降水措施；抗弯能力较弱，多用于深度不大于 4 m 的较浅基坑或沟槽顶部，宜设置一道支撑或拉锚；支护刚度小，开挖后变形较大	① 钢板制作； ② 安装导向架； ③ 钢板桩打设； ④ 钢板桩拔除
6	土钉墙	适用于地下水位以上或经人工降水后的人工填土、黏性土和弱胶结砂土的基坑支护或边坡加固，基坑深度小	优点：效率高、成本小、施工噪声小、震动小、环境影响小。 缺点：土钉、面层的刚度较小，支护体系变形较大；土钉易引起水土流失，在施工过程中对土层有扰动，易引起地基沉降；防腐性能较差，不适用于永久性工程	① 土方开挖修坡； ② 初喷混凝土； ③ 打设土钉； ④ 土钉注浆； ⑤ 绑扎钢筋网片； ⑥ 喷射混凝土
7	锚索	预应力锚索一般用于深基坑支护中的桩锚结构，与刚性桩结合使用	优点：可充分发挥围岩的承载能力，增强围岩稳定性；墙身强度高，刚度大，支护稳定性好，变形小。 缺点：锚索支护施工过程复杂，施工效率较低，不能简便、快速且及时地对深基坑进行有效支护	① 土方开挖； ② 钻孔； ③ 下锚索； ④ 注浆； ⑤ 腰梁制作安装； ⑥ 张拉

5.2.2 地下连续墙

1. 地下连续墙概述

地下连续墙，又简称地墙或地连墙，是在地面上利用特制的成槽机械，沿着开挖工程的周边（如地下结构的边墙），在泥浆（又称稳定液，如膨润土泥浆）护壁的情况下进行开挖，形成一定长度的沟槽，再将制作好的钢筋笼放入槽段内，采用导管法进行水下混凝土浇筑，形成一个单元的墙段，各墙段之间采用特定的接头方式（如用接头管或接头箱做成的接头）相互连接形成的一道连续的地下钢筋混凝土墙，如图 5.14 所示。

图 5.14　地下连续墙的工程应用

地下连续墙于 1950 年在意大利被开发出来，并最早应用于大坝的防渗墙。20 世纪 50 年代以后传入法国、日本等，20 世纪 60 年代推广至英国、美国、苏联等国家。20 世纪 60 年代以后，随着施工机具得到不断开发，地下连续墙在全世界范围内逐渐得到了较广泛的应用。地下连续墙具有抗渗能力良好、整体性较好的特点，目前在我国地铁车站基坑支护结构中已得到广泛应用，成为地铁明挖施工的主导方法。

（1）分类

地下连续墙的类型，一般按照成槽方式、墙的用途、墙身材料以及开挖情况进行划分，具体见图 5.15。

- 地下连续墙
  - 按成槽方式划分
    - 排桩式
    - 槽板式
  - 按墙的用途划分
    - 防渗端
    - 临时挡土端
    - 永久挡土端
    - 作为基础用的地下连续墙
  - 按墙身材料划分
    - 钢筋混凝土墙
    - 塑性钢筋混凝土墙
    - 固化灰浆墙
    - 自硬泥浆墙
    - 预制墙
    - 泥浆槽端
    - 后张预应力地下连续墙
    - 钢制地下连续墙
  - 按开挖情况划分
    - 地下连续墙（开挖）
    - 地下防渗墙（不开挖）

图 5.15　地下连续墙分类及形式

（2）接头形式

施工接头是指地下连续墙单元槽段之间的连接接头。根据受力特性，地下连续墙施工接头可分为柔性接头和刚性接头。承受弯矩、剪力和水平拉力的施工接头称为刚性接头，例如钢板组合形式；反之，不能承受弯矩和水平拉力的接头称为柔性接头，例如锁扣管（接头箱）、GXJ（钢片橡胶防水）接头形式、预制式接头和铣槽机接头形式。具体接头形式见表 5.2。

表 5.2　地下连续墙接头形式

接头形式		适用范围	优　点	缺　点	图　示
柔性接头	锁扣管（接头箱）	适用于深度较浅基坑，一般钢筋笼长度在 40 m 以内	① 构造简单； ② 施工方便，工艺成熟； ③ 刷壁方便，后期槽段下放钢筋笼方便； ④ 可重复使用，造价较低	① 自重大，需分节制作，不能预埋水平接头构件； ② 刚度差，整体性差； ③ 抗剪能力差，受力后易变形； ④ 接头管接头为弧形，止水效果差； ⑤ 起拔困难，起拔时间难以控制，易产生质量问题	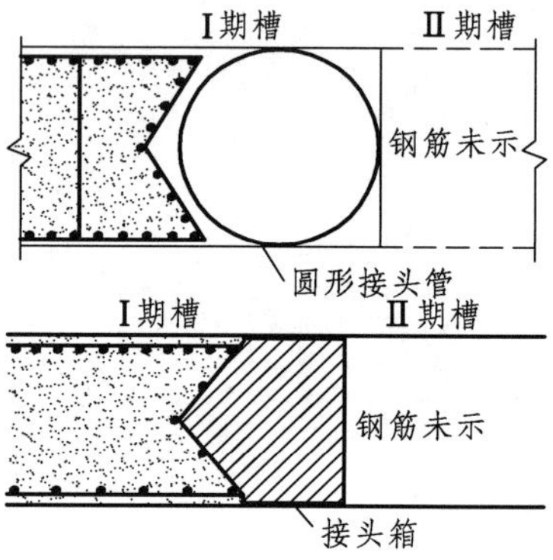
	GXJ 接头形式	适用于深度较浅基坑，一般钢筋笼长度在 40 m 以内	① 增强了地下连续墙的整体防渗性能； ② 避免夹泥，有效减少渗漏水； ③ 无须考虑混凝土绕流问题； ④ 无须刷壁，简化了地下连续墙施工工序，提高了效率； ⑤ 可循环使用，相比十字钢板、H 型钢接头，大大降低了造价	① 接头构造复杂； ② 自重较大，并且长度较长，需要占用较多场地，对起吊要求较高； ③ 在起吊、浇筑混凝土、剥离过程中容易发生弯曲变形； ④ 不能传递剪力和弯矩，地下连续墙整体受力性能较差	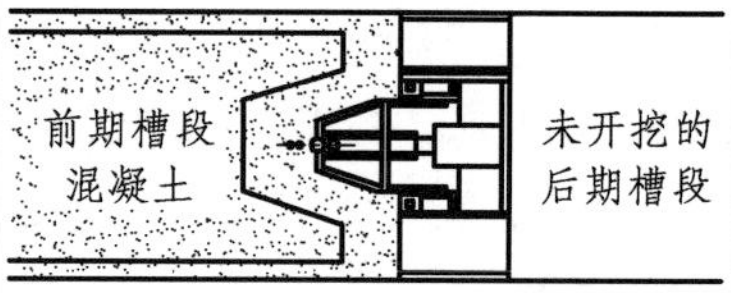
	预制式接头	适用于超深、超厚地下连续墙，更适用于“双墙合一”工程，不适用于入岩地质	① 接头本身费用比接头管、钢板接头高，但综合单价低，工程总价相对节约； ② 工厂制作，质量较高； ③ 现场施工工序少，施工速度快； ④ 刚度强，整体效果好； ⑤ 有效防止混凝土绕流； ⑥ 易控制接头平整度，刷壁清浆较为方便	① 对槽壁垂直度要求高； ② 接头下放不到位，需将整个桩体拔出，安全风险大； ③ 接头质量大，占用场地多； ④ 需要使用较大起吊装置	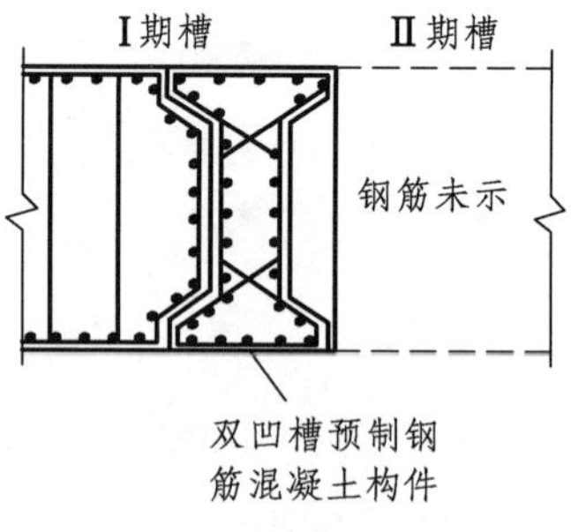

接头形式		适用范围	优点	缺点	图示
柔性接头	铣槽机接头	超深、超厚、超大方量、超硬地下连续墙及其他铣槽机施工情况	① 应力传递效果好； ② 接头夹泥较少； ③ 接头施工不受深度影响； ④ 施工方便，节省成本	① Ⅱ期槽段增加，接头数量增多； ② 施工防水困难，易出现渗水现象； ③ 设备造价高，使用较少	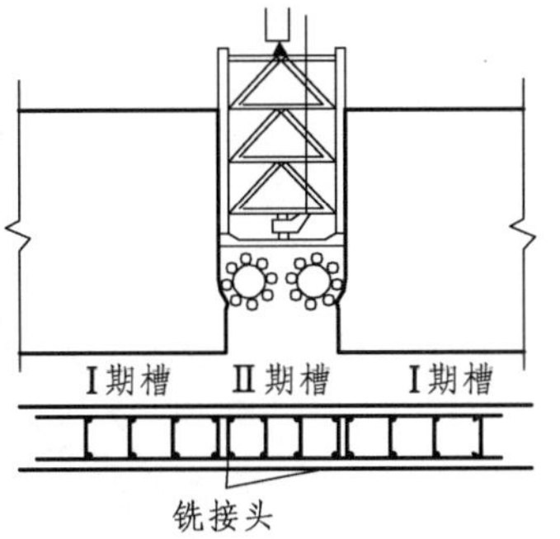
刚性接头	工字钢接头	适用于各种地层，常用于较深、较厚地下连续墙，在土质较差以及对地下连续墙的整体刚度和防渗有特殊要求时采用	① 防渗、止水效果好； ② 结构整体性好； ③ 强度与刚度好； ④ 常与接头箱配合使用； ⑤ 工字钢接头夹泥更易清洗； ⑥ 十字钢板接头不需要考虑混凝土灌入时产生的侧压	① 用钢量大，造价高； ② 工字钢焊接施工复杂，难度较大； ③ 加工质量要求高，防绕流铁皮施工中保护困难； ④ 十字钢板抗弯性能不理想； ⑤ 十字钢板刷壁和清除墙段侧壁泥浆有一定困难	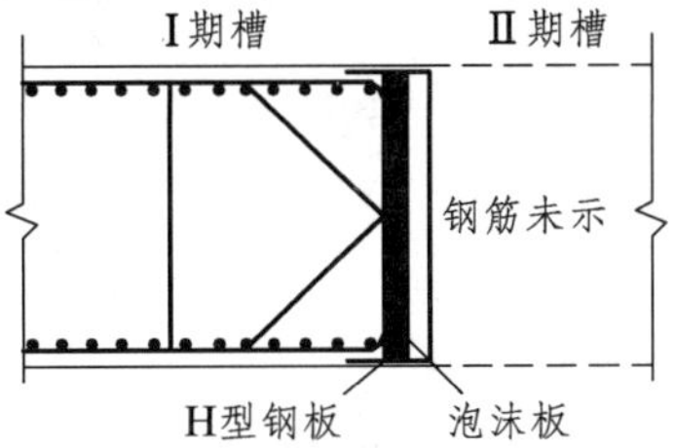
	十字钢板接头				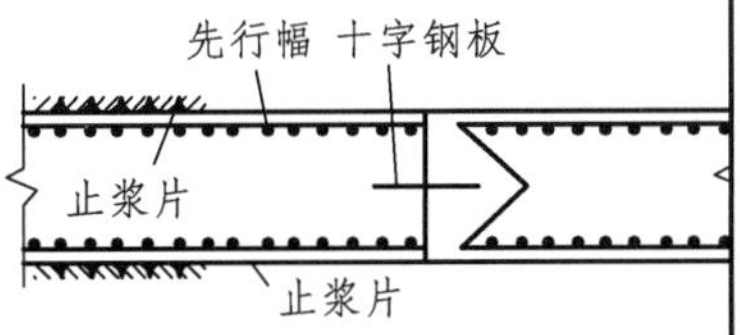

（3）优缺点及适用条件

地下连续墙的优缺点及适用范围见表5.1。

2. 施工主要设备

（1）成槽设备

成槽机具设备是地下连续墙施工的关键设备。成槽（机械）设备常用的挖槽机械可分为两大类：一是挖（抓）斗式挖槽机，这类机械采用直接出渣方式；二是钻头式挖槽机，这类机械采用泥浆循环出渣方式，如图5.16所示。

挖槽机械的选用，主要根据地质条件、开挖深度和施工条件诸因素而定。钻头式挖槽机依靠钻头自身重量反复冲击破碎基岩或基土，由渣筒将破碎下来的土取出成孔。该设备比较简单，操作容易，但施工工效低，较难保证槽壁精度，适用于无黏性土、硬土和夹杂砾石的较为复杂的土层。

抓斗式成槽机的主要特点是在进行破碎挖土的同时，能将渣土直接运出槽外，它因抓斗的构造不同，各有特色。索式中心提拉式导板抓斗是由钢索操纵开斗、抓土、闭斗和提升。导板起导向作用，可提高挖槽的精度，又增大抓斗的重量，提高挖槽的效率。索式斗体推压式导杆抓斗，在挖土时能推压抓斗斗体进行切土，并设有弃土压板，所以能有效地切土和弃土。

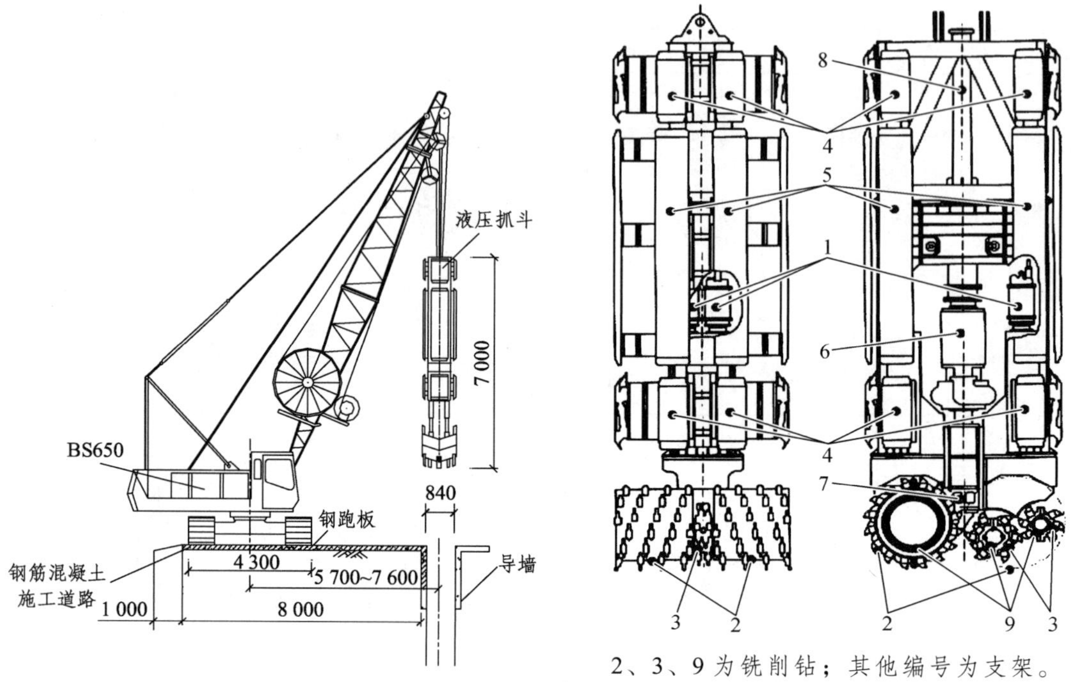

（a）挖（抓）斗式挖槽机（单位：mm）　　（b）铣槽机

图 5.16　成槽设备

（2）泥浆制备和处理设备

泥浆制备和处理设备主要有胶质灰浆搅拌机、螺旋桨式搅拌机、压缩空气搅拌机、离心泵重复循环搅拌机等，我国多用泥浆搅拌机。泥浆处理设备主要有振动筛和旋流器。泥浆处理的方法有机械处理、重力沉淀和化学处理。前两种处理方法的费用比化学处理的方法费用低，机械处理与重力沉淀联合使用则效果好，经过机械处理过的泥浆流入沉淀池进行重力沉淀。

3. 施工工艺

（1）地下连续墙施工工艺流程

地下连续墙采用逐段施工方法，且周而复始地进行。地下连续墙的施工要经过筑导墙、成槽、吊放接头管、吊放钢筋笼、浇筑水下混凝土及拔出接头管成墙等多个环节，见图 5.17 和图 5.18。

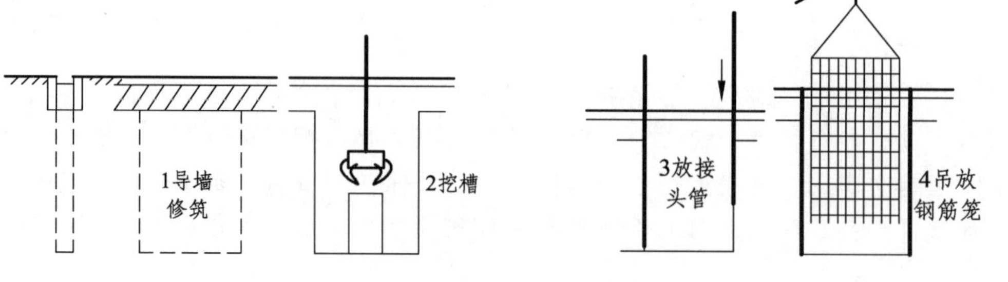

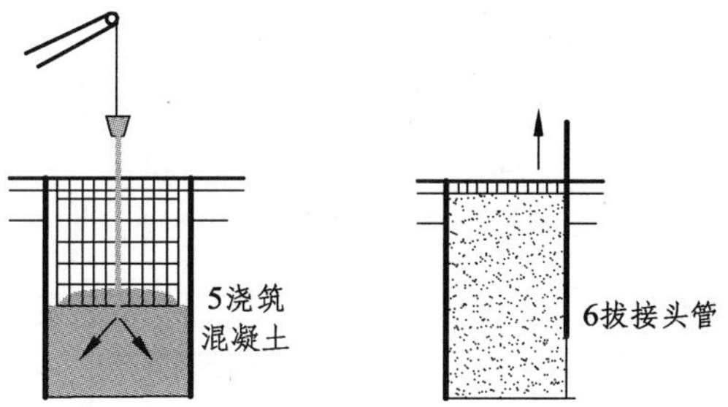

图 5.17　地下连续墙施工程序示意图

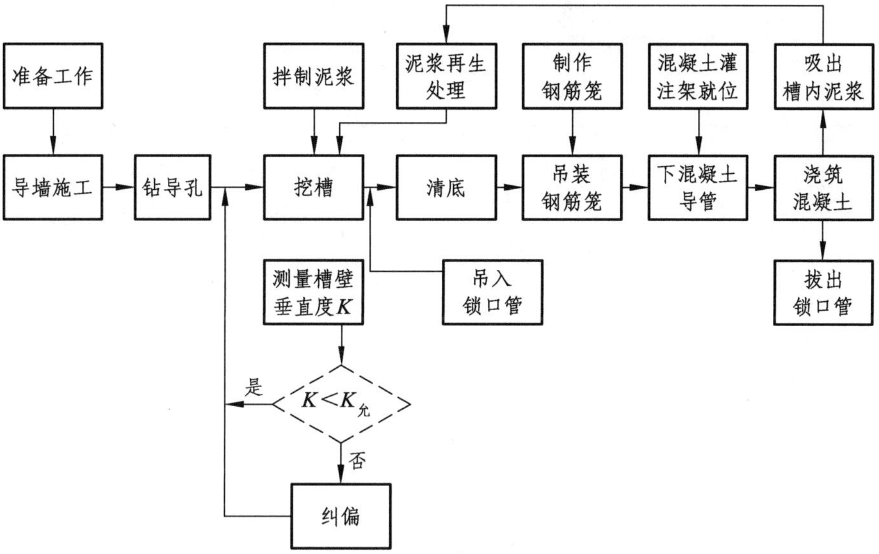

图 5.18　地下连续墙施工流程

（2）导墙构筑

地下连续墙沟槽，在近地表位置的土体极不稳定，因此挖槽之前必须沿地下连续墙纵向轴线位置开挖导沟、修筑导墙。

① 导墙的作用。

a. 测量基准作用。导墙规定了沟槽的位置走向，划分了单元槽段，作为测量挖槽标高、垂直度和精度的基准。

b. 挡土作用。在挖掘地下连续墙沟槽时，地表土松软容易坍塌，因此在单元槽段挖完之前，导墙起到挡土墙作用。

c. 承重作用。导墙既是挖掘机械轨道的支承，又是钢筋笼、接头管等搁置的支点，有时还承受其他施工设备的荷载。

d. 稳定泥浆液面作用。导墙可存储泥浆，稳定槽内泥浆液面。泥浆液面始终保持导墙面以下 20 cm，并高出地下水位 1 m，以稳定槽壁。

e. 其他作用。导墙还可以防止泥浆漏失，阻止雨水等地面水流入槽内；地下连续墙距现有建筑物很近时，导墙还能起到一定的补强作用。

② 导墙的形式。

导墙一般采用现浇钢筋混凝土结构，应具有必要的强度、刚度和精度，以满足挖槽机械的施工要求。在确定导墙断面形式时，应考虑的因素有：表层土的特性、荷载情况、地下连续墙施工时对邻近建筑物可能产生的影响、地下水位的高低及地下水位的变化情况。

深槽开挖前，在连续墙纵轴线位置需开挖导沟（一般深 1 ~ 2 m），在导沟两侧现浇混凝土（或预制混凝土，或砌筑）导墙。常见导墙断面形式见图 5.19。

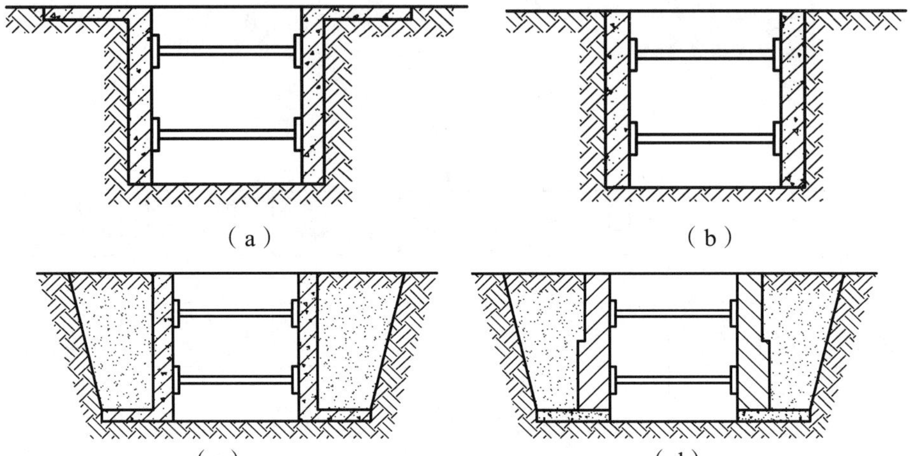

图 5.19　导墙断面形式

（a）、（b）、（c）为现浇或预制钢筋混凝土导墙；（d）为砖砌导墙。

③ 导墙的施工。

导墙一般采用 C20 混凝土浇筑，配筋通常为ϕ12 ~ 14@200。当表土较好，在导墙施工期间能保持外侧土壁垂直自立时，则以土壁代替外模板，避免回填土，以防槽外地表水渗入槽内。如表土开挖后外侧土壁不能垂直自立，则外侧需设模板。导墙外侧的回填土应用黏土回填密实，防止地表水从导墙背后渗入槽内，引起槽段塌方。

地下连续墙两侧导墙内表面之间的净距，应比地下连续墙厚度略宽，一般为 40 mm 左右。导墙顶面应高于地面 100 mm 左右，以防雨水流入槽内稀释及污染泥浆。

现浇钢筋混凝土导墙拆模以后，应沿其纵向每隔 1 m 左右设上、下两道木支撑，将两片导墙支撑起来，在导墙的混凝土达到设计强度之前，禁止任何重型机械和运输设备在旁边行驶，以防导墙受压变形。

（3）泥浆护壁

① 泥浆的组成与作用。

在地下连续墙挖槽过程中，泥浆的作用为护壁、携渣、冷却机具和切土润滑，其中以护壁最为重要。泥浆的正确使用，是保证挖槽成败的关键。

a. 泥浆的护壁作用。泥浆具有一定的密度，在槽内对槽壁有一定的静水压力，相当于一种液体支撑。泥浆能渗入土壁形成一层透水性很低的泥皮，有助于维护土壁的稳定性。

b. 泥浆的携渣作用。泥浆具有较高的黏性，能在挖槽过程中将土渣悬浮起来。这样就可使钻头时刻钻进新鲜土层，避免土渣堆积在工作面上影响挖槽效率，又便于土渣随同泥浆排出槽外。

c. 泥浆的冷却和润滑作用。泥浆既可降低钻具因连续冲击或回转而上升的温度，又可减轻钻具的磨损消耗，有利于提高挖槽效率并延长钻具的使用时间。

② 泥浆的配置与储存。

挖槽筑墙所用的泥浆不仅要有良好的固壁性能，而且要便于灌注混凝土。如果泥浆的膨润土浓度不够、密度太小、黏度不大，则难以形成泥饼、难以固壁、难以保证其携渣作用。但如黏度过大，也会发生泥浆循环阻力过大、携带在泥浆中的泥砂难以除去、灌注混凝土的质量难以保证以及泥浆不易从钢筋笼上驱除等弊病。泥浆还应有一定的稳定性，保证在一定时间内不出现分层现象。

目前在我国，地下连续墙用的护壁泥浆主要是膨润土泥浆，其成分为膨润土、水和一些掺合物。膨润土是一种细颗粒、遇水显著膨胀、黏性和可塑性都很大的特殊黏土；水是用量最大的成分，要求不含杂质，呈中性，pH 为 7 ~ 8，含盐量在 500×10^{-6}（质量比）以下；掺合物一般指化学处理剂、惰性物质等掺合物。

③ 泥浆的配置与储存。

a. 泥浆的制备。地下连续墙施工时所采用的泥浆多用搅拌方法制备，而高速回转式搅拌机是常用的搅拌机械，它通过高速回转（200 ~ 1 000 r/min）叶片，使泥浆产生激烈涡流，从而把泥浆搅拌均匀。

b. 泥浆的再生处理。在地下连续墙施工中，泥浆与地下水、泥土和混凝土接触，因此，泥浆中的膨润土、掺合料等成分会被消耗，而且还会混入一些土渣和电解质离子等，使泥浆污染而质量恶化。被污染的泥浆，应根据具体情况进行处理，而处理方法主要有机械处理和重力沉淀处理，最好是两种方法组合使用。先经重力沉降处理，利用渣土和泥浆的密度差使土渣沉淀，再使用振动筛和旋流器，将粒径大和密度大的颗粒分离出去。经处理后合乎标准的泥浆可重复使用，其渣土应废弃。

（4）成槽

成槽是地下连续墙施工中的关键工序，因为槽壁形状基本上决定了墙体外形，所以挖槽的精度又是保证地下连续墙施工质量的关键之一，特别是垂直度，必须保证设计要求。我国规范规定，连续墙墙面倾斜度不宜大于 1/150，局部突出也不宜大于 100 mm，且墙体不得侵入主体结构隧道净空。同时成槽约占地下连续墙施工工期的一半，因此提高其成槽效率也能加快施工进度。

地下连续墙施工时，预先沿墙体长度方向把墙体划分为若干个某种长度的施工单元，这种施工单元称为“单元槽段”。槽段长度选择，应根据地质、地下水位、有无地下管线等因素来决定。考虑槽壁稳定性和钢筋笼质量，槽段的长度一般为 3 ~ 8 m，不良地层、附加荷载大时为 2 ~ 3 m，条件好可用至 7 ~ 8 m。拐角处应短些。

（5）槽段接头施工

接头构件可采用钢管、接头箱、型钢、预制钢筋混凝土等。前两种可以拔出，重复利用。常用钢管作接头管，又称锁口管。吊入时表面涂油，尽量使其紧靠原土层，垂直缓慢插入。

地下连续墙的接头形式很多，一般根据受力和防渗要求进行选择。总的来说可分为两大类：施工接头和结构接头。施工接头是浇筑地下连续墙时连接两相邻单元墙段的接头，常用的接头有接头管（又称锁口管）接头、接头箱接头及隔板式接头等；结构接头是已经竣工的地下连续墙与其他梁、板、柱构件相连接的接头。

① 施工接头。

划分单元槽段时必须考虑槽段之间的接头位置，以保证地下连续墙的整体性。一般情况下接头避免设在转角处以及墙内部结构的连接处；接头要求施工简便，质量可靠，又能满足结构上的受力、防渗等要求；施工接头吊入时表面涂油，尽量使其紧靠原土层，垂直缓慢插入。常用的施工接头有：接头管接头和接头箱接头。

接头管接头是最常用的槽段接头施工方法，其施工顺序如图 5.20 所示。接头管的直径一般要比墙厚小 50 mm。管身壁厚一般为 19～20 mm。每节长度一般为 5～10 m。

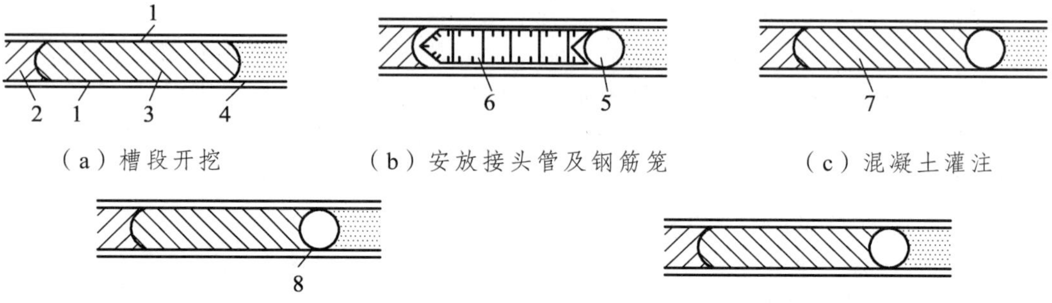

（a）槽段开挖　（b）安放接头管及钢筋笼　（c）混凝土灌注

（d）接头管拔出　（e）单个槽段竣工

1—导墙；2—已完工的混凝土地下墙；3—正在开挖的槽段；4—未开挖槽段；5—接头管；6—钢筋笼；7—正完工的混凝土地下墙；8—接头管拔出后的孔洞。

图 5.20　用接头管接头的施工方法

接头箱接头可使地下连续墙形成整体接头，接头的刚度较好。接头箱接头施工方法与接头管施工方法相似，只是以接头箱代替接头管，如图 5.21 所示。

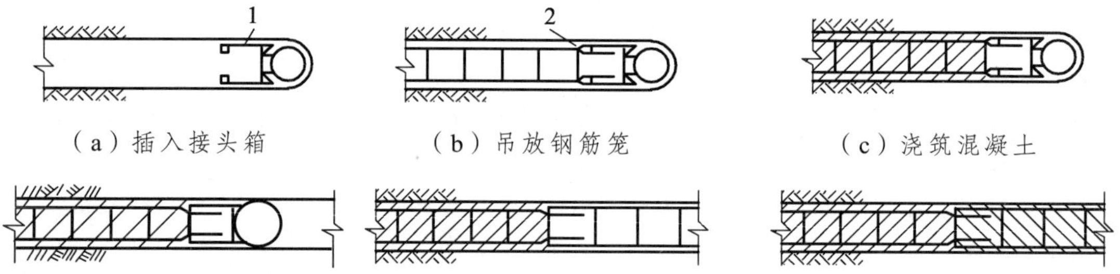

（a）插入接头箱　（b）吊放钢筋笼　（c）浇筑混凝土

（d）吊出接头箱　（e）吊放后一槽段钢筋笼　（f）浇筑后一槽段混凝土形成整体接头

1—接头箱；2—焊在钢筋笼端部的钢板。

图 5.21　用接头箱接头的施工方法

② 结构接头。

结构接头最常用的方法是在地下连续墙内预埋连接筋，一般是先将设计的连接筋加热后弯折，预埋在墙内，待土体开挖后露出墙体时，再凿出预埋连接筋，弯成设计形状，与地下结构的钢筋连接。但预埋筋的直径不宜大于 20 mm 以便弯折。另外，考虑连接处弯折过的钢筋强度降低和它为结构的薄弱环节，在设计时一般使连接筋有 20%的余地。

（6）刷壁、清底

刷壁、清底的目的是清除接头部位的凝聚物、槽底已松动的泥块、沉淀物、不合格的泥浆。这些不利因素，将使混凝土上部不良部分增加；影响混凝土的强度和流动性及接头部位的防渗性；降低混凝土的灌注速度；促使钢筋笼上浮；加速泥浆变质；沉渣在槽底很难被混凝土置换会使地下连续墙承载力降低、沉降量加大；沉渣过多影响钢筋笼插到预定位置，影响结构的标高。清底流程如图 5.22 所示。

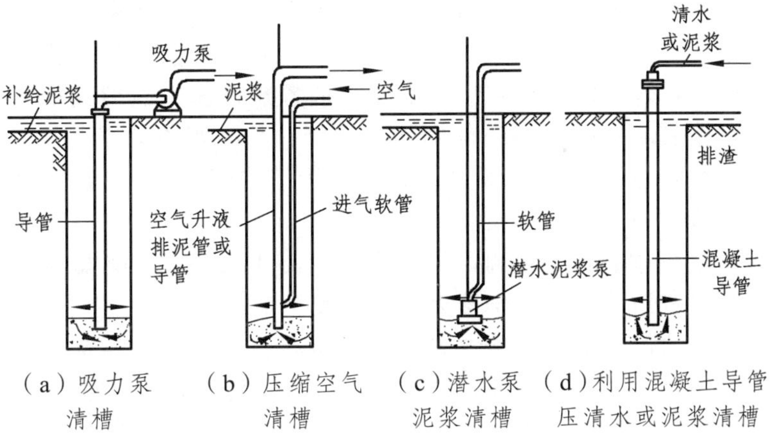

图 5.22　清槽方法

（7）钢筋笼制作及吊装

① 钢筋笼制作。

钢筋笼在现场模型台架上制作，其大小视槽段长宽、起吊能力、净空而定，可制成整幅式或分段式。钢筋笼应按设计设置保护层垫块、连接钢筋、支撑预埋件等。钢筋笼制作误差应在允许范围内，并注明上下、里外侧，及槽段编号。

② 钢筋笼的吊入。

钢筋笼的起吊如图 5.23 所示，起吊前应验算起吊能力。钢筋笼的下端不得在地上拖拉、碰撞，应系上拖绳防止其摆动，运至槽口时对准后慢速下降就位。需在槽口上对接的钢筋笼，将先吊入槽的下段临时固定在导墙上，再吊上段对准后焊成一体，继续吊装入槽就位。钢筋笼吊装就位应保证上下前后左右位置的正确性。就位后，应将钢筋笼固定，防止浇筑混凝土时上浮。钢筋笼在水中的浸泡时间不应大于 24 h，避免降低钢筋的握裹力。

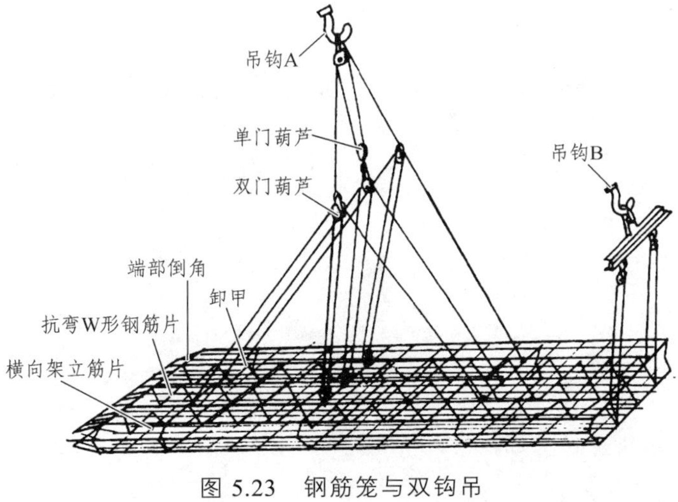

图 5.23　钢筋笼与双钩吊

（8）浇筑混凝土

水下灌注混凝土应比设计等级提高一级。水灰比在 0.5 ~ 0.6，水泥用量宜大于 400 kg/m^3，坍落度为（20±2）cm，流动保持率 k 为 20 cm（1~2 h），具有良好的和易性和黏聚性。混凝土的骨料宜采用中粗砂及粒径不大于 40 mm 的碎石。水泥宜采用普通硅酸盐水泥。浇筑水下混凝土应采用导管法。导墙上槽口应铺盖板，防止混凝土掉入槽内。导管事先应检查并进行水压试验。导管与漏斗相接，在漏斗内放置铁格栅以截留大块石，导管内塞入底塞，导管下端放在槽底。每幅槽段一般用两根导管，其间距不大于 3 m，浇筑混凝土时交叉使用两导管，尽量使混凝土表面平整上升，导管埋入深度 2～6 m。边浇筑边抽出槽内泥浆，保持液面高度。

在浇筑混凝土过程中，应经常测量导管底与混凝土面高差，根据测量结果决定提升及拆除导管长度。在浇至顶部时，由于落差小，混凝土流动困难，导管埋深可控制在 1 m 左右。必须确保混凝土的供应能力，使浇筑能连续进行，中断时间不宜超过半小时。偶有中断时，应经常活动导管，防止导管被凝结、堵死。浇筑混凝土时应防止脱管、返浆、漏浆、导管破裂、堵管等事故。发生堵管时，应分段拆下导管，将管内混凝土清出槽外，不允许吊升整根导管，以免混凝土散落入槽。安装好导管后按重新浇筑办理。

（9）拔出接头构件

提拔接头构件宜采用顶升架。根据混凝土开始凝结的时间，依次适当地拨动，最后全部拔出。若拔管过早会影响接头的强度和形状，拔管过迟可能拔不出来。一般是浇筑后 2～3 h 开始，每次拔 10 cm 左右，已拔 0.5～1 m 后，每隔半小时拔 0.5 m 左右。

5.2.3 灌注桩

灌注桩是一种就位成孔，灌注混凝土或钢筋混凝土而制成的桩。由于具有施工时无震动、无挤土、噪声小、宜于在城市建筑物密集地区使用等优点，灌注桩在施工中得到较为广泛的应用。根据成孔工艺的不同，灌注桩可以分为干作业成孔的灌注桩、泥浆护壁成孔的灌注桩（也叫湿作业法）和人工挖孔的灌注桩等。前两者统称为钻孔灌注桩，常作为地铁基坑开挖中的围护结构，如图 5.24 所示。人工挖孔灌注桩由于劳动强度大、施工风险高等特点，在地铁工程中使用较少。

图 5.24　钻孔灌注桩围护结构在工程中的应用

1. 干作业成孔钻孔灌注桩施工

对于地下水位以上的一般黏性土、砂土及人工填土地基的钻孔灌注桩，可采用干作业成孔法施工，即非泥浆无循环钻进法。

一般采用螺旋钻孔机进行成孔。螺旋钻孔机由主机、滑轮、螺旋钻杆、钻头、出土装置等部分组成。主要利用螺旋钻头切削土体，被切出的土块随钻头旋转，并沿螺旋叶片上升而被推出孔外。该类钻机结构简单、使用可靠、成孔作业效率高、质量好、无振动、无噪声，最宜用于均质黏性土，并能较快穿透砂层。

干作业成孔中，螺旋式成孔应用最多，其施工工艺流程如图 5.25 所示。为了保证最终成桩后的质量，在施工中应注意以下问题：

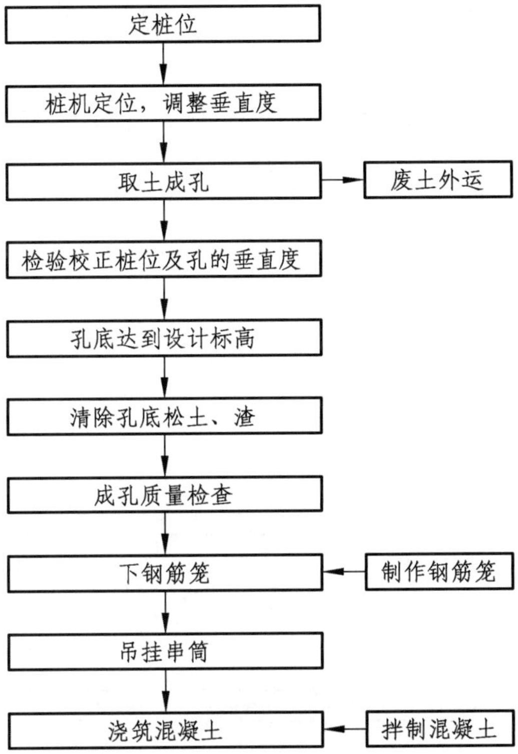

图 5.25　干作业法成孔施工工艺流程图

① 在钻机就位检查无误后，使钻杆慢慢向下移动，当钻头接触土面时，再开动电动机，且开始的钻速要慢，以减少钻杆的晃动，并易于校正桩位及垂直度。

② 如发现钻杆不正常地摆动或难于钻进时，应立即提钻检查，排除地下块石或障碍物，避免设备损坏或桩位偏斜。

③ 遇硬土层时，应慢速钻进，以保证孔形及垂直度。

④ 钻到设计标高时，应在原深度处空转清土，停钻后，提出钻杆弃土。空转清土时，不可进钻；提钻弃土时，不可回转钻杆。

⑤ 钻取出的土不可堆放在孔口边，应及时清运。

⑥ 吊放钢筋笼时，应防止变形和碰撞孔壁。钢筋笼外侧应设有预制的混凝土垫块，以保证混凝土保护层厚度。

⑦ 经检查合格的孔，应及时浇筑混凝土。混凝土从吊持的串桶内注入，一般深度大于 6 m 时，靠混凝土自身重力下冲压实；小于 6 m 时，应以长竹竿人工插捣，当只剩下 2 m 时，用混凝土振捣器捣实。常采用的混凝土坍落度为：一般黏性土宜用 5 ~ 7 cm，砂类土宜用 7 ~ 9 cm，黄土 6 ~ 9 cm。混凝土强度等级不低于 C15。

⑧ 桩顶标高低于地面时，孔口应有盖板，以防人、物坠落。

2. 湿作业成孔钻孔灌注桩施工（泥浆护壁钻孔灌注桩施工）

钻孔灌注桩的湿作业成孔法，通常也称为泥浆护壁钻孔灌注桩，适用于一般黏性土、淤泥和淤泥质土、砂性土和碎石类土，尤其适用于地下水位较高的土层中。其主要原理是利用泥浆循环，保证孔壁稳定和携带渣土，冷却、润滑钻具，成孔后，使用水下混凝土浇筑的方法将泥浆置换出来。根据泥浆循环及出渣方式的不同，可分为正循环钻进和反循环钻进。

灌注桩湿作业成孔施工工艺流程见图 5.26 和图 5.27。

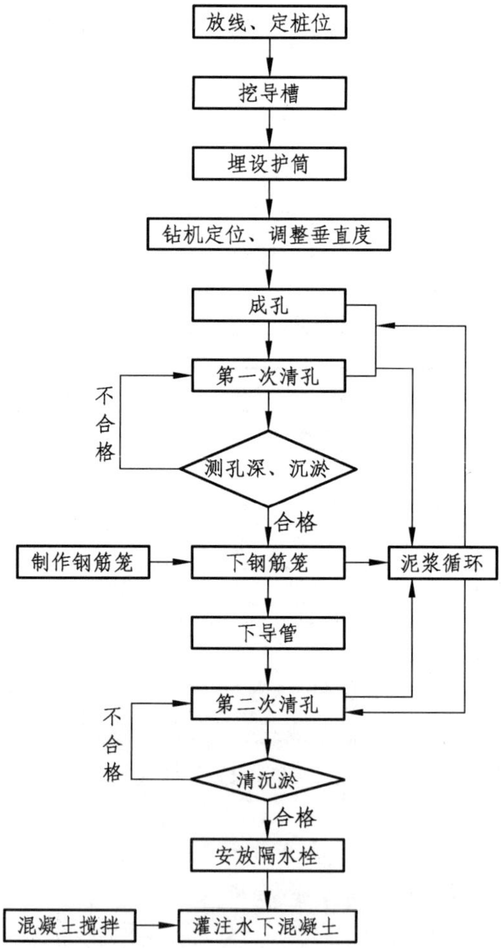

图 5.26　湿作业成孔施工工艺流程图

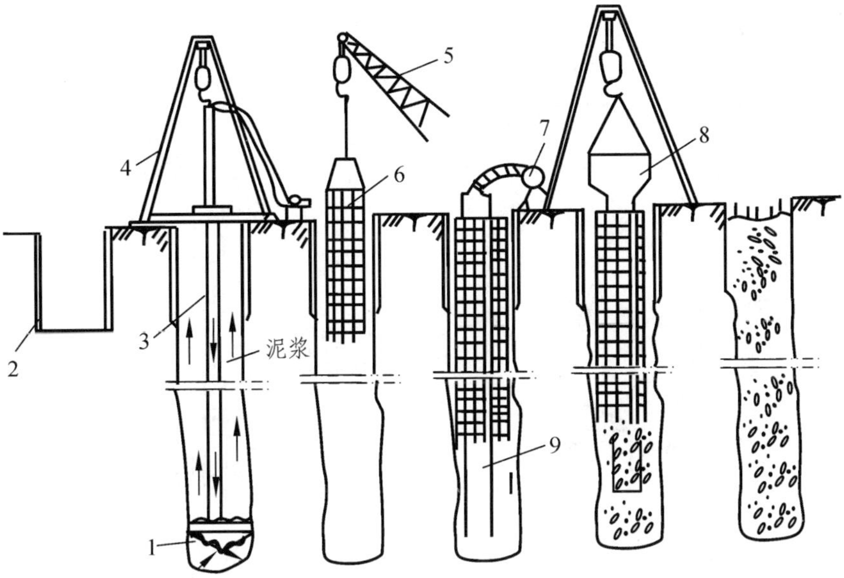

（a）　（b）　（c）　（d）　（e）　（f）

（a）埋设护口管；（b）回转成孔；（c）吊放钢筋笼；（d）二次清孔底沉渣；
（e）灌水下混凝土；（f）拔出护口管，灌混凝土结束

1—钻头；2—护口管；3—钻杆；4—钻机；5—吊车；6—钢筋笼；7—高压泵；8—漏斗；9—导管。

图 5.27　湿作业成桩施工工艺图

湿作业法主要施工过程如下：

① 成孔施工。成孔工艺应根据工程特点、地质条件和设计要求合理选择。成孔直径必须达到设计桩径，钻头应有保径装置。钻头直径应根据施工工艺和设计桩径合理选定。在成孔施工过程中应经常检查钻头尺寸，必要时应进行修理。

a. 正循环成孔：正循环的钻孔施工，是泥浆通过钻管送至孔底后，与钻孔产生的泥渣搅拌混合，然后经由钻管与孔壁之间的空腔上升并排出孔外，混有大量泥渣的泥浆水经沉淀、过滤并适当处理后，可重复使用。正循环施工的泥浆上返速度慢，排渣能力弱。正循环回转钻机成孔工艺原理如图 5.28（a）所示。正循环法是国内常用的一种成孔方法，这种方法由于泥浆水在空腔内的流速不大，所以出土效率较低。正循环法的泥浆循环系统由泥浆池、沉淀池、循环槽、泥浆泵等设备组成，并有排水、清洗、排废等设施。

b. 反循环成孔。反循环的钻孔施工，泥浆由钻杆内腔高速回流至地面泥浆池，由于泥浆上返速度快，排渣能力强，孔底水力流场合理，钻头始终处于新鲜土层或岩层面上切削破碎，成孔效率高，对孔壁的冲刷作用小，在孔壁上形成的泥皮相对较薄，成孔质量好。反循环回转钻机成孔工艺原理如图 5.28（b）所示。反循环法的泥浆循环也是由泥浆池、沉淀池、循环槽、砂石泵、除渣设备等组成，并设有排水、排废浆等设施。

② 清孔。清孔应分两次进行，第一次清孔在成孔后立即进行；第二次在下钢筋笼和安装导管后进行。

常用的清孔方法有正循环清孔、泵吸反循环清孔和气举反循环清孔，通常随成孔时采用的循环方式而定。清孔过程中应测定泥浆指标，清孔后的泥浆相对密度应小于 1.15。清

孔结束时应测定孔底沉淤，孔底沉淤厚度对支护桩一般应小于 30 cm。第二次清孔结束后孔内应保持水头高度，并应在 30 min 内灌注混凝土。若超过 30 min，灌注混凝土前应重新测定孔底沉淤厚度，并满足规定要求。

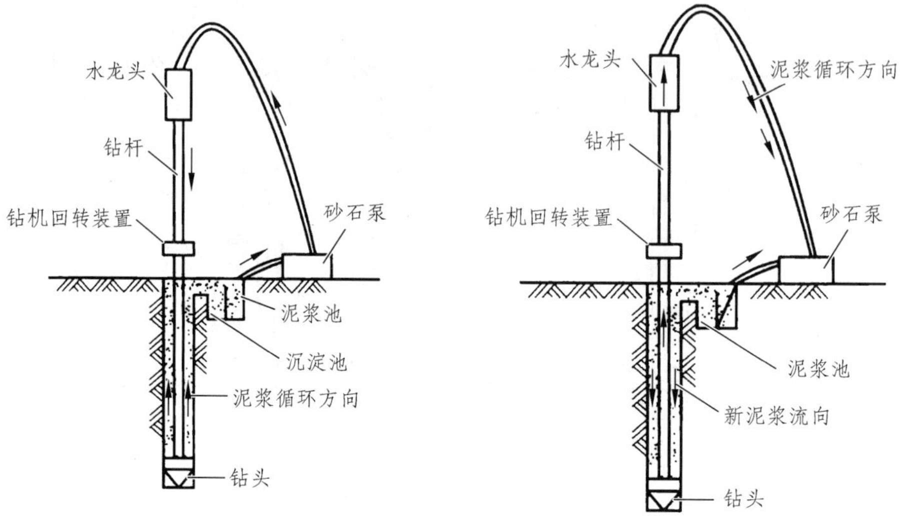

（a）正循环　　（b）反循环

图 5.28　正反循环回转钻机成孔工艺原理

③ 钢筋笼施工。钢筋笼宜分段制作，分段长度应按成笼的整体刚度、来料钢筋的长度及起重设备的有效高度等因素来确定。为了保证保护层厚度，钢筋笼上应设保护层垫块，设置数量每节钢筋笼不应少于 2 组，长度大于 12 m 的，中间应增设一组。每组块数不得少于 3 块，且应均匀地分布在同一截面的主筋上，保护垫块可采用混凝土滑轮块或扁钢定位体。

钢筋笼在起吊、运输和安装过程中应采取保护措施防止变形。起吊点宜设在加强箍筋部位。钢筋笼用分段法沉放时，纵向主筋的连接必须用焊接，要特别注意焊接质量，同一截面上的接头数量不得大于纵筋数量的 50%，相邻接头间距不小于 500 mm。对于非均匀配筋的钢筋笼，在安装时应注意方向性。

④ 水下混凝土施工。水下灌注混凝土的施工程序是：安装钢筋笼、安设导管，清孔→设隔水栓，使其与导管内水面贴紧并用铁丝悬吊在导管下口→灌注首批混凝土→剪断铁丝，使隔水栓下落孔底→连续灌注混凝土，边灌边拔导管，提升导管→拔出护筒。

水下混凝土灌注是确保成桩质量的关键工序，灌注前应做好一切准备工作，以保证混凝土灌注连续紧凑地进行。单桩混凝土灌注时间不宜超过 8 h。混凝土灌注桩的充盈系数不得小于 1，也不宜大于 1.3。

3. 钻孔灌注桩成桩质量问题及处理对策

在钻孔灌注桩的施工过程中，常会发生一些问题，如桩头混凝土强度不足，桩身缩颈、扩颈，桩身断桩或夹泥，桩端沉渣厚等，当发生这些问题时，应综合分析其原因，并提出合理的解决方法。另外，钻孔灌注桩在凿桩时容易将桩头凿坏而造成桩头沉降大，在施工中应引起注意。表 5.3 为钻孔灌注桩常见问题及处理对策。

表 5.3　钻孔灌注桩常见问题及处理对策

问题	可能原因	处理对策
桩头混凝土强度不足	桩顶标高上超灌高度不够，浮浆多	凿到硬混凝土层接桩
桩身缩颈	淤质地层护壁不够，待孔时间长，使孔壁收缩	承载力检验，若不满足设计要求则补桩
桩身扩颈	砂土层塌孔，护壁不好	可以不处理
桩身断桩或夹泥	灌注混凝土时导管拔空，泥浆涌入界面	补桩
桩端沉渣厚	清孔工作未做好或待孔时间过长	桩端注浆或桩架复压或补桩

5.2.4　钻孔咬合桩

1. 钻孔咬合桩概述

（1）钻孔咬合桩施工原理

钻孔咬合桩是采用钻孔机械成孔，套管护壁，灌注混凝土并拔除套管，桩与桩之间通过切割相互咬合排列的一种基坑围护结构形式。为便于切割，桩的排列方式一般设计为一个素混凝土桩（A 桩）和一个钢筋混凝土桩（B 桩）间隔布置，施工时先施工 A 桩，后施工 B 桩，A 桩混凝土采用超缓凝型混凝土，要求必须在 A 桩混凝土初凝之前完成 B 桩的施工，B 桩施工时，利用套管钻机的切割能力切割掉与相邻 A 桩相交部分的混凝土，实现咬合。钻孔咬合桩施工原理如图 5.29 所示。

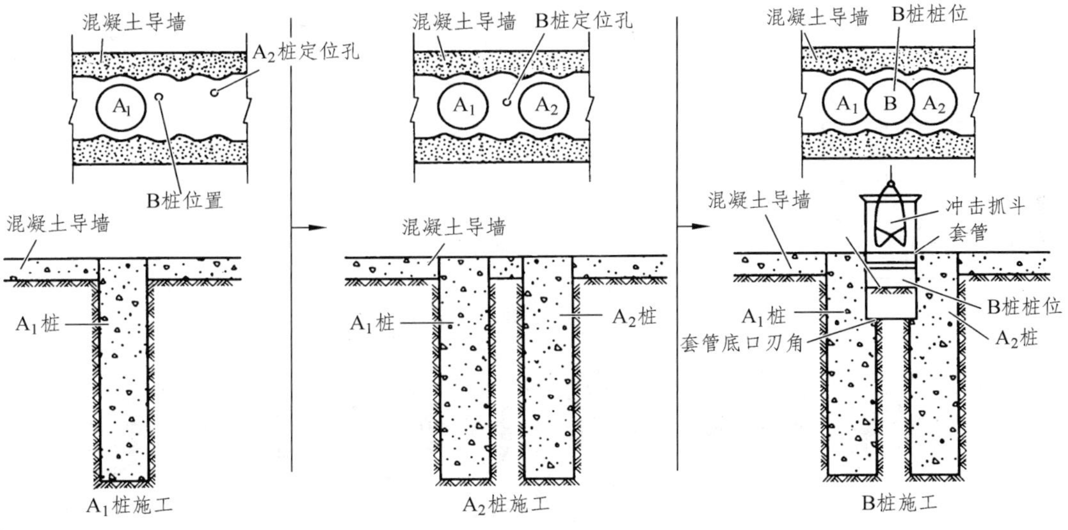

图 5.29　钻孔咬合桩施工原理

钻孔咬合桩“桩墙”有别于圆形桩与异型桩组合的“桩墙”，咬合桩的混凝土终凝出现在桩的咬合以后，成为无缝的连续“桩墙”；它与普通钻孔支护排桩相比，大幅度提高了支护结构的抗剪强度和安全性；它具有良好的截水性能，不需普通钻孔排桩的辅助截水及桩间挡土措施，在基坑支护结构排桩中，由于相邻桩与桩之间有效地咬合，钢筋混凝土钻孔咬合桩克服了普通钻孔灌注桩的缺点，避免了相邻桩之间空隙流水流砂的现象，提高了支护排桩的挡土与止水效果。

钻孔咬合桩在“咬合”后形成的无缝连续“桩墙”，决定了其施工机具必须采用钢套管护壁的全套管钻机，并灌注超缓凝混凝土以及相适应的施工工艺；钻孔咬合桩特别适用于城市建筑物密集区，可降低工程造价，提高施工速度，切实保证支护结构质量，有利于施工场地的文明整洁。

（2）适用范围

钻孔咬合桩一般适用于地下水位较高的黏土、粉质黏土、砂黏土、砂砾石地层。经过大量的工程实践，钻孔咬合桩在国内已成为一项十分成熟的支护结构施工技术，在地铁、道路下穿线、高层建筑物等城市构筑物的深基坑工程中已广泛推广，特别适用于有淤泥、流砂、地下水富集等不良条件的地层。

2. 施工工艺

钻孔咬合桩施工总的施工原则一般是将整个桩分成三个一组进行施工，即先施工 B 序桩两侧的 A 序桩，后施工 B 序桩，A 序桩一般为缓凝型的素混凝土桩或异型钢筋混凝土桩，B 序桩一般为钢筋混凝土桩。具体施工顺序为：$A_1 \rightarrow A_2 \rightarrow B_1 \rightarrow A_3 \rightarrow B_2 \rightarrow A_4 \rightarrow B_3 \cdots\cdots$ 其施工工艺流程如图 5.30 所示，施工顺序如图 5.31 所示。

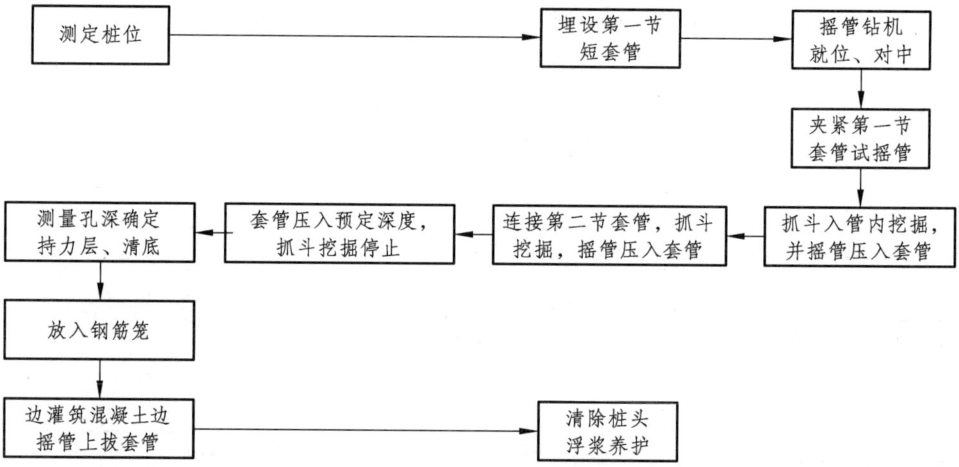

图 5.30　钻孔咬合桩施工工艺流程

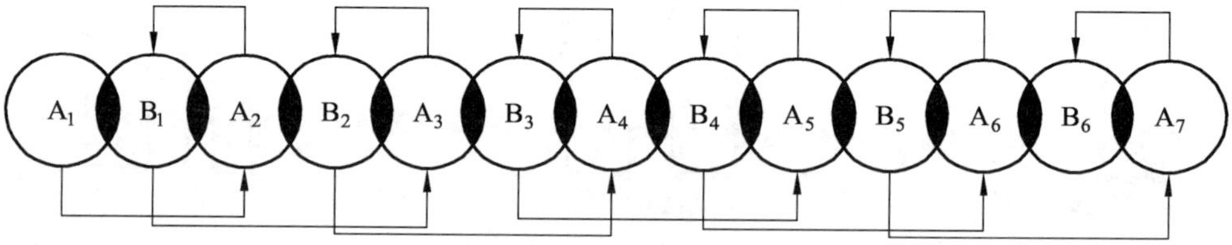

图 5.31　钻孔咬合桩施工顺序

3. 施工要点

（1）钻孔

钻孔咬合桩一般采用套管钻机钻孔，边取土边压管，每节套管长度为 7~8 m，在护筒内先压入第一节套管，压入深度为 2.5~3.0 m，然后用抓斗从套管内取土，一边抓土，一边继续下压套管，要始终保持套管底面深度超前取土面 2.5 m 以上。每节套管压入土中后，检测垂直度，如不合格则进行纠偏调整，如合格则连接第二节套管继续下压取土，如此继续直至达到孔底设计高程。每节套管地面以上要留 1.2~1.5 m，以便和下一节套管连接。

（2）钻孔误差的控制

为了保证钻孔咬合桩底部有足够厚度的咬合量，应对其孔口的定位误差进行严格的控制，孔口定位误差的允许值可按表 5.4 进行选择。为了保证钻孔咬合桩底部有足够厚度的咬合量，除对其孔口定位误差严格控制外，还应对其垂直度进行严格的控制，桩的垂直度误差应小于 0.3%。成孔过程中要控制好桩的垂直度，必须抓好以下三个环节的工作：套管的顺直度检查和校正、成孔过程中桩的垂直度检测和检查、纠偏。

表 5.4　孔口定位误差允许值　　单位：mm

咬合厚度/mm	桩长/m			
	<10	10~15	15~20	20~30
100	±10	±10	±10	—
150	±15	±10	±10	±5
200	±20	±15	±10	±5

（3）咬合厚度的选择

相邻桩之间的咬合厚度 d 应根据桩长来选取，桩越短，咬合厚度应越小（但最小不宜小于 100 mm），桩越长咬合厚度应越大。可按下式进行计算，必须保证桩底的最小咬合厚度不小于 0.05 m。

$$d-2(kl+q)\geqslant 0.05 \tag{5.3}$$

式中：d——钻孔咬合桩的设计咬合厚度（m）；

k——桩的垂直度（m）；

q——孔口定位误差容许值（m）；

l——桩长（m）。

（4）遇地下障碍物的处理方法

一般情况下，套管钻机施工过程中如遇地下障碍物，处理起来会比较困难，特别是施工钻孔咬合桩还要受时间的限制。因此，施工钻孔咬合桩时必须对地质情况十分清楚，否则将可能导致工程失败。

（5）克服钢筋笼上浮的方法

由于套管内壁与钢筋笼外缘之间的空隙较小，因此在上拔套管的时候，钢筋笼将有可能被套管带着一起上浮。其主要预防措施有：① B 桩混凝土的集料粒径应尽量小一些，不宜大于 20 mm；② 在钢筋笼底部焊上一块比钢筋笼直径略小的薄钢板，以增加其抗浮能力。

（6）分段施工接头的处理方法

往往一台钻机施工无法满足工程进度，需多台钻机分段施工，这就存在一个段与段之间的接头问题。采用砂桩接头是一个比较好的方法，如图 5.32。在先施工段的端头设置一个砂桩（成孔后用砂灌满），待后施工段到此接头时挖出砂，灌上混凝土即可。

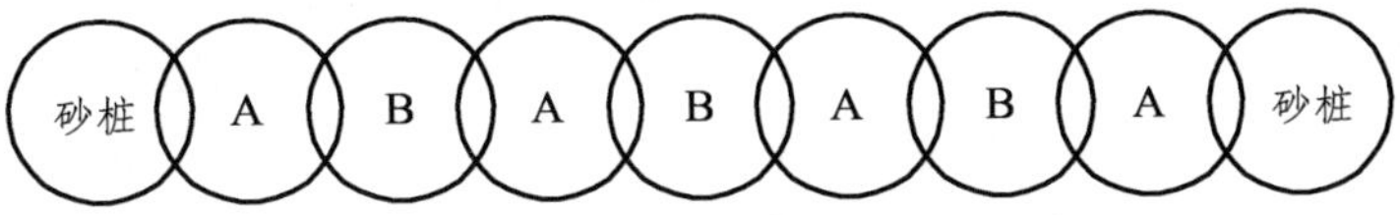

图 5.32　分段施工预设砂桩接头示意图

（7）入岩的处理方法

采用套管比较适合软土钻进，但施工中难免遇到局部区域套管下沉过程中碰到岩石，此时钻孔咬合桩入岩可采取“二阶段成孔法”施工：第一阶段，破除岩石，不论 A 桩还是 B 桩，先钻进取土至岩面，然后卸下抓斗改换冲击锤，从套管内用冲击锤冲钻至桩底设计高程，成孔后向套管内填土，一边填土，一边拔出套管，即第一阶段所成的孔用土填满；第二阶段，按钻孔咬合桩正常施工方法施工。

5.2.5 SMW 工法桩

SMW 挡土墙（Soil Mixing Wall），又称劲性水泥土搅拌桩围护结构，是利用搅拌设备就地切削土体，然后注入水泥系混合液搅拌形成均一挡墙，最后按一定的形式在其中插入型钢（如 H 型钢），即在水泥土搅拌桩中插入型钢或其他芯材形成的一种劲性复合围护结构。

该种围护结构的特点主要表现在止水性好，构造简单，型钢插入深度一般小于搅拌桩深度，施工速度快，型钢可回收重复使用，成本较低。

SMW 工法是用三轴型或多轴型搅拌桩在现场向一定深度钻进，同时在钻头处喷出水泥固化剂而与地基土反复搅拌，在各施工单元间采取重叠搭接施工，然后在水泥混合体未结硬之前插入型钢或钢筋笼作为其加筋材料，至水泥土结硬，便形成一道有一定强度和刚度的、连续完整的挡土墙体。SMW 工法的施工顺序如图 5.33 所示。

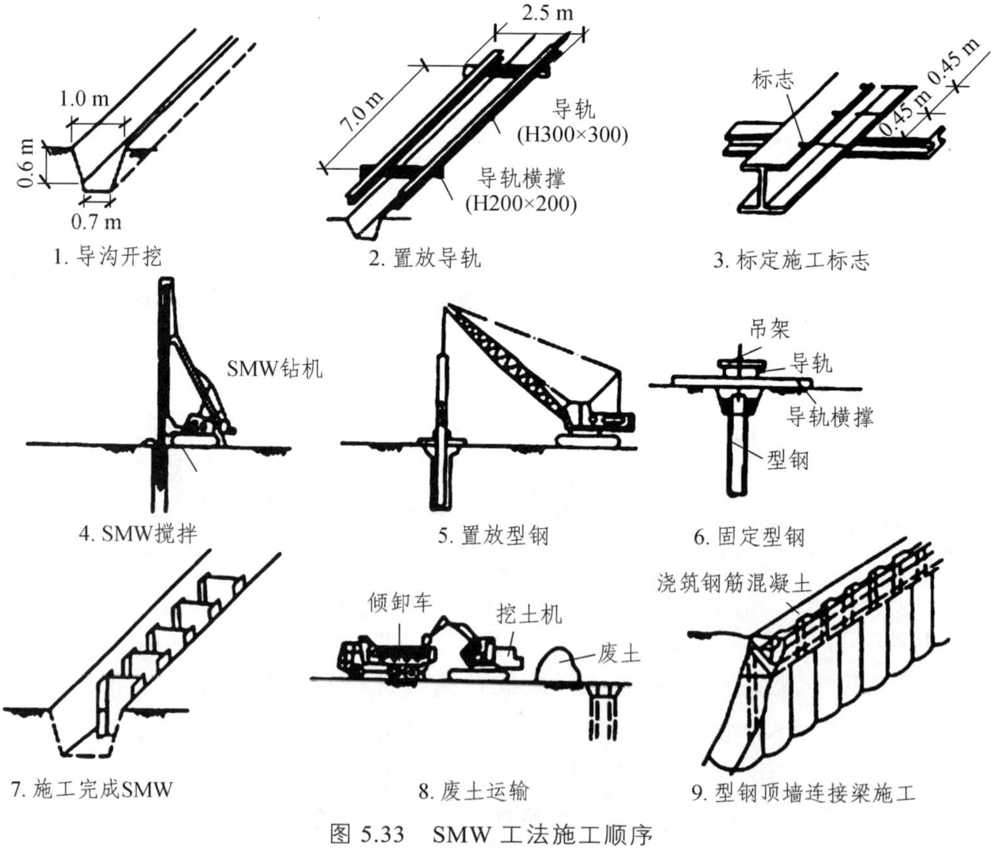

图 5.33　SMW 工法施工顺序

5.2.6 钢板桩

钢板桩围护结构是将钢板桩打入土层，设置必要的支撑或拉锚，以抵抗土压力和水压力，并保持周围地层稳定的一种围护结构。

1. 钢板桩支护的优缺点

钢板桩支护的优点：材料可靠，施工简单，在软弱土层中施工速度快，并且有较好的挡水性，临时性结构的钢板桩可重复使用，降低成本。钢板桩围护结构多在沿海城市（如广州、上海、天津等）地下水位较高的地铁工程基坑中采用。

钢板桩支护的缺点：柔性大，如用于深基坑需设置多道支撑（或锚杆），一般认为开挖深度超过 7 m 的软土地层不宜采用。

2. 钢板桩常用的断面形式

钢板桩常用的截面形式为 U 形或 Z 形，如图 5.34 所示。我国地铁施工中多用 U 形钢板桩（图 5.35），钢板桩围护结构可根据土压力大小设置为单层或双层。

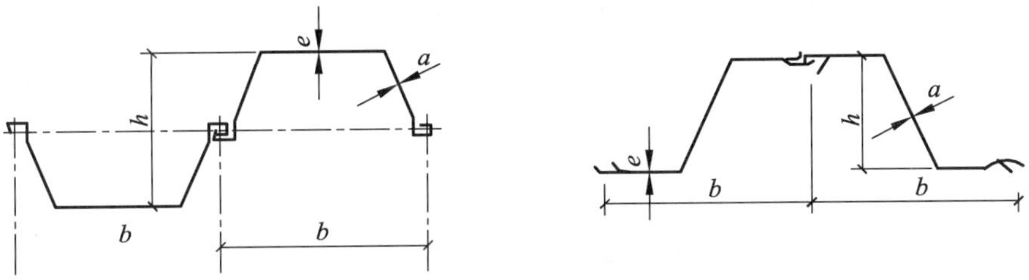

（a）U 形断面形式　　（b）Z 形断面形式

图 5.34　常用钢板桩截面形式

图 5.35　U 形截面钢板桩在工程中的应用

3. 钢板桩围护结构的施工

（1）钢板桩施工的准备

a. 钢板桩准备：桩在打入前应将桩尖处的凹槽口封闭，避免泥土挤入，锁口应涂以黄油或其他油脂。对于年久失修、锁口变形、锈蚀严重的钢板桩，应进行整修矫正，弯曲变形的桩，可用油压千斤顶顶压或火烘等方法进行矫正。

b. 打桩流水段的划分。

c. 在打桩过程中，为保证钢板桩的垂直度，用两台经纬仪在两个方向加以控制。

d. 开始打设的一、二块钢板桩的位置和方向应确保精确，以便起到导向样板作用，故每打入 1 m 应测量一次，打至预定深度后立即用钢筋或钢板与围囹支架电焊作临时固定。钢板桩的转角和封闭合龙施工可采用异型板桩法，连接件法、骑缝搭接法和轴线调整法等。

（2）钢板桩打入

钢板桩施工机具有冲击式打桩机，包括自由落锤、柴油锤、蒸汽锤等。振动打桩机，可用于打桩及拔桩。此外还有静力压桩机等。钢板桩打入通常分为单独打入法和屏风打入法两种。

a. 单独打入法，是从板墙的一角开始，逐块（或两块为一组）打设，直至工程结束。其优点是施工简便、迅速，不需要其他辅助支架；其缺点是：易使板桩向一侧倾斜，且误差积累后不易纠正。因此，单独打入法只适用于板桩墙要求不高且板桩长度较小（如小于 10 m）的情况。

b. 屏风式打入法，是将 10 ~ 20 根钢板桩成排插入导架内，呈屏风状，然后再分批施打（图 5.36）。施打时先将屏风墙两端的钢板桩打至设计标高或一定深度，成为定位板桩，然后在中间按顺序分 1/3、1/2 板桩高度呈阶梯状打入，如图 5.37 所示。屏风式打入法的优点是：可以减少倾斜误差积累，防止过大的倾斜，而且易于实现封闭合龙，能保证板桩墙的施工质量；其缺点是：插桩的自立高度较大，要注意插桩的稳定和施工安全。

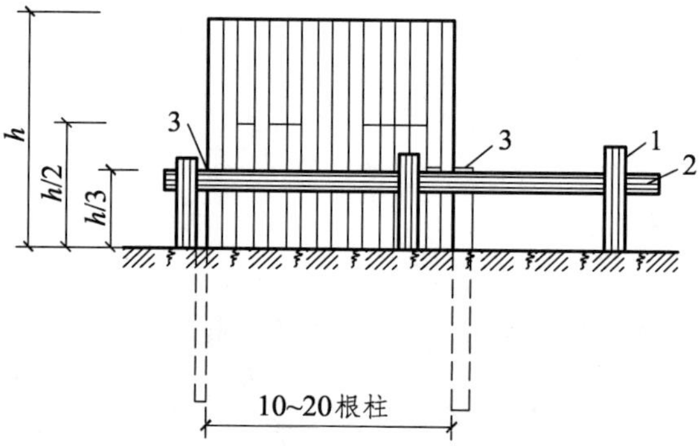

1—围囹桩；2—导梁；3—两端先打入的定位钢板桩。

图 5.36　导架及屏风式打入法示意图

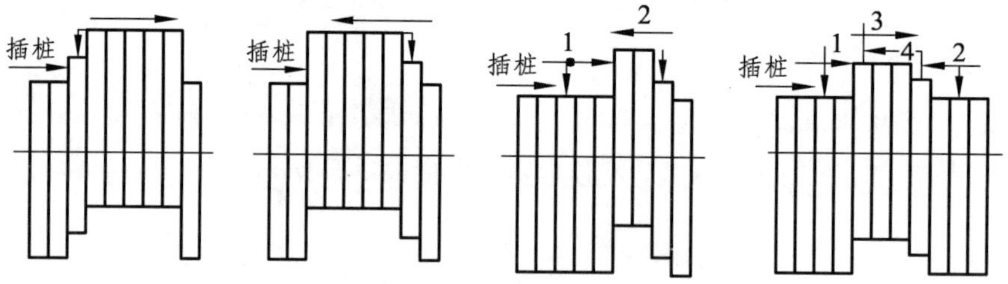

（a）正向　（b）逆向　（c）往复　（d）复合

1、2、3、4—施打顺序及方向。

图 5.37　屏风式打入法的施打顺序

（3）钢板桩拔除

钢板桩拔出时的拔桩阻力由土对桩的吸附力与桩表面的摩擦阻力组成。拔桩方法有静力拔桩、振动拔桩和冲击拔桩三种。不论何种方法都是从克服拔桩阻力着眼。

钢板桩拔除的难易，多数场合取决于打入时顺利与否，如果在硬土或密实砂土中打入板桩，则板桩拔除也很困难，尤当一些板桩的咬口在打入时产生变形或垂直度很差，在拔除时会碰到很大阻力。此外，在开挖基坑时，支撑不及时，使板桩变形很大，拔除也很困难。

a. 拔桩起点和顺序：可根据沉桩时的情况确定拔桩起点，必要时也可以用间隔拔的方法。拔桩的顺序最好与打桩时相反。

b. 拔桩过程中必须保持机械设备处于良好工作状态。加强受力钢索检查，避免突然断裂。

c. 当钢板桩拔不出时，可用振动锤或柴油锤再复打一次，来克服土的黏着力或将板桩上的铁锈等消除，以便顺利拔出。

d. 拔桩会带出土粒形成空隙，并使土层受到扰动，特别是在软土地层中，会使基坑内已施工的结构或管道发生沉降，并引起地面沉降而严重影响附近建筑和设施的安全，对此必须采取有效措施，对拔桩造成的土的空隙要及时用中粗砂填实，或用膨润土浆液填充，当控制土层位移有较高要求时必须采取在拔桩时跟踪注浆等填充法。

5.2.7　土钉墙

1. 土钉墙概述

（1）土钉墙支护的适用条件

土钉墙围护结构是在隧道新奥法原理的基础上发展起来的，故又称为深基坑的“喷锚网支护结构”。所谓土钉就是置于基坑边坡土体中，以较密间距排列的细长金属杆。土钉依靠它与土体接触面上的黏结力或摩擦力，将喷混凝土面板锚固在深层稳定的土体上，以保持基坑边坡的整体稳定性。

土钉墙支护适用于地下水位以上或经过人工降水后的黏性土、粉土、杂填土及非松散砂土和卵石土等，对于淤泥质土及饱和软土应采用复合型土钉墙支护。

（2）土钉墙支护的构造

土钉有打入钉、射入钉和注浆钉，最常用的土钉是钻孔注浆型土钉。钻孔注浆型土钉是先在土中成孔，置入变形钢筋或钢管，然后沿全长注浆填孔。土钉墙支护利用置入土层中的土钉，改善天然土体抗拉、抗剪强度的不足，约束土体变形，并与土体共同承担外荷载。土钉墙支护中喷射混凝土面层的作用，除了可以稳定开挖面上的局部土体外，还可以防止土钉崩落和受到侵蚀。土钉体及面层构造见图 5.38。

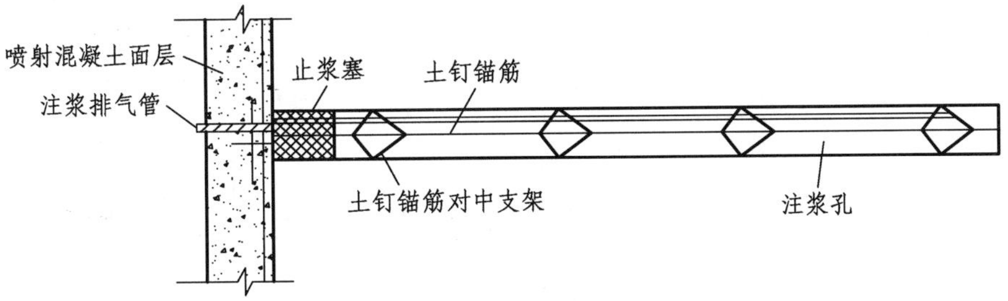

图 5.38　钻孔注浆型土钉及面层构造

（3）土钉和锚杆支护的比较

土钉和锚杆有相似之处，但是作用机理却不同。除锚固段外，锚杆沿全长受到同样的拉力，并将这些拉力通过锚座传给面部的挡土墙或桩。但土钉受力沿其长是不均匀的，土钉支护中的混凝土面层不属于主要受力构件。土钉间距小而数量多，锚杆间距大而数量少，如图 5.39。当然，土钉与灌浆锚杆相同之处很多，但土钉一般都较短，而灌浆锚杆则较长。

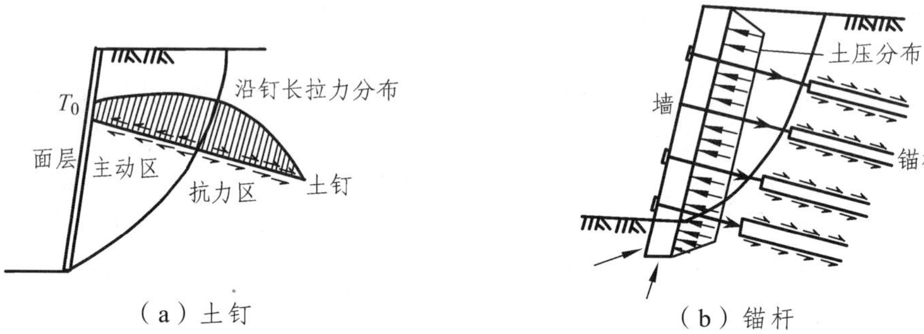

图 5.39　土钉及锚杆工作示意图

（4）土钉墙支护的特点

土钉墙围护结构，近年来在北京、广州、深圳等城市的高层建筑深基坑中采用较多，在北京地铁西客站预埋区间隧道的明挖基坑中也已采用，取得了较好的效果。土钉墙支护的特点有：

① 土钉墙支护是通过土钉与周围土体接触而形成的复合体。在土体发生变形的条件下，通过土钉与土体接触界面上的黏结力或摩擦力，使土钉被动受拉，并通过受拉工作面给土体约束加固，提高整体稳定性和承载能力，增强土体变形的延性。

② 土钉墙是原位土中的加筋技术，是在从上至下的开挖过程中将土钉置入土中，形成以土钉和它周围加固了的土体为一体的类似重力式挡土墙结构。

③ 土钉墙支护是边开挖边支护，流水作业，不占独立工期，施工快捷。

④ 设备简单，操作方便，施工所需场地小，材料用量和工程量小，经济效益好。

⑤ 土体位移小，采用信息化施工，发现墙体变形过大或土质变化，可及时修改、加固或补救，确保施工安全。

2. 土钉墙施工

（1）土钉墙的施工流程

土钉墙的施工流程如图 5.40、图 5.41 所示。土钉墙围护结构用于基坑开挖的做法如下：从上到下分段开挖土方，每段高度一般为 1～2 m，并随开挖在开挖面上设置土钉，然后挂网喷混凝土。也可先挂网

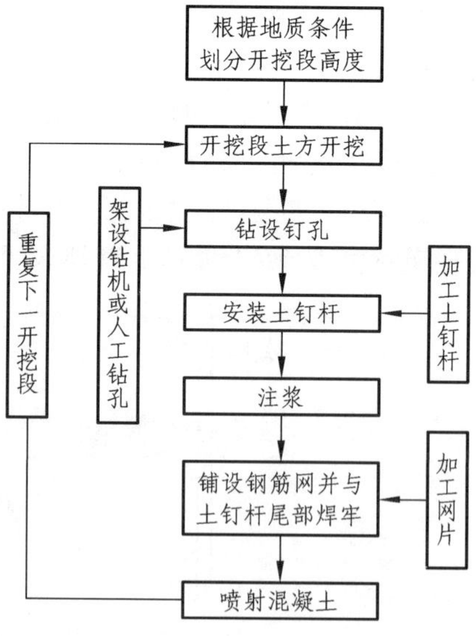

图 5.40　土钉墙施工流程

喷混凝土，后设置土钉，视土质而定。土钉可击入土体，但通常都先钻孔，然后插入土钉并沿全长注浆。

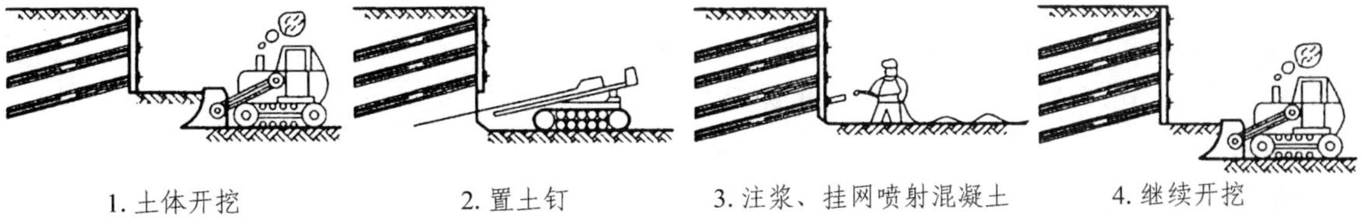

图 5.41　土钉墙支护施工过程

（2）施工方法

① 钻设钉孔。

采用钻机或人工钻设，孔径一般为 100 ~ 150 mm，孔深根据地质一般为基坑深度的 70% ~ 100%，孔距为 0.5 ~ 2 m，倾斜度为 13° ~ 20°。

② 加工并安装钉杆。

土钉杆可采用螺纹钢筋，孔口处留有弯钩，以便与墙体网片焊接，钉杆与注浆管要绑扎牢固。为保证钉杆置于孔中心，每隔 2 m 左右设置一支撑环，钉孔钻好后即可安装钉杆。

③ 注浆。

钉杆安装完毕，即可进行注浆，浆液可采用水泥浆或水泥砂浆，其强度不低于 20 MPa，水灰比为 0.4 ~ 0.5，并根据需要，可掺早强剂、微膨胀剂等外加剂，注浆压力保持在 0.4 ~ 0.6 MPa。

④ 施加预应力。

水泥砂浆达到设计强度后对土钉施加设计荷载 10% ~ 20%的预加应力。

⑤ 挂钢筋网并喷射混凝土。

挂钢筋网并将纵向加强筋与钢筋网和土钉之间焊接牢固。以上工作做好后即可喷射混凝土，其强度不低于 20 MPa，厚度为 7 ~ 10 cm。

3. 复合型土钉墙支护

对自稳性很差的软弱土体，普通土钉墙支护有困难时应当考虑采用复合型土钉墙支护。所谓复合型土钉墙支护，就是以钢管、钢板桩、水泥搅拌桩等作为挡土防渗帷幕，并与土钉一起共同组成的支护结构。它可以解决土体的自稳性、隔水性以及喷射面层与土体的黏结问题。复合型土钉墙显然比普通土钉墙支护效果更好，可满足较大的基坑开挖深度。复合型土钉墙如图 5.42 所示。

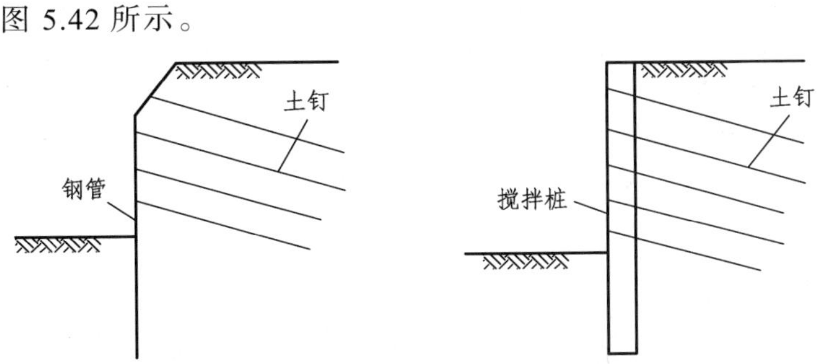

图 5.42　复合型土钉墙简图

5.2.8 锚索（杆）

1. 锚索（杆）概述

土层锚索（杆）是在岩石锚杆的基础上发展起来的，在 1950 年以前岩石锚杆就在隧道中得到了应用。1985 年德国首先在深基坑开挖中用土层锚索（杆）作为挡土墙支护。

锚索是一种受拉支护体系，主要由承载体、钢绞线、灌浆体、外锚头等组成，它依靠锚固在稳定土层中的钢绞线提高的抗拔力平衡围护结构受到的土压力及其他荷载。锚索支护结构是围护结构与外拉系统相结合的一种深基坑组合式支护结构。土层锚杆的布置如图 5.43 所示。

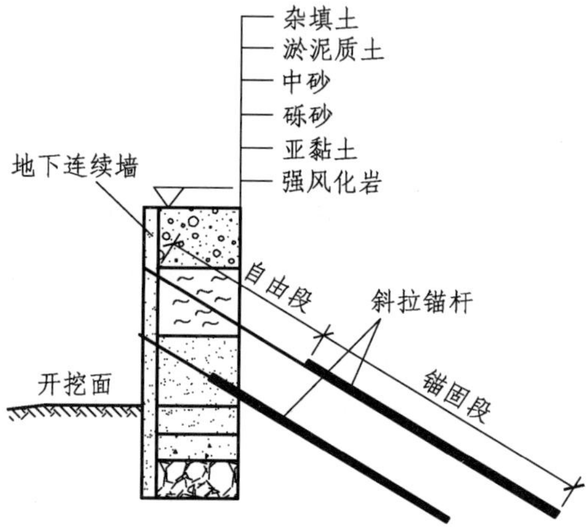

图 5.43　土层锚杆

（1）土层锚索（杆）支护的优点

① 使用锚杆代替内支撑，它设置在围护墙背后，在基坑内有较大的空间，有利于挖土施工；

② 锚杆施工机械及设备作业空间不大，可以为各种地形及场地所选用；

③ 锚杆的设计拉力可由抗拔试验来获得，可保证设计有足够的安全度；

④ 锚杆施工可采用预加拉力，以控制结构的变形量；

⑤ 施工时的噪声和震动均很小。

（2）土层锚索（杆）支护的缺点

① 工艺复杂，锚杆不易回收，造价较高；

② 当围护结构四周建筑物有密集的深基础时，不宜采用；

③ 锚杆的蠕变会降低其承载力；

④ 在流砂地层中当锚头预留孔口与锚杆套筒之间的空隙过大时，易发生涌水涌砂，引起坑外地面和建筑物沉降。

我国地铁工程中最早使用索（杆）是在 20 世纪 70 年代。在天然土层中，锚固方法以钻孔灌浆为主，一般称为灌浆锚索（杆）。受拉杆件有粗钢筋、高强钢丝束和钢绞线等不同类型，锚杆层数从一层发展到多层。

2. 土层锚索（杆）的施工

（1）锚索（杆）布置

最上层锚杆的覆土厚度不小于 4 m，锚杆间距通过计算确定，一般上下层间距 4 ~ 5 m，水平间距 1.5 ~ 3 m，锚杆倾角 13° ~ 35°，锚固体位于滑动土体 1 m 以外，锚杆长度一般为 15 ~ 30 m。

（2）锚索（杆）施工

土层锚杆的施工过程包括钻孔、安放拉杆、灌浆和张拉锚固。在基坑开挖至锚杆埋设标高时，按施工顺序进行，然后循环进行第二层等的施工。

① 钻孔。

土层锚杆的施工工艺直接影响到土层锚杆的承载能力、施工效率和整个支护工程成本。土层锚杆钻孔用的钻孔机械，有旋转式钻孔机、冲击式钻孔机和旋转冲击式钻孔机三种。

② 锚索（杆）的制作与安放。

作用于支护结构（钢板桩、地下连续墙等）上的荷载是通过拉杆传递给锚固体，再传给锚固土层的。土层锚杆用的拉杆有：粗钢筋、钢丝束和钢绞线。当土层锚杆承载能力较小时，一般采用粗钢筋；当承载能力较大时，一般选用钢丝束或钢绞线。国内常用钢绞线锚束，一般钢绞线由 3、5、7、9 根成束。钢绞线是通过分割器制作的，其距离为 1.0 ~ 1.5 m。

为了使拉杆钢筋能放置在钻孔的中心以便插入，可在拉杆下部焊船形支架，间距 1.5 ~ 2.0 m。为了插入孔时不至于从孔壁带入大量的土体到孔底，可在拉杆尾端放置圆形锚靴。

③ 注浆。

注浆材料有水泥砂浆和纯水泥浆。锚固段注浆应分两次进行，第一次注入水泥砂浆，第二次应在第一次注浆初凝后进行，压注纯水泥浆，注浆压力不大于上覆压力的 2 倍，也不大于 0.8 MPa。

④ 预应力张拉。

锚固体强度达到 75%的水泥砂浆设计强度后可进行预应力张拉。为避免相邻锚杆张拉的应力损失，可采用“跳张法”，即隔一拉一的方法。

正式张拉前，应取设计拉力的 10% ~ 20%进行预张拉。正式张拉应分级加载，每级加载后应持荷 3 min 记录伸长值。张拉到设计荷载（不超过轴力），持荷 10 min，再无变化可以锁定；锁定预应力应以设计轴力的 75%为宜。

工作任务 5.3　内支撑系统

5.3.1　内支撑系统概述

内支撑系统用来支挡围护墙体，承受墙背侧土层、地面超载在围护墙上的侧压力及水压力，由支撑、围囹、立柱三部分组成，围囹和立柱是根据基坑具体规模、变形要求的不同而设置的。

内支撑材料应根据周边环境要求、基坑的变形要求，施工技术条件和施工设备的情况来确定，表 5.5 列出了不同内支撑材料的优缺点。

表 5.5　不同内支撑材料的优缺点

支撑材料	优　点	缺　点
钢支撑	自重小，安装、拆除方便，可以重复使用，可以做到随挖随撑，可施加预应力，在一般情况下应该优先考虑使用钢支撑	整体刚度较差，安装节点较多，墙体变位大，安装偏离会产生弯矩
钢筋混凝土支撑	刚度大、变形小，平面布置灵活，适用于各种复杂平面形状的基坑，现浇节点不会产生松动而增加墙体位移	自重大，材料不能重复使用，不能做到随挖随撑，钢筋混凝土支撑达到强度需要时间，拆除需要爆破，制作与拆除时间比钢支撑长，且不能预加轴力
钢与钢筋混凝土混合支撑	利用了钢和钢筋混凝土各自的优点	宽大的基坑不太适用

5.3.2　内支撑结构构造及施工

1. 内支撑体系的结构形式

（1）单跨压杆式支撑

当基坑平面形状为窄长条式，短边的长度不是很大时，采用这种形式具有受力明确、施工安装方便等优点，图 5.44 为这种形式的示意图。

（2）多跨压杆式支撑

当基坑平面尺寸较大，支撑杆件在基坑短边长度下的极限承载力尚不能满足围护系统的要求时，就需要在支撑杆件中部设置若干支点，这就组成了多跨压杆式支撑系统，如图 5.45 所示。

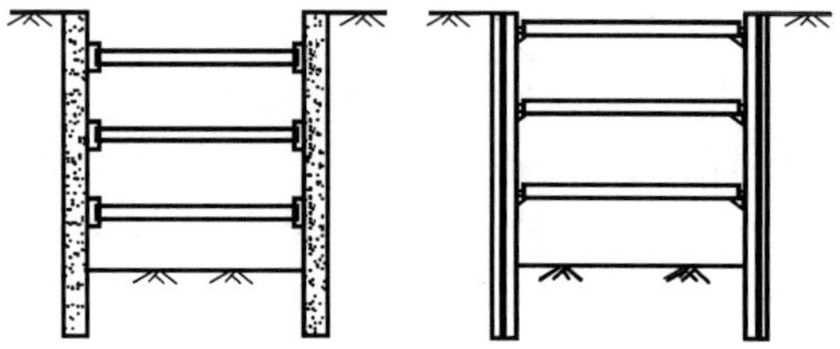

图 5.44　单跨压杆式支撑

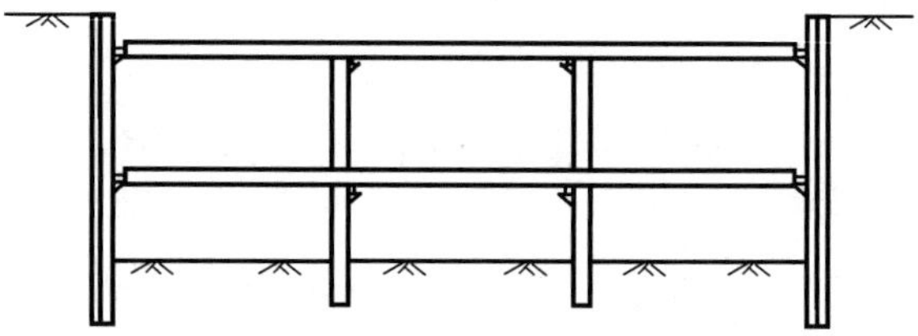

图 5.45　多跨压杆式支撑

2. 内支撑的布置

支撑布置的基本形式有水平支撑和斜支撑两种。

（1）水平支撑

水平支撑如图 5.46 所示。水平支撑常用的形式有横撑和角撑，基坑拐角或断面变化处用角撑，其他一般用横撑。采用水平支撑的优点是：墙体水平位移小；安全可靠，开挖深度不受限制；但要求围护结构的平面形状比较规则，以矩形为最佳。开挖基坑宽度较大时，支撑应加设中间支柱来保持其稳定性，中间支柱应在开挖前按设计位置做好。

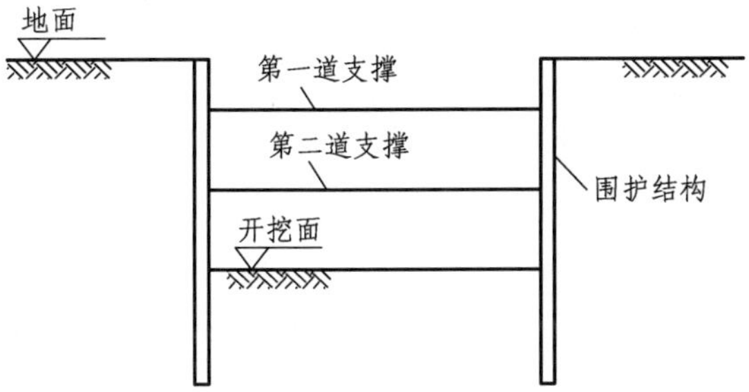

（a）立面图

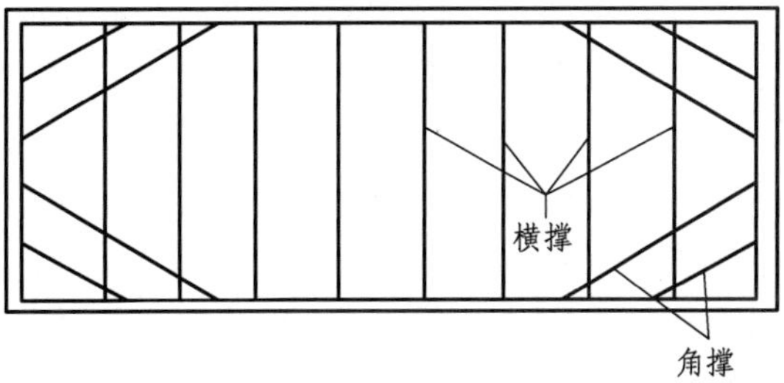

（b）平面图

图 5.46 水平支撑开挖支护简图

围护结构施工完毕，一般情况下可开挖至第一道支撑所需的标高，及时安装支撑并施加预应力。再采用挖槽法，先开挖支撑设计位置处土体（保留其两侧土体），挖至第二道支撑标高时，安装第二道支撑，并施加预应力，然后由上向下开挖土体至适当高度，继续用挖槽法安装下道支撑。重复以上方法，最后开挖至基底标高，再依次浇筑底板—下层侧墙—中板—上层侧墙—顶板。按要求的时序拆除支撑，完成结构体系转换。

（2）斜支撑

斜支撑如图 5.47 所示。斜支撑是在基坑横向宽度较大或形状不规则，不便使用水平支撑时可采用的支撑形式。采用斜支撑时，围护结构上部水平位移比较大，易引起基坑外地面及附近建筑下沉，对沉降要求严格的地段应十分慎重，因此基坑开挖深度也受到一定限制。

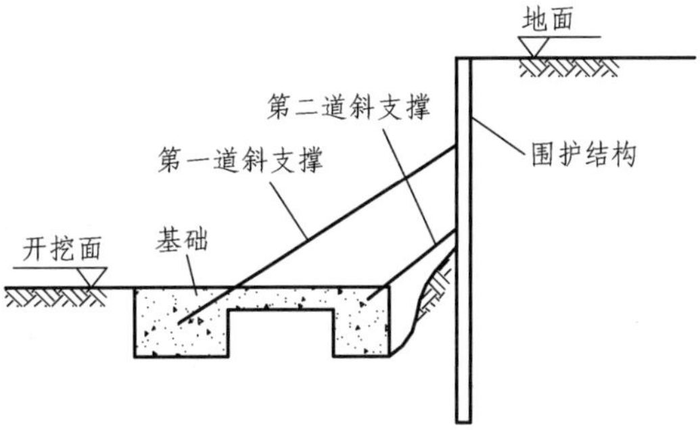

图 5.47 斜支撑立面图

斜支撑的施工常采用中心挖槽法开挖基坑内土体至斜支撑基础底标高，浇筑基础，及时安装斜支撑，使支撑一端支承在围护结构上，另一端支承在已浇筑的基础上，并施加预应力，然后开挖其余土体。设有两道或多道斜支撑时，先安装外侧的长支撑，后安装内侧的支撑，并把所有斜支撑基础连为整体，形成结构底板。最后依次浇筑下层侧墙—中板—上层侧墙—顶板，并按要求的时序拆除支撑，完成结构体系转换。

3. 内支撑的构造

（1）钢结构支撑的构造

钢支撑和钢围囹的常用截面有钢管、H 钢、工字钢和槽钢，以及它们的组合截面，如图 5.48 所示。

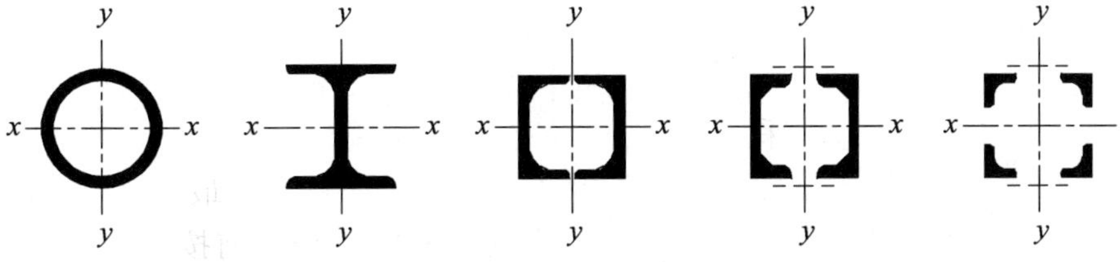

图 5.48 钢支撑的常用截面形式

节点构造是钢支撑设计中需要充分注意的一个重要内容，不合适的连接构造容易使基坑产生过大变形。H 钢和钢管的拼接方法有螺栓连接和焊接。焊接连接一般可以达到截面等强度的要求，传力性能较好，但是现场工作量较大。螺栓连接的可靠性不如焊接，但是现场拼装方便。

（2）现浇钢筋混凝土支撑的构造

钢筋混凝土支撑体系应在同一平面内整浇。支撑及围囹一般采用矩形截面。支撑截面高度除应满足受压构件的长细比要求（不大于 75）外，还应不小于其竖向平面内计算跨度的 1/20。围囹的截面高度（水平向尺寸）不应小于其水平方向计算跨度的 1/8，围囹的截面宽度（竖向尺寸）不应小于支撑的截面高度。

混凝土围囹与围护墙之间不应留水平间隙。在竖向平面内围囹可采用吊筋与墙体连接，吊筋的间距一般不大于 1.5 m，直径可根据围囹及水平支撑的自重经计算决定。当混凝土围囹与地下连续墙之间需要传递水平剪力时，应在墙体上沿围囹长度方向预留剪力筋或剪力槽。

（3）立柱构造

常用的立柱采用格构式钢柱，以方便主体工程基础底板钢筋施工，同时也便于和支撑构件连接。为防止立柱沉降或坑底土回弹对支撑结构的不利影响，立柱的下端应支承在较好的土层中。在软土地区，设置立柱桩基础。

4. 内支撑结构施工

（1）内支撑结构施工流程（图 5.49）

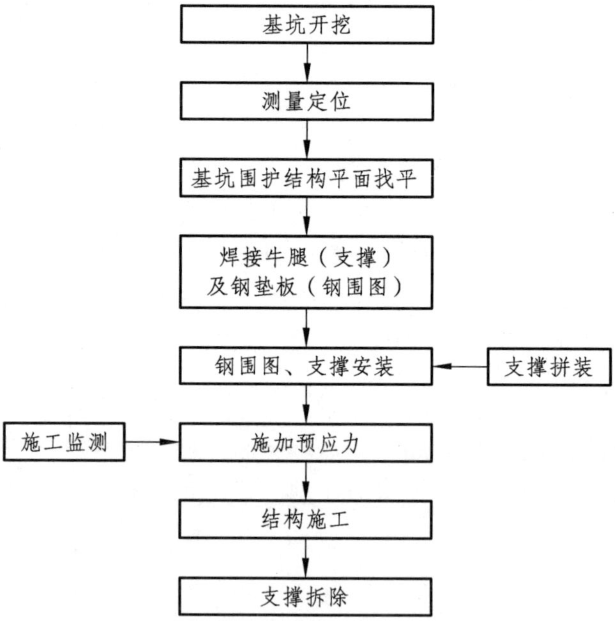

图 5.49　钢支撑施工流程图

（2）内支撑架设方案

钢支撑主要由三部分组成：一端固定端、中间段和活络端。支撑架设采用基坑外拼装，吊机现场吊接拼装，如图 5.50、图 5.51 所示。

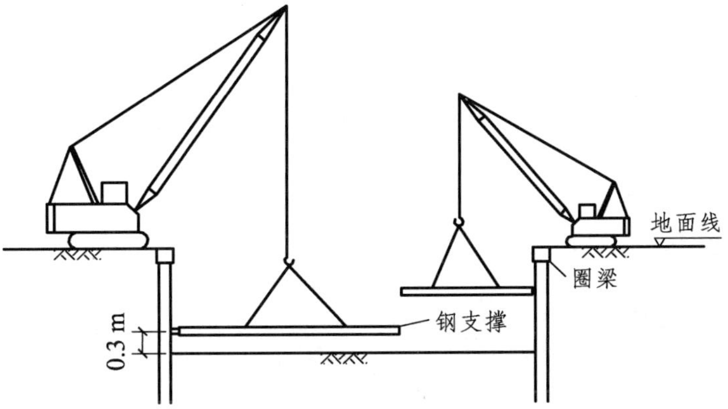

图 5.50　钢支撑架设示意

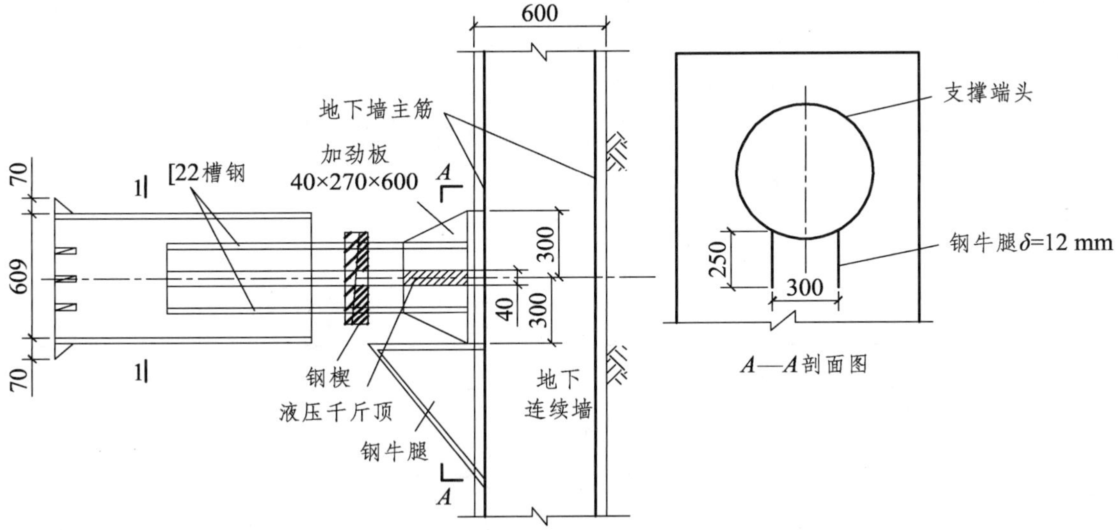

图 5.51　钢支撑架设示意

图注：液压千斤顶在施工时应平衡顶压，并要保持千斤顶的轴力方向与支撑的中线平行。

（3）内支撑结构施工要点

内支撑的安装和拆除顺序必须与支护结构的工况相符合，并与土方开挖和主体结构的施工顺序密切配合。施工中应坚持先安装上层支撑，后开挖下部土方的原则。在主体结构底板或楼板完成，并达到一定的设计强度后，可借助底板或楼板构件的强度和平面刚度，拆除相应的支撑。

对于采用混凝土支撑的基坑，一般应在混凝土强度达到设计强度的 80%后，才能开挖支撑以下的土方。混凝土支撑拆除一般采取爆破方法，爆破作业应事先做好施工组织设计，严格控制药量和引爆时间，并对周围环境和主体结构采取有效的安全防护措施。

为了保证钢支撑接头的质量，应尽量在地面拼装，以减少在基坑内的拼装节点数。对于多次重复使用过的钢支撑，应严格检查尺寸，符合要求后方可使用。钢支撑安装就位后，应按设计要求施加预应力，预应力大小以控制在钢支撑轴力的 50%为宜。

工作任务 5.4　基坑土体加固

5.4.1　基坑土体加固方式

为了掌握施工和使用过程中围护结构的受力及变化情况，使围护结构在基坑开挖和使用过程中，安全地起到挡土、挡水作用，保证在施工过程中工程和周围环境的安全，必须采取相应的工程措施，其中对基坑土体进行预加固是一种行之有效的技术措施。基坑土体加固是指通过对软弱地基掺入一定量的固化剂或使土体固结，以提高地基土的力学性能。

基坑土体加固方式有搅拌桩、高压旋喷桩、注浆（各种注浆工艺、双液速凝注浆等）等。其中：搅拌桩、高压旋喷桩两种加固方法均是将原状土作为加固原材料与固化剂（一般为水泥或生石灰）通过特定的工艺混合发生化学反应，生成水化物和坚固的土团颗粒，再经过凝硬和碳酸化作用，使加固的土体成为具有整体性、水稳定性和一定强度的加固土桩体。基坑土体加固方式及其适用性可参见表 5.6。

表 5.6　不同支撑材料的优缺点

加固方式	地基土性			
	人工填土	淤泥质土、黏性土	粉性土	砂性土
注浆法	※	※	O	O
水泥土深层搅拌法	※	O	O	O
高压旋喷法	O	O	O	O

注：※表示慎用，O 表示可用。

5.4.2　注浆法

1. 注浆法分类

注浆法是利用液压、气压或电化学原理，通过注浆管把浆液均匀地注入地层中，浆液以填充、渗透和挤密等方式，赶走土颗粒间或岩石裂隙中的水分和空气后占据其位置，经人工控制一定时间后，浆液将原来松散的土粒或裂隙胶结成一个整体，形成一个结构新、强度大、防水性能好、化学稳定性良好的“结石体”。注浆的目的是防渗、堵漏、加固和纠正建筑物偏斜。

注浆法根据注浆机理可分为渗透注浆、劈裂注浆、压密注浆和填充注浆。注浆材料有粒状浆材和化学浆材，粒状浆材主要是水泥浆，化学浆材包括硅酸盐（水玻璃）和高分子浆材。

（1）渗透注浆

渗透注浆是指在压力作用下，浆液填充土的孔隙和岩石的裂隙，排挤出孔隙和裂隙中的水和气体，基本上不改变土和岩石的结构和体积的注浆方法。其只适用于中砂以上的砂性土和有裂隙的岩石。

（2）劈裂注浆

劈裂注浆是指将水泥或化学浆液等注入土层以改善土层性质的注浆方法。在注浆过程中，注浆管出口的浆液对四周地层施加了附加压应力，使土体发生剪切裂缝，而浆液则沿着裂缝从土体强度低的地方向强度高的地方劈裂，劈入土体中的浆体便形成了加固土体的骨架。劈裂注浆可用于渗透性较好的砂层，也可应用于渗透性差的黏性土层。

（3）压密注浆

压密注浆是指利用高压灌入浓度较大的水泥浆或化学浆液，浆液先充填较大的空隙，然后在较大的压力下渗入土体孔隙的注浆方法。土层孔隙水压力升高挤压土体，直至出现剪切裂缝，产生劈裂，浆液随之充填裂缝，形成浆脉，使得土体内形成新的骨架结构。压密注浆可用于中砂地基及黏土地基中。压密注浆可用于非饱和的土体，以调整不均匀沉降，以及在大开挖或隧道开挖时对邻近土进行加固。

（4）电动化学注浆

电动化学注浆是指在黏性土中插入金属电极并通以直流电，以在土中引起电渗、电泳和离子交换并进行注浆，从而使土体胶结成具有一定力学强度的加固体的注浆方法。电动化学注浆是在电渗排水和灌浆法的基础上发展起来的一种加固方法。其适用于地基土的渗透系数 $k<10^{-4}$ cm/s、只靠一般静压力难以使浆液注入土的孔隙的地层。

2. 注浆施工工艺与方法

（1）注浆方式

① 后退式注浆：当钻孔能较好成孔，孔壁较规则时，为避免重复钻孔工作，一次性钻至设计孔底，然后由下到上分段注浆，在分段位置安设止浆塞。该范围注浆完成后，待合适时间提出止浆塞固定到下一个位置，再实施注浆，直至设计注浆位置高度。

② 前进式注浆：当钻孔易坍孔或水量极大，孔壁严重不规则时，止浆塞不能安装，坍孔处理也十分费工费力，在这种情况下，采用从上到下分段前进式注浆。先钻注第一段，然后再钻注下一段，如此循环至设计深度。

（2）注浆管连接

通常采用 KZY80 型双液注浆泵压浆，水泥浆和水玻璃浆在距注浆孔 8~10 m 位置用 Y 形结构混合，水玻璃及水泥浆出浆管上分别安装流量计和控制阀门控制流量，然后进入注浆孔，与止浆塞导管相连。在注浆管上安装自动流量计，记录注浆过程中流量、压力等变化。为排泄钻孔内空气，在孔口高压注浆上连接三通管，其主要目的是安装一个排泄阀。排泄阀既能排除孔内空气，使注浆饱满，也能排除多余回流浆液。注浆管连接详见图 5.52。

（3）钻孔冲洗及裂隙冲洗

钻孔冲洗是将残存在孔底和黏附在孔壁的岩粉、岩屑等杂质冲出孔外，以免堵塞裂隙的进口，影响浆液注入。

裂隙冲洗常用压力水或风将岩石裂隙或空洞中所充填的松软的、风化的泥质充填物冲出孔外，或是将充填物推移到需要注浆处理的范围以外。裂隙冲洗干净后，有利于浆液进入裂隙，并与裂隙面胶结坚固，起到防渗和固结作用，从而提高岩体强度、改善岩体模量的均匀性以及降低岩体的透水性。

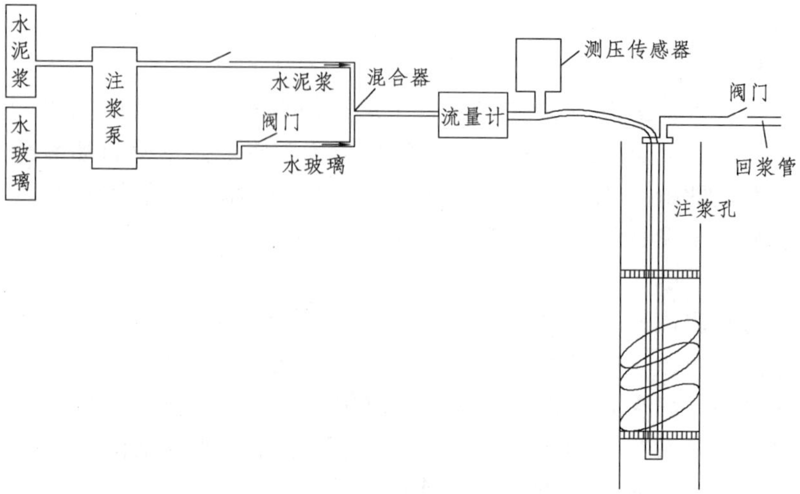

图 5.52　注浆管连接图

（4）止浆塞安装

采用机械式止浆塞控制分段注浆压力和注浆范围，其原理是利用中心管穿一串胶塞，两端用托盘限位，固定上端托盘，下端托盘沿中心管移动，用注浆钻杆下端连接止浆塞，下到预定止浆位置，通过钻杆在孔口施加一个机械压力使胶塞产生纵向压缩横向膨胀与孔壁挤紧，达到封堵与止浆目的。止浆塞见图 5.53。

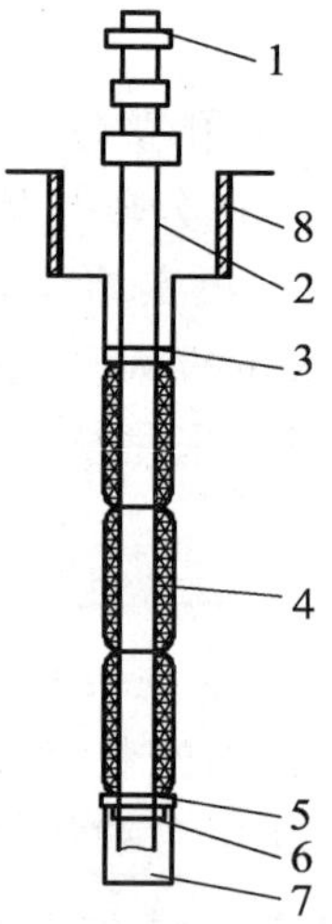

1—注浆管；2—ϕ42 mm 钻杆；3—上托盘（δ10）；4—胶塞；5—下托盘（δ10）；
6—反扣螺母；7—注浆孔；8—孔口管。

图 5.53　止浆塞

（5）注前压水试验

止浆塞压缩 10~12 cm 使胶囊膨胀后，上端在孔口位置固定，然后进行压水试验，试验压力为注浆终压的 80%，当检测到注浆孔无返水现象时判定为达到止浆要求。否则，要重新进行止浆塞安装固定。

压水试验段长度与注浆段长度一致，在孔口安装孔口封闭器后，将射水管下至距孔底

10 cm 处，在回水管路上量测水压力，同时测量流量，据此可粗略了解各灌浆段在灌浆前的岩体渗透性，查看各次序注浆孔透水率变化的规律，指导注浆工作的进行。

（6）注浆操作

先打开混合器注浆阀，注水 2~3 min，使围岩孔隙畅通。然后注水泥浆约 3 min 至正常后，迅速将两个吸浆龙头分别放进水泥浆桶和水玻璃桶，实施双液注浆。停止灌注时，先停水玻璃泵，后停水泥浆泵，并用清水清洗管路，以预防堵管。

注浆完成后，止浆塞应在适当的时间拔出，拔出时打开泄浆阀，观察其凝结情况，如不见还浆，即可试拔。若停浆时间过长，浆液凝固将使止浆塞不易拔出。根据现场情况，大致停浆 25 min 拔出较合适。

（7）注浆顺序

为防止窜浆，实施隔孔注浆，灌浆孔钻孔分 3 个次序进行，先钻Ⅰ序孔，再钻Ⅱ序孔，最后钻Ⅲ序孔，即Ⅰ—Ⅱ—Ⅲ—Ⅰ—Ⅱ—Ⅲ……

5.4.3 水泥土深层搅拌桩法

水泥土深层搅拌桩是利用水泥作为固化剂，通过搅拌机械在地基中将软土或砂等和固化剂强制拌和，利用固化剂和软土之间所产生的一系列物理-化学反应，使软土硬结成具有整体性、水稳定性和一定强度的桩体，如图 5.54 所示。

图 5.54　水泥土深层搅拌桩围护结构

水泥深层搅拌桩适用于处理淤泥、砂土、淤泥质土、黏土、粉土和粉质黏土等。加固深度从数米至 60 m，国内最大深度可达 20 m。深层搅拌桩围护结构具有不透水、不需设支撑的特点，能在敞开的条件下开挖基坑，使用的材料仅为水泥，具有较好的经济效益，深受欢迎。搅拌桩的主要缺点是其抗拉强度低，因而常排列成格栅形式，成为重力坝式挡墙，或在其中插入型钢加以改良。

搅拌桩施工可采用湿法（喷浆）及干法（喷粉）施工，目前在我国湿法使用较多。深层搅拌桩的施工工艺流程如图 5.55。其施工过程大致可分为：

① 桩架定位及保证垂直度。深层搅拌桩架到达指定桩位，对中。当场地标高不符合设计要求或起伏不平时，应先进行开挖、整平，施工时桩位偏差应小于 5 cm，桩的垂直

度误差不超过 1%。

② 预搅下沉。待深层搅拌桩的冷却水循环正常后，启动搅拌机电动机，放松起重机钢丝绳，使搅拌机沿导向架搅拌切土下沉，下沉速度可由电动机的电流表控制。工作电流不应大于 70 A。如果下沉速度太慢，可从输浆系统补给清水以利于钻进。

③ 制备水泥浆。按照设计要求的配合比拌制水泥浆，待压浆前将水泥浆倒入集料斗中。

④ 提升、喷浆并搅拌。搅拌机下沉到设计深度后，开启灰浆泵将水泥浆压入地基土中，并且边喷浆边旋转，同时严格按照设计确定的提升速度提升搅拌头。

⑤ 重复搅拌或重复喷浆。搅拌头提升至设计加固深度的顶面标高时，集料斗中的水泥浆正好排空。为使软土和水泥浆搅拌均匀，可再次将搅拌头边旋转边沉入土中，至设计加固深度后再将搅拌头提升出地面。

有时可采用复搅、复喷方法。在第一次喷浆至顶面标高，喷完总量的60%浆量，将搅拌头边搅拌边沉入土中，至设计深度后，再将搅拌头边提升边搅拌，并喷完余下的40%浆量。喷浆搅拌时搅拌头的提升速度不应超过0.5 m/min。

⑥ 移位。桩架移至下一桩位施工。

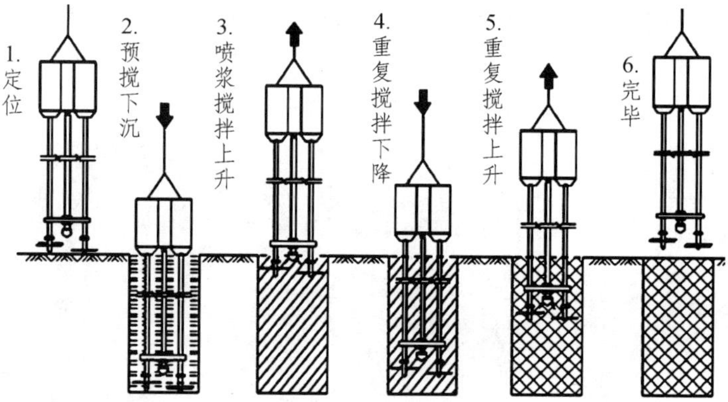

图 5.55　水泥土深层搅拌桩施工工艺示意图

5.4.4　旋喷桩法

喷射注浆法又称旋喷法注浆，简称旋喷桩法，是利用钻机将旋喷注浆管及喷头钻置于桩底设计高程，将预先配制好的浆液通过高压发生装置使液流获得巨大能量后，从注浆管边的喷嘴中高速喷射出来，形成一股能量高度集中的液流，直接破坏土体。在喷射过程中，钻杆边旋转边提升，使浆液与土体充分搅拌混合，在土中形成一定直径的柱状固结体，从而使地基得到加固。旋喷桩在施工中一般分为三个工作流程，即先钻后喷，再下钻喷射，然后提升搅拌，以保证每米桩的浆土比例和质量。

1. 适用条件

旋喷桩主要适用于淤泥、砂性土、黏性土、粉质黏土、粉土等软弱底层，在土层硬度 N=0 ~ 30 的淤泥、砂性土、黏性土等含水层中，效果尤其显著，对于卵砾石层、地下水流速过大的地层及岩溶发育地层不应采用旋喷法。

2. 施工工艺

旋喷桩的施工工艺流程如图 5.56、图 5.57。

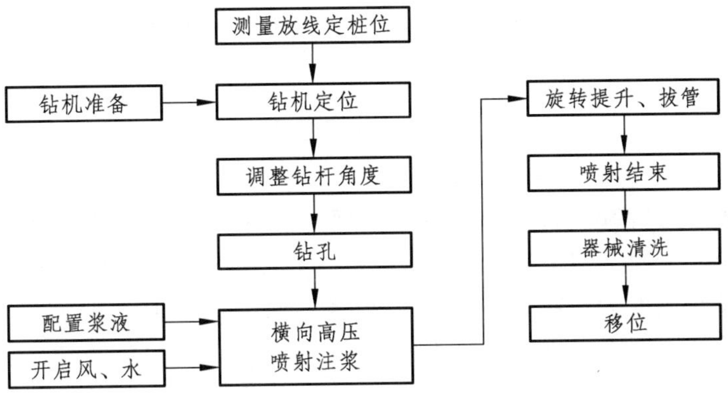

图 5.56 旋喷桩施工工艺流程

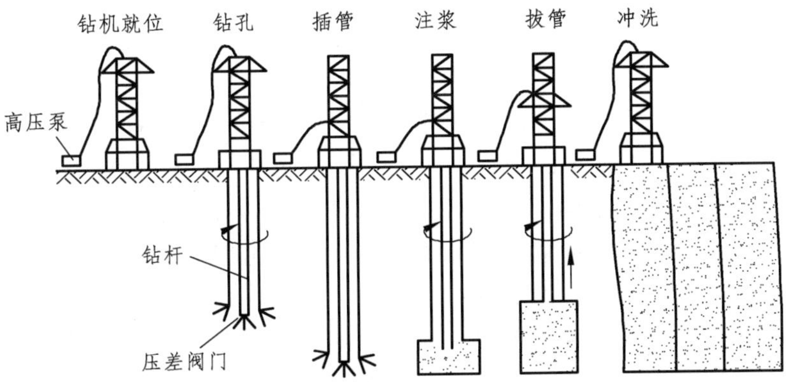

图 5.57 旋喷桩施工工艺流程示意图

① 布孔放样。根据设计图纸和说明书进行孔位放样，采用跳孔喷浆的方法。

② 钻机就位、钻孔。钻头准确定位居中，钻孔位置与设计位置偏差小于 10 cm。钻架校正摆平，钻杆垂直，倾斜度小于等于 1.5%后开始钻孔。钻孔过程中要经常注意钻杆偏斜情况，及时校正。钻孔孔口采用套管保护。

③ 制备浆液。利用搅拌机，将水与 42.5 级普通硅酸盐水泥按 1∶1 的水灰比充分搅拌均匀，制备水泥浆液，随时拌制随时喷注。

④ 插管、喷浆。旋喷机具就位，校正机架水平度和喷注管的垂直度，喷注管插入高喷孔前采用中等压力试喷，以检查喷射和灌浆系统是否畅通，然后用卷扬机将喷注管插入钻孔设计深度，开始喷射灌浆作业，按成桩试验确定提升速度和旋转速度，边提升喷注管边旋转，待喷注管达到设计长度范围内时停止喷浆，将喷注管提出孔口，在钻孔内进行静压灌浆，防止固结体形成凹形。

⑤ 移动机架和冲洗管路。灌注完毕，拔出注浆管，移动机架，冲洗管路器具，开始下一个孔的施工。

工作任务 5.5　地下水控制

在深基坑和地下构筑物的开挖过程中往往会遇到地下水位高于施工作业面的情况，地下水的涌入及流砂的产生等会影响施工进度和质量，甚至无法施工。人工降低地下水位的常用方法可分为基坑明排和井点降水两类。具有一定规模的地下构筑物或深基础工程在地下水位以下的含水层中施工时，如果采用大开口开挖施工，基坑明沟排水，常会遇到大量地下水渗入或出现较严重的边坡滑塌和流砂问题，使基坑或地下构筑物无法施工，甚至影响邻近建筑物的安全。遇此情况，一般须采用井点（垂直）和水平井点（包括辐射井）降水法进行降水。井点（垂直）常沿基坑外围布设，水平井点则尚可穿越于基坑底部。井点深度大于基坑深度，通过井点抽水降低地下水位，保证工程顺利施工。

5.5.1　基坑明排

基坑明排即明沟排水法，或称集水明排法，常应用于一般工程中。其设备费和保养费均较井点排水为低，同时也能适合于各种土层。然而这种方法由于集水井通常设置在基坑内部以吸取流向基坑的各种水流（如边坡和坑底渗出的水、雨水等），最后将导致细粒土边坡面被冲刷而塌方。但尽管如此，如能仔细施工以及采用支撑系统，能及时排除基坑内的表面水，明沟排水未尝不是一种经济的方法。明沟排水适用于密砂、粗砂、级配砂、硬的裂隙岩石和表面径流来自黏土的地基。若用于松散、软黏质土、软岩石，则将遇到边坡稳定问题。

明沟排水法是在开挖基坑时，在坑底设置集水井，并沿坑底周围或中央挖掘排水沟，使水流入集水井中，然后用水泵排至坑外（图 5.58）。在挖掘基坑过程中，要随挖土的深度，不断加深排水沟和集水井，使坑底标高保持高于排水沟中水位 0.5 m。明沟排水法可根据排水沟和集水井的设置不同分为普通明沟法、分层明沟排水法、深沟排水法、板桩支撑集水井排水法及综合降水法等。在工程实际中，可根据具体情况选择确定排水沟和集水井的设置。

开挖基坑时，可根据现场地形状况，在基坑四周挖掘截水沟和构筑防水堤，以防止降水时地表水流入基坑。场地的排水应尽量利用原有的沟渠排泄，施工用水和废水要用临时排水管排除。基坑附近的灰池和防洪疏水等贮水构筑物不得有漏水现象。一般各种设施与基坑之间要有一定的安全距离。同时，在基坑内要设置集水沟，并保证水流通畅，以便定时将积水排出。

① 四周排水沟和集水井应设置在拟建地下构筑物边缘以外净距 0.4 m 处，并设在地下水走向的上游。根据地下水量大小、基坑平面形状及水泵能力，集水井每隔 30 ~ 40 m 设置一个。

② 排水沟深为 0.3 ~ 0.4 m，沟底宽度不小于 0.3 m，坡度为 0.1% ~ 0.5%。排水沟边缘层离开边坡坡脚不小于 0.3 m。

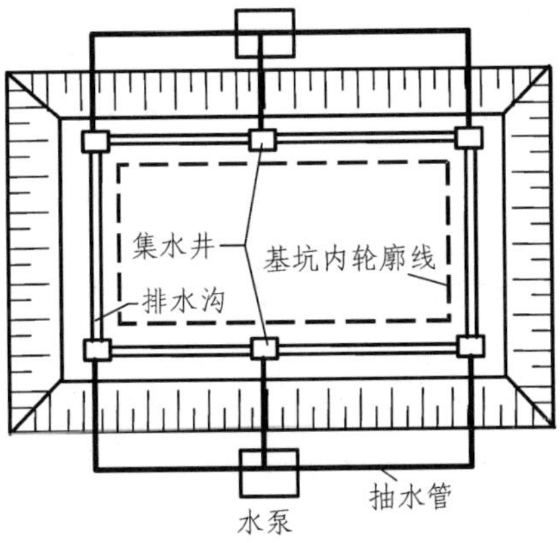

（a）平面布置图

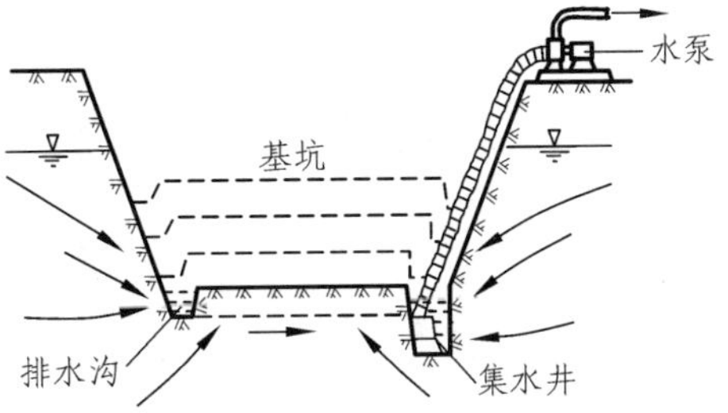

（b）剖面图

图 5.58　集水明排法示意图

③ 集水井的容积须保证水泵停转 10 ~ 15 min 时集水不至溢出，井距构筑物边线的距离必须大于井的深度。为防止井壁塌落，可用挡土板加固或用砖干砌加固。集水井的深度随着挖土的加深而加深，要经常低于挖土面 0.7 ~ 1.0 m。当基坑挖到设计标高后，井底应低于坑底 1 ~ 2 m，并铺设 30 cm 碎石作反滤层，以免在抽水时将泥砂抽出，并防止坑底的土被搅动。

④ 当基础较深且地下水位较高，以及多层土中上部有渗水性较强的土层时，可在基坑边坡上设置多层明沟，分层排除上部土中的地下水，以避免上层地下水流出冲刷土的边坡造成塌方。

⑤ 沟、井截面根据排水量确定。常用于排水的水泵有离心泵和潜水泵，水泵的总排水量一般为基坑总涌水量的 1.5 ~ 2.0 倍。当涌水量小于 20 m^3/h 时，可用隔膜式泵、潜水泵；涌水量为 20 ~ 60 m^3/h 时，可用隔膜式泵、离心泵、潜水泵；涌水量大于 60 m^3/h 时，用离心泵。

5.5.2　井点降水

1. 井点降水方法类型及适用范围

在深基坑和地下构筑物的施工中，几乎每年都有因流砂、管涌、坑底失稳、坑壁坍塌而引起的工程事故，造成周围地下管线和建筑物不同程度的损坏。采用井点降水可以防范这类工程事故。井点降水是目前地下工程开挖施工的一项重要辅助措施。井点降水作为一种必要的工程措施，在避免流砂、管涌和底鼓，保持干燥的施工环境，提高土体强度与基坑边坡稳定性方面都有着显著的效果，在实际工程中被广泛采用。

井点降水法是指用井点降低地下水位。井点降水系统是在拟建工程基坑周围埋设许多一定深度的吸水井点管，在地面安装吸水总管及抽水设备而构成的一套抽水系统。井点降水方法有轻型井点、喷射井点、管井井点、电渗井点和深井井点等方法。各种井点的适用范围见表 5.7。施工中要根据土层的渗透系数、降低水位的深度、现场的施工条件等选用不同方法。

表 5.7　各类井点的适用范围

井点类型	渗透系数/（$m \cdot d^{-1}$）	降低水位深度/m	适用岩（土）性
一级轻型井点	0.1～80	3～6	轻亚黏土、细砂、中砂和粗砂
二级轻型井点	0.1～80	6～9	轻亚黏土、细砂、中砂和粗砂
喷射井点	0.1～50	8～20	轻亚黏土、细砂、中砂和粗砂
管井井点	20～200	3～5	黏土、亚黏土、粗砂、砾石、卵石
电渗井点	<0.1	5～6	黏土、亚黏土、粗砂、砾石、卵石
深井井点	10～80	>15	中砂、粗砂、砾石

2. 井点降水方法

（1）管井井点

管井降水即利用钻孔成井，多采用单井单泵（潜水泵或深井井点）抽取地下水的降水方法。当管井深度大于 15 m 时，也称为深井井点降水。

管井井点直径较大，出水量大，适用于中、强透水含水层，如砂砾、砂卵石、基岩裂隙等含水层，可满足大降深、大面积降水要求。

管井的结构如图 5.59。管井的孔径一般为 400～800 mm，管径为 200～500 mm，当井深较浅、地层水量较大时，孔径可为 800～1 200 mm，管径为 500～800 mm。井管一般采用钢管、铸铁管、水泥管、塑料管或竹木管等，滤水管有穿孔管和钢筋骨架管外缠铁丝或包尼龙网或金属网的，也有水泥砾石滤水管，目前用于降水的管井点多采用后者。

（2）轻型井点

轻型井点是沿基坑的四周或一侧将直径较细的井点管沉入深于坑底的含水层内，井点管上部与总管连接，通过总管利用抽水设备由于真空作用将地下水从井点管内不断抽出，使原有的地下水位降低到坑底以下的降水方法。轻型井点系统由井点管、连接管、集水总管及抽水设备等组成。轻型井点降低地下水位全貌如图 5.60。

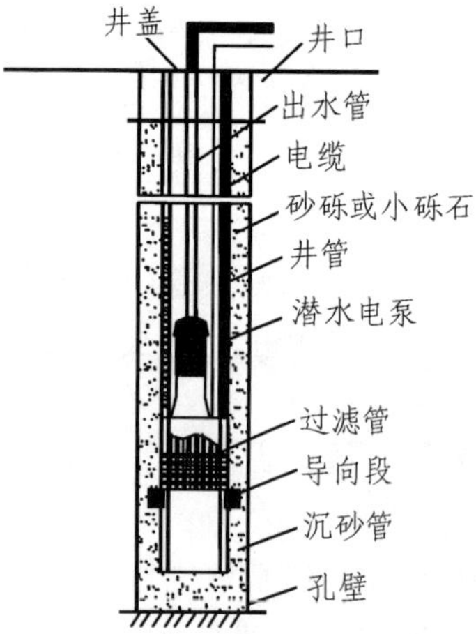

图 5.59　管井结构示意图

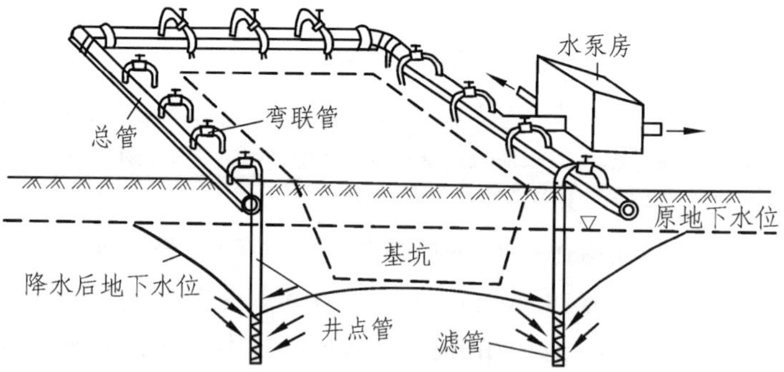

图 5.60　轻型井点降水示意图

轻型井点对土层中含有大量细砂和粉砂层的情况特别有效，可以防止流砂现象和增加土坡稳定，且便于施工，如土壁采用临时支撑还可减少作用在其上的侧向土压力。

采用轻型井点降水，其井点间的间距小，能有效地拦截地下水流入基坑内，尽可能地减少残留滞水层厚度，对保持边坡和桩间的稳定比较有利，因此降水效果较好。图 5.61 为轻型井点在基坑降水中的施工图。

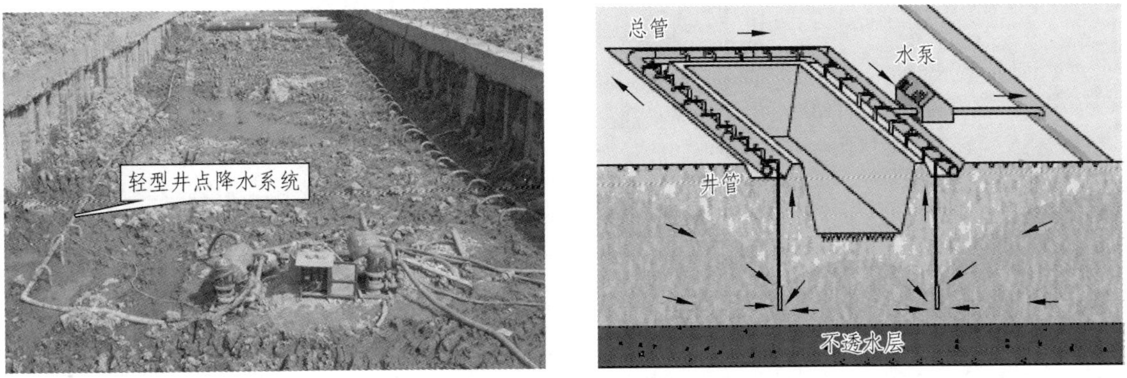

图 5.61　轻型井点在基坑降水中的施工图

（3）喷射井点

喷射井点由高压水泵、供水总管、井点管、喷射器、排水总管及循环水箱组成，如图 5.62 所示。

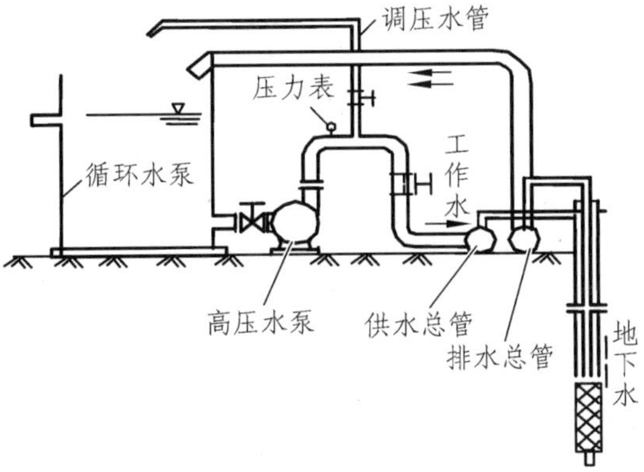

图 5.62　喷射井点降水系统

喷射井点是采用高压水泵将压力工作水经供水管压入井点内外之间的环形空间，并经过喷射器两边的侧孔流向喷嘴的降水方法。由于喷嘴截面突然变小，喷射水流加快（一般流速达 30 m/s），这股高速水流喷射之后，在喷嘴射出水柱的周围形成负压，从而将地下水和土中空气吸入并带至混合室。这时地下水流速加快，而工作水流速逐渐变缓，二者流速在混合室末端基本上混合均匀。混合均匀的水流射向扩散管，扩散管截面是逐渐扩大的，其目的是减少摩擦损失。当喷嘴不断喷射水流时，就推动水沿管内不断上升，混合水流由井点进入回水总管至循环水箱。部分作为循环水用，多余部分（地下水）溢流排至现场之外，如此循环，以达到深层降水的目的。

（4）电渗井点

电渗井点降水是利用轻型井点和喷射井点的井点作为阴极，另埋设金属棒（钢筋或钢管）作为阳极，在电动势的作用下构成电渗井点抽水系统，如图 5.63。

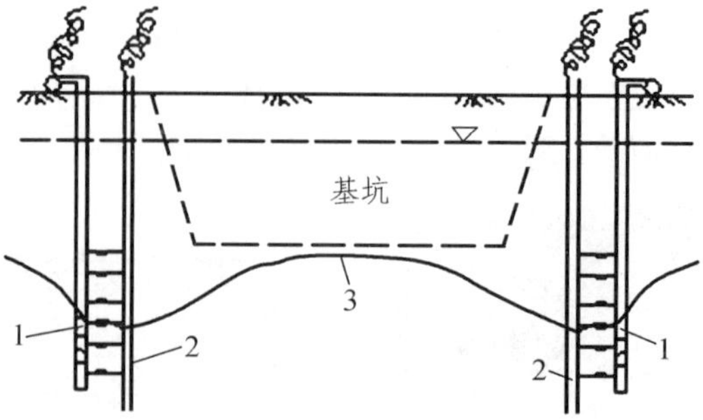

1—井点管；2—金属棒；3—地下水降落曲线。

图 5.63　电渗井点降水示意图

当接通电流时，在电势的作用下，带正电荷的孔隙水向阴极方向流动，使带负电荷的黏土颗粒向阳极方向移动，通过电渗和真空抽吸的双重作用，强制使黏土中的水向井点管汇集，并由井点管吸取排出，使地下水位逐渐下降，达到疏干含水层的目的。

电渗井点一般只适用于含水层渗透系数较小（<0.1 m/d）的饱和黏土，特别是在淤泥和淤泥质黏土之中的降水。由于黏性土的颗粒较小，地下水流动十分困难，其中仅自由水在孔隙中流动，其他部分地下水则处于被毛细管吸附的约束状态，不能在压力水头作用下参与流动；当向土中通以直流电流后，不仅自由水还有被毛细管约束的黏滞水也能参与流动，增加了孔隙水流动的有效断面，其渗透系数将提高数倍，从而缩短降水时间，提高降水效果。

电渗井点工程在与轻型井点或喷射井点结合降水时，将井点管沿基坑周围 1 ~ 2 m 布设，另外以直径 38 ~ 50 mm 的钢管或直径不小于 20 mm 的钢筋作阳极，垂直埋设在井点管排的内侧，与井点管保持平行，但不能与井点管相接触，上部露出地面 0.2 ~ 0.3 m，下部应比井点管深 0.5 m 左右。井点管的间距和深度与采用轻型井点或喷射井点降水时相同，在非降水段或渗透性能稍大的地层中无须电渗时，可在这些部位给电极涂上绝缘材料，使之与地面隔绝，以节省电能。井点管（阴极）与阳极平行排列，其数量应相等，必要时阳极数量可多于阴极。将阴、阳极分别用电线或钢筋连接成通路，并接到直流发电机的相应电极上。井点管与阳极的间距一般为：采用轻型井点时 0.8 ~ 1.0 m，采用喷射井点时 1.2 ~ 1.5 m。

以上井点降水方法中，以管井和轻型井点采用较为普遍，下面将重点介绍管井和轻型井点降水技术。

3. 井点降水施工工艺

（1）管井井点降水工艺流程

管井井点降水工艺流程如图 5.64 所示。

（2）轻型井点降水工艺流程

轻型井点降水工艺流程为：放线、定井位—铺设总管—冲孔—安装井点管—填砂砾滤料、上部填黏土密封—用弯联管将井点管与总管接通—安装抽水设备与总管连通—安装集水箱和排水管—试抽—抽水—水位观测。

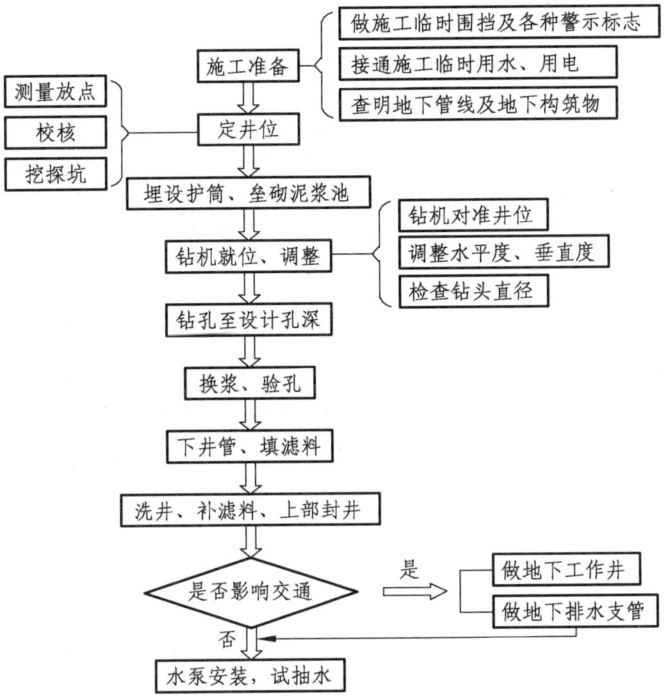

图 5.64　管井井点降水工艺流程

4. 施工方法

（1）管井井点降水

① 抽降管井布置：抽降管井一般沿基坑周围距基坑外缘 1 ~ 2 m 布置，如场地宽敞或采用垂直边坡或在有锚杆和土钉护坡等条件下，应尽量距离基坑边缘远一点，可为 3 ~ 5 m；在基坑边部已设置围护结构及止水帷幕的条件下，可在基坑内布置管井，采用坑内降水方法。管井的间距和深度应根据场地水文地质条件、降水范围和降水深度确定，其间距一般为 10 ~ 20 m。井点深度要大于设计井中的降水深度或进入非含水层中 3 ~ 5 m，井中的降水深度由基坑降水深度、降水范围等计算确定。

② 挖泥浆坑：泥浆池位置的选定宜根据现场条件确定。可多井一池，其大小根据井深、井数、排浆量综合确定。泥浆池的选定与开挖应注意地下管网，必要时采用砖砌泥浆池。

③ 钻机就位、凿井：根据设计降水平面布置图，测量定出每个管井准确位置，钻机按井点位置就位。钻机就位平稳，管井埋设可采用泥浆护壁冲击钻成孔或泥浆护壁钻孔方法成孔。钻进时一般采用地层自造泥浆护壁。孔口设长 1.5 m、ϕ900 mm 钢护筒，钢护筒埋设高出地面±（0.3 ~ 0.4） m，外围封填堵塞，设溢浆孔和进浆管，并保证孔内液面高出地下水位。井径宜大于井管外径 200 mm 以上，且井管外径不宜小于 200 mm，井管内径宜大于水泵外径 50 mm。井孔应保持圆正垂直，钻孔底部应比滤水井管深 200 mm 以上。井管下沉前应进行清洗滤井，冲除沉渣，可灌入稀泥浆用吸水泵抽出置换或用空压机洗井法，将泥渣清出井外，并保持滤网的畅通，然后下管。滤水井管应置于孔中心，下端用圆木堵塞管口，井管与孔壁之间用粒径为 3 ~ 15 mm 的砾石填充作过滤层，地面下 0.5 m 内用黏土填充夯实。水泵的设置标高根据要求的降水深度和所选用的水泵最大真空吸水高度而定，一般为 5 ~ 7 m。

④ 下设井管：井管采用无砂混凝土管，在预制混凝土井上放置井管，同时在水位以下包缠 1 层尼龙网，缓缓下放，当管口与井口相差 200 mm 时，接上节井管，接头处用尼龙网裹严，以免挤入泥砂淤塞井管。竖向用 2 ~ 4 条宽 30 mm、长 2 ~ 3 m 的竹条固定井管。为防止上下节错位，在下管前将井管依井方向立直。吊放井管要垂直，并保持在井孔中心，为防止雨水泥砂或异物流入井中，井管高出地面不小于 200 mm，并加盖临时保护。

⑤ 填砾料：井管放入井内后，及时在井管与孔壁间填充粒径为 1 ~ 3 cm 的细砾石滤料。滤料必须符合级配要求，将设计砂砾规格上、下限以外的颗粒筛除，合格率要大于 90%，杂质含量不大于 3%，用铁锹下料，以防止分层不均匀和冲击井管。填滤料要一次连续完成，从底填到井口下 1 m 左右，上部采用不含砂石的黏土分层回填并夯压封口。

⑥ 洗井：洗井的主要目的在于清除停留在孔内和透水层中的泥浆与孔壁的泥浆，疏通透水层，并在井周围形成良好的反滤层。采用压力为 0.8 MPa、排气量为 9 m^3/min 的空压机及潜水泵联合洗井，直至抽出清水为止。洗井前后两次抽水涌水量相差小于 15%，且洗井后井内沉渣不上升或基本不上升。

⑦ 下放水泵：潜水泵在安装前应对水泵本身和控制系统作一次全面细致的检查，并用绳索将潜水泵吊入滤水层部位。

⑧ 铺设排水管网及沉淀池：排水管网采用钢管、硬塑料管作为排水主管路，排水管直径应满足基坑总出水量的要求，必要时可采用多向排水。在排水管线转角连接处、每边中部、排水管网进入市政管线接口处设置沉淀池，沉淀池采用砌砖池，须做防水处理。排水管网向水流方向的倾斜以 1‰为宜。

（2）轻型井点降水

① 井点布置：轻型井点系统的平面布置由基坑的平面形状、大小、要求降水深度，地下水流向和地基岩性等因素决定，可布置成环形、U 形或线形等，一般沿基坑周围 1.0 ~ 1.5 m 布置，井点系统可设置多级。在地铁施工过程中，对于区间部分，其降水一般是沿线路两侧布置井点；对于车站部分，常采用 U 形或环形封闭式井点布置。当降水深度在 6 m 以内时，采用单级井点降水；当降水深度较大时，可采用下卧降水设备或多级井点降水。降水深度大于 8 m 时，采用多级井点降水，每级以阶梯状接力抽水来降低地下水位，每级井点的降水深度可按照 4.5 ~ 5.0 m 设计。

② 井点管埋设：井点管埋设程序为总管排放—井点管埋设—弯连管连接—抽水设备安装。其中井点管埋设一般采用水冲法，包括冲孔和埋管两个过程。

③ 试抽：井点使用前，应进行试抽水，检查各部分是否正常。无漏水、漏气等异常现象为合格，否则应及时检修。

④ 井点管系统运行：先开动真空泵排气，再开动离心泵抽水，井点降水系统运行后，井点管系统运行，应保证连续抽水，并准备双电源，正常出水规律为“先大后小，先浑后清”。

⑤ 水位观测：井点降水时，应对水位降低区域内的建筑物及管线进行沉降观测，发现沉陷或水平位移过大时，应及时采取防护技术措施。抽水初期每天观测 2 次以上，水位稳定后应每天观测 1 次。

⑥ 井点管拆除：地下建、构筑物竣工并进行回填土后，方可拆除井点系统。井点管拆除一般多借助于倒链、起重机、挖机等，所留孔洞用土或砂填塞。对地基有防渗要求时，地面以下 2 m 应用黏土填实。

5.5.3 降水对邻近建筑物的影响与预防措施

1. 基坑开挖与降水对邻近建筑物的危害

基坑开挖与降水必须考虑邻近建筑物的安全，特别是在细颗粒的软弱土层中，必须认真对待。在软弱土层中降水，由于地下水位下降，土层中含水率减小，浮托力减小，等于增加了附加荷重，使土产生固结、压缩，使建筑物基础和地面发生不均匀沉降，其沉降量应控制在建筑物允许限度以内，不得超出。

在粉土和粉细砂层中降水时，井点钻探施工，应防止塌孔、涌砂，过滤器设计加工不应产生涌砂，松动土层，防止构筑物基础局部下沉，影响安全。

2. 防止降水对建筑物影响的措施

（1）防止土颗粒带出的措施

① 加长井点管的长度，减慢降水速度，使降水曲线较为平缓，使邻近建筑物均匀沉降，以防裂缝产生；

② 合理设计加工井点过滤器，防止抽水涌砂；

③ 控制抽水量，减缓抽降速度。

（2）在建筑物沿基坑一侧采用防护措施

① 采用旋喷柱、混凝土桩、钢板桩形成阻水帷幕；

② 采用回灌井技术，即在建筑物沿基坑一侧钻一排回灌井，在基坑降水的同时，向回灌井点注入一定水量，形成一道阻渗水幕，使基坑降水的影响范围，不超过回灌井点排水的范围，阻止地下水向降水区的流失，保持已有建筑物所在地原有的地下水位，使土压力仍处于原有平衡状态，从而有效地防止降水的影响，使建筑物的沉降达到最小。

如果建筑物离基坑稍远，且为较均匀的透水层，中间无隔水层，则可采用最简单的回灌沟的方法进行回灌，这较为经济易行，如图 5.65。如果建筑物离基坑近，且为弱透水层或透水层中间夹有弱透水层和隔水层，则须用回灌井点进行回灌，如图 5.66。

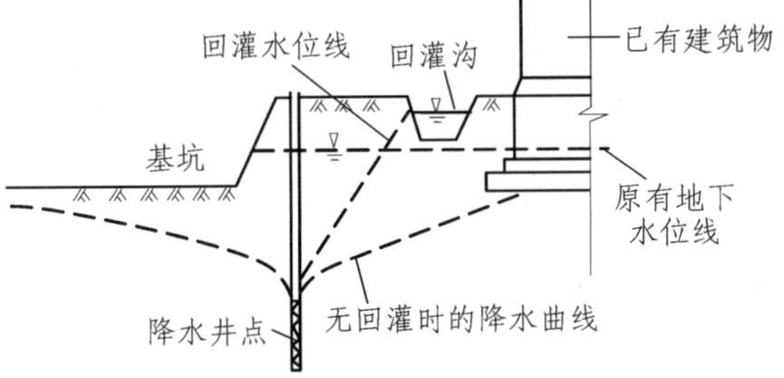

图 5.65 井点降水与回灌沟回水示意图

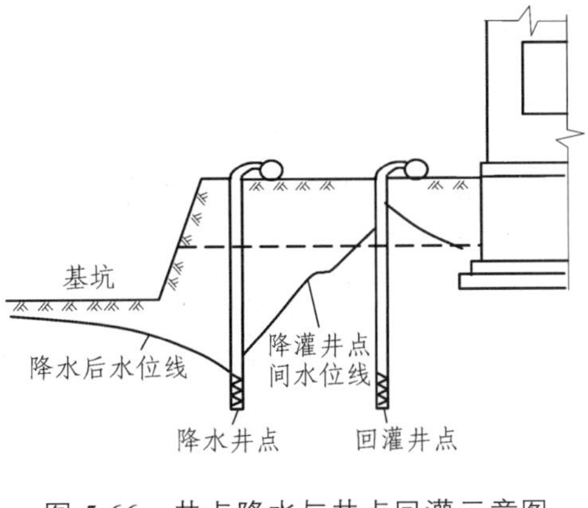

图 5.66 井点降水与井点回灌示意图

回灌井点的结构应有利于注入的水向降水深度内渗流。回灌井点的滤水管工作部分的长度应大于抽水井点。最好从自然水位以下直至井点管底部均设过滤器。回灌井点的施工技术要求与降水井点相同。

回灌井点与抽水井点之间应保持一定的距离，一般不宜小于 5 m。回灌井点的埋设深度根据透水层的深度而定，以确保基坑施工安全和回灌效果为准。回灌水量应根据实际地水位的变化及时调节，保持抽、灌平衡，既要防止回灌水量过大而渗入基坑影响施工，又要防止回灌水量过小，使地下水位失控影响回灌效果，因此要求在其附近设置必要数量的水位观测孔和沉降观测点，定时进行观测和分析，以便及时调整回灌水量。

工作任务 5.6　主体结构施工

主体结构施工之前为基坑开挖，基坑土方开挖是地铁车站施工过程中的关键工序。土方开挖应分层进行，每层开挖深度一般为 3 ~ 4 m，如果采用有围护结构的基坑，土方开挖尚需要与支撑、锚（钉）杆的施工相配合。为防止基底扰动和超挖，当机械挖至设计标高以上 10 ~ 20 cm 时，应采取人工清底。之后，可根据地铁工程采用的施工方法（明挖顺作法、盖挖法等）进行主体结构施工。

主体结构施工主要包括地铁混凝土结构工程和防水工程施工。混凝土结构是以混凝土为主制作的结构，是目前地铁土建工程结构中最常见的一种结构形式。混凝土结构工程一般包括模板工程、钢筋工程、混凝土工程这三大部分施工作业内容；而混凝土结构的防水则贯穿地铁土建工程施工的始末。对地铁土建工程而言，混凝土结构的施工质量与结构的防水效果密切相关，同时两者又关系着地铁工程的使用寿命和运行安全。

5.6.1　混凝土结构工程施工

地铁混凝土结构分为主体结构和附属结构，其中主体结构通常分为区间和车站，其主要结构形式如图 5.67 所示。本项目详细介绍车站主体结构中的模板工程、钢筋工程、混凝土工程等内容。

- 地铁主体结构
  - 区间
    - 暗挖区间——二次衬砌为台车模板支架
    - 盾构区间
    - 明挖区间——主要为单层、单跨、箱形结构
  - 车站
    - 明挖车站——主要为双层（或三层、四层）、双跨（或三跨）、箱形框架结构
    - 暗挖车站——二次衬砌主要为双层（或三层）、双跨（或三跨），拱形框架结构

图 5.67　地铁主体结构分类

1. 地铁车站混凝土结构工程

地铁车站不仅是地铁线路上乘客使用较多的场所，相较于区间，也是施工较为复杂的单位工程。由于地铁车站施工工序较多，施工工艺复杂，以下重点对其施工流程和施工步序进行介绍。

（1）施工流程

我国地铁车站采用明挖法（含盖挖法）施工的箱形地铁车站较多。图 5.68 为典型的

地下二层两柱三跨明挖地铁车站主体结构剖面图，其施工流程如图 5.69 所示。

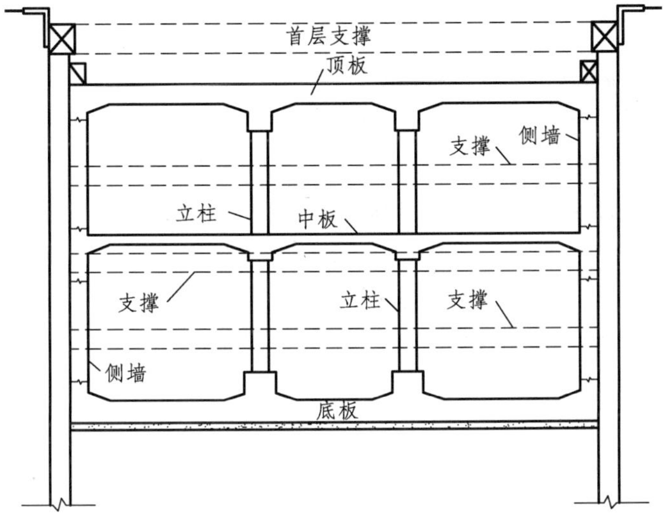

图 5.68 明挖典型地铁车站主体结构剖面图

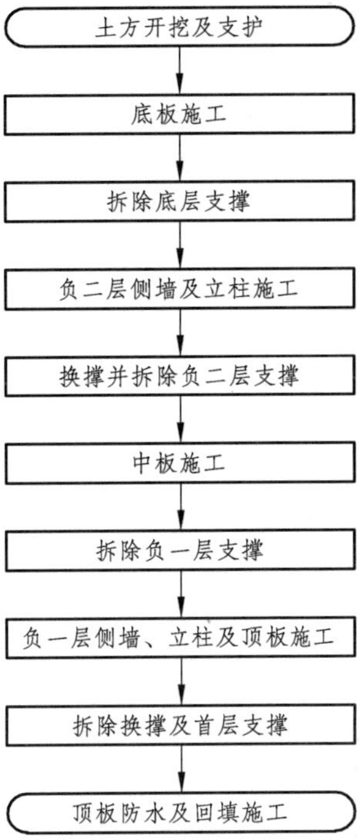

图 5.69 地铁车站主体结构施工流程图

（2）施工步序

采用明挖顺作法施工地铁车站主体结构标准断面分五步，依次为：底板→负二层侧墙及立柱→中板→负一层侧墙及立柱→顶板。随着混凝土结构施工顺序拆除钢支撑，并按设计要求换撑。结构施工步序如图 5.70 所示。

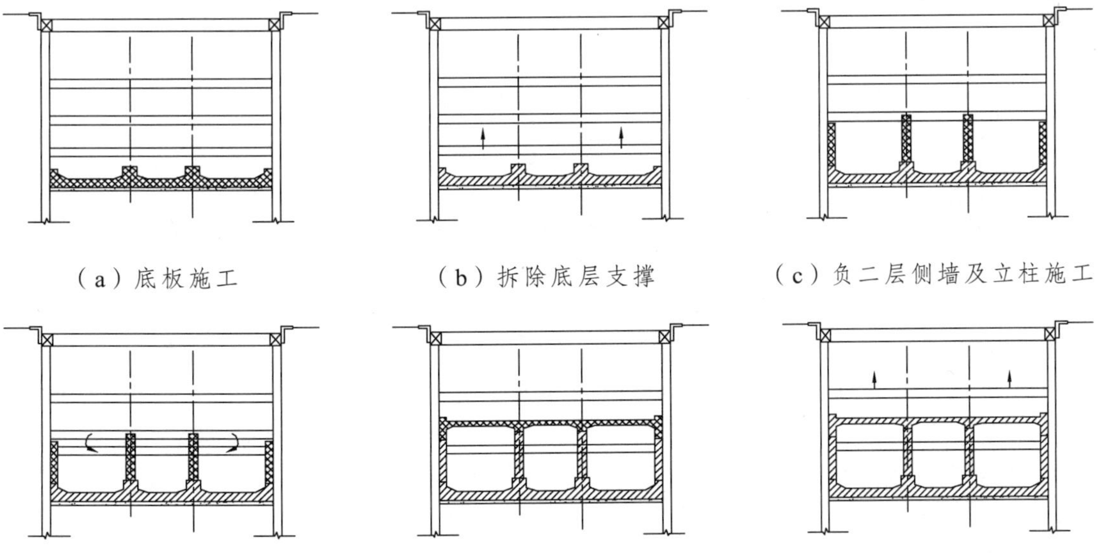

（a）底板施工　（b）拆除底层支撑　（c）负二层侧墙及立柱施工

（d）换撑并拆除负二层支撑　（e）中板施工　（f）拆除负一层支撑

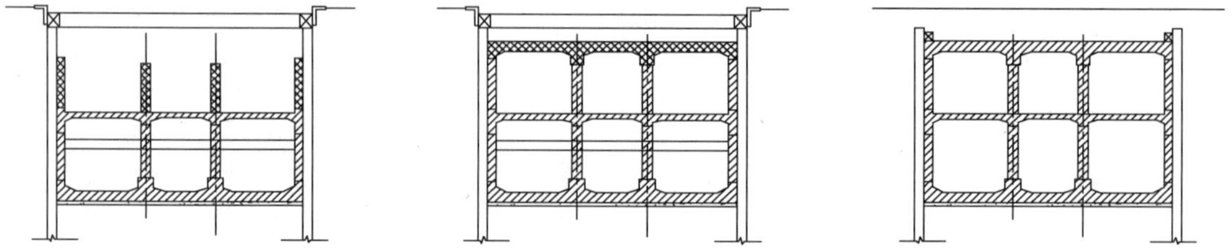

（g）负一层侧墙及立柱施工　（h）顶板施工　（i）拆除负二层换撑及首层支撑

图 5.70　明挖典型地铁车站主体结构施工步序

2. 钢筋工程

（1）钢筋加工

地铁工程位于城市，施工场地狭窄，因此，钢筋一般采用工厂加工好后运至现场安装的方式。地铁区间隧道结构断面形式统一，因此，可以大量采用半成品钢筋骨架，这减少了现场钢筋绑扎工作量，减轻了劳动强度，保证了工程质量。

工厂加工钢筋及骨架，均按规范和设计要求进行，出厂前进行检查验收，合格后运往现场进行绑扎施工。

（2）钢筋绑扎与安装

为保证钢筋绑扎质量，绑扎前要做好以下工作：

① 认真熟悉设计图纸，拟订成熟的施工方案，确定绑扎顺序，做好技术交底；

② 核对并检查钢筋质量、类别、型号、直径是否与设计相符；

③ 检查结构位置、标高和模板支立情况，无误后测设钢筋位置；

④ 清理结构物内杂物并准备好钢筋绑扎所需铁丝和工具等。

施工准备做好之后，按照规范和设计要求进行绑扎。若施工采用套筒冷挤压、锥螺纹、电渣压力焊等施工技术连接钢筋，要按照相应的规范施工，以确保工程质量。

钢筋绑扎完，均应进行隐蔽工程检查，合格后方可进入下道工序施工。

3. 模板工程

（1）模板的选择

明挖地铁结构为钢筋混凝土结构，表面积大，模板用量多，做好模板设计工作是十分重要的。

为保证钢筋混凝土质量，应尽量采用钢模板或胶制叠合板，有条件的地段可采用整体模板。但在地铁结构特别是车站、通风道和车站出入口等处，预埋件较多，应考虑采用钢、木模板的结合，以利预埋件的固定和穿出。图 5.71 为侧墙模板支撑体系。

对于方形或矩形柱可采用组合钢模板，而圆形柱多采用对装成节的钢模板或玻璃钢模板；变形缝处的端头模板要便于设置和固定止水带和填缝板，因此应采用木模板。模板支架多采用型钢及钢管。

（2）模板基本要求

① 模板应事先设计，并进行计算，保证模板及支架的强度、刚度及稳定性；

② 模板接缝严密不漏浆并涂隔离剂，以利拆模；

③ 模板必须保证各部位形状尺寸和相互间位置的正确性；

④ 模板要考虑多次周转使用及方便安装和拆除，对混凝土无损伤，并方便钢筋绑扎和混凝土灌注；

⑤ 结构顶板模板支立时应考虑 1~3 cm 的沉落量。

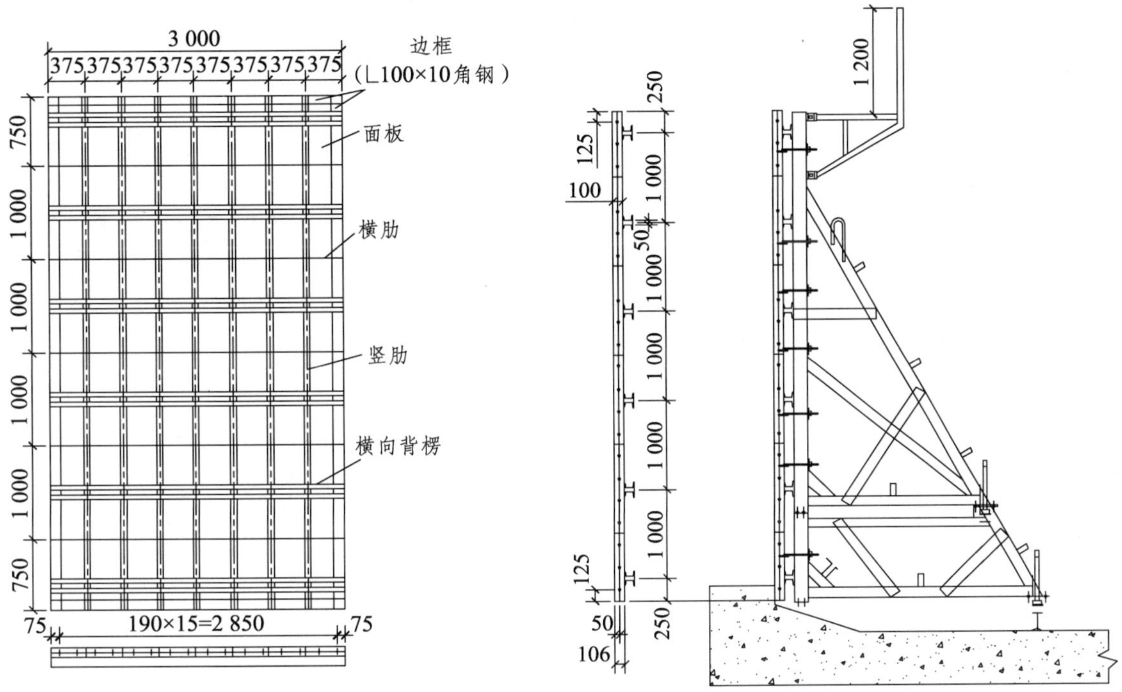

（a）钢模板　　（b）三角支架

图 5.71　侧墙模板支撑体系（尺寸单位：mm）

（3）模板台车

明挖法施工的地铁区间隧道断面是定型的，而且结构长，因此应采用模板台车灌注混凝土，以实现模板拆装运输机械化，加快施工进度，减轻劳动强度，保证工程质量。

模板台车是利用钢模板铰接折叠原理，采用设于台车上的机械手的推、拉、顶的作用来实现拆支模板的。其施工程序和操作要点为：

① 支模板：台车载着模板运至安装地点—分别伸出垂直、水平、斜拉千斤顶，将模板顶出并就位；

② 拆模板：台车运至拆模地点—分别伸出垂直、水平、斜拉千斤顶与模板铰相连—分别收缩斜拉千斤顶和垂直、水平千斤顶，将模板拆下。

4. 混凝土工程

地铁结构的材料、配合比、搅拌、运输和混凝土灌注等均应符合防水混凝土的要求。地铁处于城市范围施工，其混凝土多为商品混凝土，采用搅拌站集中生产，搅拌车运送，输送泵车输送至灌注地点。

（1）地铁混凝土工程施工程序

① 区间：底板—中边墙及顶板。

② 车站：底板—柱子—边墙及顶（楼）板，或底板—柱子及边墙和顶（楼）板。

（2）钢筋混凝土工程施工要点

① 结构底板、墙、顶（楼）板钢筋混凝土施工，均应以变形缝划分区段间隔施工并一次灌注完毕。

② 顶（楼）板、底板以台阶分层进行灌注，墙及柱子分层水平灌注，并保证上下层覆盖时间不超过 2 h。

③ 钢筋与模板间必须用砂浆或塑料垫块垫紧，以保证钢筋保护层厚度。

④ 混凝土如产生离析现象，应进行二次搅拌，均匀后方可灌注。混凝土灌注高度超 2 m 时应加串筒。

⑤ 混凝土采用高频振捣器振捣，并在底、顶（楼）板混凝土初凝之前用平板振捣器再进行一次振捣，以消除泌水，确保混凝土密实。

⑥ 在预埋件多和钢筋密集处需采用同强度细石混凝土灌注，保证不漏振。

⑦ 变形缝止水带处，顶、底板应掀起止水带灌注其下混凝土，并认真振实，且将止水带缓慢压在下层混凝土上后，再灌注其上混凝土。边墙处止水带应采用铁丝将其拉紧于边墙立筋上，防止混凝土灌注时将止水带压偏。

⑧ 施工缝尽量少留或不留，隧道底板与边墙施工缝留在底板表面以上 20 ~ 30 cm 处，并尽可能做成凹、凸形或台阶形。混凝土灌注之前，清除浮渣和杂物，用水清洗并保持湿润。灌注混凝土时，先铺放 20 ~ 30 mm 厚的同强度等级砂浆，再正式灌注混凝土。

⑨ 在灌注墙、柱与板交界处应停歇 1 ~ 1.5 h 后再继续灌注混凝土，在灌注混凝土过程中，派专人观测模板、支架、钢筋、预埋件和留洞处的情况，发现变形、移位等，应及时采取措施进行处理。

⑩ 加强混凝土养护，混凝土灌注终凝后，及时采取措施保持混凝土表面经常湿润。

5.6.2 地铁结构防水

地铁若修建在含水地层或透水地层中，则将受到地下水的有害作用，并受到地面水的影响。如果没有可靠的防水措施，地下水就会侵入，乃至危害运营和影响结构物使用寿命。因此，地铁结构物的防水措施应根据场地的水文地质情况、地形条件、施工方法、结构形式、防水标准、使用要求和技术经济指标等综合考虑确定。

1. 地铁结构防水一般规定

（1）地铁结构防水设计与施工的原则

①“以防为主，防排结合，多道防线，刚柔结合，综合治理”；

② 坚持以混凝土结构自防水为主，柔性附加防水为辅；

③ 以结构自防水为根本，采取措施控制混凝土结构裂缝的产生，增强混凝土的抗渗性能；

④ 以变形缝、施工缝、穿墙管等特殊部位的接缝防水为重点；

⑤ 选择具有良好的物理和化学性能、抗渗性和无毒性、耐刺穿性的防水材料，防水材料的寿命应尽量与结构混凝土寿命相匹配；

⑥ 对于明挖地铁车站，做好降水与堵水，确保防水层（必须）在无明水条件下施作。

（2）地铁结构防水等级和设防标准

根据地铁结构物使用要求、用途、工程性质以及水文地质条件等，并根据《地下工程防水技术规范》（GB 50108—2008）确定地下工程防水等级。地下工程防水按渗漏程度分为 4 级，见表 5.8。

表 5.8　地下工程防水等级

防水等级	标　准
一级	不允许渗水，无湿渍
二级	不允许渗水，有少量、偶见的湿渍
三级	有少量漏水点，不得有线流和泥流，漏水量<0.5 L/（m^2·d）
四级	有流水量，不得有线流和漏泥砂，漏水量<2.0 L/（m^2·d）

地铁结构防水等级：

① 地铁车站及机电设备集中地段，防水等级为一级；

② 地铁区间隧道及附属工程，防水等级为二级或三级。

2. 地铁结构防水体系

地铁结构防水根据不同的工程部位，采取的防水措施也不同，见表 5.9。如图 5.72 和图 5.73 分别为主体结构和变形缝的防水措施。即，地铁结构防水的两道防线，第一道为地铁结构本身的防水混凝土，第二道为附加防水层（外贴卷材、防水涂料、防水砂浆等）。

表 5.9　地铁结构防水措施

工程部位	主　体			后浇带	施工缝	变形缝
防水措施	防水混凝土（P8）	防水卷材（侧墙、底板、顶板）	防水涂料（顶板、侧墙）	中埋式止水带＋外贴式止水带	中埋式止水带＋外贴式止水带	中埋式橡胶止水带、防水嵌缝材料、外贴式止水带

图 5.72　底板附加防水层施工

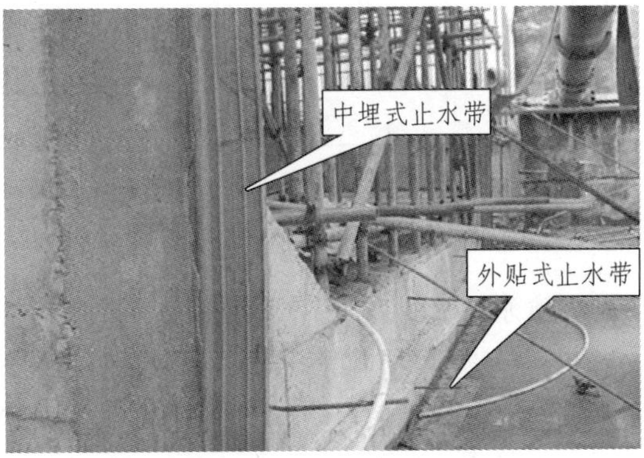

图 5.73　变形缝防水

（1）结构自防水

结构防水“以防为主，防排结合，多道防线，刚柔相济，综合治理”的原则中，“以防为主”，是指结构自防水，即混凝土或钢筋混凝土结构的自防水能力。其能力体现为混凝土具有一定的抗渗能力。规范对防水混凝土抗渗等级的规定见表 5.10。

表 5.10　防水混凝土设计抗渗等级

结构埋置深度/m	设计抗渗等级	
	现浇混凝土结构	装配式钢筋混凝土结构
$h<20$	P8	P10
$20\leqslant h<30$	P10	P10
$30\leqslant h<40$	P12	P12

结合地铁工程，结构自防水还应具备如下要求：

① 地下结构应尽可能应用高性能防水混凝土。

a. 混凝土强度等级不应低于 C30，确定水胶比不高于 0.45，较低的入模坍落度[≤（12±2） cm]；

b. 防水混凝土抗渗等级可按照底板埋深 20 m 以内采用 P8，20 m 以上采用 P10；

c. 处于侵蚀介质中的防水混凝土的耐侵蚀系数不应小于 0.8。

② 防水混凝土结构，应符合下列规定：

a. 结构厚度不应小于 250 mm；

b. 防水混凝土结构最大裂缝宽度、钢筋保护层最小厚度应符合表 5.11 和表 5.12 的规定。

表 5.11　最大计算裂缝宽度允许值

结构部位	允许值	附　注
水中环境、土中缺氧环境	0.3 mm	
洞内干燥环境或洞内潮湿环境	0.3 mm	环境相对湿度为 45%～80%
迎土面地表附近干湿交替环境	0.2 mm	

表 5.12　受力钢筋的混凝土保护层最小厚度　　单位：mm

结构类型	地下连续墙		灌注桩	车站主体结构				
				顶板		中楼板	底板	
	外侧	内侧		外侧	内侧		外侧	内侧
保护层厚度	70	50	70	50	40	30	50	40

注：① 车站内的楼梯及站台板等内部构件的主筋的保护层厚度可采用 25 mm；

② 箍筋、分布筋和构造筋的混凝土保护层厚度不得小于 20 mm。

③ 防水混凝土原材料要求：

a. 宜选用低水化热、低含碱量的硅酸盐水泥、普通硅酸盐水泥，并避免使用早强水泥和高铝酸一钙（$CaO\cdot Al_2O_3$，简写为 CA）含量水泥，水泥的强度等级不得低于 32.5。

b. 采用质地坚固、级配良好的骨料；粗骨料宜采用 5～25 mm 的石子。

c. 防水混凝土可掺入一定数量的粉煤灰（粉煤灰性能应优于二级，掺量不宜大于 20%）和高效减水剂（减水率>20%的缓凝型）及具有补偿收缩功能的膨胀防水剂。

④ 在车站顶板的大尺寸开孔段应采用钢纤维混凝土抗裂。钢纤维用量约为 60 kg/m^3。

⑤ 混凝土养护和保护层厚度应符合现行《混凝土结构工程施工质量验收规范》

（GB 50204）的质量控制与质量保证措施。

（2）附加防水层

通常防水层都做在结构的外侧（迎水面），其要求与结构的表面粘贴良好。

① 附加防水层有卷材防水层、涂料防水层等，附加防水层应设置在主体结构迎水面或复合结构之间。

② 卷材防水层应根据施工环境条件、结构构造形式、工程防水等级要求选择材料品种和设置方式。

③ 涂料防水层应根据工程所在地区环境、气候条件、施工方法、结构构造形式、工程防水等级要求选择防水涂料品种。防水涂料采用外防外涂法施工。

3. 地铁结构防水施工

（1）卷材防水

根据基坑护坡方法，如敞口护坡、桩柱法、地下连续墙法等所提供的防水层施作条件，卷材可选择“外防外贴”和“外防内贴”法，而底板及侧墙下部则均采用外贴法。明挖结构外贴式防水层的构造如图 5.74。

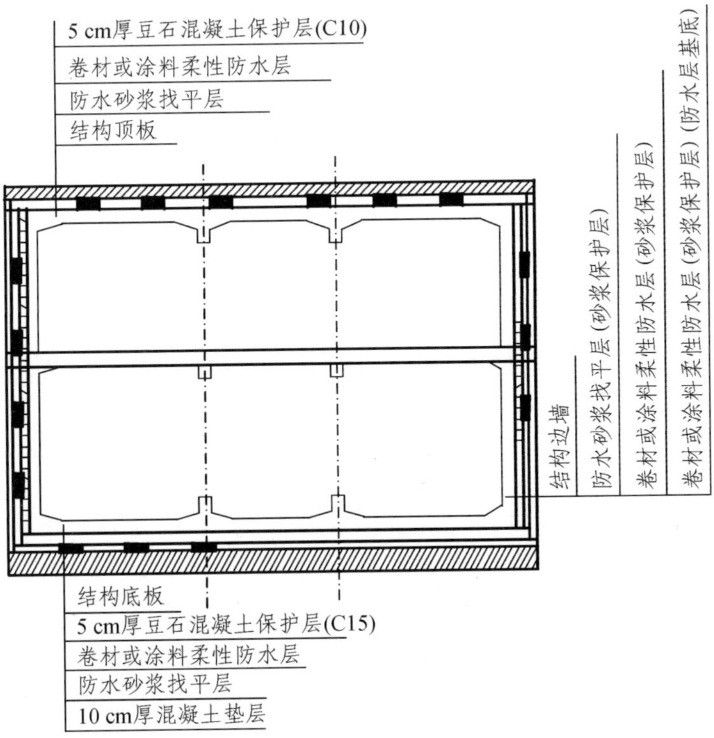

图 5.74　明挖结构外贴防水层结构示意图

“外防外贴”法主要用于敞口放坡明挖法施工的结构，它是先在垫层上铺贴底层卷材，四周留出接头，待底板混凝土和立面混凝土浇筑完毕，再将立面卷材防水层直接铺设在防水结构的外墙外表面的一种卷材施工方法。“外防内贴”法主要用于桩支护明挖顺作法施工的结构，它是先浇筑混凝土垫层，在垫层上将永久性保护墙全部砌好，抹水泥砂浆找平层，将卷材防水层直接铺贴在垫层和永久性保护墙上的一种卷材施工方法。

（2）涂料防水

在明挖结构中也可采用大面积的涂料防水，但要注意保证涂料防水厚度的均匀一致。在基面复杂的部位，因卷材不易施工，采用涂料防水则较为方便。

涂料应选用防水、抗菌、无毒或低毒、刺激性小的涂料，目前比较适用的是焦油聚氨酯涂料；涂料的施工基面应平整、清洁、无浮浆，采用溶剂型涂料时含水率小于 9%；涂刷时必须保证涂料厚度一致，第二层涂料与前一层涂料的涂刷方向相垂直；当与玻璃布、玻璃毡片、土工布等材料复合使用时，布材铺贴不得皱折。

（3）明挖结构变形缝等防水构造和施工要求

① 变形缝：变形缝防水构造形式和材料应根据工程特点、地基和主体结构变形情况以及水压、水质和防水等级等因素确定。缝宽一般为 20 ~ 30 mm，水压较大的变形缝通常均采用埋入式橡胶止水带。

② 后浇缝：后浇缝应在其两侧结构混凝土的龄期达 6 周以后再施工；施工前应将接缝处的混凝土凿毛，清洗干净，保持润湿并刷水泥浆，或凿毛清洗后待其干燥，在其结构断面中部附近安放遇水膨胀腻子条；用补偿混凝土将后浇缝注满，其强度等级和抗渗等级均不低于两侧主体结构混凝土；养护时间不小于 28 d。

③ 施工缝：凿毛清洗干净后，在结构断面中部附近放置遇水膨胀腻子条，可靠、经济。也可采用橡胶或塑料止水板等，但施工比较麻烦。

④ 穿墙管：穿墙管应在浇筑混凝土前埋设，并加止水环，环与主管要满焊。

项目实战演练

项目实训 5.1　广州地铁 3 号线大石站明挖法施工实例

1. 工程地质概况

广州地铁 3 号线大石站总长约 280 m，设计与 7 号线换乘。主体结构基坑深度约 14.0 m，面积约 5 400 m^2，基坑标准段宽度为 19.7 m。

（1）地形地貌

大石站位于大石镇东南部，场区地形较平坦，稍有起伏。地势北部略高，为填土区和居民区；南部略低，为菜地和水田分布区。地貌属大石-礼村海冲积平原。

（2）岩、土分层及其特征

根据岩土层的成因、工程性质、风化程度等特征，本站场区岩土自上而下分为九个工程地质层，分别为：① 人工填土层（Q_4^{ml}）、② 海陆交互相地层（Q_4^{mc}）、③ 陆相冲—洪积砂层（Q_3^{al+pl}）、④ 冲积-洪积土层（Q_3^{al+pl}）、⑤ 残积土层（Q^{el}）、⑥ 白垩系全风化岩带（K_1b^1）、⑦ 白垩系强风化岩带（K_1b^1）、⑧ 白垩系中风化岩带（K_1b^1）、⑨ 白垩系微风化岩带（K_1b^1）。现将各岩土分层及其工程特征分别叙述如下（篇幅原因，以下只介绍前四种地层）：

① 人工填土层（ Q_4^{ml} ）：

〈1〉：场区人工填土为素填土，主要由砂岩碎石及粉质黏土、粉土堆填而成；多呈土黄、杂色，稍湿；下部一般为薄层耕植土。主要分布于场区中部及西北部，分布较连续；层厚 0.40 ~ 2.60 m，平均厚 0.92 m。

② 海陆交互相地层（ Q_4^{mc} ）：

〈2-1〉：呈深灰、灰黑色，饱和，流塑；主要成分为黏粒，有机质含量 3.69% ~ 7.1%，局部含粉细砂。该地层在所有钻孔中均有揭露，层顶埋深 0.00 ~ 5.15 m，层顶标高 1.19 ~ 6.22 m，层厚 0.95 ~ 13.60 m，平均厚度为 7.47 m。

③ 陆相冲-洪积砂层（ Q_3^{al+pl} ）：

〈3-2〉：呈灰黄、浅灰色，饱和，松散—稍密状，主要成分为石英质粉细砂、中砂，含 8% ~ 15%黏粒。站区内仅有 5 个钻孔揭露有该层，呈零星状分布。层顶埋深 5.40 ~ 14.00 m，顶面标高-7.97 ~ 0.55 m，层厚 0.60 ~ 1.40 m，平均厚 1.04 m。

④ 冲积-洪积土层（ Q_3^{al+pl} ）：

〈4-1〉：呈浅灰、灰黄色，主要由粉质黏土和粉土组成，湿—饱和。层顶埋深 3.20 ~ 13.35 m，层顶标高 – 7.40 ~ 2.54 m，层厚 0.50 ~ 6.10 m，平均厚 1.81 m。该层在站区内分布较连续。

（3）水文地质

站区地下水最高水位标高约 6.35 m，最低水位标高约 4.30 m。

按地下水赋存方式，站区内地下水可分为第四系孔隙潜水、第四系孔隙承压水和基岩裂隙承压水三种类型。经水质分析，场区内地下水对混凝土结构具有碳酸型分解类弱腐蚀性，对钢筋混凝土结构中的钢筋无腐蚀性。

2. 车站施工方法及结构方案

（1）施工方法

车站周边无既有建筑物，亦不占用既有道路，故车站采用明挖法施工。

（2）结构方案

① 围护结构方案。

本站底板埋深平均约 14.0 m（相对于现状地面，下同），底板持力层多为〈5-2〉、〈6〉、〈7〉层。围护结构采用钻孔灌注桩加内支撑的方案。围护结构为临时结构，不考虑其在使用期间的承载作用。

基坑边设一圈钻孔灌注桩作为挡土结构，桩径为 1 200 mm，间距为 1 200 mm。施工开挖期间设三道钢支撑，钢支撑采用 ϕ600 钢管，支撑间距为 3.5 m。钻孔桩间设直径 600 mm 旋喷桩止水，旋喷桩应伸入淤泥质土层下界面以下的不透水层 1.0 m 以上。底板局部加深部分因地质情况较好采用放坡开挖。

车站出入口通道、风道现状基坑深度约 7.2 m，采用直径 1 000 mm 钻孔灌注桩围护，桩心间距 1 100 mm，钻孔桩间设直径 600 mm 旋喷桩止水，旋喷桩应伸入淤泥质土层下界面以下的不透水层 1.0 m 以上，基坑开挖期间设一道支撑。因基底基本上处于淤泥质土层，故需对基底进行深层搅拌桩加固，搅拌桩桩径取 600 mm，桩间距 1 000 mm×1 000 mm，梅花形布置。搅拌桩平均桩长约为入基底下 5 m。

② 主体结构方案选择。

本站采用钢筋混凝土双层双跨或多跨箱形框架结构。因车站限界及使用功能要求，车站标准段设单柱，框架柱距一般为纵向 8.5 m。车站沿纵向设梁。与 7 号线换乘接口段因车站功能要求，该梁方向与车站纵梁方向斜交。车站北端东西两侧考虑与 7 号线接口，在站厅层侧墙上预留将来与 7 号线打通条件，并在结构上采取措施，尽量减小将来 7 号线与本站相接时对车站的影响。

出入口通道为单层单跨矩形框架，出入口敞开段为 U 形槽；风道为单层两跨或多跨矩形框架。施工现场见图 5.75。

图 5.75 车站施工现场图

3. 车站防水

车站结构采用三道防水设防，以结构自防水为主，外包卷材（涂料）防水为辅，卷材外侧设置防水砂浆刚性防水层。结构顶板、中板、底板及侧墙均采用高性能防水混凝土，防水混凝土的抗渗等级为 0.8 MPa（P8）。钻孔桩与防水卷材之间找平层及顶、底板的找平层均采用 1∶2.5 水泥砂浆抹面，作为一道防水层。

项目实训 5.2 深圳地铁一期工程科学馆站盖挖法施工实例

1. 工程概况

深圳地铁科学馆站位于深圳市福田区上步路与松岭路之间的深南中路上，全长 222.5 m，为 10 m 岛式车站、双层双跨（局部三跨）钢筋混凝土框架结构，外包宽 18.7 m，结构高度 12.64 m，顶板埋深 3.1 ~ 3.7 m，设有 4 个风道和 4 个出入口，如图 5.76。车站西端为商业区，北面有华联大厦、科技大厦；南面为拟建的丰隆中心；东北面有老干部活动中心、市委市政府；东南面有商业银行大厦和正在施工的城市中心广场。深南中路为深圳市东西向市区主干道，机动车道为 8 车道，道路总宽度为 50 m，在松岭路口设有公交汽车站。站址处建筑物密集，地面交通繁忙，为繁华闹市区。地下管线管道纵横交错，主要分布于深南中路机动车道两侧及人行道附近。

该站址区地处台地，上覆第四系全新统人工堆积层（Q_4^{ml}）及第四系中更新统残积层（Q_2^{el}），下伏燕山期花岗岩（T_5^3）。覆土自上而下为：硬塑素填土，坚硬—硬塑砾质黏性土，全风化带（W4），强风化带（W3）。地下水埋深 2.5 ~ 4.0 m，为第四系孔隙潜水，水位变幅 0.5 ~ 1.0 m，主要含水层为第四系中更新统砾质黏性土（Q_2^{el}），地下水主要补给来源为大气降水。

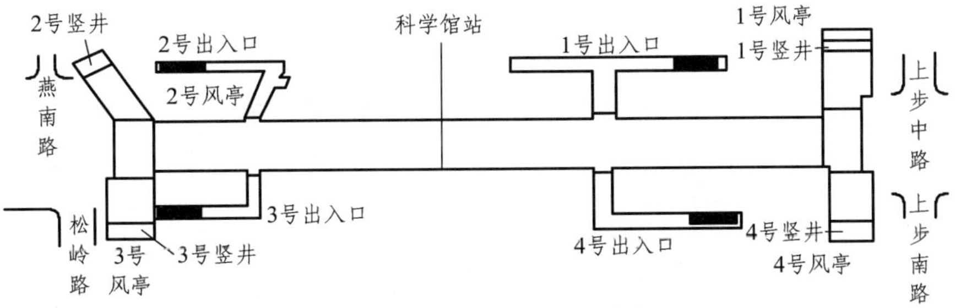

图 5.76　科学馆站平面示意图

2. 结构形式及施工方法

本站位于深南中路与上步路交叉路口的西侧，深南路车行道下方。车站中心里程 CK4 + 223.2，车站起点里程 CK4 + 097.5，车站讫点里程 CK4 + 320.0，全长 222.5 m。车站主体为双层双跨和双层三跨框架结构，净宽 17.9 m，总高 12.84 m。设计为岛式站台，站台宽 10 m，有效站台长 140 m。结构断面见图 5.77。

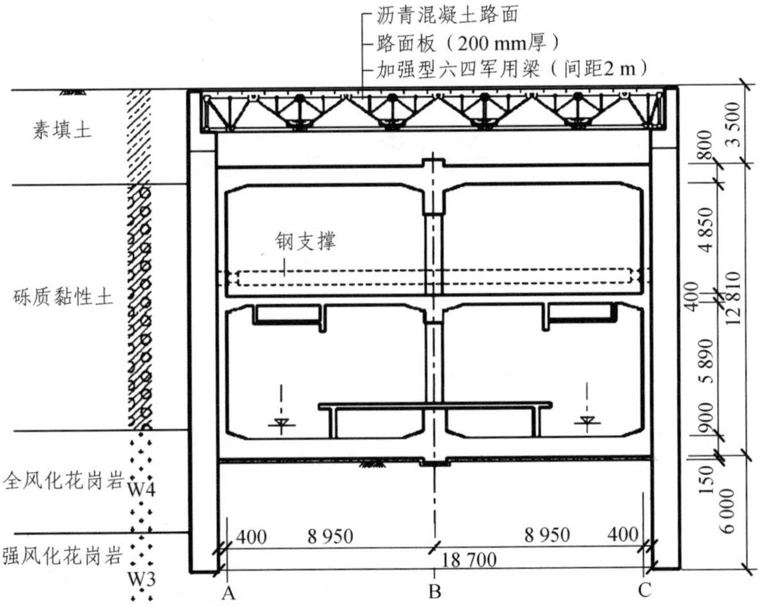

图 5.77　车站结构断面（尺寸单位：mm）

该站采用盖挖顺筑法方案，增设路面支撑工程，以尽量减小工程施工对地面交通的干扰程度和影响时间，从而争取了地铁车站技术、经济和功能多方面的优势。主体结构在路面支撑系统下方采取顺作法施工，工程质量和工程安全均有可靠保证。

车站主体路面支撑系统选用加强型六四式铁路军用梁作为主梁，间距 2 m。军用梁之间设置纵向联结系，以加强军用梁的横向刚度和整体稳定。路面板采用 1.0 m×2 m 厚 0.2 m 预制钢筋混凝土板，并铺设 5 ~ 10 cm 厚沥青混凝土，以起到一定的防水和缓冲车辆冲击力的作用，如图 5.78 所示。

围护结构采用 ϕ1 200 mm 密排人工挖孔桩，作为永久结构与侧墙在顶、中、底板处刚接形成复合结构，以充分利用围护桩的强度，将侧墙减薄至 400 mm，节省工程造价。

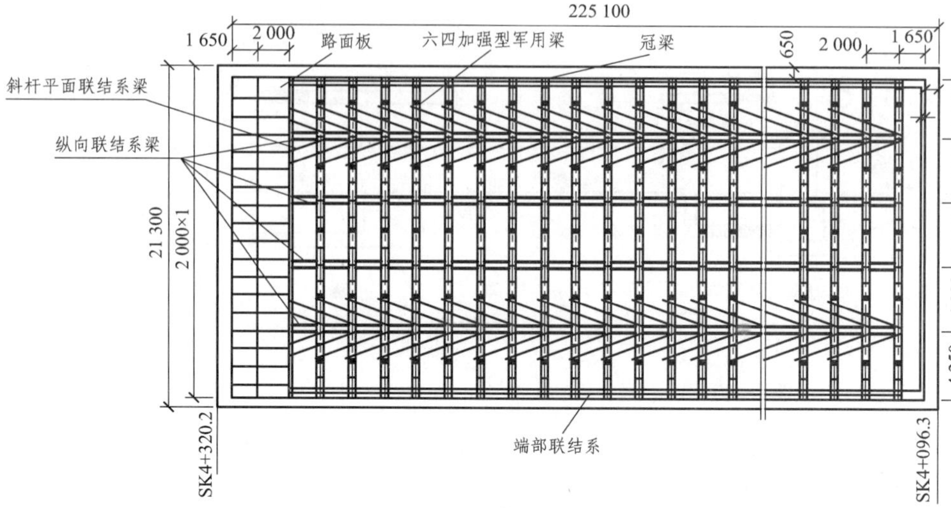

（a）军用梁路面系统布置（尺寸单位：mm）

（b）军用梁路面系统现场图

图 5.78　车站路面支撑系统

通道及风道也同样采用盖挖顺作法施工。通道路面支撑系统由路面板和横梁组成，横梁采用热轧 H 型钢；风道路面支撑系统由路面板、横梁、纵梁和支承桩组成，横梁、纵梁采用热轧 H 型钢，并在纵梁下设置临时型钢桩，采用人工挖孔灌注桩作为基础，见图 5.79。

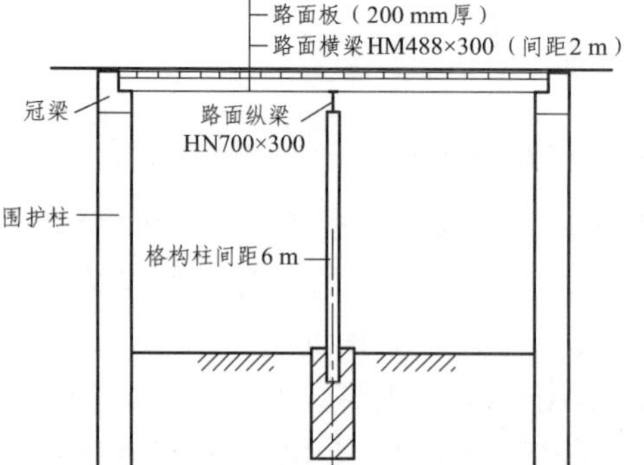

图 5.79　风道路面支撑系统（尺寸单位：mm）

3. 防水设计

防水设计遵循“以防为主，防排结合，多道设防，因地制宜，综合治理”的原则进行。结构以自防水为主，混凝土抗渗等级不低于 P8。主体结构的底板采用 PVC（聚氯乙烯）防水板，顶板采用双组分聚氨酯涂料，侧墙采用水泥基渗透结晶型防水材料。变形缝采用橡胶止水带止水，并设置接水槽。施工缝分纵向施工缝和环向施工缝，环向施工缝设置间距一般为 8 ~ 12 m。纵向施工缝采用缓膨型橡胶止水条止水，环向施工缝采用钢边橡胶止水带止水。

项目实训 5.3　编制某地铁车站明挖法施工方案

以小组为单位，编制某地铁车站明挖法施工方案。

思考与练习

【思考题】

1. 简述明挖法的概念和工艺流程。
2. 明挖法开挖时边坡稳定性分析有哪些方法?
3. 简述盖挖法的概念及其工艺流程。
4. 简述基坑支护体系的组成。
5. 简述地下连续墙的含义和施工工艺。
6. 简述地下连续墙施工中泥浆和导墙的作用。
7. 简述土钉墙的作用机理及工作性能。

【练习题】

1.（选择题）扫描扉页在线开放课程二维码。
2. 运用思维导图，绘制地铁基坑围护的主要施工方法。

项目 6　地铁暗挖法施工

学习目标

1. 知识目标

（1）了解浅埋暗挖法施工的发展。

（2）理解新奥法、浅埋暗挖法施工原理。

（3）掌握浅埋暗挖法施工工法。

2. 能力目标

能依据工程地质和水文地质条件选择合理的浅埋暗挖开挖方法。

项目导入

暗挖法施工是城市地铁的主要施工方法之一，它适用于不宜明挖施工且含水率较小的各种地层，尤其是在城市中心区域建筑物密集、交通运输繁忙、地下管线密布，且对地面沉降有严格控制要求的情况下，修建埋置较浅的地下结构工程更为适用。暗挖法也称为矿山法，又分为传统矿山法、新奥法、浅埋暗挖法、新意法、新管幕法等，而传统矿山法现已被新奥法取代。

早期的隧道暗挖施工采用传统矿山法（Mine Tunneling Method，MTM），即以人工开挖、小型机械化开挖、钻孔爆破开挖等方法为主。根据围岩的稳定状况，在横断面上采用分部开挖，在纵断面上采用正台阶或反台阶开挖；在支护手段上采用圆木、型钢、钢轨等形成支护，对开挖面围岩形成强力支承。20 世纪 60 年代以来，人们对开挖隧道过程中所出现的围岩变形、松弛、崩塌等现象有了更深入的认识，为提出新的、经济的隧道施工方法创造了前提。1963 年，由奥地利学者拉布西维兹教授命名为“新奥地利隧道施工方法（New Austria Tunneling Method）”，简称新奥法（NATM）。新奥法是由传统矿山法发展起来的，传统矿山法施工是把地层压力视作外力荷载，而新奥法是把围岩和支护结构作为一个统一的受力体系来考虑，围岩既是荷载的来源，又是支护结构的一部分，围岩和支护结构相互作用。

1984 年，北京地铁复兴门折返线首次在城市繁华地段施工中采用了基于新奥法原理的浅埋暗挖法（STCM），在保证地面交通正常运行的条件下获得了成功，由此浅埋暗挖法在新奥法基础上孕育而生。浅埋暗挖法是在距离地表较近的地下进行各种类型地下洞室暗挖施工的一种方法。浅埋暗挖法的技术核心是依据新奥法的基本原理，即在施工过程中采用多种辅助措施加固围岩，充分调动和发挥围岩的自承能力，开挖后及时支护，使支护封闭成环，与围岩共同作用形成联合支护体系，它是一种抑制围岩过大变形的综合配套施工技术。

20 世纪 70 年代中期，意大利的 Pietro Lunardi 教授开始进行研究，并逐步提出了岩土控制变形分析(ADECO-RS)法，且将之运用于隧道设计与施工中。新意法(ADECO-RS)是通过对隧道掌子面超前核心岩土介质的勘察，预测其稳定性，设计按隧道开挖后围岩稳定、暂时稳定、不稳定，将其划分为A、B、C三种形态，据以设计信息化支护措施，确保隧道安全穿越复杂地层和实现全断面开挖的一种动态设计施工指导原则。该工法特别适用于浅埋松软地层、变形控制要求高的隧道工程。

最早由比利时的 Smet Boring 公司开发的新管幕法（New Tubular Roof Method，简称NTR 工法），由韩国改进并申报专利，在韩国已有数十年的应用历史。国内 2008 年沈阳地铁 2 号线新乐遗址站首次引进并使用。新管幕法是沿拟建结构部位顶进多根大直径钢管，并采用管间切割支护或利用结构环梁将钢管相互连接，在相互连接的钢管内部空间施作永久结构后开挖结构内部土体的一种方法。新管幕法相对管幕法是一种改进，管幕法在日本、美国、新加坡和中国台湾地区等已有较多的应用实例。

现将新奥法、浅埋暗挖法和新意法三种施工方法的比较列于表 6.1。

表 6.1　暗挖法（矿山法）三种施工方法比较

矿山法	新奥法	浅埋暗挖法	新意法
指导思想	充分利用围岩的自承能力和开挖面的空间约束作用，以锚杆和喷射混凝土为主要支护手段，及时对围岩进行加固，约束围岩的松弛和变形，并通过对围岩和支护结构的监控、测量来指导地下工程的设计与施工	以改造地质条件为前提、以控制地表沉降为重点、以锚喷和钢架为主要支护手段，辅以必要的地层加固配套技术	强调控制围岩变形、强调掌子面前方围岩的超前支护和加固，通过监测和控制掌子面前方的围岩、采用配套的机械化作业，实现全断面开挖
基本原则	① 充分保护围岩，减少对围岩的扰动；② 充分发挥围岩的自承能力；③ 尽快使支护结构闭合；④ 加强监测，根据监测数据指导施工。 可扼要地概括为“少扰动、早喷锚、勤测量、紧封闭”12字方针	沿用新奥法的基本原则，在城市软弱围岩条件下，总结形成了“管超前、严注浆、短进尺、强支护、早封闭、勤量测”18 字方针	① 全断面开挖；② 运用超前支护和加固措施减小或避免围岩变形；③ 在离掌子面较短的距离内封闭支护以减小隧道变形
适用范围	在坚硬和软弱地层中可灵活运用	适用城市软弱地层，特别是具有埋深浅（最小覆跨比可达0.2）、地层岩性差（通常为第四纪软弱地层）、存在地下水（需降低地下水位）、周围环境复杂（邻近既有建、构筑物）等特点的地下结构	软岩、硬岩都适用，特别适用于浅埋松软地层、变形控制要求高的隧道工程
应用前景	运用该法在我国修建了大量隧道工程，仍是隧道暗挖法施工的主要方法	在我国城市软弱地层中已得到广泛使用，在地铁和隧道施工中也将得到广泛使用	在意大利等欧洲国家得到了广泛应用。在我国已被接纳并被纳入设计规范，具有良好的前景

思政点拨

1986 年，在咸阳市西南 9 km 渭城区钓台乡资村之西 1 000 m 处，当地村民因取沙而挖掘出一座大型古代桥梁遗址。1988 年，又在此桥东 300 m 处发现了另一座桥梁遗址，并取名为沙河桥遗址，如图 6.1。经碳十四测定，木桩绝对年代为 2 200 年左右，为我国秦汉时期的大型木质桥梁。

图 6.1　沙河桥遗址

我国作为文明古国，有着悠久的历史，古代劳动人民的智慧激励着新时代的大学生有责任、有义务用技术武装自己，为实现中华民族伟大复兴的目标而努力奋进。

项目布置

依据工程地质和水文地质条件，学生选择合理的浅埋暗挖开挖方法完成某地铁车站浅埋法施工技术方案。

项目分析

本项目的核心是地铁浅埋暗挖法施工技术，但完成某地铁浅埋暗挖法需要掌握新奥法、浅埋暗挖法等知识与技能。因此，本项目安排了新奥法施工、浅埋暗挖法施工 2 个工作任务和 3 个项目实训。

工作任务 6.1　新奥法施工

6.1.1　新奥法的基本原理

地铁工程采用暗挖法施工的核心问题就是岩体的开挖和围岩支护。

新奥法（NATM）是“新奥地利隧道施工方法”的简称，其开挖作业强调尽量减少对围岩的扰动，对完全的土质隧道可以采用机械或人工挖掘，对石质隧道多采用光面爆破和预裂爆破开挖。而在支护手段上，采用喷射混凝土和锚杆作为初期支护，把喷锚衬砌和围岩看作一个相互作用的整体，既发挥围岩的自承能力，又使锚喷衬砌起到加固围岩的作用。

采用锚喷支护的新奥法与采用钢木支护的传统矿山法相比，不仅仅是在支护手段上有所革新，更重要的是工程概念上有所进步。传统矿山法的依据是“松弛理论”，其认为围岩可能由于扰动而产生坍塌，支护需要支承围岩在一定范围内由于松弛可能坍塌的岩体重量。新奥法的理论依据是“岩承理论”，其核心内容是稳定的围岩自身具有承载能力，而不稳定的围岩丧失稳定有一个时间过程，如果在这个过程中提供必要的帮助和限制，则围岩仍然能够进入稳定状态。

继北京地铁复兴门折返线隧道成功使用新奥法技术后，地下工程界认识到，新奥法的原理可以将一般用于山岭隧道的矿山法施工范围扩展到软弱围岩，甚至是在第四系地层中修建的浅埋市政隧道，以取代明挖法或盾构法。

新奥法的基本思想是：充分利用围岩的自承能力和开挖面的空间约束作用，采用锚杆和喷射混凝土为主要支护手段，及时对围岩进行加固，约束围岩的松弛和变形，并通过对围岩和支护的量测、监控来指导地下工程的设计施工。其施工程序见图 6.2。

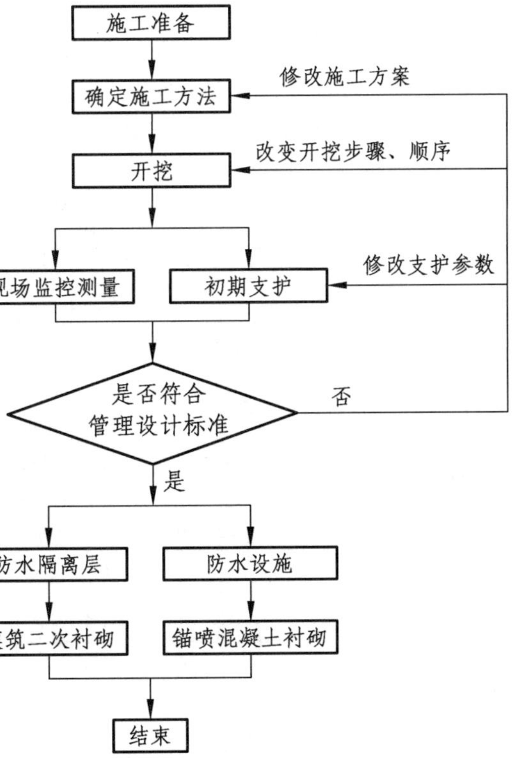

图 6.2　新奥法施工程序

新奥法施工的基本原则可以归纳为“少扰动、早喷锚、勤量测、紧封闭”。

① 少扰动，就是指在进行隧道与地下工程开挖时，要尽量减少对围岩的扰动次数、扰动强度、扰动范围和扰动持续时间。因此要求能用机械开挖的就不用钻爆法开挖；采用

钻爆法开挖时，要严格控制爆破方式；尽量采用大断面开挖；根据围岩级别、开挖方法、支护条件选择合理的循环掘进进尺；自稳性较差的围岩，循环掘进进尺应短一些；支护要尽量紧跟开挖面及时施作，缩短围岩应力松弛时间。

② 早喷锚，是指在开挖后及时施作初期锚喷支护，使围岩的变形进入受控制状态。这样做一方面是为了使围岩不致因变形过大而产生坍塌失稳；另一方面是使围岩变形适度发展，以充分发挥围岩的自承能力。必要时可采取超前预支护措施。

③ 勤量测，是指以直观、可靠的量测方法和量测数据来准确评价围岩与支护的稳定状态，或判断其动态发展趋势，以便及时调整支护形式、开挖方法，确保施工安全和掘进工作的顺利进行。现场量测是现代隧道及地下工程理论的重要标志之一，也是掌握围岩动态变化过程的手段和进行工程设计、施工的重要依据。

④ 紧封闭，一方面是指采取喷射混凝土等防护措施，避免围岩因长时间暴露而导致强度和稳定性的衰减，尤其是对于易风化的软弱围岩；另一方面更为重要的是指要适时地对围岩施作封闭形支护，这样做不仅可以及时阻止围岩变形，而且可以使支护和围岩进入良好的共同工作状态。

6.1.2 新奥法施工的开挖方法

基于新奥法原理的暗挖法施工方法也叫矿山法。采用新奥法施工隧道与地下工程时，应根据工程特点、围岩地质条件、环境要求以及施工单位的技术状况等，选择适宜的开挖方法及掘进技术。必要时，应通过试验段进行验证。施工方法根据断面分块情况和开挖顺序大致分为全断面法、台阶法和分部开挖法 3 大类及若干变化方案，如图 6.3 所示。

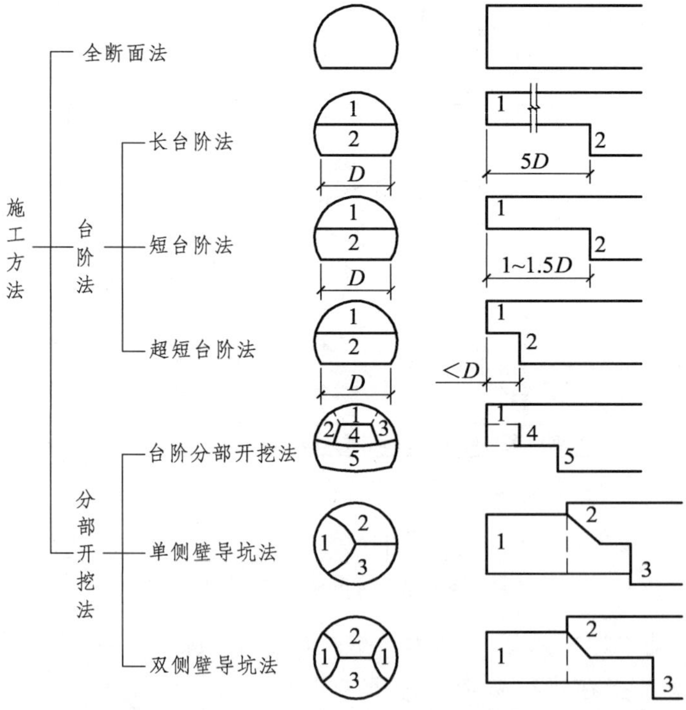

图 6.3　新奥法施工的常见开挖方法

1. 全断面法

全断面法适用于Ⅰ~Ⅲ级硬岩，Ⅳ级围岩在采用有效措施后，亦可采用全断面开挖。施工时应组织大型机械化作业，提高施工速度，可采用深孔爆破。全断面开挖采用大型设备时隧道长度或施工区段长度不宜过短，一般不应小于 1 km，否则采用大型机械化施工时经济性较差。

2. 台阶法

台阶法（图 6.4）适用于Ⅲ~Ⅴ级围岩，Ⅵ级围岩区间隧道在采用有效措施后也可采用台阶法施工。该法根据台阶长度又可分为长台阶法、短台阶法和超短台阶法，根据台阶数量又可分为两台阶法、三台阶法，以及派生的带临时仰拱的台阶法等类型。

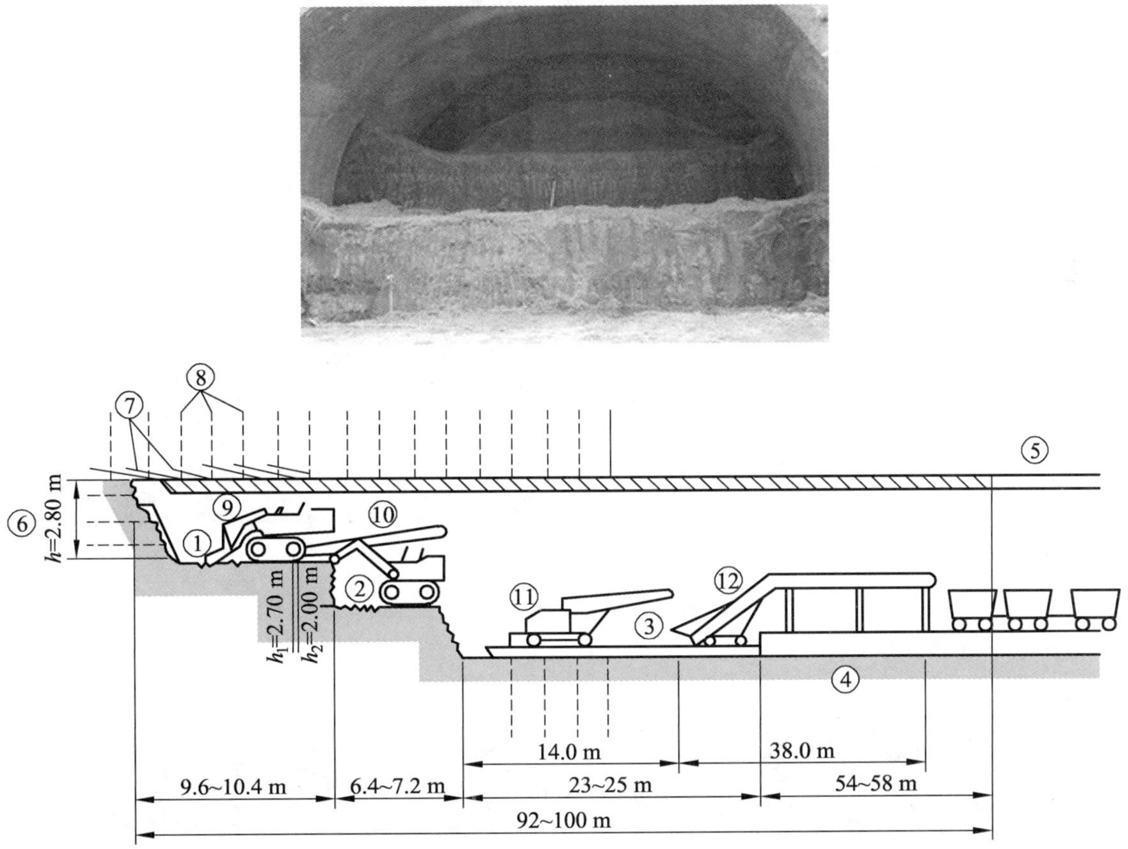

① 上台阶；② 中台阶；③ 下台阶；④ 浇筑仰拱；⑤ 浇筑衬砌；⑥ 加强开挖工作面锚杆；⑦ 超前锚杆；⑧ 径向锚杆；⑨ 挖装机；⑩挖掘机；⑪装载机；⑫转运机。

图 6.4 台阶法

① 长台阶法：一般上台阶超前 50 m 以上或大于 5 倍洞跨，施工中上下部可配属同类型较大型机械平行作业或交替作业。在短隧道或Ⅰ~Ⅱ级硬岩长隧道中可一次将上半断面挖通后，再挖下半断面。该法施工干扰少，机械配套，测量较简单，可进行单项作业。

② 短台阶法：上台阶长度小于 5 倍洞跨，但大于 1~1.5 倍洞跨，适用于Ⅳ~Ⅴ级围岩。

该法可缩短仰拱封闭时间，改善初期支护受力条件，但上台阶施工干扰较大。

③ 超短台阶法：上台阶仅超前 3~5 m，断面闭合较快。此法多用于机械化程度不高的各类围岩地段，当遇软弱围岩时需慎重考虑，必要时采用辅助施工措施稳定开挖工作面以保证施工安全。

3. 分部开挖法

在地铁车站或渡线、折返线上的大断面双线或多线隧道及地质极差的地层中常用分部开挖法。分部开挖法是将隧道设计的开挖断面划分为若干个分部，对每个分部的围岩逐步开挖并整体向前掘进，且一般是将某一部位的围岩超前开挖，故也可称为导坑超前开挖法。它又分为：

① 台阶分部开挖法（也叫环形开挖预留核心土法，图 6.5），适用于Ⅴ～Ⅵ级围岩的一般土质或易坍塌的软弱围岩地段。核心土支挡开挖工作面，拱部开挖后应及时施作拱部初期支护，增强开挖工作面稳定。在拱部支护保护下开挖核心土，安全性好，环形开挖进尺宜为 0.5～1.0 m，核心土面积应不小于整个断面面积的 50%。

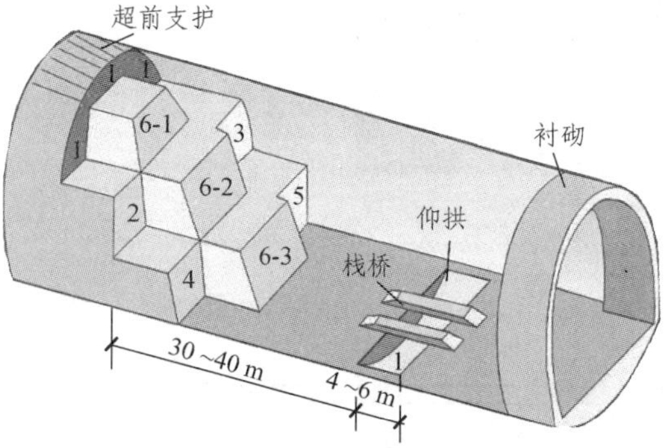

图 6.5　环形开挖预留核心土法

② 单（双）侧壁导坑法（图 6.6），适用于Ⅳ～Ⅵ级围岩浅埋大跨隧道，地表下沉要求严格，导坑断面宜近于椭圆形，及时支护封闭成环。围岩条件差时配合辅助施工方法。此法安全可靠，但施工速度慢、造价高。

图 6.6　单（双）侧壁导坑法

③ 中隔壁法（CD 法）和交叉中隔壁法（CRD 法），如图 6.7 所示，适用于Ⅳ～Ⅵ级围岩浅埋大跨隧道或车站隧道。中隔壁设置为圆弧或弧形。CRD 法和 CD 法的区别是 CRD 法在施工过程的每一步，都要求用临时仰拱（横撑）闭合。CRD 法的临时支护较 CD 法要求高。

地铁隧道新奥法施工方法的使用条件与主要开挖方法见表 6.2。

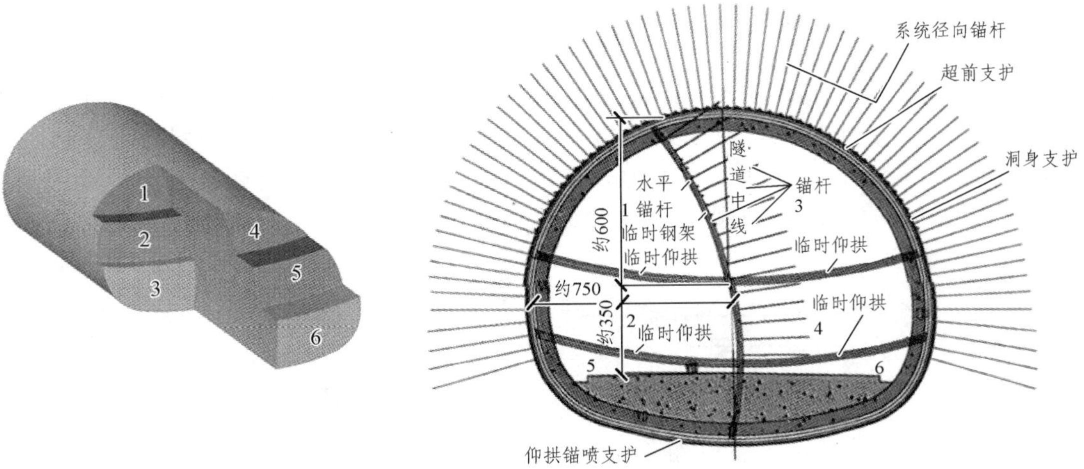

（a）中隔壁法　　（b）交叉中隔壁法（单位：cm）

图 6.7　CD 与 CRD 法

表 6.2　地铁隧道新奥法施工方法的使用条件与主要开挖方法

开挖方法	图　例	适用条件	主要开挖方法
全断面法	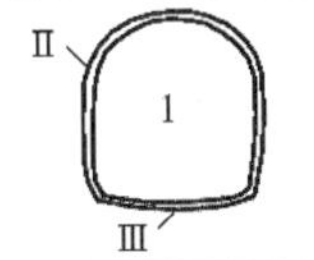	稳定岩体、单拱单线区间隧道	采用光面或预裂爆破开挖，宜用大型机械化施工
台阶法	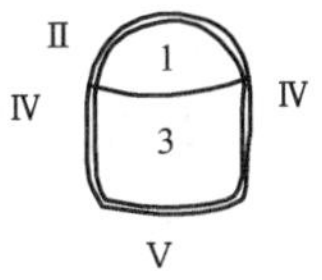	稳定岩体、土层及不稳定岩体	① 稳定岩体：采用光面或预裂爆破开挖，台阶留置长度不宜>5*B*（*B* 为隧道开挖跨度）或 50 m，下台阶开挖后适时施工仰拱； ② 土层及不稳定岩体：拱部开挖后及时施作初支，根据地质和隧道跨度采用短台阶（1～1.5*B*）或超短台阶（3～5 m），下台阶开挖后，适时施工仰拱
中隔壁法	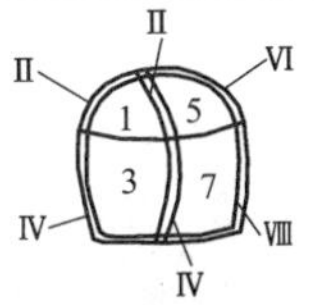	土层及不稳定岩体单拱隧道	① 以台阶法为基础，隧道分为左右两个导洞； ② 分别施工左右侧导洞，并施工初期支护结构
交叉中隔壁法	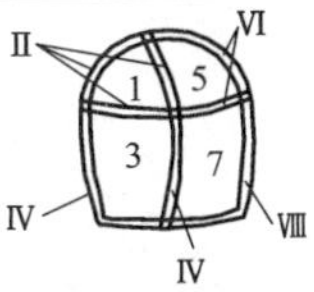	土层及不稳定岩体单拱隧道	① 以台阶法为基础，隧道分为左右两个导洞； ② 交叉开挖左右侧导洞，每个导洞均设临时仰拱封闭支护
环形开挖预留核心土法	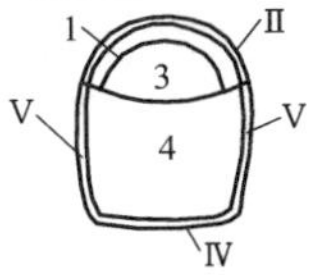	土层及不稳定岩体单拱隧道	① 以台阶法为基础，先分别开挖上台阶的环形拱部，施工完初期支护结构后开挖核心土； ② 开挖下台阶，施工墙体初期支护结构后并做仰拱
双侧壁导坑法	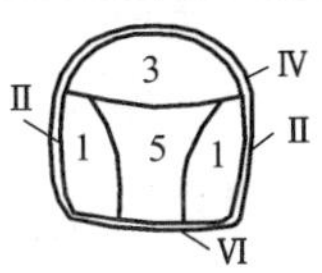	土层及不稳定岩体单拱隧道	① 以台阶法为基础，先开挖双侧壁导洞并施工初期支护结构； ② 开挖拱部并施工初期支护结构； ③ 开挖核心土体并做仰拱

6.1.3　新奥法施工光面爆破技术

新奥法施工应根据围岩地质、施工机具条件，尽量采用对围岩扰动少的开挖和支护方法。对完全的土质隧道可以采用机械或人工挖掘，对石质隧道多采用光面爆破和预裂爆破开挖。新奥法主要以爆破施工为开挖方式，因此新奥法也叫钻爆法。采用钻爆法开挖时，应采用光面爆破和预裂爆破技术，尽量减少欠挖和超挖。钻爆法施工作业循环如图 6.8 所示。

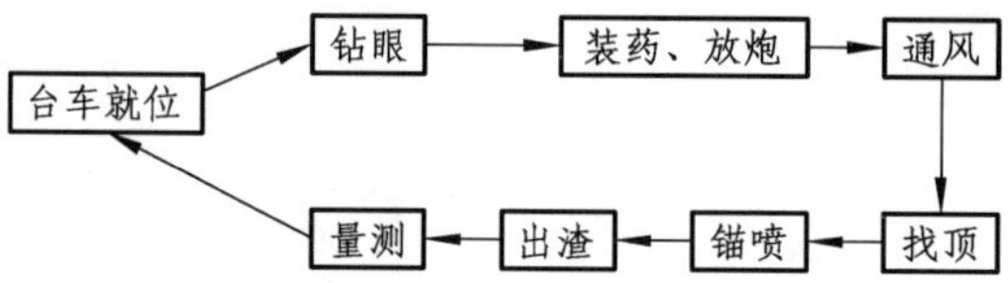

图 6.8　钻爆法施工作业循环

光面爆破是一种控制岩体开挖轮廓的爆破技术，是通过一系列措施对开挖工程周边部位实行正确的钻孔和爆破，并使周边眼最后起爆的爆破方法。预裂爆破则是周边眼最先起爆，线装药密度要适当地比光面爆破大一些，周边眼间距要适当小一些，崩落距离与光面爆破周边眼的最小抵抗线相比也要小一些。爆破后，能精确地沿周边眼连线形成断裂面，把设计要求爆除的部分崩落下来，而使围岩稳定性不因爆破而遭到明显的破坏。为减少欠挖和超挖，隧道开挖工作面需要布置不同作用的炮眼，分别是掏槽眼、崩落眼（辅助眼）和周边眼等。它们作用不同，参数设计要求和方法不同。

1. 掏槽眼爆破

掏槽眼爆破的作用是先在隧道工作面形成第二个自由面，为后续的炮眼爆破创造有利条件，提高工作面爆破的炮眼利用率。掏槽眼一般布置在隧道工作面的中部偏下位置。隧道开挖中常用的掏槽形式有斜眼掏槽和直眼掏槽两大类，具体视岩层条件和炮眼钻进设备的不同有以下掏槽形式可供选择，如图 6.9、图 6.10 所示。

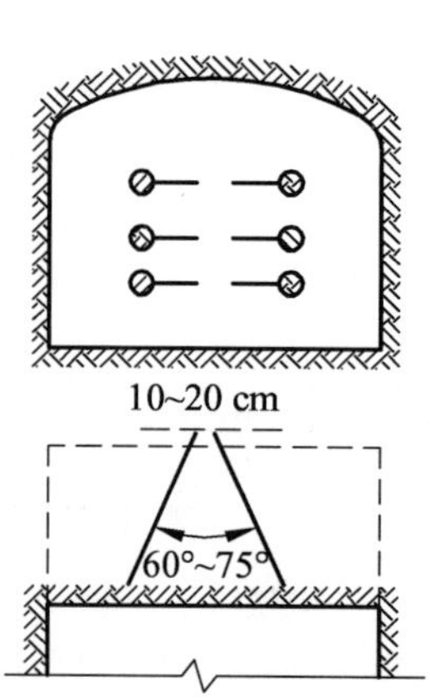

图 6.9　斜眼掏槽

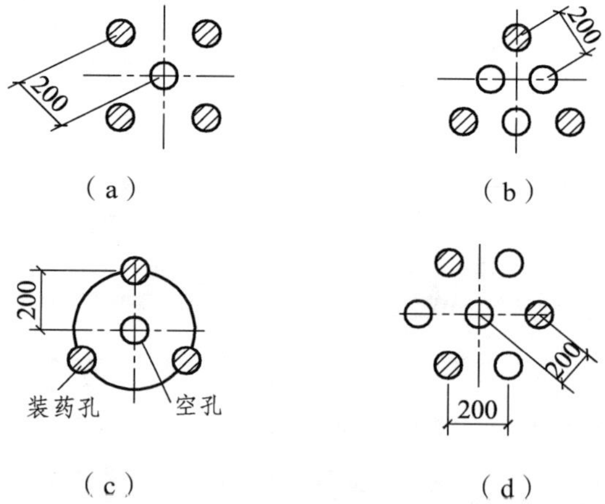

图 6.10　直眼掏槽（单位：mm）

2. 崩落眼爆破

崩落眼爆破的作用是进一步扩大槽口体积和爆破量，并逐步接近开挖断面形状，为周边眼创造有利的爆破条件。崩落眼的布置主要由间距 s 和最小抵抗线 W 决定。其布置原则与后述周边眼的布置原则类似，只是 s、W 值及单孔装药量 q 值较大些。一般取 s/W=0.8~1.0 为宜，并采用眼底连续装药。

3. 周边眼爆破

周边眼爆破的作用是使隧道断面达到设计的形状和尺寸要求，形成良好的周边轮廓。周边眼一般沿隧道设计的开挖轮廓线均匀布置，其炮眼间距和最小抵抗线比崩落眼的小。周边眼爆破参数应按照光面爆破的要求进行专门设计，或根据工程经验取值。

4. 装药与起爆

爆破法爆破网络设计中的装药结构是指继爆药卷和起爆药卷在炮孔中的布置形式。按起爆药卷在炮孔中的位置和其中雷管聚能穴的方向不同，装药结构可以分为正向装药和反向装药，见图 6.11；按其连续性则可分为连续装药和间隔装药。

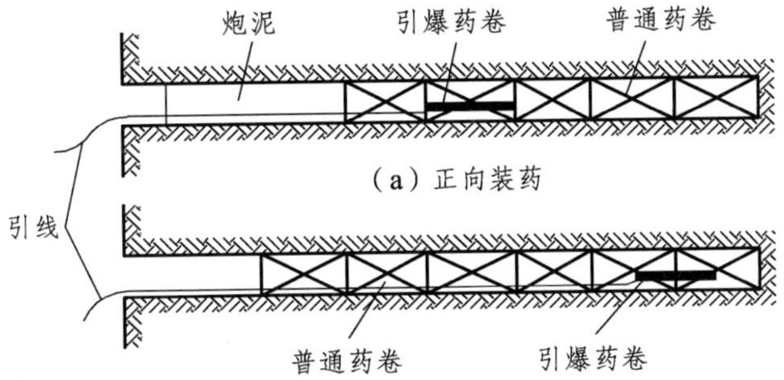

图 6.11　装药结构

① 正向装药。这种装药方法是将起爆药卷放在孔口第二个药卷位置上，雷管聚能穴朝向孔底，即向内，并用炮泥堵塞孔口。

② 反向装药。这种装药方法是将起爆药卷放在孔底第二个药卷位置上，雷管聚能穴朝向孔口。

国内外实践证明，反向装药结构能提高炮孔利用率，减小瞎炮率，减小石渣块度，增大抛掷能力和降低炸药消耗量。炮孔愈深，反向装药的效果愈好。

掏槽孔和辅助孔多采用大直径药卷孔底连续装药，周边孔可采用小直径药卷连续装药或大直径药卷间隔装药。

装药前，应将炮眼内的残渣、积水等排除干净，并确认炮眼位置、深度、角度等符合要求。装药开始时，所有无关人员必须撤离工作面，且在工作面不得进行其他与装药无关的工作。装药过程中的各项操作，必须严格按照爆破安全规程的规定进行。在装药送到位后，应按要求对眼口段封堵炮泥，并确保炮眼的堵塞长度。炮泥通常用黏土或黏土加砂混合制作，也可用装有水的聚乙烯塑料袋做充填材料。堵塞长度不得小于 30 cm，通常不应小于最小抵抗线，炮泥应分层捣实，保证堵塞质量。装药完毕，经检查无误后，方可由专人连线，并实施起爆。

隧道爆破的起爆方法有电起爆和非电起爆两类。电起爆系统由放炮器、放炮电缆、连接线、电雷管组成。非电起爆有火雷管法、导爆索法和非电导爆管法等。目前常用的是电雷管和弧电导爆管雷管起爆法。

光面爆破时，起爆顺序一般为：掏槽眼、辅助眼、周边眼、底板眼。

炮眼布置、装药及爆破顺序示例见图 6.12。

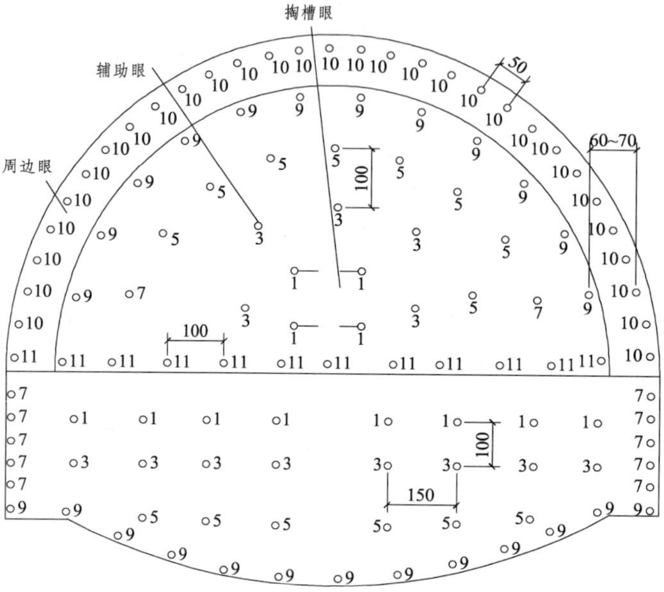

上台阶：1 段：4 个，每孔装药 5 卷
3 段：5 个，每孔装药 4 卷
5 段：9 个，每孔装药 4 卷
7 段：2 个，每孔装药 4 卷
9 段：12 个，每孔装药 4 卷
10 段：31 个，每孔装药 1 卷
11 段：13 个，每孔装药 4 卷
共 76 个孔，215 卷炸药。

下台阶：1 段：8 个，每孔装药 4 卷
3 段：8 个，每孔装药 4 卷
5 段：4 个，每孔装药 4 卷
7 段：10 个，每孔装药 4 卷
7 段：13 个，每孔装药 1 卷
共 43 个孔，共 142 卷炸药。

图 6.12　炮眼布置、装药及爆破顺序示例（单位：cm）

6.1.4　新奥法施工的初期支护

新奥法支护形式主要采用复合式衬砌（图 6.13），外层为初期支护，内层为二次衬砌，初期支护主要为锚喷支护，二次衬砌主要为模筑混凝土衬砌。在一般地质条件下，初期支护类型由喷射混凝土、锚杆、钢筋网、钢架、格栅钢架和纤维喷射混凝土等组成不同的结构形式。对于浅埋软弱地层，锚杆的作用明显降低，其顶部锚杆由于作用不大而常被取消，应采用刚度较大的初期支护。可采用喷射钢纤维混凝土代替网喷混凝土以加快支护速度及提高支护质量。

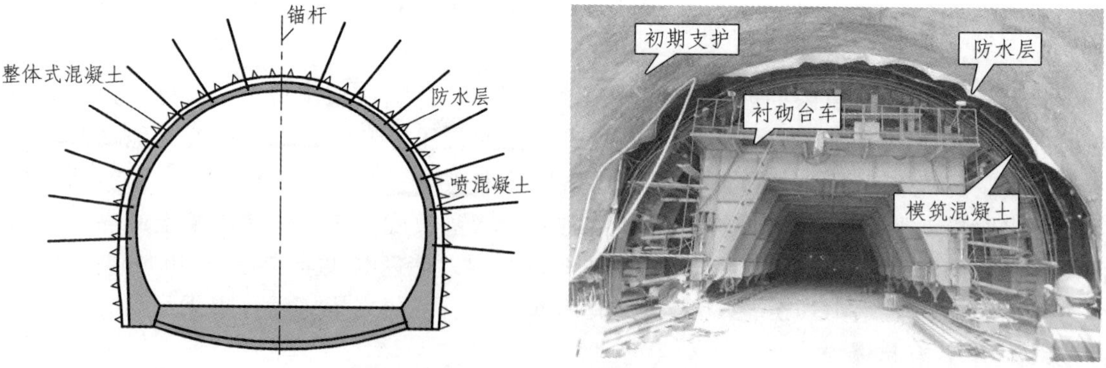

图 6.13　复合式衬砌结构

锚喷支护指的是借高压喷射水泥混凝土和打入岩层中的金属锚杆的联合作用(根据地质情况也可分别单独采用)加固岩层。锚喷支护是使锚杆、混凝土喷层和围岩形成共同作用的体系，防止岩体松动、分离，并把一定厚度的围岩转变成自承拱，有效地稳定围岩。初期支护的工艺流程见图 6.14。

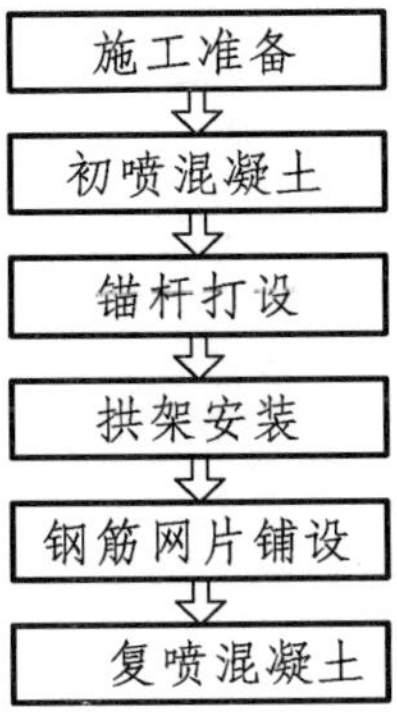

（a）施工工艺流程

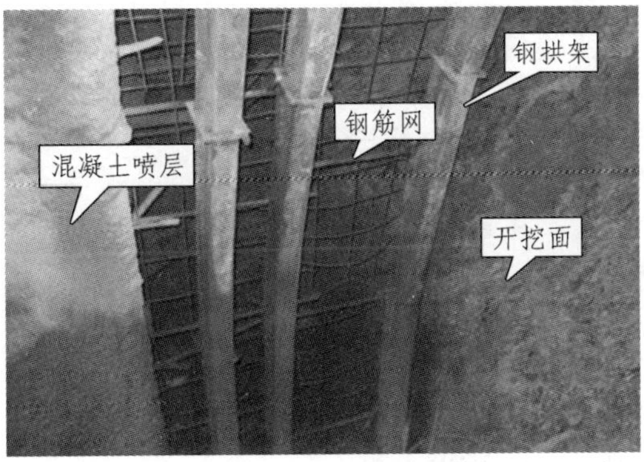

（b）喷锚作业现场图

图 6.14　初期支护施工工艺流程

1. 喷射混凝土

喷射混凝土是借助喷射机械，利用压缩空气或其他动力，将按照一定配合比的拌和料通过管道输送并高速喷射到受喷面上，凝结硬化而成的一种混凝土。

喷射混凝土在高速喷射时（速度可达到 70 m/s），水泥和集料反复连续撞击而使混凝土密实，故可采用较小的水灰比（0.4 ~ 0.5），以获得较高的强度和良好的耐久性，特别是与受喷面之间具有一定的黏结强度，可以在结合面上传递拉应力和剪应力。喷射混凝土对于任何形状的受喷面都可以良好地结合，不留空隙。喷射混凝土拌和料中加入速凝剂后，可使水泥在 10 min 内终凝，并很快获得强度，承受外界荷载，约束周围土体变形。

（1）喷射混凝土的特点与作用

① 优点：柔性支护，支护及时，不用模板、拱架，施工工艺简单，工程造价相对较低。

② 缺点：回弹量大、止水性弱。

其作用见表 6.3 所示。

表 6.3　喷射混凝土的作用

序号	作　用	图　例
1	支撑围岩：① 喷层能与围岩密贴和粘贴，并对与围岩表面施以抗力和剪力，从而使围岩处于三向受力的有利状态，防止围岩强度恶化；② 喷层本身的抗冲切能力可阻止不稳定块体的滑塌	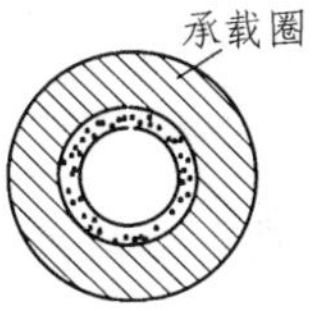
2	“卸载”作用：① 喷层属柔性，能有控制地使围岩在不出现有害变形的前提下，进行一定程度的变形，从而使围岩“卸载”；② 喷层中的弯曲应力减小，有利于混凝土承载力的发挥	

续表

序号	作　用	图　例
3	填平补强围岩：喷射混凝土可射入围岩张开的裂隙，填充表面凹穴，使裂隙分割的岩层面粘连在一起，保护岩块间的咬合、镶嵌作用，提高其间的黏结力、摩阻力，有利于围岩松动，并避免或缓和围岩应力集中	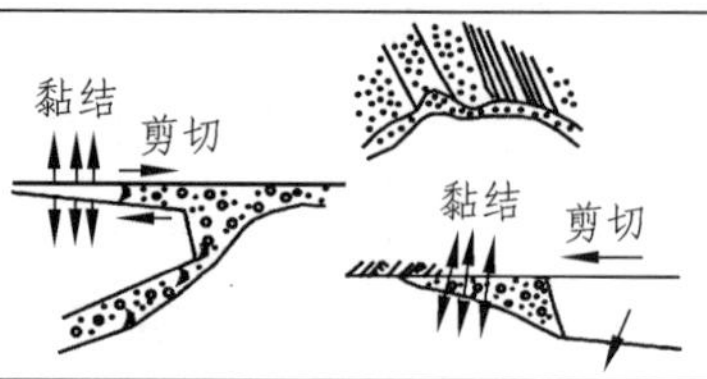
4	覆盖围岩表面：喷层直接粘贴岩面，形成风化和止水的保护层，并阻止裂隙中充填物流失	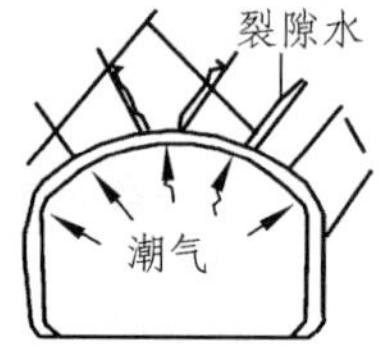
5	加固作用：喷层能紧跟掘进进程并及时进行支护，早期强度较高，因而能及时向围岩提供抗力，阻止围岩松动	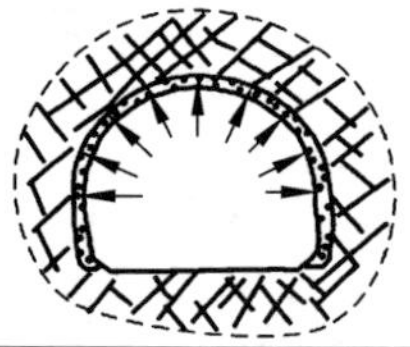
6	分配外力：通过喷层把外力传给锚杆、钢拱架等，使支护结构受力均匀分担	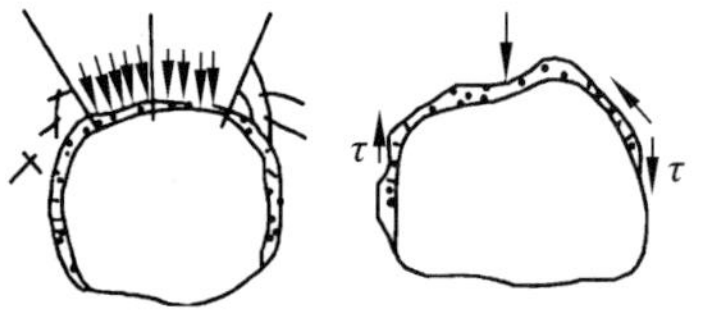

（2）喷射混凝土工艺流程类型

喷射混凝土的工艺流程有干喷、湿喷、潮喷等类型，它们之间的主要区别是：各工艺流程的投料程序不同，尤其是加水和速凝剂的时机不同。隧道施工中要求采用湿喷工艺，不允许采用干喷。

干喷是将骨料、水泥和速凝剂按一定的比例干拌均匀，然后装入喷射机，用压缩空气使干集料在软管内呈悬浮状态送到喷枪，再在喷嘴处与高压水混合，以较高速度喷射到岩面上。潮喷的喷射工艺流程和使用机械同干喷工艺，只是在喷射前将骨料预加少量水，使之呈潮湿状，从而降低上料、拌和、喷射时的粉尘，见图 6.15（a）。

湿喷是将骨料、水泥和水按设计比例拌和均匀，用湿式喷射机压送到喷头处，再在喷头上添加速凝剂后喷出，其工艺流程见图 6.15（b）。

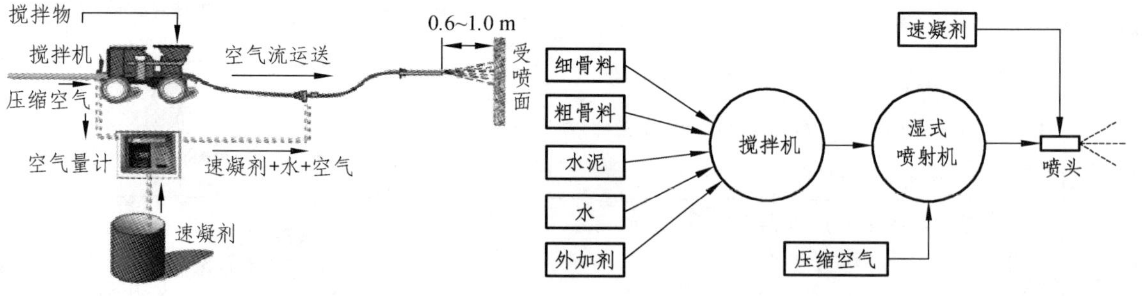

（a）干（潮）喷　　（b）湿喷

图 6.15　喷射混凝土工艺流程

（3）原材料

喷射混凝土的原材料为：水泥、砂石料、外加剂和水。其中喷射混凝土主要使用的外加剂是速凝剂，除此之外还有早强剂、引气剂、减水剂、增黏剂、防水剂等。喷射混凝土中主要外加剂作用见表 6.4。

表 6.4　喷射混凝土中主要外加剂作用

外加剂	作　用
速凝剂	① 使喷射混凝土速凝、快硬，减少回弹损失，防止混凝土因重力作用引起的脱落，提高它在潮湿或渗水地层中使用的适应性；② 适当增加一次喷射的厚度和缩短喷射层间的间隔时间
减水剂	① 在保持流动性的条件下，降低水灰比；② 掺入 0.5%～1.0%的减水剂，可提高混凝土强度，减少回弹量，改善其不透水性及抗冻性
增黏剂	减少施工粉尘和回弹损失
防水剂	减少用水量，从而减少或消除喷射混凝土的收缩裂缝和提高混凝土的密实性

2. 锚杆

锚杆（索）是用金属或其他高抗拉性能的材料制作的一种杆状构件。使用某些机械装置和黏结介质，通过一定的施工操作，可将其安设在地下工程的围岩或其他工程结构体中。

（1）锚杆的作用

锚杆（索）支护作为一种新的支护手段，它在技术、经济方面的优越性和能适应不同地质条件的性质，使其在建筑领域尤其是地下工程中得到了广泛应用和迅速发展。一般认为，锚杆的作用见表 6.5 所示。

表 6.5　锚杆的作用

序号	作　用	图　例
1	支承围岩：锚杆能限制约束围岩变形，并向围岩施加压力，从而使处于二轴应力状态的洞室内表面附近的围岩保持三轴应力状态，因而能制止围岩强度的恶化	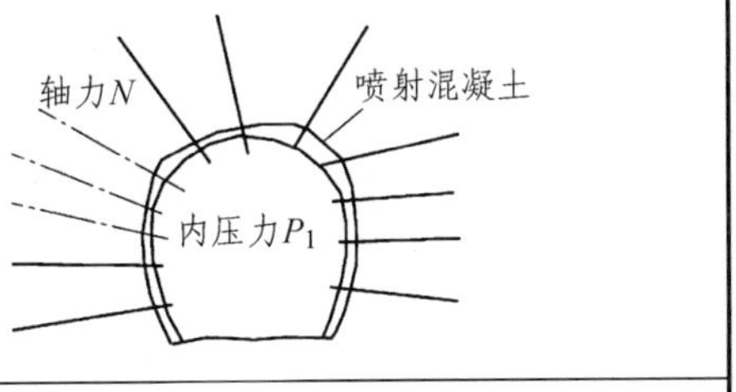
2	加固围岩： ① 由于系统锚杆的加固作用，使围岩中，尤其是松动区中的节理裂隙、破裂面得以连接，因而增大了锚固区围岩的强度； ② 喷锚杆对加固节理发育的岩体和围岩松动区是十分有效的，有助于裂隙岩体和松动区形成整体，成为“加固带”	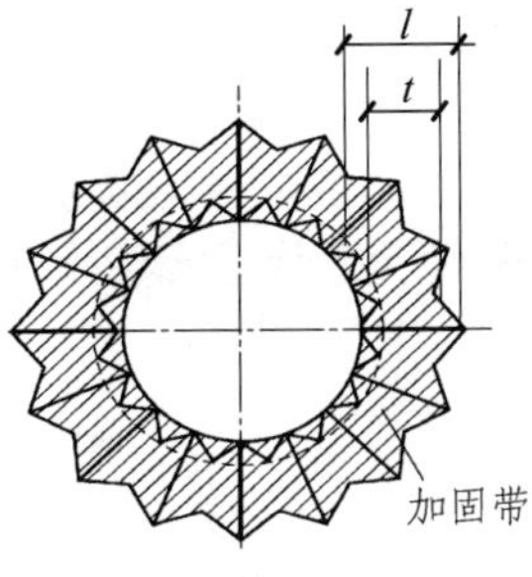

续表

序号	作　用	图　例
3	提高层间摩阻力，形成“组合梁”：对于水平或缓倾斜的层状围岩，用锚杆群能把数层岩层连在一起，增大层间摩阻力，从结构力学观点来看就是形成“组合梁”	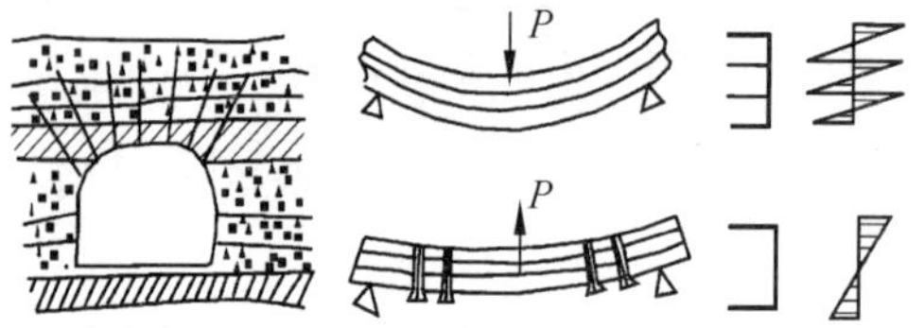
4	“悬吊”作用：为防止个别危岩的掉落或滑落，用锚杆将其稳定围岩连接起来，这种作用主要表现在加固局部失稳的岩体	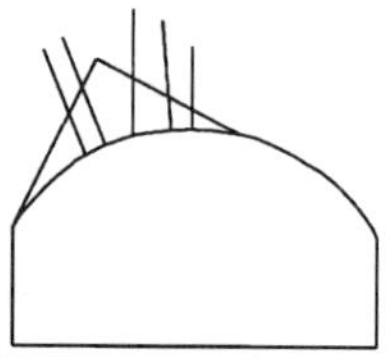

（2）锚杆的种类

锚杆的种类很多，按锚固方式分类，可分为机械式、黏结式和混合式三种，见表 6.6。

表 6.6　机械式、黏结式和混合式三种锚杆的比较

锚杆种类	作用原理	特　点
机械式锚杆	利用内、外锚头的锚固来限制围岩变形松动	安装容易、工艺简单，安装后既可以起到支护作用，也能对围岩施加预应力。但杆体易腐蚀，锚头易松动，影响长期锚固力，一般用于硬岩地下工程中的临时加固，隧道工程中常用作局部锚杆
黏结式锚杆	采用水泥砂浆（或树脂）作为填充黏结料，有助于锚杆的抗剪和抗拉以及防腐蚀作用，具有较强的长期锚固能力，有利于约束围岩位移	安装简便，在无特殊要求的各类地下工程中，可大量用于初期支护和永久支护，隧道工程中常用作系统锚杆和超前锚杆
混合式锚杆	两种或两种以上的锚固方式混合使用	既可以施加预应力，又具有全长黏结锚杆的优点。但安装施工较复杂，一般用于大体积、大范围工程结构的加固，如高边坡、大坝、大型地下洞室等

新奥法中常用的锚杆是有预应力或无预应力的砂浆锚杆、中空注浆锚杆或树脂锚杆，如图 6.16 所示。

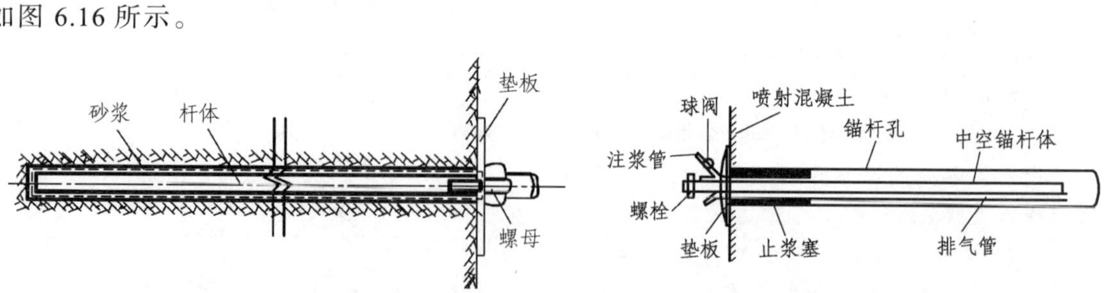

（a）砂浆锚杆　　（b）中空注浆锚杆

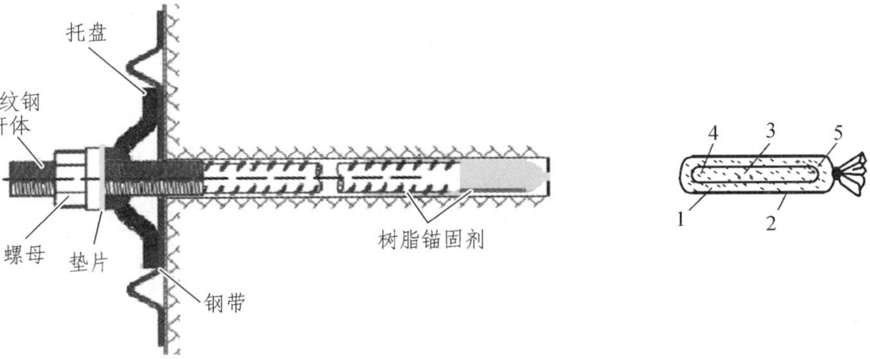

1—不饱和聚酯树脂＋加速剂＋填料；2—纤维纸和塑料袋；3—固化剂＋填料；4—玻璃管；5—堵头（树脂胶泥封口）。

（c）树脂锚杆

图 6.16　常见锚杆

① 砂浆锚杆是以普通水泥砂浆作为黏结剂的全长黏结式锚杆，锚杆杆体采用直径为 16~32 mm 的螺纹钢，施工工艺流程为：施工准备→布孔→钻孔→清孔→注浆→插入杆体→安装垫板→结束。

② 中空注浆锚杆是集锚杆和注浆管为一体的锚杆，采用植入式施作，锚杆注浆加固快，锚杆为中空结构，外部为螺纹结构，便于注浆及浆液凝固后水泥砂浆与锚杆充分握裹。其特点是锚杆植入锚孔迅速，端部锚头可迅速作用，将锚杆固定于孔中心，杆体螺纹结构可便于安装止浆塞及施加预应力。中空注浆锚杆又分为先锚后灌注中空注浆锚杆、自进式中空注浆锚杆、钢制预应力涨壳中空注浆锚杆。

③ 药包式环氧树脂锚杆是以树脂作为内锚固剂的内锚头锚杆。

3. 钢架

当围岩较差时，由于地层开挖后的自稳时间短，而且对地表沉降控制要求严格，故在锚喷支护中采用钢拱架支撑是绝对必要的。钢架支撑的作用主要是在喷射混凝土尚未达到必要强度以前，承担地层压力及约束地层变形。钢拱架支撑既是临时支撑也是永久支护的一部分。

钢拱架支撑按照材料可分为两大类：第一类是型钢拱架支撑，包括钢管支撑、H 型钢支撑、U 型钢支撑等，如图 6.17 所示；第二类是格栅拱架支撑，如图 6.18 所示。

图 6.17　型钢拱架支撑（工字钢）

图 6.18　格栅拱架支撑

型钢拱架支撑的截面大、刚度大，能承受比较大的荷载，但是型钢与混凝土的热膨胀系数不同，温度变化时，经常沿钢拱架产生纵向收缩裂缝，而且，钢拱架背后的喷射混凝土很难充填密实，这将影响支护效果和钢拱架寿命。型钢拱架质量大，制作安装比较困难。格栅拱架，又称为格构钢拱架，由 3 ~ 4 根 ϕ（18 ~ 22）mm 的热轧钢筋焊接而成，本身质量轻，便于制作、运输和安装。钢筋组成的格栅钢拱架具有足够的支撑刚度和强度，而且与混凝土接触面大、结合好，能够共同变形、共同受力，不会出现型钢拱架那样的收缩裂缝。格栅拱架中间空隙大，不会出现背后混凝土不密实的现象，其有一个优点就是造价低。目前，在浅埋暗挖法施工中，较多使用的是格栅钢拱架。

钢架施工流程为：施工准备→加工钢筋网、钢架→铺设钢筋网→架立钢架→安装纵向连接筋→喷射混凝土→进入下一工序。

6.1.5 新奥法施工的二次衬砌

1. 基本要求

在浅埋暗挖法施工中，初期支护的变形达到基本稳定后，可以进行二次衬砌。通过监控量测，掌握隧道动态，提供信息，指导二次衬砌施作时机，这是浅埋暗挖法施工二次衬砌与一般隧道衬砌施工的主要区别。其他灌注工艺和机械设备与一般隧道衬砌施工基本相同。

二次衬砌施工前应做好以下几点：

① 核对中线、水平、断面尺寸，所有检测数据均应符合设计要求。

② 为确保衬砌不进入限界，允许放样时将设计外轮廓线尺寸扩大 3 ~ 5 cm，作为施工误差及模板拱架的预留沉落量。

③ 隧道断面和地质条件变化的交界处，应设沉降缝；洞口附近及设计要求的部位应设伸缩缝。对以上各种缝及施工缝均应做防水处理。

2. 衬砌模板

区间隧道的断面尺寸基本不变，便于使用衬砌台车，加快立模及拆模的速度，因此二次衬砌模板一般采用衬砌台车，如图 6.19 所示，局部范围可采用临时木模板或金属定型模板。

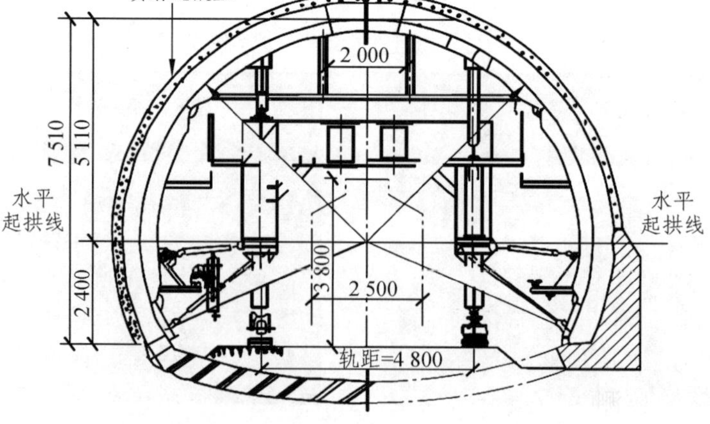

图 6.19　整体移动式模板台车（单位：mm）

衬砌台车的形式有多种，其外形尺寸应符合设计轮廓尺寸。立模及拆模的动力可分为人工、电动及液压三种。按作业方式分类，衬砌模板施工分为“平移”和“穿行”两大类。

衬砌所使用的模板、墙架、拱架均应式样简单、拆装方便、表面光滑、接缝严密。使用前应在样板台车上校核。重复使用时，应随时检查并整修。

3. 混凝土的灌注与捣固

混凝土浇筑以前，应做好地下水引排工作，基础部位的浮渣积水清除干净，不允许带水作业。灌注混凝土时，自由落高不得超过 2 m，应按搅拌能力、运输距离、灌注速度、振捣等因素确定一次灌注厚度、次序、方向，分层施工。

4. 灌注施工的工艺要求

① 灌注二次衬砌混凝土应尽可能采用混凝土输送泵。

② 应尽可能采用整环灌注的施工安排。当混凝土灌注至墙拱交界处时，应间隙约 1h，以便于边墙混凝土沉实。拱圈封顶时，应随拱圈灌注及时捣实。

③ 所有施工缝应凿毛，按设计要求埋设遇水膨胀止水橡胶条进行防水。

④ 振捣时，振捣器不得接触防水层及模板，且每次移动距离不宜大于振捣器作用半径的一半。

⑤ 二次衬砌施工是在初期支护变形基本稳定后进行的。这时的二次衬砌基本不承受外荷载，这样当混凝土强度达到 2.5 MPa 时，即可拆模。否则，应达到设计强度 70%时方可拆模。

⑥ 养护方式应经济合理，如表面定期浇水，又如铺塑料薄膜或喷涂有机树脂等养护剂。

⑦ 隧道拱、墙背后空隙必须回填密实，如达不到要求，可采用背后压浆回填。

工作任务 6.2　浅埋暗挖法施工

6.2.1　浅埋暗挖法概述

浅埋暗挖法（国外多称软土隧道新奥法或浅埋隧道新奥法）是基于岩石隧道新奥法（NATM）的基本原理，针对城市地下工程的特点，于 20 世纪 80 年代在北京地铁第四纪软土中开创出的新方法。近年来，采用浅埋暗挖法施工的地铁工程已越来越多，它的优越性也越来越明显，已经成为城市地铁施工采用的主要方法之一。

1. 浅埋暗挖法施工的特点

浅埋暗挖法是在新奥法的基础上，针对城市地下工程的特点发展起来的。城市浅埋地下工程的特点主要是：覆土浅、地质条件差（多数是未固结的土砂、黏性土、粉细砂等）、自稳能力差、承载力小、变形快（特别是初期增长快），稍有不慎极易产生坍塌或过大的下沉，而且在隧道附近往往有重要的地面建筑物或地下管网，给施工提出了严格的要求等。浅埋暗挖法是以超前加固、处理软弱地层为前提，采用足够刚性的复合衬砌（由初期支护和二次衬砌及中间防水层所组成）为基本支护结构的一种用于软土地层近地表隧道的暗挖施工方法。它以施工监测为手段，指导设计与施工，保证施工安全，控制地表沉降。在应用范围上，浅埋暗挖法不仅可用于区间、大跨度渡线段、通风道、出入口和竖井的修建，而且可用于多跨、多层大型车站的修建；在结构形式上，它不仅有圆拱曲墙、大跨度平拱直墙，还有平顶直墙等形式；在与其他施工方法的结合上，有浅埋暗挖法与盖挖法的结合，还有与半断面插刀盾构的结合。

2．暗挖法施工的隧道深浅埋分界

隧道根据覆盖岩体厚度不同而分为深埋隧道与浅埋隧道。浅埋隧道因埋置深度较浅，覆盖层厚度薄，一般情况下暗挖法开挖的影响将波及地表。浅埋隧道分为浅埋、超浅埋两种。判断方法：采用拱顶覆土厚度 H 与结构跨度 D 之比（覆跨比）判断。当 $0.6<H/D\leqslant 1.5$ 时，均称为浅埋；当 $H/D\leqslant 0.6$ 时，均称为超浅埋。

3．浅埋暗挖法的适用条件

尽管浅埋暗挖法对地层的适应性较广，但也并非适用于任何地层。在选用浅埋暗挖法时，对工程地质和水文地质条件、环境和经济方面进行充分论证和评估是十分必要的。选用浅埋暗挖法应考虑的基本适用条件有：

① 浅埋暗挖法不允许带水作业。如果含水地层达不到疏干，带水作业是非常危险的，开挖面的稳定性时刻受到威胁，甚至发生塌方。将地下水，尤其是上层滞水处理好是非常关键的环节，因为它直接影响浅埋暗挖法的成败。大范围的淤泥质软土、粉细砂地层，降水有困难或经济上选择此工法不划算的地层，不宜采用此法。

② 采用浅埋暗挖法要求开挖面具有一定的自立性和稳定性。日本土木学会曾提出开挖工作面土体稳定的定量判别标准：土壤中的细颗粒（小于 74 μm）含量小于或等于 10%，且均匀系数 U_c 小于或等于 5 的土壤，不具备自立性。我国对于土壤的自立性还未作出定量规定，但从定性上提出了要求：工作面土体的自稳时间，应足以进行必要的初期支护作业。对开挖面前方地层的预加固和预处理，视为浅埋暗挖法的必要前提，目的就在于加强开挖面的稳定性，增加施工的安全性。

由此可见，无法疏干的含水地层，或者即便进行预加固和预处理，其自立性和稳定性仍很差的地层，可视为不适合采用浅埋暗挖法开挖隧道的地层。

6.2.2 浅埋暗挖法施工的基本原则

浅埋暗挖法是在新奥法的基础上发展而来的，其对新奥法的 12 字方针“少扰动、早喷锚、勤量测、快封闭”的基本原则有了进一步发展。根据国内外的工程实践，浅埋暗挖法的施工应贯彻如下原则（图 6.20）：

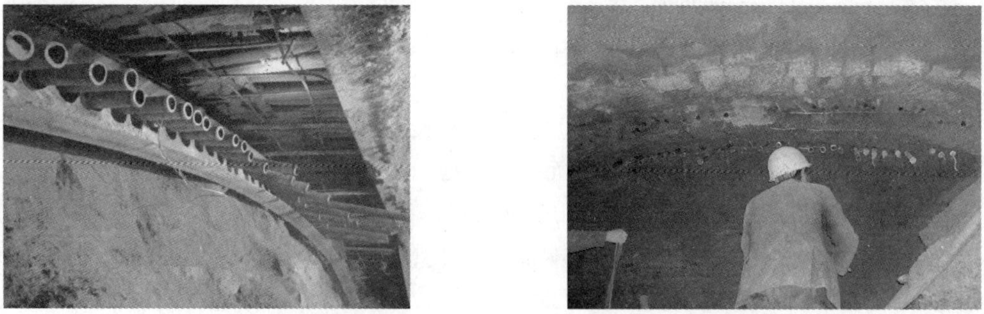

（a）管超前　　　　（b）严注浆

（c）短进尺

（d）强支护

（e）快封闭

（f）勤量测

图 6.20 “18 字方针”现场施工图

① 管超前：采用超前管棚或小导管注浆防护，实际上就是采用超前支护的各种手段，提高掌子面的稳定性，防止围岩松弛和坍塌。

② 严注浆：在导管超前支护后，立即进行压注水泥浆或其他化学浆液，填充围岩空隙，使隧道周围形成一个具有一定强度的壳体，以增强围岩的自稳能力。

③ 短开挖：一次注浆，多次开挖，即限制一次进尺的长度，减少对围岩的松弛。

④ 强支护：在浅埋的松软地层中施工，初期支护必须十分牢固，具有较大的刚度，以控制开挖初期的变形。

⑤ 快封闭：在台阶法施工中，上台阶过长时，变形增加较快，为及时控制围岩松弛，必须采用临时仰拱封闭，开挖一环，封闭一环，提高初期支护的承载能力。

⑥ 勤量测：对隧道施工过程进行经常性的量测，掌握施工动态，及时反馈，是浅埋暗挖法施工成败的关键。

6.2.3 浅埋暗挖法的开挖方法及选择

1. 浅埋暗挖法的开挖方法

城市地铁隧道一般采用上台阶分部开挖或短台阶法施工。浅埋大断面的地铁车站或区间隧道可采用中隔壁台阶法、单侧壁导坑法、CD 法、CRD 法等。另外，城市地铁车站等大跨度地下结构也多采用柱洞法、侧洞法、中洞法、双侧壁导坑法（眼镜工法）或洞桩法

（PBA）施工。各种施工方法的主要开挖方法见表 6.7 所示。

表 6.7　土层及不稳定岩体大跨隧道或地铁车站施工方法

开挖方法	图　例	主要开挖方法
中洞法	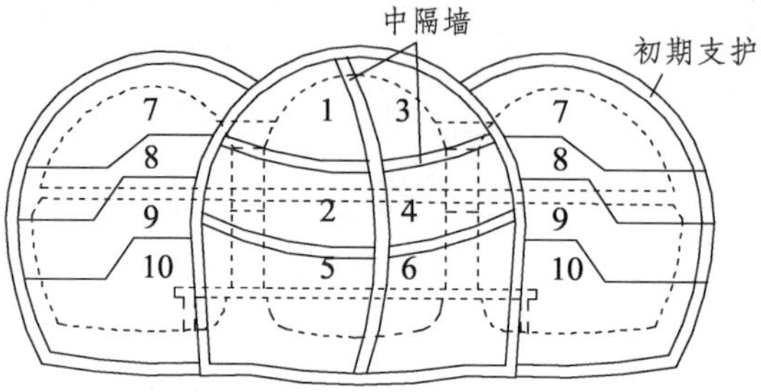	① 以台阶法为基础，开挖中导洞，然后在中导洞内施工梁柱结构；② 开挖拱部并施工初期支护结构；③ 开挖两侧土体及施工初期支护结构，并闭合
侧洞法	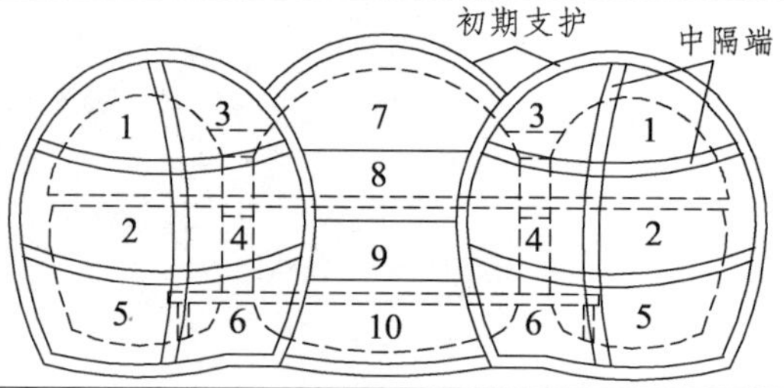	① 以台阶法为基础，开挖两侧洞土体部分，然后在两侧导洞内施工梁柱结构；② 开挖拱部并施工初期支护结构；③ 开挖中间土体及施工初期支护结构，并闭合
柱洞法	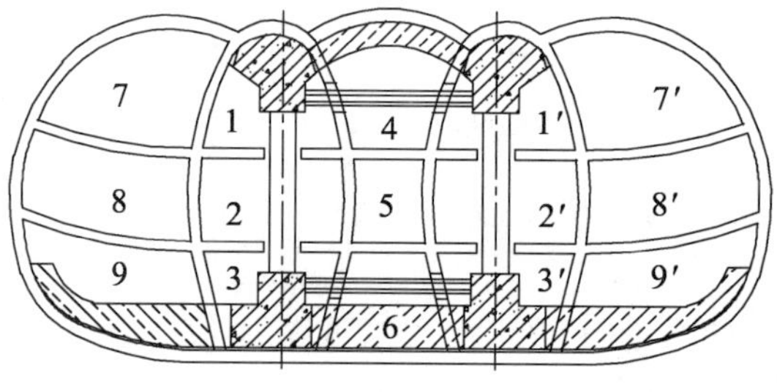	① 以台阶法为基础，开挖立柱两侧洞土体部分，然后在两导洞内施工梁柱结构；② 开挖拱部并施工初期支护结构；③ 开挖中间土体及施工初期支护结构；④ 开挖两侧土体及施工初期支护结构且闭合
洞桩法	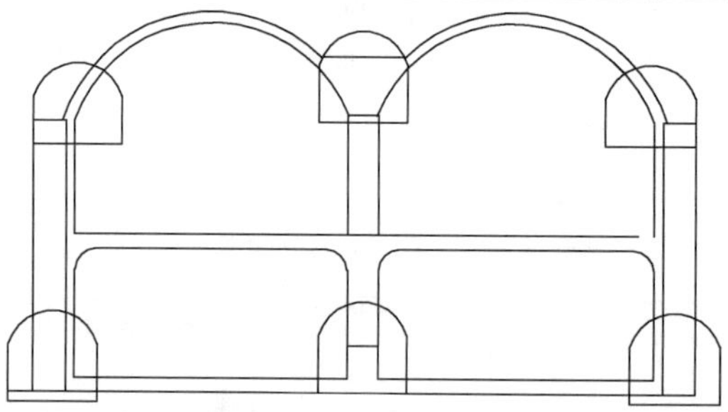	① 在隧道中先施工小导洞；② 在小导洞内施工边墙支护桩；③ 开挖拱部并施工初期支护结构；④ 开挖中间土体及两侧土体，并施工初期支护且闭合

2.　开挖方法的选择及其比较

（1）浅埋暗挖法开挖方法的选择

在当前的施工实践中，从施工造价及施工速度考虑，施工方法的选择顺序为：全断面法—台阶法—环形开挖留核心土法—CD 法—CRD 法—双侧壁导坑法—柱洞法等；从施工安全角度考虑，其选择顺序应反过来。如何正确选择，应根据实际情况综合考虑，但必须符合安全、快速、质量和环保的要求，达到规避风险、加快进度和节约投资的目的。

（2）地铁车站开挖方法的比较

当地层条件差、断面特别大时，一般设计成多跨结构，跨与跨之间有梁、柱连接，一般采用中洞法、侧洞法、柱洞法及洞桩法等施工，其核心思想是变大断面为中小断面，提高施工安全度。浅埋暗挖法施工地铁车站常用的四种施工工法对比见表 6.8。

表 6.8　浅埋暗挖法施工地铁车站常用的四种施工工法对比

施工方法	示意图	重要指标比较					
		适用条件	沉降	工期	防水	初期支护拆除量	造价
中洞法	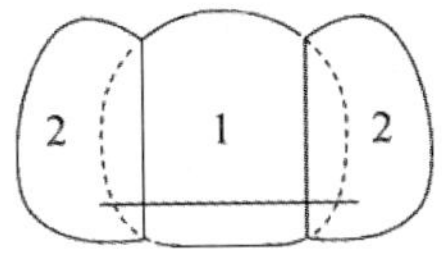	小跨度，连续使用可扩成大跨度	小	长	效果差	拆除多	较高
侧洞法	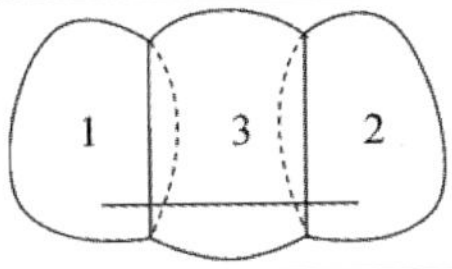	小跨度，连续使用可扩成大跨度	大	长	效果差	拆除多	高
柱洞法	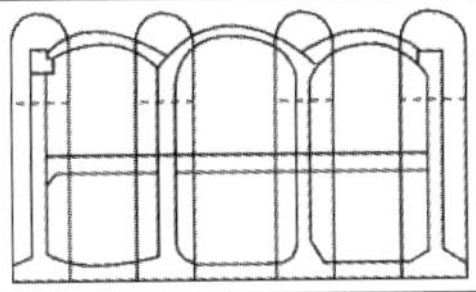	多层跨度	大	长	效果差	拆除多	高
洞桩法	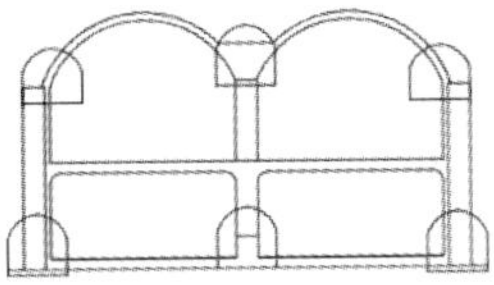	多层跨度	较大	长	效果差	拆除较多	高

（3）区间隧道的开挖方法比较

在隧道的开挖过程中，围岩稳定与否，虽然主要取决于围岩本身的工程地质条件，但不同的开挖工法无疑对围岩稳定状态有直接而重要的影响。常用于区间隧道的浅埋暗挖法有台阶法、环形开挖预留核心土法、CD 法、CRD 法和双侧壁导坑法等，区间隧道不同施工工法对比见表 6.9。

表 6.9　区间隧道不同施工工法对比

施工方法	横断面示意图	纵断面示意图	重要指标比较			
			沉降	工期	支护拆除量	造价
台阶法	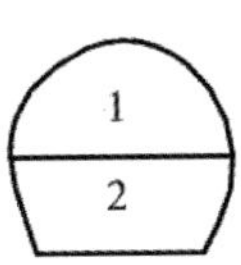	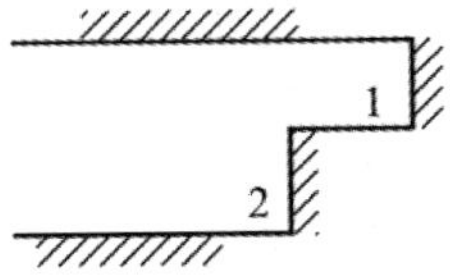	一般	短	没有拆除	低
环形开挖预留核心土法	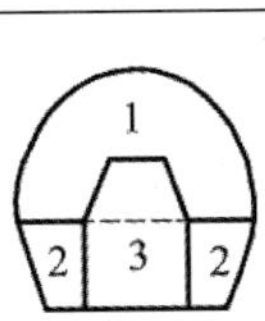	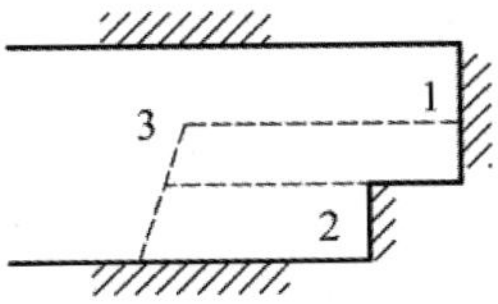	一般	短	没有拆除	低

续表

施工方法	横断面示意图	纵断面示意图	重要指标比较			
			沉降	工期	支护拆除量	造价
中隔墙法	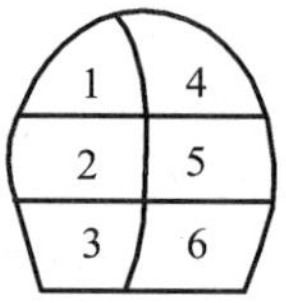	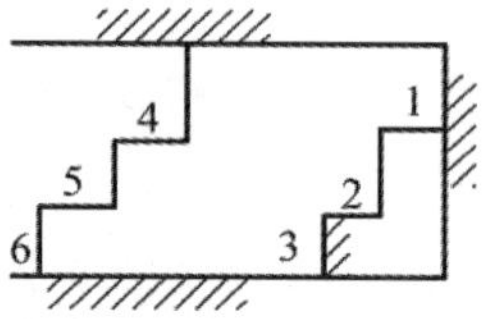	较大	短	拆除少	偏高
交叉中隔壁法	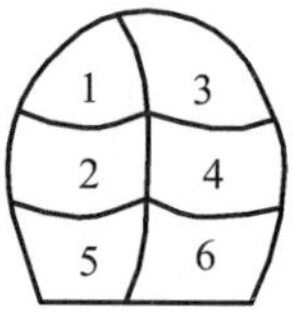	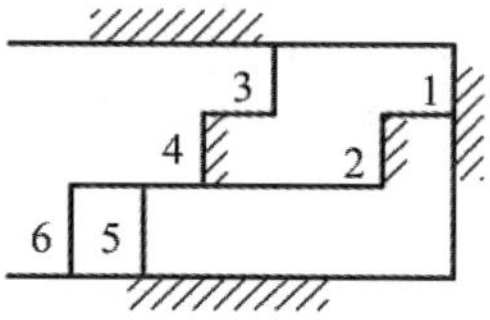	较小	长	拆除多	高
双侧壁导坑法	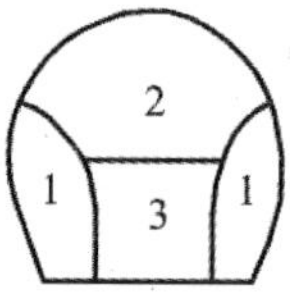	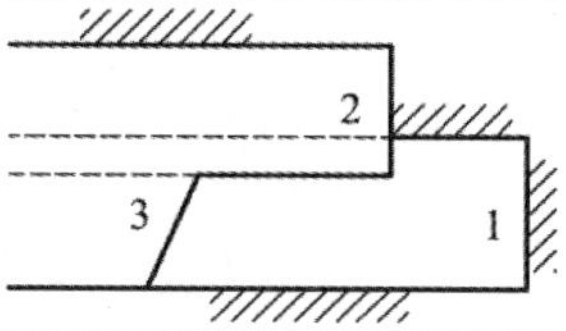	大	长	拆除多	高

6.2.4 浅埋暗挖法施工工艺及流程

1. 浅埋暗挖法施工工艺及流程

浅埋暗挖法施工工艺如图 6.21 所示。

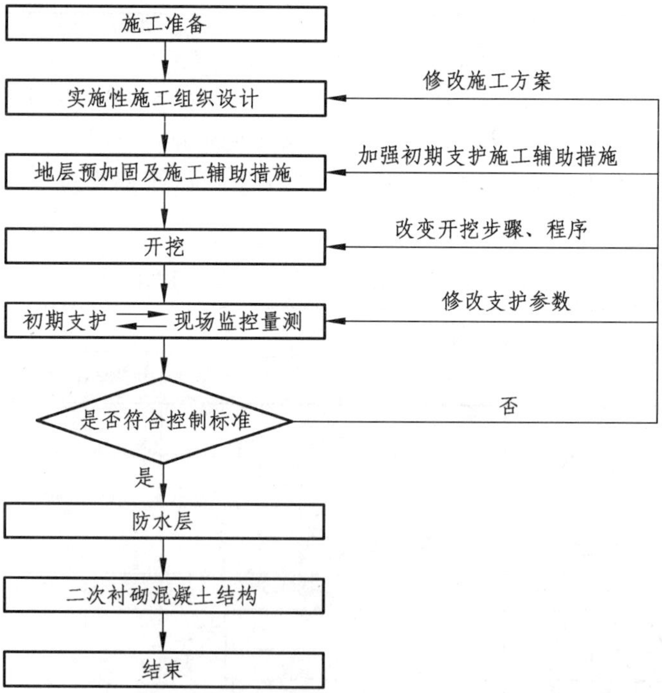

图 6.21 浅埋暗挖法施工工艺

2. 浅埋暗挖法施工流程

浅埋暗挖施工程序可简化为以下流程：施工准备—超前小导管布设—注浆—土方开挖—格栅架立—钢筋网片、连接筋—喷射混凝土—防水施工—二次衬砌。其施工程序如图6.22所示。

图 6.22 浅埋暗挖法施工流程

6.2.5 地层预加固及施工辅助措施

在城市地铁浅埋暗挖法施工中，经常遇到砂砾土、砂性土、黏性土或强风化基岩等不稳定地层。这类地层在隧道开挖过程中自稳时间短暂。隧道开挖过程中往往引起较大的地面沉降，初期支护也往往未来得及施作，或喷射混凝土还未获得足够强度时，拱墙的局部地层已经开始坍塌。为确保开挖面围岩的稳定，一般情况下可按下列次序依次结合地质条件加以选用：

① 上半断面留核心土环形开挖；② 喷射混凝土封闭开挖工作面；③ 超前锚杆或超前小导管注浆预支护；④ 超前小导管周边注浆；⑤ 设置临时仰拱；⑥ 开挖面全断面或拱部深孔主浆加固及堵水；⑦ 长管棚超前支护或注浆；⑧ 水平冻结土层法等。

1. 小导管超前注浆

这是在地铁单线区间隧道开挖过程中常采用的方法。注浆小导管采用ϕ25 ~ ϕ50 mm、长度 3~6 m 的焊缝钢管制成，导管沿上半断面周围轮廓线布置，间距 0.2 ~ 0.3 m，仰角控制在 10° ~ 15°，如图 6.23 所示。

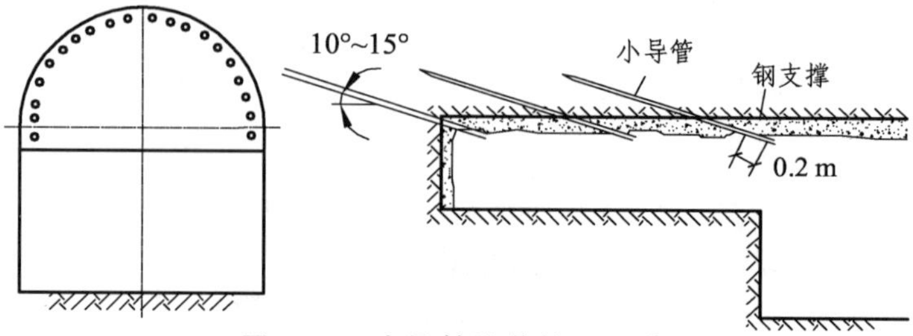

图 6.23　小导管注浆施工示意

超前小导管与超前锚杆所不同的是将钢筋杆体改为空心钢管，一般采用直径为 32 mm 的焊缝钢管或直径为 40 mm 的无缝钢管制作，管壁预留注浆孔，管口止浆封面后，注入水泥浆，如图 6.24。钻孔直径应较管径大 20 mm 以上，孔距一般为 20~50 cm，压力注浆渗透扩散管周较大的砂土体。管周注浆固结体形成一定厚度的隧道加固圈后，实现超前支护的目的。

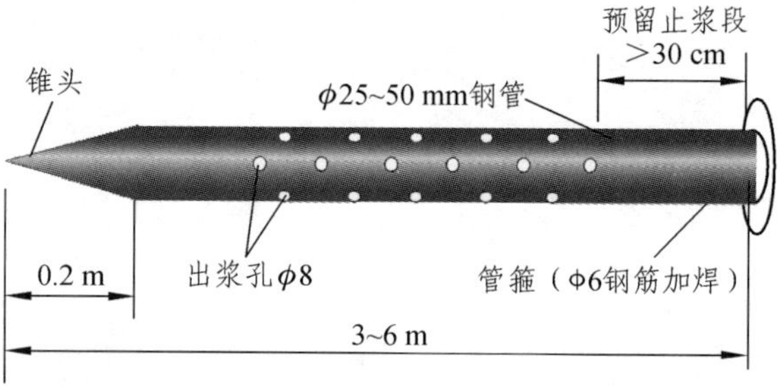

图 6.24　超前小导管示意图

注浆材料及配合比应根据地质条件和施工要求，通过现场试验确定。断层破碎带及砂卵石地层，当裂隙宽度（或粒径）大于 1 mm 或渗透系数大于 5×10^{-4} cm/s 时，应采用料源广且价格便宜的注浆材料。一般对于无水的松散地层，宜优先选用单液水泥浆；对于有水的强渗透地层，则宜选用水泥-水玻璃双浆液，以控制注浆范围。

2. 开挖面帷幕注浆

在含水砂层、软塑或流塑状黏土、淤泥质地层中，因注浆小导管加固范围有限，掌子面地层不稳，故一般采用开挖面帷幕注浆。一次注浆长度 10 ~ 15 m，注浆孔间距 0.5 ~ 1.0 m，注浆压力 0.7 ~ 2.0 MPa，如图 6.25 所示。水泥浆的配合比及注浆压力通过现场试验确定，其工艺流程如图 6.26。

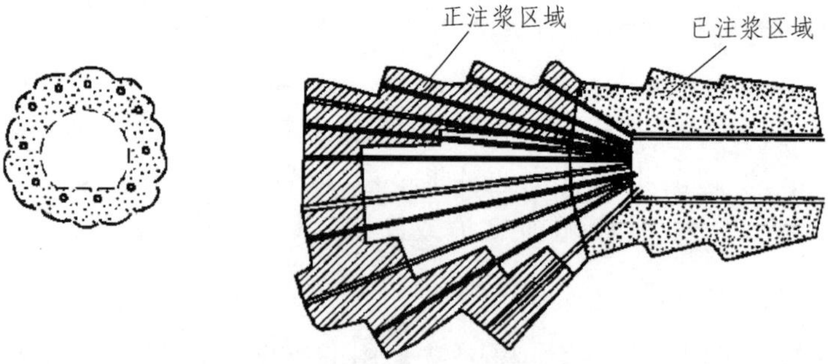

图 6.25　帷幕注浆工艺流程

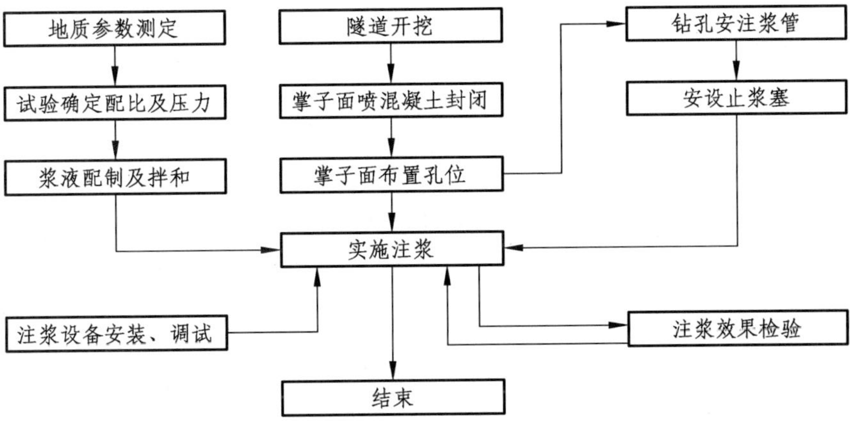

图 6.26　深孔注浆工艺流程

3. 管棚超前支护

当隧道通过自稳能力很差的地层，或地表通过车辆荷载过大，威胁施工安全，或临近有重要建筑物时，为防止由于地铁施工造成超量的不均匀下沉，往往采用管棚法。

管棚是在隧道开挖之前沿隧道开挖断面外轮廓或部分外轮廓线，以一定间隔与隧道平行钻孔、插入钢管（直径一般为 98 ~ 250 mm），再在插入的钢管内压注充填水泥浆或砂浆，来增加钢管外围岩层的抗剪切强度，并使钢管与围岩一体化，由管棚和围岩构成棚架体系，如图 6.27 所示，其工艺流程见图 6.28。

图 6.27　管棚超前支护施工

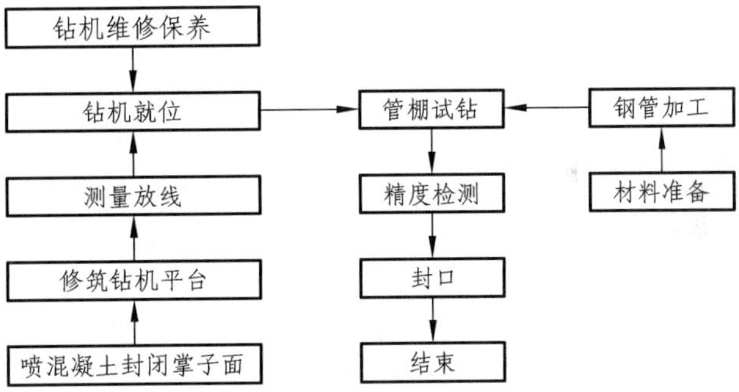

图 6.28　管棚施工工艺流程

4. 水平冻结法

通过打水平冻结管，输入低温（−25 ~ −30 °C）盐水，将含水地层冰冻，形成保护冻壳，然后开挖。地层冻结技术是很成熟的技术，关键是要控制冻结壁，要保证有一定的强度，一般冻结壁强度可以达 10 MPa。冻结壁设计要重点考虑冻胀及融沉，冻结壁不宜过大，一般在 1 ~ 2 m 厚，否则会发生较大冻胀和融沉，影响地下管线、构筑物。冻结壁的形成，关键在于地下水流速度，一般渗透系数 $K \leqslant 10$ m/d 为理想。渗流速度过大要提前采取降速措施（旋喷、搅拌等），否则难以形成冻结壁。冻结法只在做冻结管时会引起沉降，开挖时基本没有沉降。经过初期支护背后注浆液，总体沉降小得多，特别适用于流砂、淤泥等地层。

项目实战演练

项目实训 6.1　北京地铁 10 号线知春路站施工实例

1. 工程概况

车站设于知春路与城铁交叉口的东侧，沿知春路下布置，呈东西走向，为明暗结合分离岛式车站。车站主体左线（北侧）采用暗挖，为单洞马蹄形断面形式，站台宽 4.5 m；右线（南侧）采用明挖，为双层框架结构，站台宽 5.2 m。

结构大部分位于粉质黏土、粉土层之中，施工过程中需采取降水达到疏干地下水的目的，保证无水作业。

2. 结构形式及施工方法

中部暗挖段为单层单跨结构，拱顶覆土 16 ~ 18 m，根据工程类比及比较计算结果，确定了断面形式及合理的拱轴线，结构断面见图 6.29。车站主体左线站台为单洞马蹄形断面，采用 CD 法施工，施工工序见图 6.30。

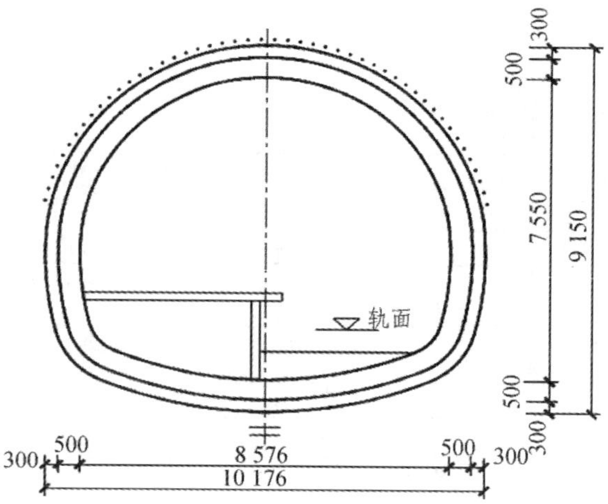

图 6.29　知春路站暗挖结构断面图（单位：mm）

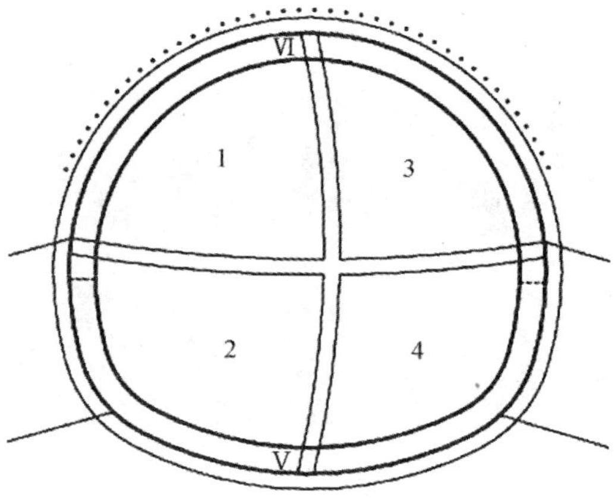

图 6.30　知春路站暗挖段施工工序

3. 初期支护参数

暗挖段初期支护参数见表 6.10，施工现场图见图 6.31。

表 6.10　暗挖段初期支护参数

项　目		规　格
超前预支护	小　导	ϕ42 mm，长 4 m，外插角 15° ~ 20°
	注浆范围	开挖轮廓外 0.8 ~ 1.5 m

续表

项　目		规　格
初期支护	早强 C25 喷混凝土	厚 300 mm
	钢　筋	ϕ8 mm，200 mm×200 mm
	格栅钢架	间隔 500 mm

图 6.31　施工现场图

4．二次衬砌结构设计

结构设计时应根据结构类型，按结构整体和单个构件可能出现的最不利组合，依相应的规范要求进行计算，并考虑施工过程中荷载变化情况分阶段计算。使用阶段考虑水对结构的长期效应，采用水土分算。

使用阶段考虑初期支护的承载作用，与二次衬砌共同承受使用期间的全部荷载。采用SAP84 软件进行结构计算。使用阶段计算模型见图 6.32。在各种不同荷载组合情况下，使用阶段主体结构计算结果见图 6.33。

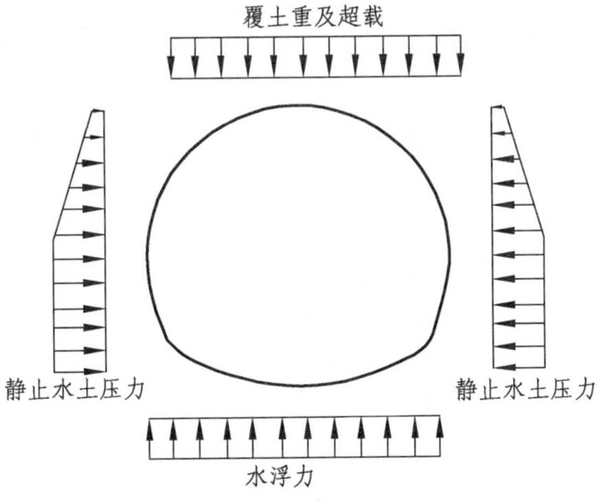

图 6.32　主体结构使用阶段计算简图（计算宽度 1 m）

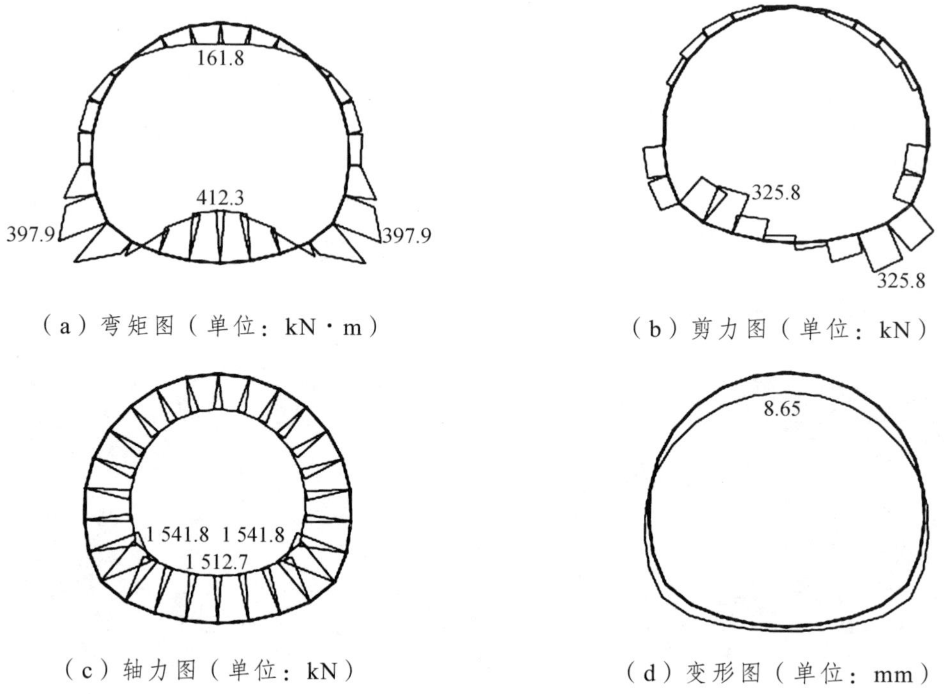

（a）弯矩图（单位：kN·m）　（b）剪力图（单位：kN）

（c）轴力图（单位：kN）　（d）变形图（单位：mm）

图 6.33　主体结构内力、变形包络图（计算宽度 1 m）

项目实训 6.2　北京地铁 5 号线蒲黄榆车站施工实例

1. 工程概况

北京地铁 5 号线蒲黄榆车站位于南二环和南三环之间交通繁忙的蒲黄榆主路下，主体结构起讫里程 K2 + 942.1 ~ K3 + 088.1，全长 146 m，车站经两侧 11 m 风道结合部与区间及风道相接。

蒲黄榆车站在国内首次采用大跨度、单拱单柱、双层岛式结构。车站开挖跨度 22.6 m，高 16.3 m，喷锚暗挖施工，最小埋深 5.5 m，采用中洞法施工，整个车站分为上下 4 层、8 部 12 个洞室开挖。蒲黄榆车站超前支护采用长管棚和小导管，间隔布置；初期支护采用格栅钢架，临时支护采用 I25a 工字钢支撑，30 cm 厚 C20 喷射混凝土。蒲黄榆车站从上到下地质条件为：粉质黏土、粉细砂、中粗砂和卵石圆砾层，其中车站一层经过地层主要为粉质黏土层和粉土层，二层为粉细砂和中粗砂，三层上部为粉细砂、下部为粉质黏土层，四层基本为粉质黏土层。蒲黄榆车站横断面及地质剖面如图 6.34 所示。

地下水包括上层滞水、潜水和承压水。第一层地下水属上层滞水，浅部地层中存在粉土和粉细砂透镜体，遇大气降水、绿地灌溉和自来水、雨污水等地下管线的垂直渗漏补给；第二层地下水属潜水，含水层为粉细砂层、中粗砂层和粉土层，水位埋深为 14.2 ~ 17.0 m，补给水来源为大气降水和侧向径流，以侧向径流和向下越流补给承压水的方式排泄；第三层地下水属承压水，含水层为中粗砂层、粉细砂层及卵石圆砾层，水头埋深为 15.3 ~ 19.1 m，主要接受侧向径流补给及越流补给，以侧向径流方式排泄。

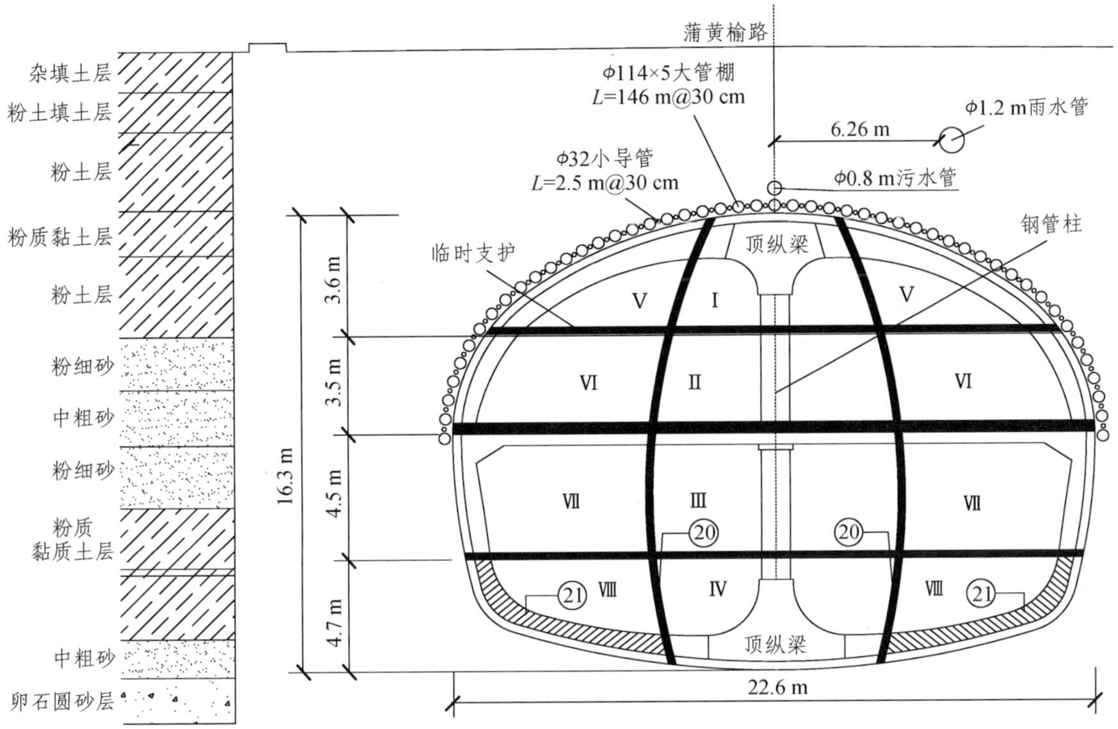

图 6.34　蒲黄榆车站横断面及地质剖面

2. 开挖及支护

蒲黄榆车站采用中洞法施工。先施作中洞拱部长管棚，在长管棚之间施作小导管，在长管棚及小导管注浆支护下开挖中洞Ⅰ步、Ⅱ步、Ⅲ步、Ⅳ步，中洞贯通后施作底纵梁、钢管柱、顶纵梁；中洞结构完成后对称开挖侧洞Ⅴ步、Ⅵ步、Ⅶ步、Ⅷ步，最后初期支护形成封闭体。

项目实训 6.3　编制某地铁工程浅埋暗挖法施工方案

以小组为单位，编制某地铁工程浅埋暗挖法施工方案。

思考与练习

【思考题】

1. 简述新奥法、浅埋暗挖法的基本原理。

2. 浅埋暗挖法的地层预加固和预支护措施有哪些？
3. 简述浅埋暗挖法的适用条件及其原则。
4. 浅埋暗挖法主要开挖方法及支护形式有哪些？

【练习题】

1.（选择题）扫描扉页在线开放课程二维码。
2. 运用流程图，绘制地铁浅埋暗挖法施工流程。

项目 7　地铁盾构法施工

学习目标

1. 知识目标

（1）了解盾构机构造及选型。

（2）掌握土压平衡盾构和泥水平衡盾构的工作原理。

2. 能力目标

（1）能依据工程地质和水文地质条件选择合理的盾构机类型。

（2）能解决盾构机掘进过程中的常见问题。

项目导入

在城市地铁隧道的修建过程中为了隧道自身结构和周边既有构筑物的安全，常常采用“能明则明，能盾则盾”的施工方案，即能采用明挖法的尽可能采用明挖法，能采用盾构法的尽可能采用盾构法开挖。可见盾构法在城市地铁修建中的重要地位。

盾构法即盾构施工法，亦即用盾构机修建隧道的方法，是地下暗挖隧道的一种施工方法，它使用盾构机在地下掘进，在防止软基开挖面土砂崩塌和保持开挖面稳定的同时，在机内安全地进行隧道开挖作业和衬砌作业，从而构筑成隧道。盾构法施工的概貌如图 7.1 所示。

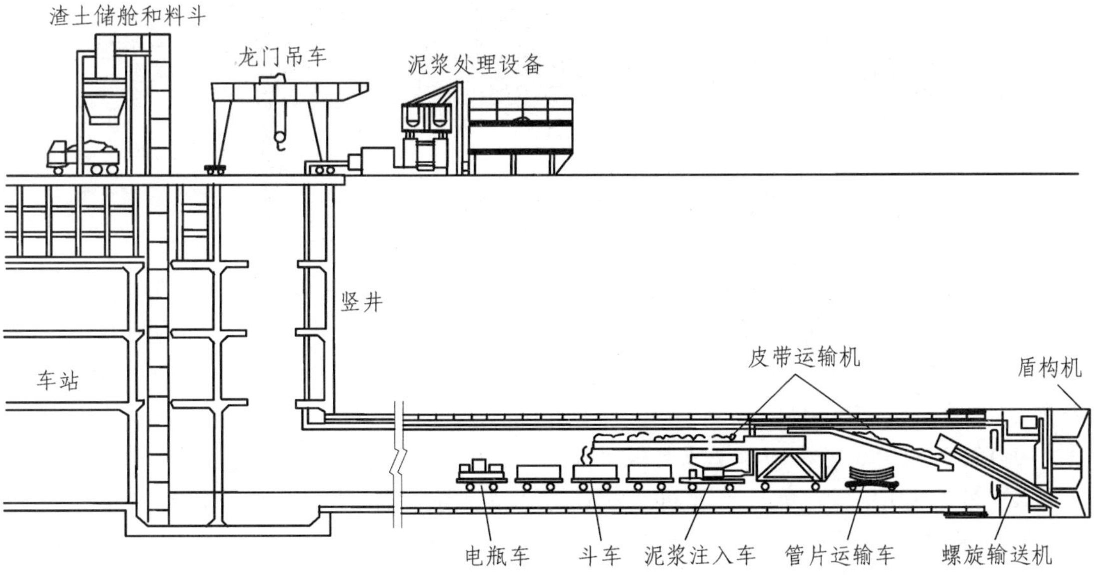

图 7.1　盾构法施工概貌图

盾构机问世近 200 年，根据盾构机在开挖、沉降控制、渣土输运、整机集成等方面的典型技术特征，可将其发展历程分为四个阶段，如图 7.2 所示。

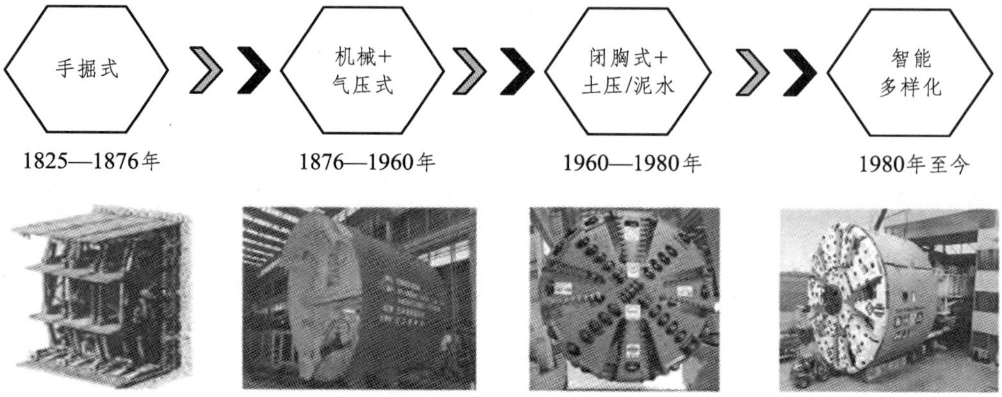

图 7.2　盾构机发展历程

（1）1825—1876 年，手掘式盾构机。

1806 年，法国人马克·布鲁内尔在蛀虫钻孔的启示下发明了盾构机，并在 1825 年首次使用盾构机修建伦敦泰晤士河底隧道。该盾构机先采用分层网格划分开挖面，然后人工开挖，后来进一步改进，采用气压辅助稳定开挖面的方法，最终完成第一条盾构法隧道施工（图 7.3），为现代盾构法的形式奠定了基础。

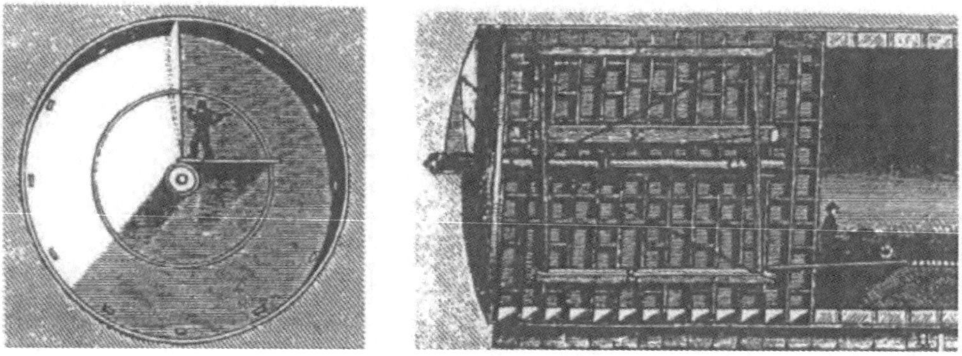

（a）　　（b）

图 7.3　泰晤士河底隧道施工用盾构机

（2）1876—1960 年，机械+气压式盾构机。

第一条盾构法隧道的成功让人们看到了采用盾构机开挖隧道的巨大优势，盾构法开始在世界范围内普及。在这期间，人们将开挖面岩土的挖掘方式由人工改进为机械式，实现了开挖作业的机械化，同时为提高开挖面水土的稳定性，在土舱内充入气压以辅助掘进，并发展了化学注浆和冻结工法。

（3）1960—1980 年，闭胸式+土压/泥水盾构机。

从 20 世纪 60 年代起，日本改进盾构机及其配套施工技术，研制了新型衬砌和防水技术，解决了管片和接缝防水等技术问题，同时开发了多种新型盾构机（图 7.4），促使现代盾构机逐步发展成熟和普及。

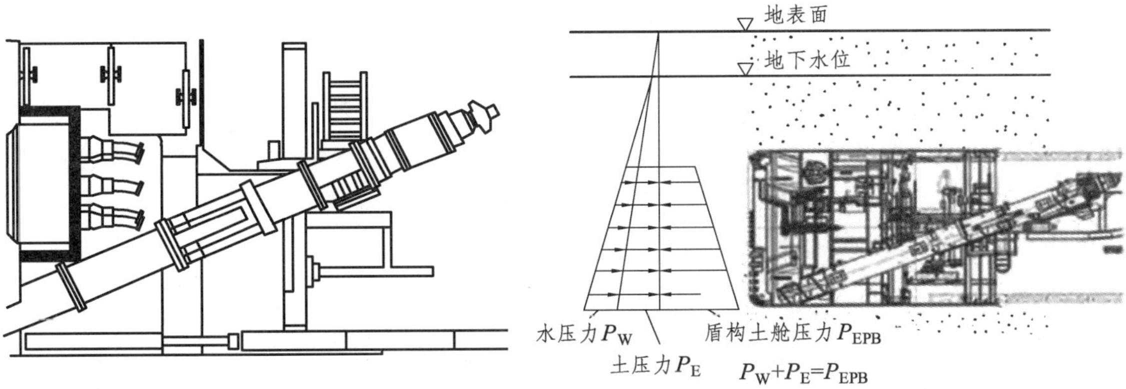

（a）　　　　（b）

图 7.4　土压平衡盾构机原理图

（4）1980 年至今，智能多样化盾构机。

为适应不同工程的需要，达到降低开挖成本和施工断面最优化的目的，马蹄形盾构机、双圆盾构机、三圆盾构机、矩形盾构机、子母盾构机、超大盾构机等一大批新型结构盾构机应运而生（图 7.5），盾构法进入了智能化、多样化时代。

图 7.5　双圆盾构机结构

思政点拨

作为一名土木人，我们坚信——细节决定成败。那么如何才能把细节变成规范，让规范成为习惯呢？

播下行为的种子，便收获习惯；播下习惯的种子，便收获人格；播下人格的种子，便收获命运。

——威廉·詹姆斯（美国心理学家）

项目布置

依据工程地质和水文地质条件，学生选择合理的盾构机类型并完成某地铁区间隧道盾构法施工技术方案。

项目分析

本项目的核心是盾构法施工技术，但完成某地铁区间隧道盾构法施工需要掌握盾构机类型与选型、盾构的基本构造、盾构施工技术等知识与技能。因此，本项目安排了盾构机类型与选型、盾构的基本构造等 4 个工作任务和 3 个项目实训。

工作任务 7.1 盾构机类型与选型

盾构机是根据工程地质条件、水文地质条件、地貌、地面建筑物及地下管线和构筑物等具体特征来“量身定做”的。盾构机不同于常规设备，其核心技术不仅仅是设备本身的机电工业设计，还在于设备如何适用于各类工程地质。盾构施工的成败主要取决于盾构机选型，其选型正确与否也决定了盾构机是否适应现场的施工环境。

7.1.1 盾构类型及其工作原理

目前，我国地铁施工中应用最广泛的盾构机型主要有土压平衡盾构机（Earth Pressure Balance Shield，简称 EPB 盾构）和泥水平衡盾构机（Slurry Pressure Balance Shield，简称 SPB 盾构）两大类。近年来，在一些复合地层中也会使用具有两种及以上工作模式的复合盾构机，如土压平衡+泥水平衡双模式盾构机。此外，在我国青岛、深圳、重庆等地的硬岩地层中，岩石隧道掘进机（TBM）也普遍应用于地铁隧道施工。

1. 土压平衡盾构机

土压平衡盾构机（图 7.6）被广泛应用于地铁隧道施工中，一般通过控制其排土量等于开挖量即可使开挖面的地层始终保持稳定，以确保工作面的稳定，减少地层变形扰动。其具有地面沉降易于控制、对周围环境影响较小、机械自动化程度高、施工速度快等显著优点。

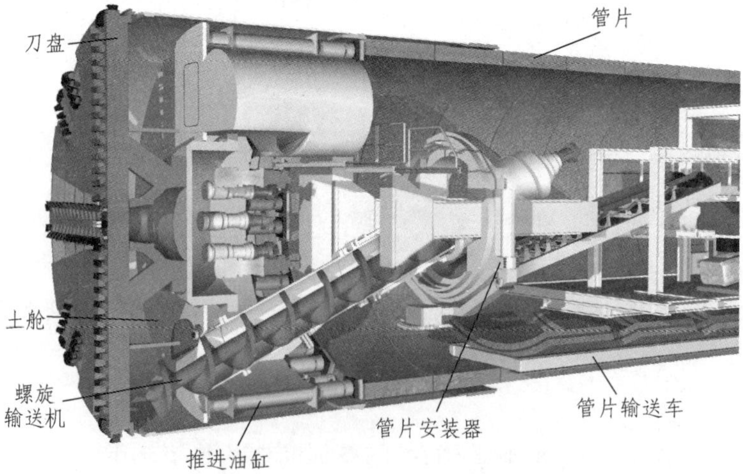

图 7.6 土压平衡盾构机细部图

土压平衡盾构机是在盾构机的前部设置土舱隔板，使土舱和螺旋输送机充满切削下来的改良渣土，依靠推进液压缸的推力给土舱内的开挖渣土加压，使土压作用于开挖面，平衡水、土压力。土舱内的土压力通过土压传感器进行测量，传递至控制室。控制室根据土压变化通过控制推力、推进速度、螺旋输送机的转速来调节土舱内土压力的大小，进而实现土舱内压力的动态平衡。其结构包括刀盘、主驱动、盾体、螺旋输送机、管片拼装机、连接桥以及后配套台车，如图 7.7。

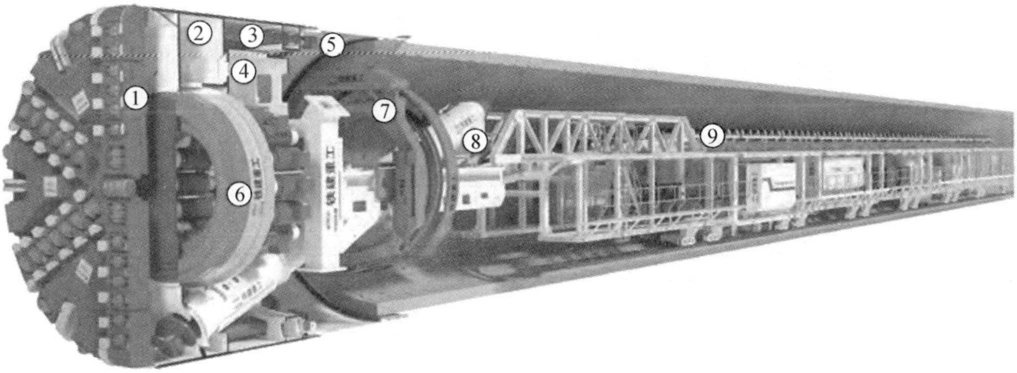

1—刀盘；2—前中盾；3—推进系统；4—人舱；5—尾盾；6—主驱动；
7—管片拼装机；8—螺旋输送机；9—皮带机。

图 7.7　土压平衡盾构机剖面示意图

2. 泥水平衡盾构机

穿江过河及高水位地铁区间施工往往采用泥水平衡盾构机，它具有在易发生流砂的地层中可以很好地稳定开挖面的优势，施工中具有泥浆压力传递速度快而均匀，开挖面平衡土压力的控制精度高，对开挖面周边土体的干扰少等特点。泥水平衡盾构机采用泥浆管道输送，速度快且连续，同时刀盘、刀具在泥浆施工中磨损消耗低，刀盘受到扭矩小，可适用于长距离、大直径隧道的施工（图 7.8）。

图 7.8　泥水平衡盾构细部图

泥水平衡盾构机是在支撑环前面装置隔板的密封舱中，注入适当压力的泥浆使其在开挖面形成泥膜，支撑正面土体，平衡地层压力、保持稳定，并由安装在刀盘上的刀具切削土体表层泥膜，与泥水混合后，形成高密度泥浆，由排浆泵及管道输送至地面处理（图 7.9）。其结构除包括常规的刀盘、主驱动、盾体、管片拼装机、连接桥以及后配套台车外，还配备泥浆循环装置、泥水处理装置，如图 7.10。

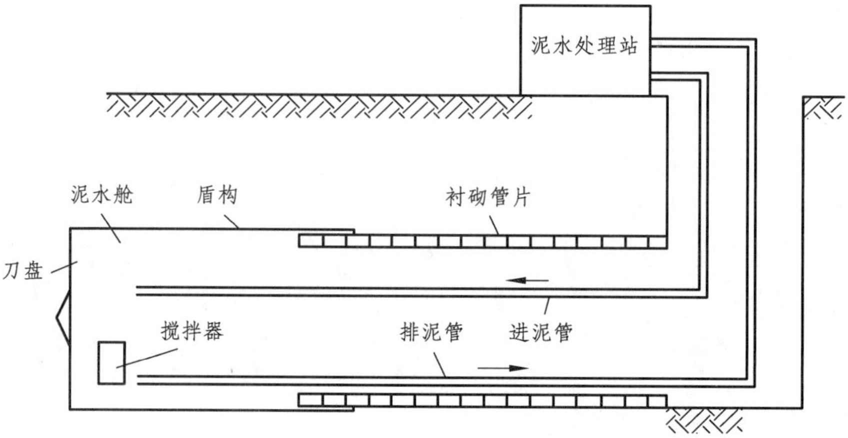

图 7.9　泥水盾构工作原理

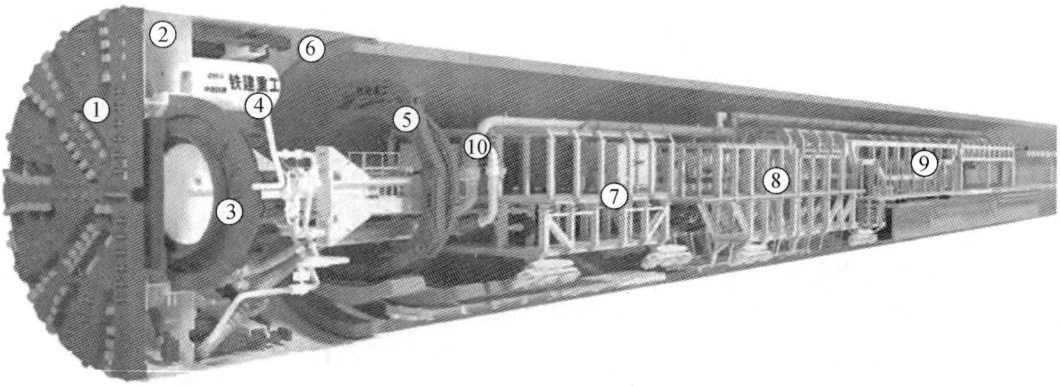

1—刀盘；2—前中盾；3—主驱动；4—人舱；5—管片拼装机；6—盾尾；
7—1 号台车；8—2 号台车；9—连接桥；10—泥水管路系统。

图 7.10　泥水平衡盾构机剖面示意图

7.1.2　盾构机机型选择

选择盾构的种类一般要求掌握不同盾构的特征。同时，还要逐个研究以下项目：① 开挖面有无障碍物；② 气压施工时开挖面能否自立稳定；③ 气压施工并用其他辅助施工法后开挖面能否稳定；④ 挤压推进、切削土加压推进中，开挖面能否自立稳定；⑤ 开挖面在加入水压、泥压、泥水压作用下，能否自立稳定；⑥ 经济性。

1. 选型依据

盾构选型应以工程地质、水文地质为主要依据，综合考虑周围环境条件、隧道断面尺寸、施工长度、埋深、线路的曲率半径、沿线地形、地面及地下构筑物等环境条件，以及周围环境对地面变形的控制要求的工期、环保等因素；同时，参考国内外已有盾构工程实例及相关的盾构技术规范、施工规范及相关标准，对盾构类型、驱动方式、功能要求、主要技术参数，辅助设备的配置等进行研究。

2. 选型的主要方法

（1）根据地层的渗透系数进行选型

地层渗透系数对于盾构机的选型是一个很重要的因素。根据施工经验，当地层的透水系数小于 10^{-7} m/s 时，可以选用土压平衡盾构；当地层的渗水系数在 10^{-7} m/s 和 10^{-4} m/s 之间时，既可以选用土压平衡盾构也可以选用泥水式盾构；当地层的透水系数大于 10^{-4} m/s 时，宜选用泥水盾构，如图 7.11。

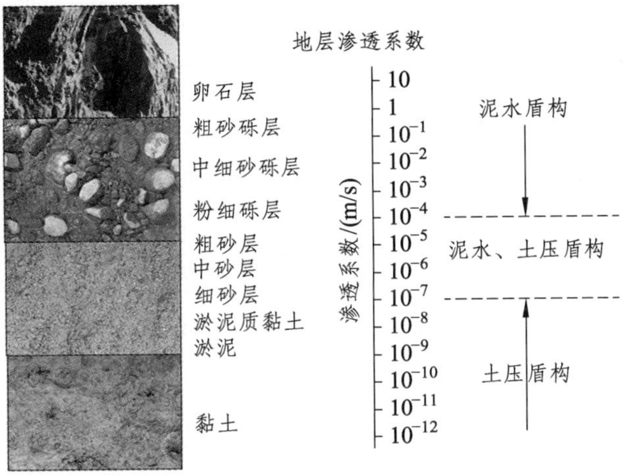

图 7.11 地层渗透性与盾构选型的关系

（2）根据地层的颗粒级配进行选型

土压平衡盾构主要适用于粉土、粉质黏土、淤泥质粉土、粉砂层等黏稠土壤的施工，在黏性土层中掘进时，由刀盘切削下来的土体进入土舱后由螺旋输送机输出，在螺旋输送机内形成压力梯降，保持土舱压力稳定，使开挖面土层处于稳定状态。一般来说，当岩土中的粉粒和黏粒的总量达到 40%时，通常宜选用土压平衡盾构，相反的情况则选择泥水盾构比较合适。粉粒的绝对大小通常以 0.075 mm 为界。

（3）根据地下水压进行选型

当水压大于 0.3 MPa 时，适宜采用泥水盾构。如果采用土压平衡盾构，螺旋输送机难以形成有效的土压下降，导致开挖面坍塌。

当水压大于 0.3 MPa 时，如因地质原因需采用土压平衡盾构，则需增大螺旋输送机的长度或采用一级螺旋输送机，或采用保压泵。

（4）盾构选型时必须考虑的特殊因素

盾构选型时，在实际实施时，还需解决理论的合理性与实际的可能性之间的矛盾，必须考虑环保、地质和安全因素。

3. 泥水加压式盾构和土压平衡式盾构选用

目前，世界上的主流盾构机有土压平衡和泥水平衡两种方式，两者的比较见表 7.1 所示。

表 7.1　泥水平衡式盾构和土压平衡式盾构比较

项目		泥水平衡式盾构	土压平衡式盾构
平衡原理简述		工作面与盾构机之间设有隔板，工作面被加以大于孔隙水压力的泥浆压力，表面形成泥水黏膜及渗透膜，在刀盘配合下使工作面得以稳定	工作面与盾构机之间设有隔板，经刀盘切削的泥土中被加入高浓度的人造泥浆或泡沫等材料，经过搅拌棒的强力搅拌后，形成具有流动性、止水性、塑性“三性”的介质，充满切割舱及螺旋输送机内，盾构千斤顶推力使切割舱内形成土压力，用以平衡工作面的地下水土压力
地质情况	渗透系数	大于 10^{-4} m/s	小于 10^{-7} m/s
	孔隙水压	无特别限制，可通过泥浆压力来控制	宜小于 0.15 MPa，超过该值需要启用相应的防喷涌措施
	细颗粒比例	10%以上	可适应极细颗粒
	含水量	无特别限制	小于 30%，则需要通过加泥浆、水、泡沫等来增加流动性
优点		控制泥水压力，可保持工作面稳定，沉降较小；排土采用泥浆管来输送，水压较高地段也不会出现喷涌现象；由于使用泥水，需要扭矩较小，刀具不易磨损；使用流体运输，弃土输送效率高，适合长距离输送	控制泥浆土压，可有效抵抗水压、土压，可保持工作面稳定，沉降较小；地质适应范围较广，适合混合地层；人造泥浆设备规模较小，还可根据围岩状态，切换成开放模式掘进，便于控制工作面；弃土较容易处理，费用较低
缺点		如果工作面渗透系数较高，则易造成泥浆渗漏，难以保证泥水压力；遇到黏土地段，排泥口有可能堵塞，导致土舱切口水压变动使工作面不稳定；需要增加泥水处理设备，地面设施场地增大；弃土处理较困难，费用较高	如果孔隙水压较高，富水性较大，则有可能产生喷涌，工作面压力难以保证；遇砂砾地层、黏土地层，刀盘的扭矩会增大，刀盘磨损较快

（1）泥水加压式盾构选用

泥水加压式盾构适用于冲积形成砂砾、砂、粉砂、黏土层、弱固结的互层地基以及含水率高、开挖面不稳定的地层，洪积形成的砂砾、砂、粉砂、黏土层以及含水率很高、固结、松散、易于发生涌水破坏的地层，是一种适用于多种土质条件的盾构形式。但是对于难以维持开挖面稳定性的高透水性地基、砾石地基，有时也要考虑采用辅助施工方法。

（2）土压平衡式盾构选用

土压平衡式盾构适用于含水率和粒度组成比较适中的粉土、黏土、砂质粉土、砂质黏土、夹砂粉黏土等土砂可以直接从掘削面流入土舱及螺旋排土器的土质。但对含砂粒量过多的不具备流动性的土质，不宜选用。

工作任务 7.2 盾构的基本构造

盾构机从前至后依次为刀盘、切口环（前盾）、支撑环（中盾）、盾尾。盾尾后是连接桥，连接桥与后配套设备及附属设备组成相连，如图 7.12 所示。其中盾构主机部分包括掘削机构、动力装置、盾壳、推进装置、管片拼装机构、衬砌背后注浆装置、出料装置和控制设备等。

图 7.12 盾构机构造

1. 掘削机构

（1）刀盘

刀盘设置在盾构的最前方，既能掘削地层的土体，又能对掌子面起到一定的支撑作用，从而保证掘削面的稳定，如图 7.13 所示。

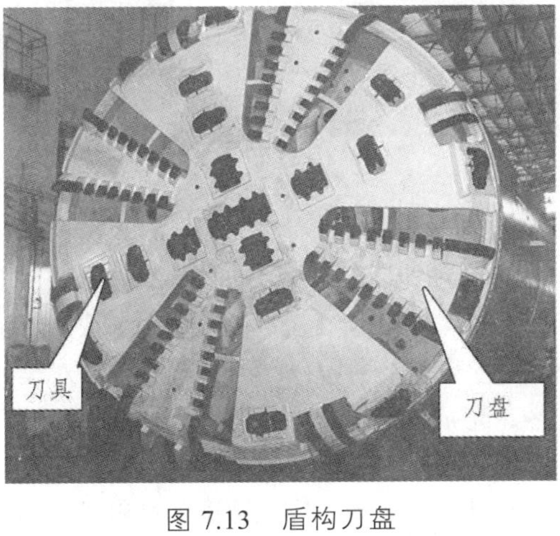

图 7.13 盾构刀盘

刀盘开口率是刀盘面板开口部分的面积与刀盘面积的比值。刀盘切削下来的渣土通过刀盘的开口槽流往土舱。

刀盘的中心装有回转接头，它使刀盘上的泡沫注入通道能与盾构体内的管路相连接。海瑞克盾构机中心回转接头内有 4 路泡沫注入通道，泡沫剂通过中心回转接头到达刀盘后，再在刀盘体内分成 8 个注入口，通过刀盘面板注入泥浆或泡沫，起到冷却、润滑和改良渣土等作用。当地层含砂量超过某一限度时，泥土的流塑性明显变差，土舱内的土体因固结作用而被压密，导致土渣难以排送。可通过向土舱内注水或泡沫、膨润土等，经强制搅拌，使砂质土泥土化。泡沫是一种流塑化改性剂，除可改善土体的流动性外，还可润滑刀盘、刀具、螺旋输送机，降低刀盘扭矩，保持开挖面稳定。

（2）刀具

盾构机刀具（图 7.14）的材质是一种超硬材质，一般是耐冲击性及耐磨性优越的 E5 材质或类似材料（高硬度的合金钢），同时它也是盾构机破岩掘进的关键部件，在掘进中容易损坏，要经常更换。目前使用的刀具主要有刮削刀具和滚动刀具。刮削刀具是指只随刀盘转动而没有自转的破岩刀具。刮削刀具的种类繁多，目前盾构掘进机上常用的刮削刀具有边刮刀、刮刀、齿刀、先行刀、贝壳刀、鱼尾刀等。刮刀是由刀座、刀体和刀刃三部分组成的，刀座是与刀盘连接的部分，与刀盘的连接有焊接（如先行刀）、螺栓连接（如边刮刀）、插销连接（如正面刮刀）等。刀座有的是与刀体成一体的，有的是与刀体焊接的，与刀体焊接的刀座材料一般是低碳合金钢。刀体对硬质合金刀刃起支撑和保护作用，要有足够的强度和耐磨性，常常采用表面硬化技术或局部堆焊耐磨层。刮刀刀刃是刮刀刮削岩土和保护刀体不被磨损的关键部位，通常是用硬质合金做成的，其大小和形状根据部位、作用、地层设计。刀刃与刀体的连接是关键，具体工艺有焊接、镶嵌和镶嵌焊。

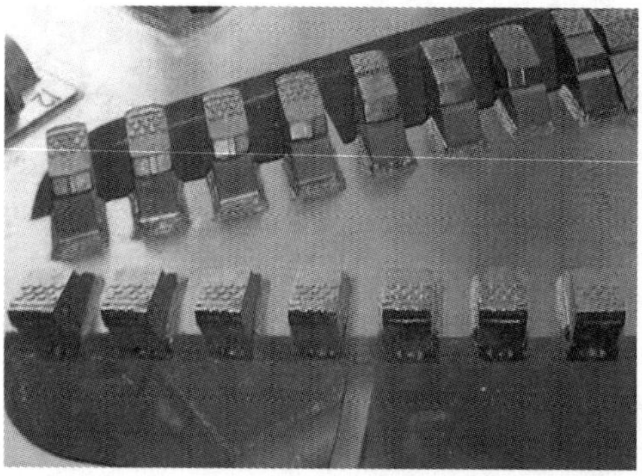

（a）刮刀

（b）滚刀

图 7.14　刀具

滚切类刀具是通过刀具的滚动来切割岩层的，所以人们习惯称之为滚刀。它一般是通过刀框座和螺栓连接在刀盘上的。在工作过程中，它不仅要在刀盘的带动下随刀盘进行公转，同时还要围绕自身刀轴进行自转，通过不断的连续滚动对岩层进行切入、挤压和摩擦，使掌子面上的岩层逐渐剥落，完成对岩层的切割破碎。根据刀刃的形状，滚刀可分为：齿形滚刀（钢齿和球齿）、盘形滚刀（钢刀圈滚刀和球齿刀圈滚刀）。根据安装位置滚刀可分为：正滚刀、中心滚刀、边滚刀、扩孔滚刀。盾构掘进机滚刀主要是盘形滚刀，盘形滚刀又有单刃、双刃和多刃等形式。

2. 刀盘驱动装置

刀盘驱动装置（图 7.15）的作用是向刀盘提供必要的旋转扭矩，驱使刀盘旋转。刀盘驱动装置由钢板焊接构造而组成，在内部安装高精度、大负荷的滚动轴承和密封圈。该装置一般由带减速器的液压电机的小齿轮驱动大轴承，带动刀盘顺时针或逆时针旋转。

图 7.15　刀盘驱动

通常刀盘驱动部（包括密封、大轴承、小齿轮、减速机、液压电机等）作为一个整体组装调试后，再用螺栓固定在盾构壳体上，这样更能保证刀盘密封与传动的可靠性和安全性。为了防止土砂、水进入驱动装置内，在旋转部与固定部中间设置有密封装置。

盾构刀盘的转速，要视刀盘的直径大小而定。一般来说，刀盘直径大，转速就低；刀盘直径小，转速就高。

3. 盾壳

盾构的种类繁多，所有盾构的外壳沿纵向从前到后分为前盾、中盾、后盾三段，通常又把这三段称为切口环、支撑环、盾尾（图 7.16 为盾壳构造示意图，图 7.17 为盾壳实物图）。

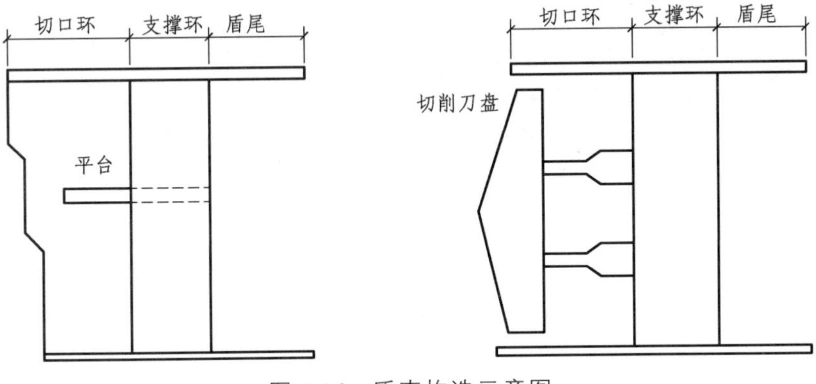

图 7.16　盾壳构造示意图

（1）切口环

切口环部分是开挖和挡土部分，它位于盾构机的最前端，施工时最先切入土层并掩护开挖作业。切口环保持着工作面的稳定，并作为开挖下来的土砂向后方运输的通道。采用机械化开挖式盾构时，则根据开挖下来土砂的状态，确定切口环的形状、尺寸。

图 7.17 盾壳实物图

切口环的长度主要取决于盾构正面支承、开挖的方法。对于机械化盾构，切口环内按不同的需要安装各种不同的机械设备，这些设备用于正面土体的支护及开挖，而各类机械设备是由盾构种类而定的。

（2）支承环

支承环是盾构的主体结构，是承受作用于盾构上全部荷载的骨架。它紧接于切口环，位于盾构中部，通常是一个刚性很好的圆形结构。地层压力、所有千斤顶的反作用力以及切口环入土正面阻力、衬砌拼装时的施工荷载均由支承环来承受。

在支承环外沿布置有盾构千斤顶，中间布置拼装机及液压设备、动力设备、操纵控制台。当切口环压力高于常压时，在支承环内要布置人行架、减压舱，即人舱，也称气压人闸。

支承环的长度应不小于固定盾构千斤顶所需的长度，对于有刀盘的盾构还要考虑安装切削刀盘的轴承装置、驱动装置和排土装置的空间。同时应拥有可充分承受土压、水压、盾构千斤顶推进反作用力、挖掘反作用力的强度。

（3）盾尾

盾尾在盾壳的尾部，由环状外壳与安装在内侧的密封装置构成。其作用是支承坑道周边，防止地下水与注浆材料被挤入盾构隧道内。在盾尾内部留有管片拼装的空间，该空间内装有拼装管片的举重臂。盾尾的环状外壳大都用高强度的薄形钢板制作，以减少盾构向前推进后留下的环状间隙。从而减少压浆工作量，对地层扰动范围也小，有利于施工。但盾尾也需要承担土压力，所以其厚度应综合上述因素确定。盾尾的长度取决于衬砌形式，必须根据管片的宽度及盾尾的密封道数来确定。

为防止泥水和水泥砂浆从盾构外流入盾构内、盾构内压气向地层中泄漏，在盾壳内壁和衬砌之间设有密封装置（图 7.18）。

4. 推进装置

盾构推进是靠液压系统带动千斤顶的伸缩动作，驱使盾构在土层中向前推进的。盾构千斤顶活塞的前端必须安装顶块，顶块采用球面接头，以便将推力均匀分布在管片的环面上（图 7.19）。

推进千斤顶沿中盾壳体内侧均匀分布，油缸的布置在设计时考虑了避开管片接缝。推进系统，应具有纠偏功能，推进油缸能分组和单独控制，能手动和自动控制，满足施工要求的最小转弯半径需要，并具有一定的爬坡能力。

图 7.18　密封装置示意图

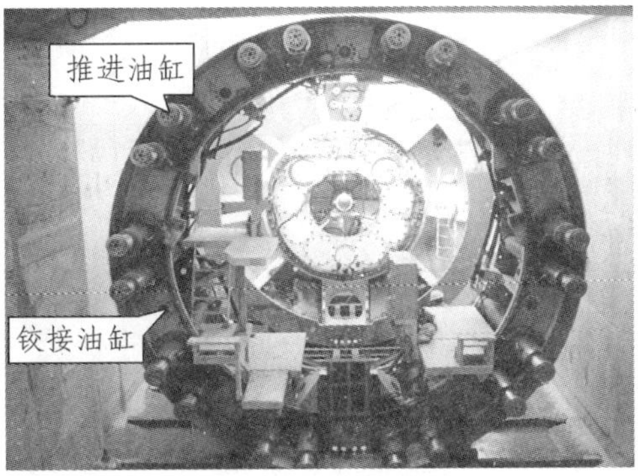

图 7.19　推进装置

5. 管片及管片安装器

（1）管片

盾构法修建的隧道采用拼装式衬砌，是将衬砌分成若干块管片，这些管片经预制后运到隧道内，用机械拼装成环，拼装成环后即可立即受力。目前管片主要用在盾构隧道内，因为盾构的前进需要衬砌环立即提供反力，这是现浇混凝土衬砌所做不到的。

盾构隧道的衬砌，通常分为一次衬砌和二次衬砌。一般情况下，一次衬砌为由管片组装成的环形结构，二次衬砌是在一次衬砌内侧现场灌注的混凝土结构。只有一次管片衬砌的叫单层衬砌。在一次衬砌里面再做现场灌注的二次衬砌，称之为双层衬砌。一般情况下均采用单层衬砌，如地铁隧道。但对于污水隧道、有内压的隧道或结构受力十分复杂的隧道，宜采用双层衬砌，如南水北调的穿黄隧道。

由于在开挖后要立即进行衬砌，故将数个钢筋混凝土制造的块体构件组装成圆形等衬砌，此块体称为管片，如图 7.20 所示。

图 7.20　管片

① 管片接头。

管片接头分为沿圆周方向连接起来的管片接头和沿隧道轴线连接起来的管片环接头两种。接头与接头通常采用螺栓连接，连接螺栓有直螺栓和弯螺栓两种，如图 7.21 所示。

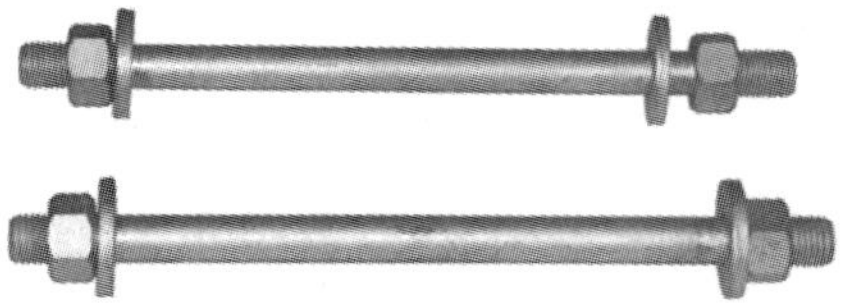

（a）直螺栓

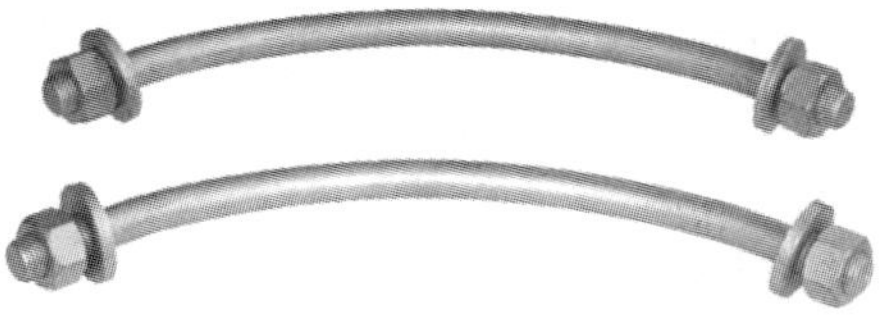

（b）弯螺栓

图 7.21　推进装置

② 管片拼装形式。

管片按其组合形式，分为通缝拼装和错缝拼装，如图 7.22 所示。错缝拼装的优点在于能够使环接缝刚度分布均匀，提高了管片衬砌的刚度。我国多采用错缝拼装形式。

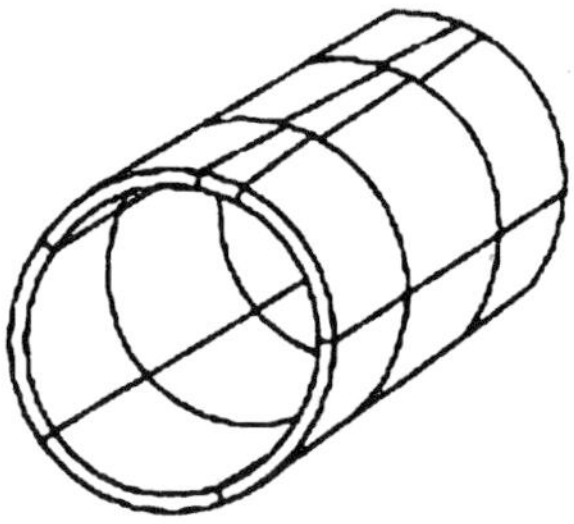

（a）通缝

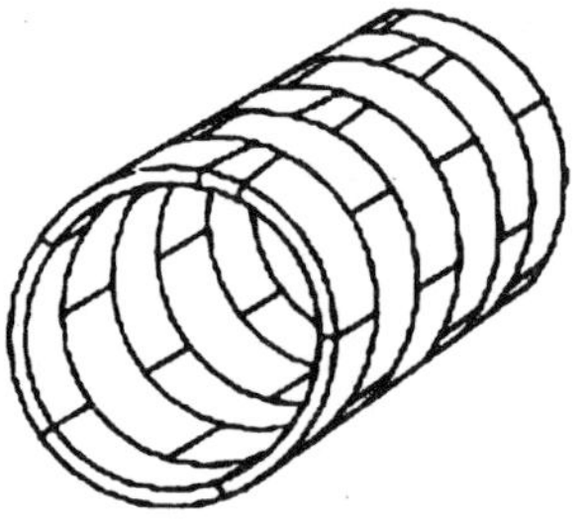

（b）错缝

图 7.22　管片拼装形式

（2）管片安装器

管片安装器（图 7.23）安装在盾尾区域，用来安装衬砌管片。安装器所具有的各种动作能在施工场地条件下使管片精密地就位。它主要的运动构件的功能均可通过比例控制来实现。在管片安装模式下，为达到最理想的衬砌效果，每个/对推进油缸可以单独控制。所有方向运动可靠，功率足够，采用比例液压控制的管片安装器可以快速地达到毫米级的安装精度。

图 7.23　管片安装器

6. 衬砌背后注浆装置

由于盾构刀盘的开挖直径大于管片外径，管片拼装完毕并脱出盾尾后，与土体间形成一环形间隙。为了避免或减少盾构后部的沉降，在掘进隧道期间，必须回填此环状空隙。图 7.24 为盾构机衬砌背后注浆装置。

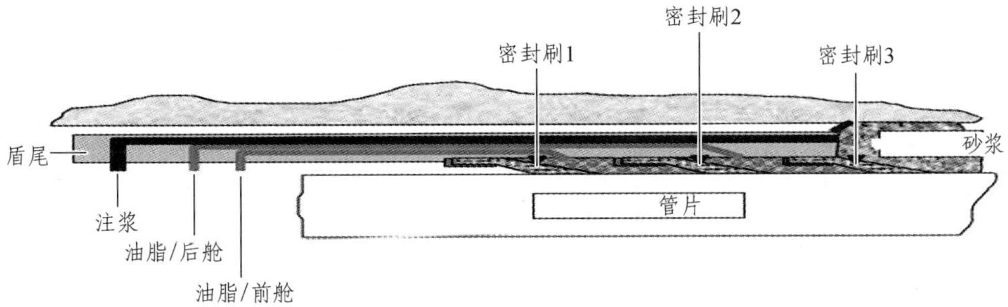

图 7.24　盾尾注浆装置示意图

工作任务 7.3　盾构法施工

盾构施工法是在地面下暗挖隧洞的一种施工方法，它使用盾构机在地下掘进，在防止软基开挖面崩塌或保持开挖面稳定的同时，在机内安全地进行隧洞的开挖和衬砌作业。其施工过程需先在隧洞某段的一端开挖竖井或基坑，将盾构机吊入安装，盾构机从竖井或基坑的墙壁开孔处开始掘进并沿设计洞线推进直至到达洞线中的另一竖井或隧洞的端点。其施工流程如图 7.25 所示。

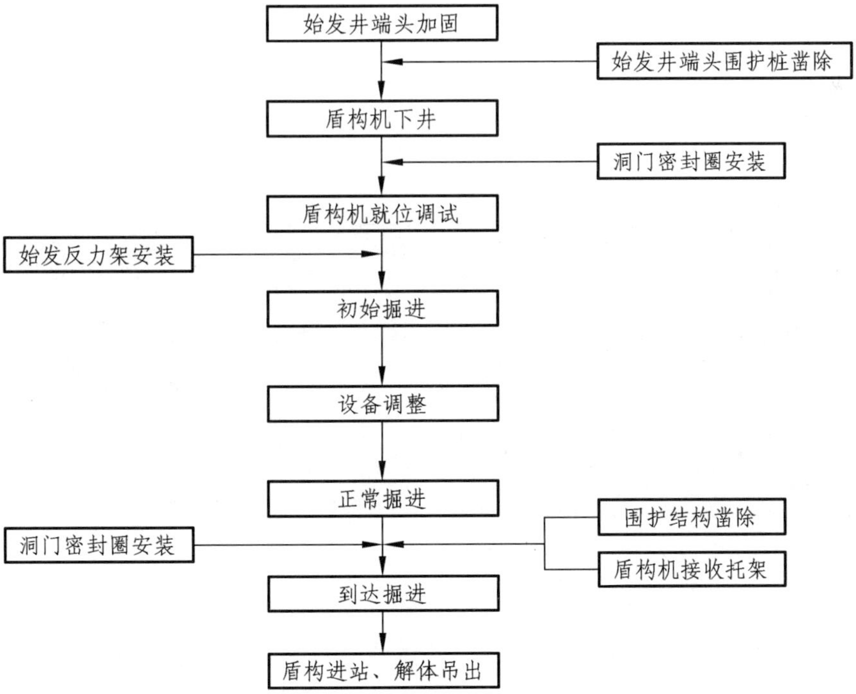

图 7.25　盾构施工流程

7.3.1 盾构施工准备工作

1. 盾构施工工作井（始发井、接收井、调头井或检修井）

盾构法施工的隧道，在始发和到达时，需要有拼装和拆卸盾构用的竖井，当盾构需要调转方向或线路在急曲线的部位，需要设置中间检修井和调头井。施工过程中，这些竖井是人、材料和石渣的运输通道。在隧道竣工后，这些竖井多被用于车站、人孔、通风口、出入口等永久建筑。

（1）盾构竖井类型

一般而言，盾构竖井分为始发竖井、到达竖井和中间竖井 3 种。

① 始发竖井。始发竖井的任务是为盾构机出发提供场所，用于盾构机的固定、组装及设置附属设备，如反力座、引入线等；与此同时，也作为盾构机掘进中出渣、掘进物资器材供应的基地。因此，始发竖井的周围是盾构施工基地，必须要有搁置出渣设备、起重设备、管片储存设备、输变电设备、回填注浆设备和物资器材的场地。

② 接收竖井。设置接收井的目的：接收在土层中已完成了某一阶段推进长度的盾构。盾构机进入接收井后，或实施解体，或进行维修保养，为继续推进作准备，或做折返施工。

③ 中间竖井。在下水道的汇流处、电力线的连接处等地方，常设置中间竖井。此时，竖井的尺寸由这些设施需要的空间决定。

（2）盾构竖井的施工

目前常用的竖井施工方法及竖井挡土墙施工方法中，深度小于 15 m 的竖井，多采用喷锚法、钢板桩法和 SMW 施工法。深度超过 20 m 的竖井，根据挡土墙的强度常采用护壁桩、地下连续墙或开口沉箱法等施工方法。

如果地铁车站采用明挖法施工，则区间隧道的始发井和接收井设在车站两端，成为车站结构的一部分，并与车站结构一起施工，但这部分结构暂不封顶和覆土，留作盾构施工时的运输盾构机的通道。始发井或接收井见图 7.26。

图 7.26　盾构始发井与接收井

2. 始发、到达端头加固

盾构机进出工作井前后 50 m 是盾构法隧道施工最困难的地段之一。为了确保盾构始发和到达时施工安全，隧道进、出口土体必须有良好的自立性和密实性，以防端头地层发生坍塌或涌漏水等意外情况，根据各始发和到达端头工程地质、水文地质和端头结构等综合分析与评价，决定是否对洞门端头地层进行加固处理。端头加固有高压旋喷桩、深层搅拌桩、静压注浆等多种形式。

3. 洞门破除

始发前将洞门部位的端头围护桩凿除，采用油炮 + 人工施工方式凿除，先采用油炮沿洞四周凿除 A 部分，再用人工持风镐凿除 B 部分，见图 7.27。凿除时围护桩内层钢筋先不割除，待盾构进洞或出洞时再迅速割除。

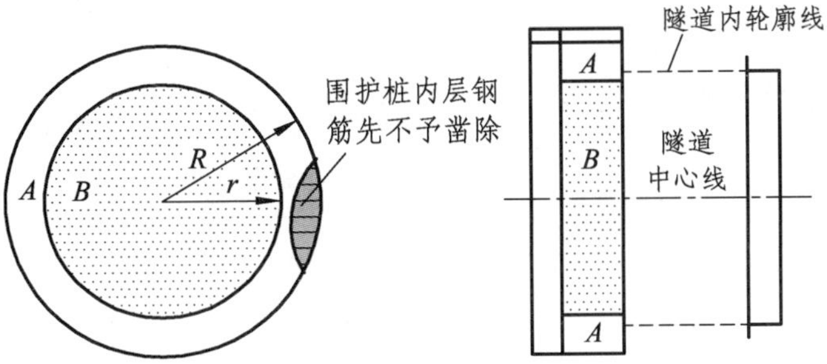

图 7.27　洞门破除示意图

4. 始发设施的安装

（1）始发托架安装

洞门凿除完成之后，依据隧道设计轴线定出盾构始发姿态的空间位置，然后反推出始发台的空间位置，见图 7.28。由于始发台在盾构始发时要承受纵向、横向的推力以及约束盾构旋转的扭矩，所以在盾构始发之前，先对始发台两侧进行加固。

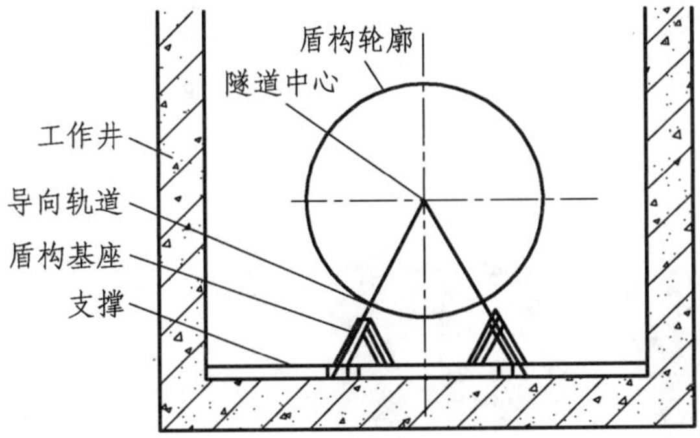

（a）始发托架安装示意图

（b）始发托架安装现场

图 7.28　始发设施安装

（2）反力架安装

在盾构主机与后配套连接之前，开始进行反力架的安装，见图 7.29。由于反力架为盾构始发时提供反推力，在安装反力架时，反力架端面与始发台水平轴垂直，以便盾构轴线与隧道设计轴线保持平行。安装时反力架与盾构始发井结构连接部位的间隙要垫实，以保证反力架脚板有足够的抗压强度。

（3）盾构安装与调试

在车站范围内沿盾构掘进相反方向 80 m 铺设盾构机台车行走钢轨，并将钢轨延伸到始发架上。盾构分段吊入井下，并在井下始发托架上进行正确组装就位，然后连接台车。盾构下井吊装顺序：后配套台车→连接轿→管片运输车→螺旋输送机→中盾→前盾→刀盘→管片安装机→盾尾。

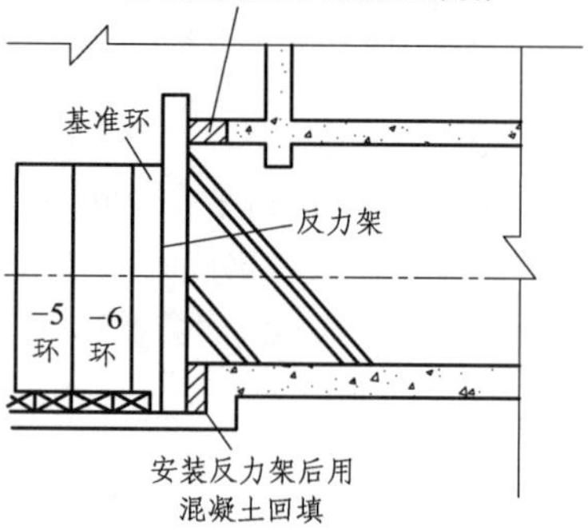

图 7.29　反力架安装示意图

5. 后盾系统安装

盾构机的后盾系统应满足盾构推进所需要的强度、刚度和平整度。后盾系统由钢立柱、后座基座、天窗式反力架、负环衬砌组成。按设计要求经精确测量定位后，组装反力架和负环管片，为盾构推进提供后座反力。反力架和负环管片的布置，靠近反力架的一环为基准环，基准环为钢管片，其余负环管片为与隧道管片相同的混凝土管片。为利于洞门施工，0 环伸入洞内 0.4～0.8 m，在洞门施工时再将这环管片凿除，负环管片组装采用错缝拼装，见图 7.30。

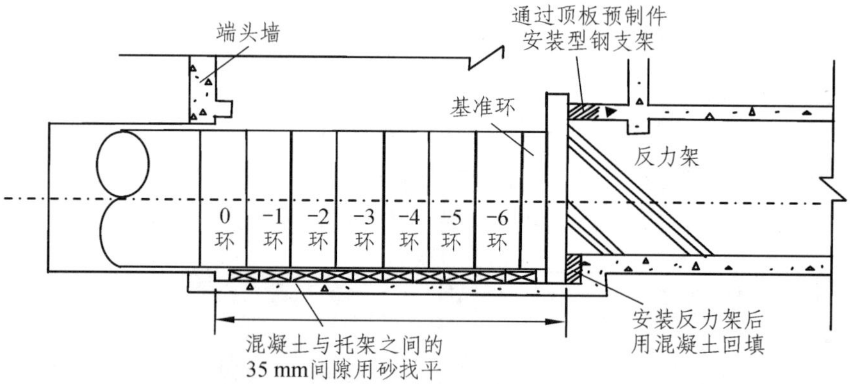

（a）安装示意图

（b）现场施工图

图 7.30　负环管片安装

6. 洞门密封及止水装置的安装

洞口密封采用折叶式密封压板。其施工分两步进行：第一步在始发端墙施工过程中，做好始发洞门预埋件的埋设工作，在埋设过程中预埋件与端墙结构钢筋连接在一起；第二步在盾构正式始发之前，清理完洞口的渣土后及时安装洞口密封压板及橡胶帘布板（图 7.31）。

图 7.31　洞门密封

7.3.2　盾构推进

1. 盾构出洞及始发掘进

盾构出洞是盾构法的重要环节之一。在始发井内，盾构按设计高程和坡度推出预留孔洞，进入正常土层的过程称为盾构出洞。盾构出洞的方法有很多种，如图 7.32 为不同的盾构出洞形式。

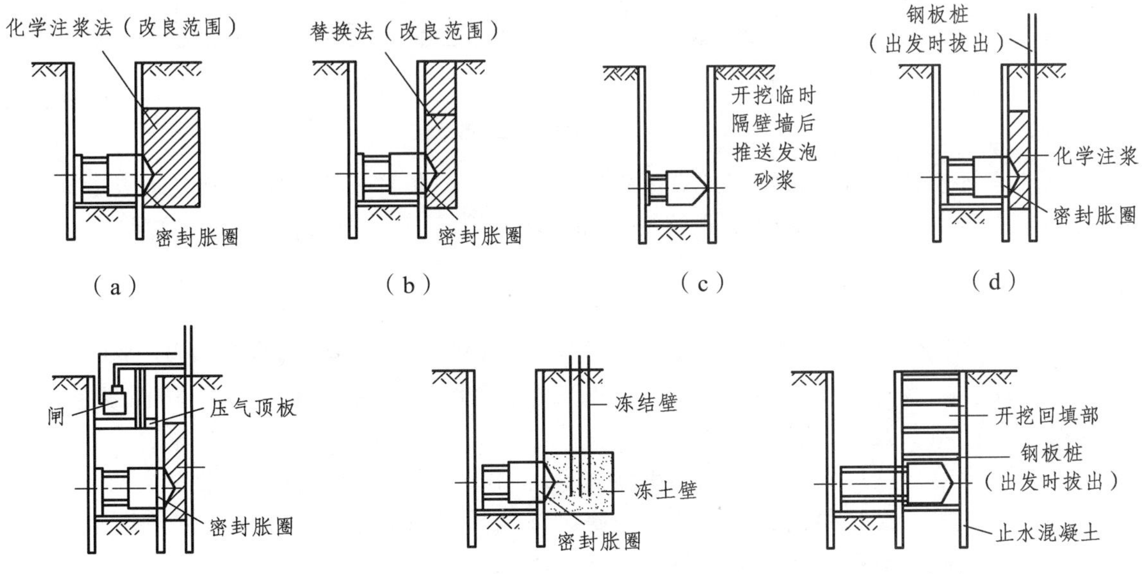

图 7.32　盾构出洞形式

始发过程中应密切保护洞口止水装置，保证洞口止水装置在盾构始发时不被损坏。盾构始发流程见图 7.33。

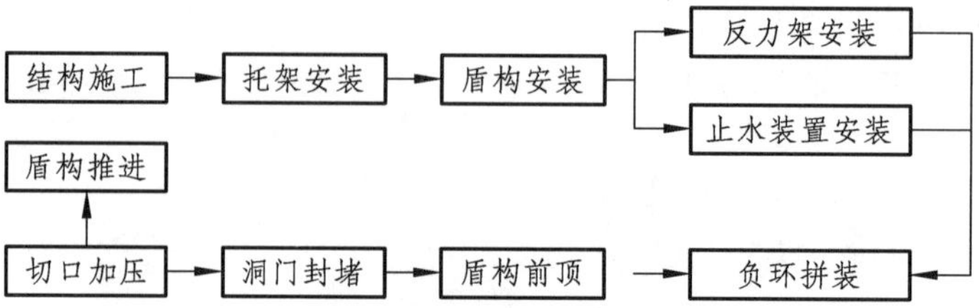

图 7.33　盾构始发流程

2. 盾构推进工艺流程

盾构施工首先使切口环切入土体，然后再开挖土体，千斤顶将切口环向前顶入土层，其最大距离是一个千斤顶行程。盾构的位置与方向以及纵坡度等均依靠调整千斤顶的编组及辅助措施加以控制。图 7.34 为盾构推进工艺图。

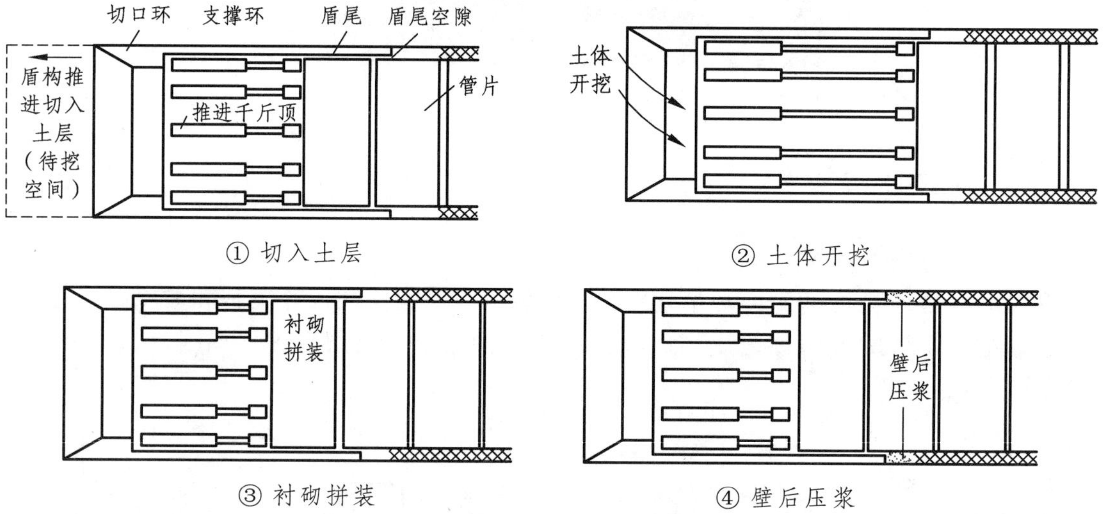

图 7.34　盾构推进工艺流程

针对目前较多采用的盾构形式，在盾构类型一定的条件下，盾构的推进还应考虑具体的施工条件和施工技术。这里仅介绍泥水加压盾构和土压平衡盾构施工的情况。

（1）泥水加压盾构施工

泥水加压盾构修建隧道时，需设置泥水循环系统和采用自然沉淀及药品沉淀相结合的泥水处理系统。泥水从泥水池用泥浆泵通过进浆管送至密封舱内。刀盘切削下来的泥土经刀盘本身及搅拌器与工作泥水混合，使泥水相对密度增加，变稠了的泥水再用泥浆泵排出，送至地面进行泥水处理。地面处理过程为首先经过分离器，分离出尽可能多的土砂，然后进入一次沉淀池自然沉淀；对漫过沉淀池的泥水添加药品进入二次沉淀池进行药品沉淀。分离器分出的泥土直接用输送带运走，一次沉淀池用挖泥机排出，二次沉淀池的絮凝物用特制网眼的戽斗运输机运走。剩余泥水可再循环使用。

（2）土压平衡盾构施工

土压平衡盾构推进时依靠盾构前部刀盘进行旋转切削土体，土体进入密封舱，搅拌成浆化泥土。充满在密封舱和螺旋输送机内的浆化泥土，随着盾构稳步推进和螺旋输送机的排土，实现出土与进土的平衡以及切削工作面的土体平衡。经螺旋输送机排出的土通过矿车进行运至始发井底，并由此提升到地面。这种盾构的内部设备布置简单，开挖面稳定机制可靠，施工安全可靠，速度较快。

3. 盾构掘进施工管理

盾构掘进管理的目的是在保持隧道线形和开挖面稳定的同时，尽早进行尾隙处理，以防止地基变位。掘进管理可分为四大项：开挖管理、线形管理、注浆管理、管片拼装管理。构成内容见表 7.2。

表 7.2　盾构掘进管理的内容

项　目	内　　容
开挖管理	开挖面稳定，盾构机总推力、推进速度、切削扭矩、千斤顶推力、搅拌扭矩
线形管理	盾构机的位置和姿态（仰俯、旋转、偏移、超挖量、蛇形量）
注浆管理	注入状况（注入量、注浆压力）、注入材料（稠度、离析性、胶凝时间、强度、配合比）
管片拼装管理	拼装（真圆度、拧螺栓的扭矩）、防水（漏水、管片缺损、裂缝）、位置（蛇行量、垂直度）

4. 盾构施工运输

（1）水平运输

盾构水平运输是指利用电瓶机车将管片、砂浆、轨道、轨枕等掘进所需材料从盾构始发井（或出渣井）运输至盾构台车范围内，并将掘进开挖出来的渣土从隧道内运输至井口的作业过程。

① 盾构水平运输作业内容包括：轨枕与轨道的铺设、掘进所需材料运输、渣土洞内运输。

② 水平运输作业流程：井口管片、砂浆等掘进材料准备到位→机车运输至盾构台车内→管片吊运至前方、砂浆泵送至搅拌罐→掘进出渣→渣土运输至出渣井口。

③ 盾构水平运输机车配置：洞内水平运输采用重载编组列车运输，每列列车编组包含牵引机车、渣土车、砂浆车和管片运输车。列车配置可根据每掘进一环出渣量进行设计。

每环出渣量（m^3）：

$$V=\frac{\pi D^2\cdot L\cdot \eta}{4} \tag{7.1}$$

式中：D——盾构开挖直径（m）；

L——管片宽度（m）；

η——松散系数（淤泥质黏土 λ 取 1.3 ~ 1.5）。

每环注浆量（m^3）：

$$Q=\frac{\pi（D^2-d^2)\cdot \lambda}{4} \tag{7.2}$$

式中：d——管片拼装外径（m）;

λ——注浆率（淤泥质黏土 λ 取 1.3 ~ 2）。

④ 水平运输轨道铺设。

水平运输轨道钢轨一般采用 43 kg/m，正线段轨距 900 mm，道岔处及曲线段轨距 910~920 mm，道岔型号一般选用 6 号对称道岔或单开道岔，如图 7.35 所示。

（a）对称道岔　　（b）单开道岔

图 7.35　盾构水平运输道岔

（2）垂直运输

垂直运输主要是运输材料管片、轨料、油脂油料等及渣土的提升。它主要指的是龙门吊，如图 7.36 所示。

图 7.36　龙门吊

7.3.3　衬砌施工、压注与防水

1. 衬砌施工

软土层盾构施工的隧道，多采用预制拼装衬砌形式。少数也采用复合式衬砌，即先采用薄层预制块拼装，然后复壁注内衬。预制拼装通常由称作“管片”的多块弧形预制构件

拼装而成。预制拼装一般为举重臂拼装，如图 7.37 所示，分为通缝拼装（管片的纵缝环环对齐）或错缝拼装（一般环间错开 1/3~1/2 管片）。

图 7.37　管片拼装施工

在拼装管片或砌块的过程中，主要应解决管片或砌块的运送、就位、成环以及做好衬砌防水等工作。拼装程序有先环后纵和先纵后环两种。先环后纵法是拼装前缩回所有千斤顶，管片先拼成圆环，然后用液压千斤顶将拼好的管片圆环沿纵向靠拢形成衬砌，并拧紧纵向螺栓。这种方法的优点是环面平整，纵缝拼接质量好；其缺点是在易产生盾构后退的地段，不宜采用。先纵后环的方法因拼装时只缩回该管片部分的千斤顶，其他千斤顶则轴对称地支撑或升压，所以可有效地防止盾构后退。

采用举重臂拼装管片的原则应是自下而上，左右交叉，最后封顶成环。待管片全部拼装好，再分头对称拧紧全部环向、纵向螺栓，达到设计的要求后，才算一环管片拼装完毕。随着盾构不断推进，拼装工作也不断重复上述步骤，直至隧道建成。

在拼装过程中一要保证环面接缝平整，纵向通缝防水涂料压密，以防止管片呈喇叭状，形成漏水漏泥的通道；二要注意衬砌的准圆度，圆度控制不好，会使衬砌环出现外张或内张角（向圆心方向张角称内张角），导致衬砌漏水。

2. 衬砌防水

由于盾构隧道多修建在地下水位以下，故需进行衬砌接头的防水施工，以承受地下水压。隧道内的漏水，使隧道竣工后的功能及维修管理方面出现许多问题，所以必须注意。根据隧道的使用目的，选择适合于作业环境的方法进行防水施工。

衬砌防水分为密封、嵌缝、螺栓孔防水 3 种。根据使用目的不同，有时只采用密封，有时 3 种措施同时采用。密封防水是在管片接头表面进行喷涂或采用粘贴胶条的方法；螺栓孔防水是在螺栓垫圈及螺栓孔间放入环形衬垫，在紧固螺栓时，此衬垫的一部分产生变形，填满在螺栓孔壁和垫圈表面间形成的空隙中，防止从螺栓孔中漏水；嵌缝防水指预先在管片的内侧边缘留有嵌缝槽，以后用嵌缝材料填塞。

3. 衬砌背后注浆

向衬砌背后注浆，将盾尾和衬砌之间的建筑空隙填满，是提高隧道周围土层稳定性，防止地表沉降与地层压力增长的一种有效方法，因此，衬砌背后注浆是盾构法施工必不可少的关键性辅助工法。注浆还可以改善隧道衬砌的受力状态，避免隧道的不均匀变形，减小衬砌在自重及拼装荷载作用下的椭圆率。此外，在隧道周围可形成一种水泥联结起来的地层壳体，能增强衬砌的防水效能。

（1）衬砌背后注浆的目的

① 控制地表沉降：衬砌背后注浆最重要的目的就是及时填充环形间隙，防止因间隙的存在导致地层发生较大的变形或坍塌。

② 减少隧道沉降量：如上所述，管片出盾尾后，管片与土体之间产生空隙，使管片下部失去支撑，由于管片的自重，就产生了下沉，这使原来成环良好的轴线受到影响。用具备一定早期强度的浆液及时填充环形间隙，可确保管片早期和后期的稳定。背后注浆可防止或减少了隧道的沉降，保证隧道轴线的质量，满足工程使用要求。

③ 提高隧道衬砌的防水性：盾构隧道是由预制管片拼装而成的，存在纵、环向缝隙，这些缝隙正是防水的薄弱环节，背后注浆可作为隧道的第一道止水防线，提高隧道抗渗性能。

④ 改善衬砌的受力状况：压浆后，地层变形和地层压力得以控制，浆体便附在衬砌圆环的外周，使两者共同变形，从而改善衬砌的受力状况。

（2）浆液种类

衬砌背后注浆的浆液一般分为单液浆和双液浆。

① 单液浆，是指多由粉煤灰、砂、水泥、外加剂等在搅拌机中一次拌和而成的浆液。这种浆分为惰性浆液和硬性浆液。

惰性浆液：没有掺加水泥等凝胶物质，其早期强度和后期强度均很低的浆液。

硬性浆液：掺加了水泥等凝胶物质，具备一定早期强度和后期强度的浆液。

惰性浆液初凝时间长，制备成本低。硬性浆液制备成本相对较高，初凝时间为 12 ~ 16 h，早期具有一定的强度，对于隧道衬砌的稳定较为有利。

② 双液浆，是指由水泥砂浆浆液与水玻璃浆液混合而成的浆液。双液浆又可按初凝时间的不同，分为缓凝型（初凝时间为 30 ~ 60 s）和瞬凝型（初凝时间小于 20 s）。

单液浆由于施工工艺简单、易于控制且不易堵管等优点，较广泛地用于隧道衬砌背后注浆。

（3）注浆工艺

当盾尾后空隙形成时，立即进行压浆，并保持一定的压力。压浆工艺对盾尾密封要求较高，以防止注入的浆液从尾部、工作面、管片接头等部位泄漏到其他无须注浆的部位。因此，要有一个不易漏浆的盾尾密封装置及准备有堵浆措施、设备和材料等。从时效上可将衬砌背后注浆分为同步注浆、二次注浆。注浆现场如图 7.38 所示。

① 同步注浆：盾构向前推进，在施工间隙形成的同时立即注浆的方式。同步注浆使浆液同步填充环形间隙，从而使周围土体获得及时的补偿，有效地防止土体塌陷，控制地表的沉降。

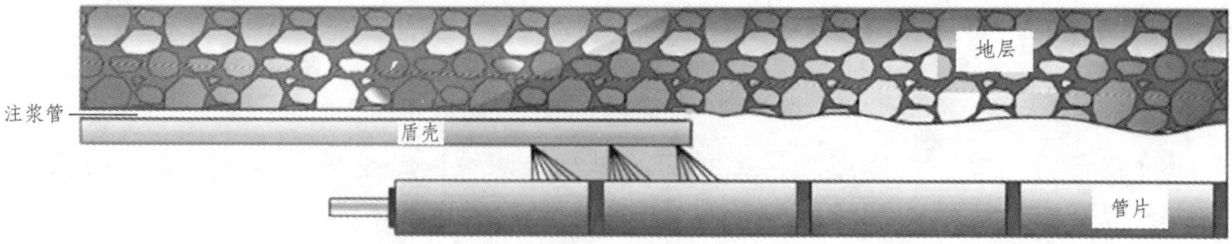

（a）同步注浆

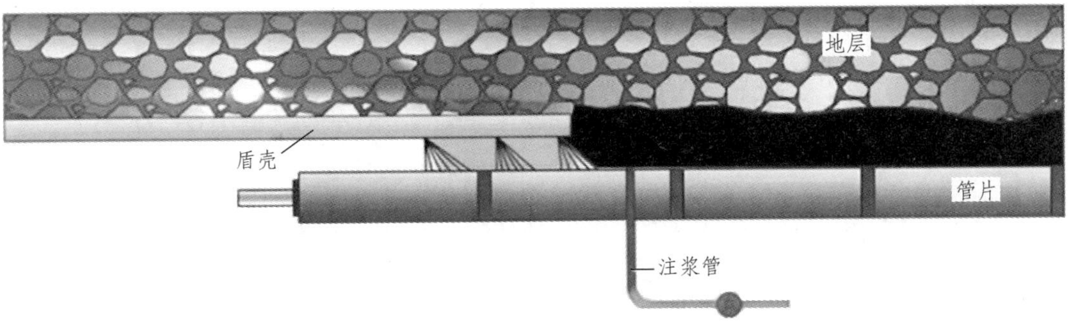

（b）二次注浆

图 7.38　衬砌背后注浆原理

② 二次注浆：在同步注浆效果不理想时，对前期注浆进行补充注浆的方式，二次注浆可以反复进行，即多次注浆。二次注浆通过管片上的注浆孔注浆，注浆管垂直于管片内表面，浆液注入方向与管片垂直。该注浆方式注浆路径较短，可注入初凝时间很短的浆液，充填的及时性更容易得到保障。

盾构机穿越后考虑到环境保护和隧道稳定因素，如发现同步注浆有不足的地方，则通过管片中部的注浆孔进行二次注浆，补充一次注浆未填充部分和体积减少部分，从而减少盾构机通过后土体的后期沉降，减轻隧道的防水压力，提高止水效果。一般同步注浆采用单液型浆液（凝固缓慢），二次注浆采用双液型浆液（能快速凝固），首先是先注水泥浆液对背衬进行填充，然后是注水玻璃双液浆对注浆孔（开孔位置）进行封口。

7.3.4　盾构到达

盾构到达包括进洞段掘进（指从盾构机刀盘切口到接收井井壁之前 50 m）和盾构机进入接收井被推上盾构接收托架。因此，盾构的到达相对于区间隧道的施工有其特殊性与重要性。其工作内容包括：盾构机定位及接收洞门位置复核测量、地层加固、洞门处理和安装洞门圈临时密封装置、安装接收托架等。到达施工流程见图 7.39。

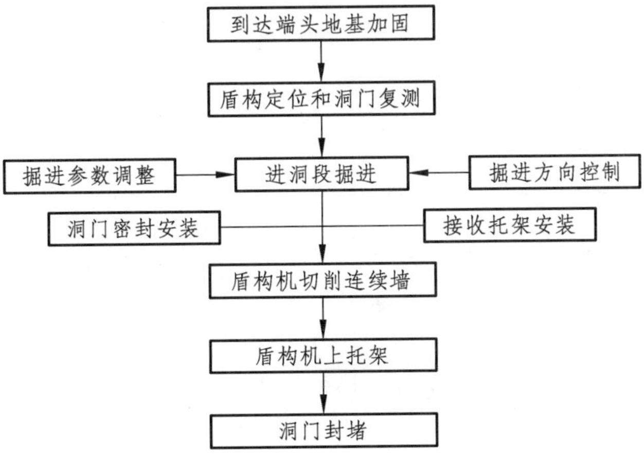

图 7.39　到达施工流程

工作任务 7.4　盾构法施工地面沉降机理和防治

国内外实践表明，盾构法施工多少都会扰动地层而引起地表沉降，即使采用目前最先进的盾构技术，要完全消除地表沉降也是不可能的。地表沉降量达到一定的程度就会危及周围地下管线和建筑物的安全。因此，必须研究盾构法施工时引起的地层移动、造成地表沉降的机理，要清楚地掌握沿线的地下管线和建筑物的构造、形式等。对地面沉降量和影响范围进行预测，预测图如图 7.40 所示，在设计和施工中通过现场反馈资料，采取相应的防治对策和措施。

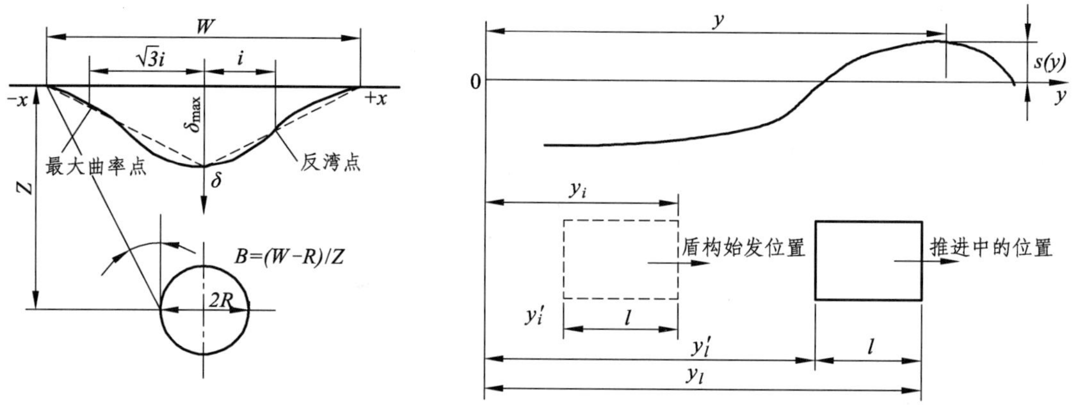

（a）横向分布　　（b）纵向分布

图 7.40　地面沉降量及范围预测图

7.4.1　地表沉降的规律与原因

1. 地表沉降的规律

在饱和软黏土地层中采用盾构法施工时，在隧道纵轴线上产生的地表变形一般可分为三个阶段，即盾构前方地表隆起或沉降、施工沉降和固结沉降（图 7.41）。

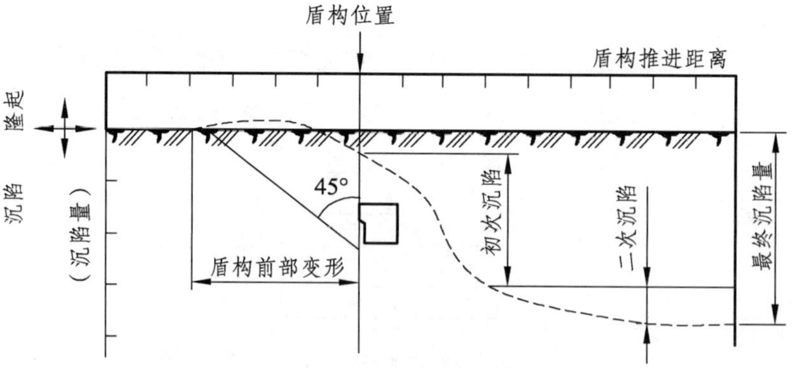

图 7.41　地表变形纵向沉降规律

通常，当盾构前方土体受到挤压时，盾构前方的地表有微量隆起；但当开挖面土体支护力不足时，盾构前方土体发生向下向后移动，从而使地表下沉。当盾构推进时，盾构两侧的土体向外移动，在隧道衬砌脱离盾尾时，由于衬砌外壁与土壁之间有建筑空隙，地表会有一个较大的下沉，且沉降速率也较大，同时隧道两侧土体向隧道中线移动，这一阶段沉降为施工沉降，常在 1~2 个月内完成。由于施工过程中对周围土体的扰动，土中孔隙水压力上升，随着孔隙水压力的消散，地层会发生主固结沉降；在孔隙水压力趋于稳定后，土体的骨架仍会蠕变，即次固结，地层还会产生次固结沉降。主固结与次固结沉降为第三阶段沉降即固结沉降。

2. 地表沉降的原因

盾构施工时，导致地表下沉的原因是多方面的，主要如下：

（1）地层原始应力状态的变化

对于闭胸式挤压盾构，由于出土过多或过少，或工作面上土压力或泥浆压力不稳定，都会对工作面土体造成松弛或挤压，使工作面土体原始应力状态发生改变而导致地表下沉或隆起。此外，盾构为修正蛇行和曲线上推进而进行超挖，也会使周围土体松弛范围扩大从而助长了地表下沉。有时，由于盾构千斤顶漏油回缩可能引起盾构后退，开挖面土体失去支撑造成土体塌落或松动，也会引起地表沉降。

（2）地下水位的变化

盾构隧道施工中往往要采用降低地下水位的措施。由于降水会产生固结沉降，采用井点降水引起的地表沉降将涉及井点降水的漏斗曲面范围，其沉降量和沉降时间与土的孔隙比及渗透系数有关，在渗透系数较小的黏性土中，固结时间较长，因而沉降较慢。

（3）盾尾空隙充填压浆不足

盾尾后面隧道外围建筑空隙必须及时充填压浆。充填压浆不及时，或压浆量不足，压浆压力不适当时，会使盾尾后周土体失去原始三维平衡状态，而向盾尾空隙中滑动，造成地层损失，特别是对含水不稳定地层，盾尾空隙充填压浆不足造成的地层损失很容易导致地表沉降。

（4）衬砌变形

隧道衬砌脱离盾尾后，作用于衬砌上的土压力和水压力使衬砌产生变形，也会导致地表产生少量的沉降。

（5）受扰动土体的固结

盾构隧道周围土体受到盾构施工的扰动后，便在盾构隧道周围形成超孔隙水压力区，在盾构离开后的地层中，由于土体表面的应力释放，隧道周围的超孔隙水压力便下降，孔隙水排出，引起地层移动和地表沉降。土体受到扰动后，土体骨架还会发生持续时间很长的压缩变形。在此土体蠕变过程中产生的地表沉降为次固结沉降。在孔隙比和灵敏度较大的软塑和流塑性土中，次固结沉降往往要持续几年以上，它所占的总沉降量比例可高达 35%。

7.4.2 地表沉降及隧道变形的控制

盾构施工期间由于上述各种原因引起的地表沉降对周围环境具有一定的不良影响。为了保护周围环境的地表建筑、地下设施的安全，必须进行施工监测，在监测的基础上提出控制地表沉降的措施和保护周围环境的处理方法。盾构法施工中做不到完全防止地表沉降，但可以减少地表变形，及时使地表下沉得到控制。

1. 减少对开挖面地层的扰动

① 施工中采取灵活合理的正面支撑或适当的土压值来防止土体坍塌，保持开挖面土体的稳定。条件许可时，尽可能采用泥水加压式盾构、土压平衡盾构等技术先进的基本上不改变地下水位的施工方法，以减少由于地下水位的变化而引起的土体扰动。

② 在盾构掘进时，严格控制开挖面的出土量，防止超挖对地层产生较大的局部挤压。只要严格控制其出土量，仍有可能控制地表变形。根据上海地铁盾构法在软土中的施工经验，当采用挤压式盾构，其出土量控制在理论土方量的80%~90%时，地表可不发生隆起现象。

③ 控制盾构推进一环的纠偏量，以减少盾构在地层中的摆动和对土体的扰动；同时尽量减少纠偏需要的开挖面局部超挖。

④ 提高施工速度和连续性。实践证明，盾构停止推进时，会因正面土压力的作用而产生后退。因此提高隧道施工速度和连续性，避免盾构停搁，对减少地表变形非常有利。当盾构要中途检修或由于其他原因必须暂停推进时，务必做好防止盾构后退的措施，正面及盾尾要严密封闭，以尽量减少搁置时间对地表沉降的影响。

2. 做好盾尾建筑空隙的充填压浆

① 确保压注工作的及时性，尽可能缩短衬砌脱出盾尾的暴露时间，以防止地层坍塌。

② 确保压浆数量，控制注浆压力。注浆材料会产生收缩，因此压浆量必须超过理论建筑空隙体积，一般超过 10%左右，但是过量的压浆会引起地表隆起及局部跑浆现象，对管片受力状态也有不利影响。

③ 改进压浆材料的性能。要严格控制压浆浆液的配合比，提高注浆材料的抗渗性，这样有利于隧道防水，相应也会减少地表沉降。

7.4.3 盾构穿越建筑物时的保护技术

盾构法施工无一例外地都将产生或多或少的地表沉降，在不同程度上影响隧道沿线地面建筑物和地下管线的安全，应予以适当地保护。此外，为了确保已建成隧道的正常运行，对隧道上方一定范围内的工程活动必须严格控制。

盾构施工的影响范围，一方面可根据地层损失、隧道埋深、隧道尺寸以及盾构类型和地层情况进行估算，另一方面也可用地面建筑物基底压力扩散对隧道的影响来确定。假定基底压力按照 45°向下扩散，影响范围边线定在隧道扰动区之外，并认为隧道扰动区尾为 $2R$（R 为隧道半径），见图 7.42。

保护方法可分为基础托换、结构补强等直接法和地基加固、隔断法、冻结法等间接法两大类。

① 基础托换法。当盾构施工中需要将建筑物的桩基切断或可能使其产生过大的变形时，常采用基础托换予以保护。该法需要预先在隧道两侧或单侧影响范围外设置新桩基和

承载梁，以代替或托换原基础。托换法按其对建筑物的支承方式又可分为下承式、补梁式、吊梁式等。如广州地铁 1 号线在中山七路处，盾构在楼房下通过，需切断原桩基，就是采用下承式托换法加以保护的。

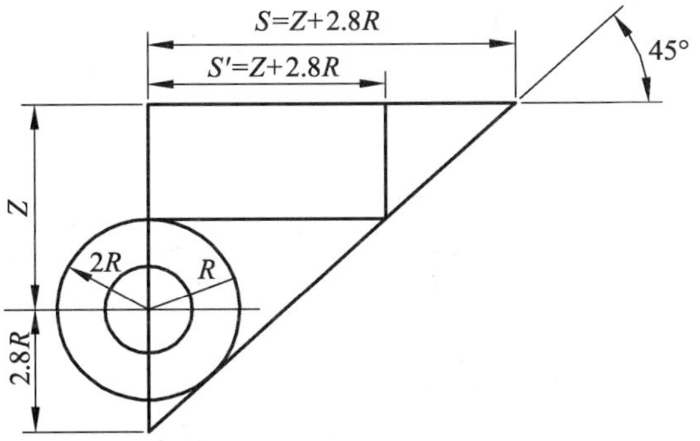

图 7.42　基底压力扩散示意图

② 地基加固法。目前常用的地基加固方法有注浆、树枝桩、旋喷桩、深层搅拌桩等。经使用证明，都能取得控制地表变形、保护建筑物的良好效果。地基加固范围，应根据隧道与建筑物的相对位置、隧道覆盖层厚度以及建筑物基础结构形式而定。

③ 隔断法。在靠近已有建筑物进行盾构施工时，为避免或减少盾构施工对建筑物基础的影响，而在两者之间设置隔断墙加以保护。隔断墙可以采用钢板桩、地下连续墙、连续旋喷桩和挖孔桩等。

项目实战演练

项目实训 7.1　北京地铁 6 号线南锣鼓巷站—东四站区间隧道盾构法施工实例

1. 工程概况

南锣鼓巷站—东四站右线由盾构始发井向东至东四站西端盾构接收井为盾构法区间，盾构为土压平衡盾构机，盾构管片环外径 6 m，内径 5.4 m，壁厚 0.3 m，环宽 1.2 m，混凝土强度等级 C50，抗渗等级 P10。线路里程为右 K11 + 204.221 ~ K12 + 862.303，右线长度约 1 658 m。左线的盾构始发井位于右线始发井东侧 35 m 处，两井之间为暗挖区间，从左线盾构井向东为盾构法区间。里程范围左 K11 + 253 ~ K11 + 328 为交叠段，左右线隧道成叠落状向东走向，左线在上右线在下。平面上隧道向东出发后接半径 300 m 曲线折向南，沿北河沿大街南行，再接半径 300 m 曲线折向东，与东四西大街顺行至东四站西端盾构接收井。左右线隧道逐渐分离，最终并行（图 7.43）。纵剖面上，随着平面上两线分离，左线逐渐降低，右线先降低后抬高，最终两线基本等高前进。左线埋深 18.8 ~ 26.8 m，右线埋深 13.7 ~ 26.8 m。隧道先施工位于叠落段下方的右线，后施工左线，方向均为自西向东。盾构始发完毕后开始正常掘进，在 K11 + 300 ~ K11 + 350 处下穿 4 层、5 层居民楼，拱顶与建筑物垂直距离为 9.31 m。居民楼与盾构隧道位置关系如图 7.44 所示。

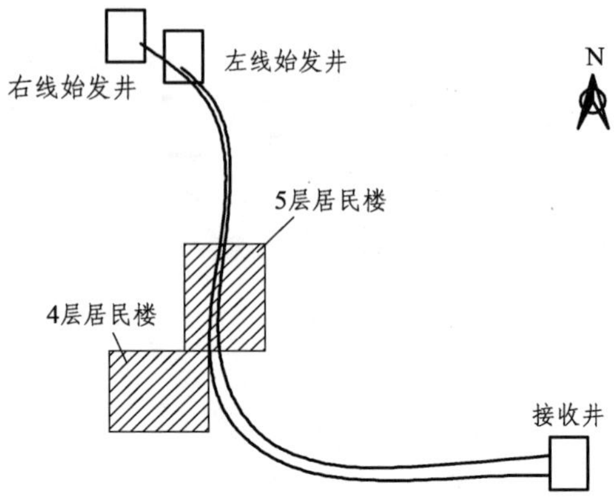

图 7.43　工程总布置图

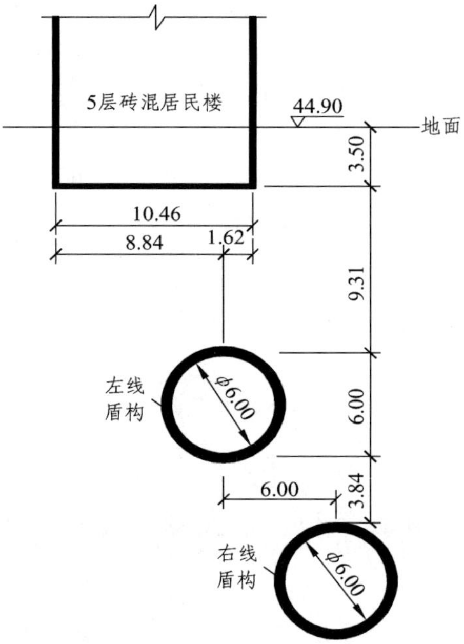

图 7.44　居民楼与隧道位置关系（单位：m）

左线隧道主要通过粉细砂和卵石层，右线隧道主要通过卵石层和粉土层。勘察 50 m 深度范围内，实际量测 5 层地下水，分别为上层滞水、潜水、层间潜水、承压水、层间水，其中层间水位于卵石层，本工程未涉及。本区间结构位于第二层潜水层以下，底板进入第三层层间潜水水位和第四层承压水静止水位 0 ~ 3.5 m。左线盾构机到达居民楼，到完全离开共需要 13 d 的时间，盾构经过可能造成较大的地表沉降，给房子造成一定的损伤，因此下穿该居民楼是本工程的难点，施工风险较大。

2. 施工方案

盾构法施工的地铁 6 号线下穿既有建筑物叠落段，呈左上右下交叠状，两线最小垂直距离为 3.84 m。为确保施工过程中左、右线以及既有建筑物的安全，采取如下综合技术措施：降水、打设竖井、盾构始发井 WSS 深孔旋喷加固，分体始发进行右线正线盾构，在下穿既有建筑物叠落段采用加强型盾构管片并向上注浆加固左右线间土体。待右线盾构完毕，进行左线盾构施工，同时设置右线内台车支撑体系，采用壁后注浆技术适时补强左右线间土体和弥补地层损失，防止既有建筑物沉降过大。

项目实训 7.2　盾构水平运输机车配置计算

【问题描述】

某直径为 ϕ6 340 mm 的盾构隧道，盾构施工配置渣土车和砂浆车参数如下：盾构开挖直径 D = 6 370 mm，管片宽度 L=1 200 mm，广州地铁淤泥质黏土松散系数 η 取 1.3，渣土车 ZT18-9 型的标称容量为 18 m^3，砂浆车 SJ8-9 型的容量为 8 m^3。试配置该盾构水平运输机车。

【解答过程】

计算如下

$$V=\frac{\pi\cdot D^2\cdot L\cdot\eta}{4}=\frac{3.14\times6.37^2\times1.2\times1.3}{4}=49.7\text{m}^3$$

配置 3 辆 18 m^3 的渣土车。

$$Q=\frac{\pi\ (D^2-d^2)\cdot\lambda}{4}=\frac{3.14\times(6.37^2-6.2^2)\times2}{4}=3.4\text{m}^3$$

配置 1 辆砂浆车即可满足 1 ~ 2 环施工需要。

因此，编组列车长 41m（图 7.45），由 7 节车辆组成，1 辆 45 t 交流变频机车，3 辆 18 m^3 渣土车、1 辆砂浆车和 2 辆管片运输车，运输线路为 43 kg/m 轨的单线，一个掘进循环的材料和渣土由编组列车一次运进与运出。

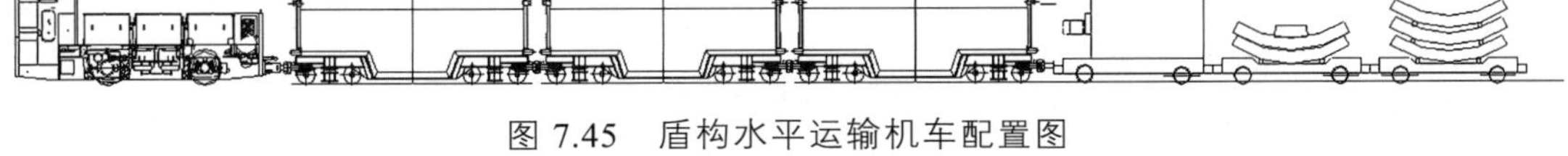

图 7.45　盾构水平运输机车配置图

项目实训 7.3　编制某地铁区间隧道盾构法施工方案

以小组为单位，编制某地铁区间隧道盾构法施工方案。

思考与练习

【思考题】

1. 盾构的基本构造主要由哪几部分组成？
2. 盾构法施工的主要工序有哪些？
3. 简述土压平衡盾构机的作用原理。
4. 简述泥水平衡盾构机的作用原理。
5. 盾构机掘进过程如何控制线形？

【练习题】

1.（选择题）扫描扉页在线开放课程二维码。
2. 绘图表示土压平衡盾构施工基本原理。

项目 8 地铁施工的其他方法

学习目标

1. 知识目标

（1）了解沉管法、顶管法施工特点。

（2）掌握沉管基础、管节施工。

（3）掌握顶管施工工艺。

2. 能力目标

（1）能组织进行沉管的基础、管节施工。

（2）能组织进行顶管施工。

项目导入

沉管法是在水底建筑隧道的一种施工方法，按照隧道的设计，预制隧道管段，后将预制管段沉放在疏浚好的河底基槽内并连接起来。其施工工艺为管段预制、基槽开挖、管段浮运和沉放、对接作业、内部装饰，如图 8.1 所示。沉管法修建水下隧道，具有较显著的优点，如对地质条件的适应性强、隧道断面利用率高、埋深较小、防水可靠度高、施工周期短等。

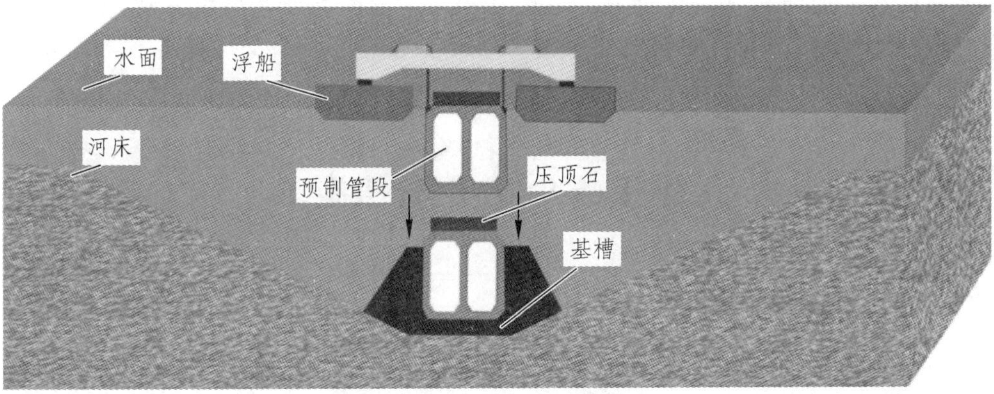

图 8.1 沉管法施工步序图

目前地铁隧道施工技术主要有：明挖法、浅埋暗挖法、盾构法、顶管法等。浅埋暗挖法、盾构法广泛应用于长距离地铁隧道施工，明挖法及顶管法则广泛应用于地铁站配建出入口。而在靠近在建或运营中既有地铁的繁华城区，顶管法在地铁出入口建设中相对于明挖法在征拆、管线迁改、成本、绿色环保等方面具有明显优势。地铁出入口主要采用矩形顶管法施工，见图 8.2。

图 8.2　地铁出入口顶管法施工

思政点拨

标准化是加强国际贸易与合作的有效工具，是社会公正活动的需要，是产品认证发展的要求。加快中国标准“走出去”，助力“一带一路”建设，作为一名土木人，“让标准成为习惯，让习惯符合标准”，养成持之以恒的习惯，将比任何外力更富成效。

项目布置

根据场地及工程条件选择沉管及顶管施工方法，分组讨论沉管法、顶管法施工技术方案。

项目分析

本项目的核心是沉管法施工及顶管法施工技术，学生需要掌握沉管法施工、顶管法施工知识与技能。因此，本项目安排沉管法施工、顶管法施工 2 个工作任务和 3 个项目实训。

工作任务 8.1　沉管法施工

8.1.1　沉管隧道概述

先在隧址以外的预制场（船坞与干坞）制作沉放管段，管段两端用临时封墙密封，待混凝土达到设计强度后拖运到隧址位置，此时设计位置已预先进行了沟槽的浚挖，设置了临时支座，然后沉放管段。待沉放完毕后，进行管段水下连接，处理管段接头及基础，然后覆土回填，再进行内部装修及设备安装，以完成隧道。这种建造隧道的方法称为沉管法施工。沉管隧道一般由敞开段、暗埋段、岸边竖井及沉埋段等部分组成，见图 8.3 所示。

沉管隧道断面形式有圆形、矩形等（图 8.4）。一般来说，圆形多为钢壳方式，矩形多为干船坞方式。

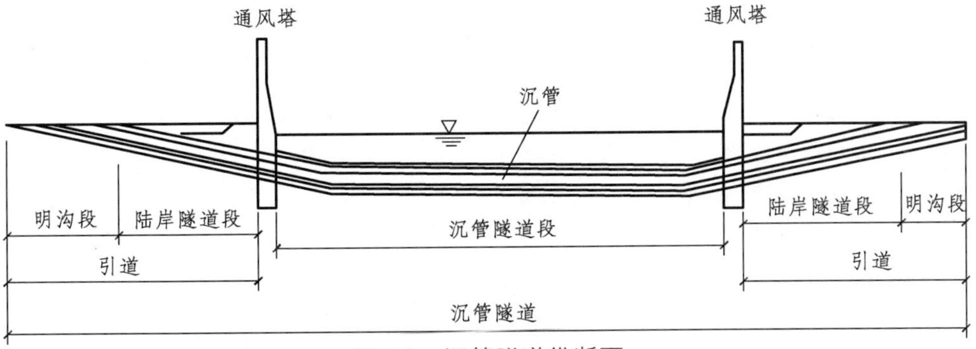

图 8.3　沉管隧道纵断面

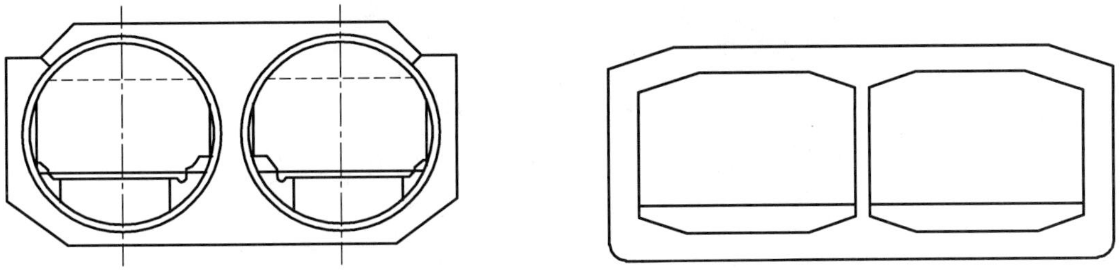

（a）圆形断面沉管隧道　　（b）矩形断面沉管隧道

图 8.4　沉管隧道的断面形式

8.1.2　沉管隧道施工

1. 管段制作

修建沉管水下隧道时，应先修筑专门的预制管段的场地，这个场地既能分节预制管段，又能在管段制成后灌水将其浮起，我们把这个场地称为干坞。干坞的位置应选择在距离隧址较近，且地质条件较好，便于浮运的地方（图 8.5）。干坞一般由坞墙、坞底、坞首及坞门、排水系统、车道组成。干坞施工一般采用“干法”进行干坞内的土方开挖，具体步骤为：先沿干坞的四周作混凝土防渗墙，隔断地下水，然后用推土机、铲运机从里面向干坞口开挖，挖出的一部分土用来作为回填干坞堤，大部分土外运。坞底和坞外设置排水沟、截水沟和集水井。坡面用塑料膜满铺并压砂袋，以防雨水冲刷。坞底铺砂、碎石，再用压路机压实并平整，坞内修筑车道。

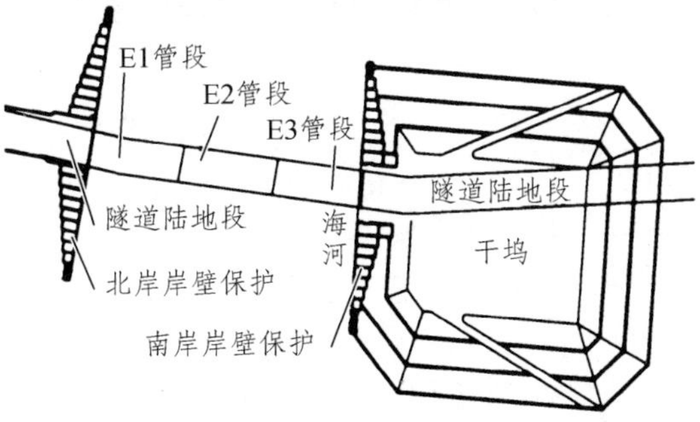

（a）干坞布置图

（b）干坞实景

图 8.5　天津海河沉管隧道干坞布置

在干坞内进行管段制作。

（1）混凝土。管段一般都是现场灌注的，而且是大体积的结构物（图 8.6）。因此，要采用发热量小的水泥或高炉水泥。混凝土的比重差，要控制在 1%以内。

（2）施工顺序。管段的端部是由在工厂制作的端部钢壳形成的，并与底部防水钢板依次焊接在一起，然后灌注底板混凝土。横断面方向分为底板、壁、顶板，沿轴向分为 15 m 左右的段落灌注。侧壁外面的防水钢板可作为模板。顶板灌注后，施工顶层防水层，而后灌注保护混凝土。本体完成后，安设牵引、沉放等设施。

图 8.6　深中通道沉管隧道施工（干坞、管段）

（3）混凝土灌注段落的划分。因管段的混凝土灌注量很大，受到一次灌注量的限制和施工缝位置及施工循环时间等的限制，所以划分混凝土段落是很必要的。横断面分为底板、壁和顶板。侧壁的施工缝位置，要考虑钢筋接头位置、防水钢板的接合位置等关系决定。轴向段落长度，从防止开裂出发，一般不要超过 20 m。

（4）活动模板。沉管管段一般都是等断面的。因此，采用活动模板灌注大量混凝土是最有效的方式。要根据管段的数量和工期要求，确定模板数。

2. 基槽施工

在隧址处水中沉埋管段范围，须在水下开挖基槽，要求基槽纵坡与管段设计纵坡相同。基槽的断面尺寸应根据管段断面尺寸和地质条件确定，开挖基槽的底宽一般比管段宽大 4~10 m（即管段每边大 2~5 m），这个宽余量，视土质情况、基槽搁置时间及河道水流情况而定，一般不宜定得太小，以免边坡坍塌后，影响管段沉放的顺利进行。开挖基槽的深度应为管顶覆土厚度、管段高度和基础处理所需超挖深度三者之和。图 8.7 为东京港沟槽断面图。

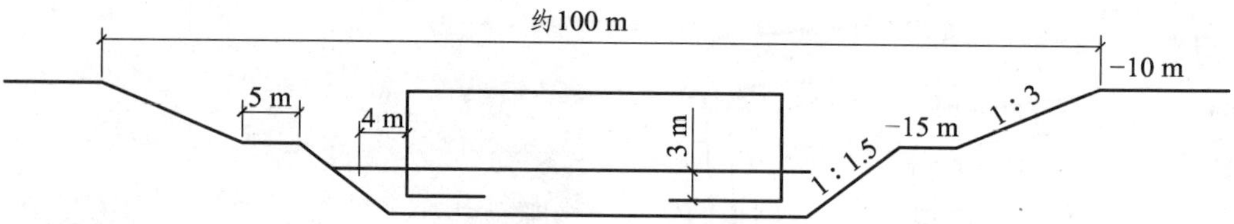

图 8.7　东京港沟槽断面图

泥质基槽开挖的挖泥工作分为两个阶段进行，即粗挖和精挖。粗挖时挖到离管底表高约 1 m 处；精挖时，精挖的长度只要超前 2~3 节管段长度即可，精挖层应在临近管段沉放前再挖，以避免淤泥沉积。挖到基槽底的标高后，应将槽底浮土和淤渣清除掉。

3. 基础施工

（1）基础施工的目的

沉管段虽对各种地质条件的适应性强，一般不需构筑人工基础，但施工时仍须进行基础处理。其目的不是对付地基土的固结沉降，而是解决基槽开挖作业所造成的槽底不平整问题。因为不论使用任何种类的挖泥船，浚挖后的基槽底表面，总留有 15~50 cm 的不平整（铲斗挖泥船可达 100 cm），这使基槽底表面与管节底面之间存在着众多不规律的空隙，导致地基土和管节结构受力不均而局部破坏，引起不均匀沉降。所以沉管隧道的基础处理就是将基础垫平，以消除这些有害空隙。

（2）基础施工的主要方法

沉管隧道的基础处理主要是垫平基槽底部，其处理方法按垫平的途径不同有很多种：

① 整平方式。此方式是在整平的基础上直接沉放管段的。因此，如何正确地铺匀基础是关键。整平方式有的是采用安设在沉放作业船上的整平器械整平，有的是利用海上固定脚手架（SEP）用导轨整平，或是用驳船和水底重物整平，美国几乎都采用此法。

② 喷砂方式。此工法的原理是：在设于管段上的门式起重机上的 3 根一组钢管中，用中央的钢管把水和砂一起喷射，用另外 2 根钢管同时吸引管段和基础间的同量的水来充填砂（图 8.8）。喷砂时从管段的前端开始，喷到后端时，用浮吊将台架移到管段的另一侧，再从后端向前喷填，如图 8.9 所示。

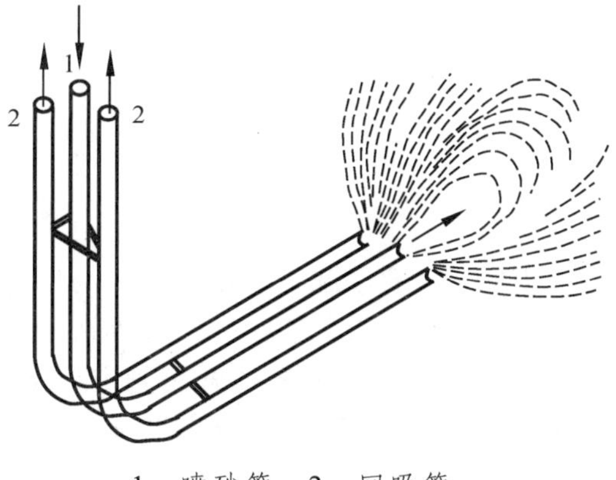

1—喷砂管；2—回吸管。

图 8.8 喷砂法原理

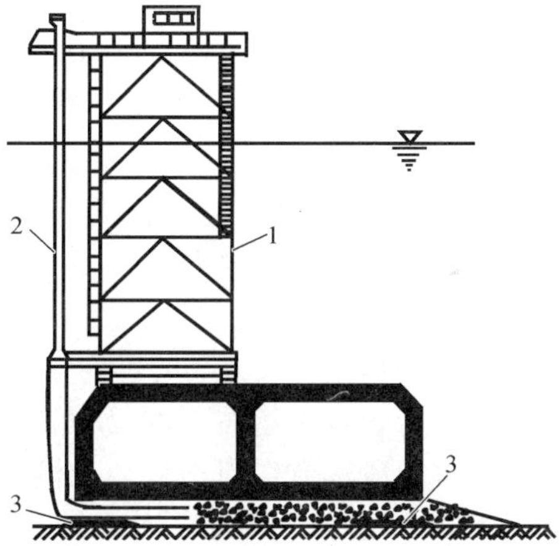

1—喷砂台支架；2—喷管及吸管；3—临时支座。

图 8.9 喷砂台架

③ 压注砂浆方式。此法是事先于管段底连续铺设尼龙袋，临时支持管段，而后从沉放作业船上把准备好的砂浆向尼龙袋中压注。也有直接从管段内部向管段底的空隙压注的，即通过事先设在管段底板的压浆孔（每隔 4~9 m 设置），从沉放好的管段内压注（图 8.10）。此法的优点是不受气候和航道的影响，从压浆孔压注的情况也易于确认。

④ 桩基法。当沉管下的地基特别软弱时，其容许承载力很小，仅作“垫平”处理是不够的。采用桩基础支撑沉管，承载力和沉降都能满足要求，抗震能力也较强，而且桩较短，花费不大，因而是一种适宜的方法（图 8.11）。采用最多的方法是打钢管桩，桩径 1 m 左右，桩要打到沟槽底部。

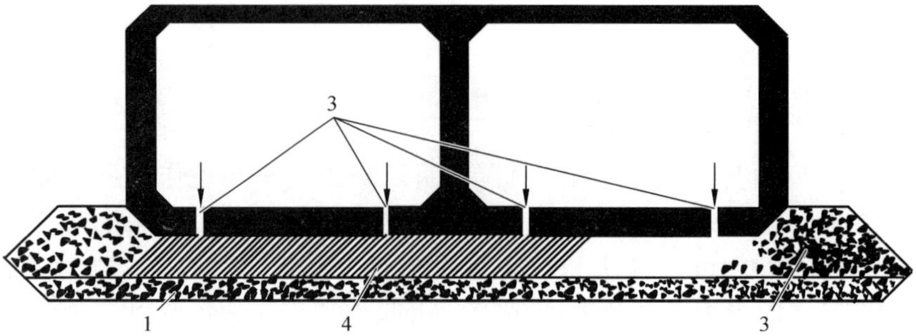

1—碎石垫层；2—砂、石封闭栏；3—压浆孔；4—压入砂浆。

图 8.10　压浆法

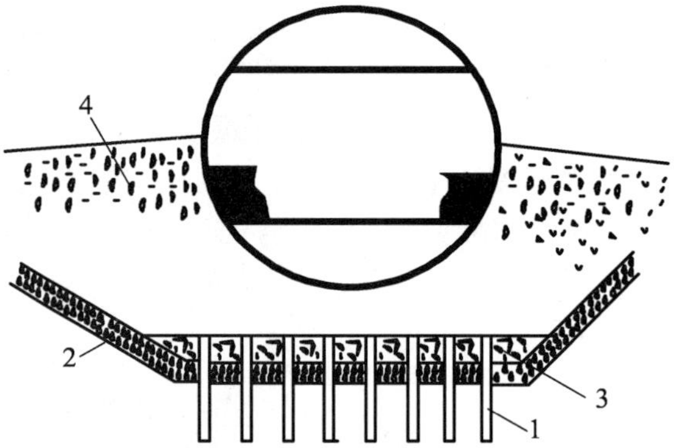

1—基桩；2—碎石；3—水下混凝土；4—砂石垫层；

图 8.11　桩基法

4. 管段浮运、沉放与接合

（1）管段浮运

管段在干坞预制完成后，就可在干坞内灌水使预制管段逐渐浮起，浮起过程中利用在干坞四周预先为管段浮运布设的锚位，用地锚绳索固定上浮的管段，然后通过布置在干坞坞顶的绞车将管段逐节牵引出坞。如港珠澳大桥岛隧工程管节浮运为异地外海管节浮运，主要依靠大功率拖轮以及通过拖轮与固定在管节上的浮驳对管节采用吊拖与绑拖或顶拖的方式进行浮运，如图 8.12 所示。

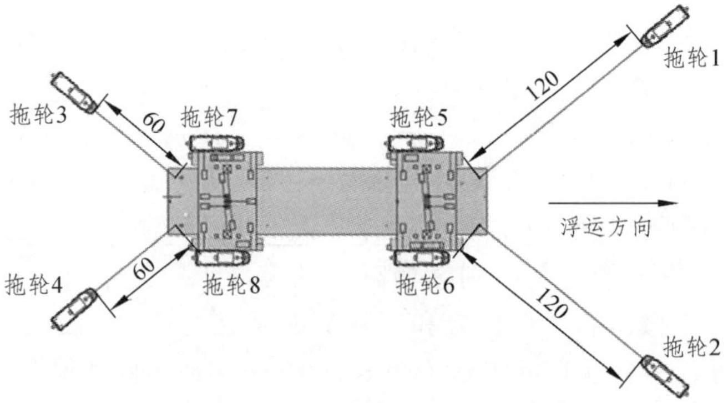

图 8.12　港珠澳大桥岛隧工程采用吊拖 + 绑拖的方式浮运管节

（2）管段沉放

当管段浮运就位后，需将管段沉放至水底，在事先开挖的基槽中与相邻管段对接。管段沉放是沉管隧道施工的重要环节，它受气象、水流、地形等自然条件的直接影响，还受到航运条件的制约。

① 沉放方法。

国内外已建成的沉管隧道所采用的沉管沉放方法归纳起来可分为两大类：一类是吊沉法，一类是拉沉法。到目前为止采用吊沉法较多。根据吊沉法所采用的不同设备，将吊沉法又可分为起重船吊沉法（图 8.13）、浮箱吊沉法、自升式平台吊沉法和船组杠沉法。

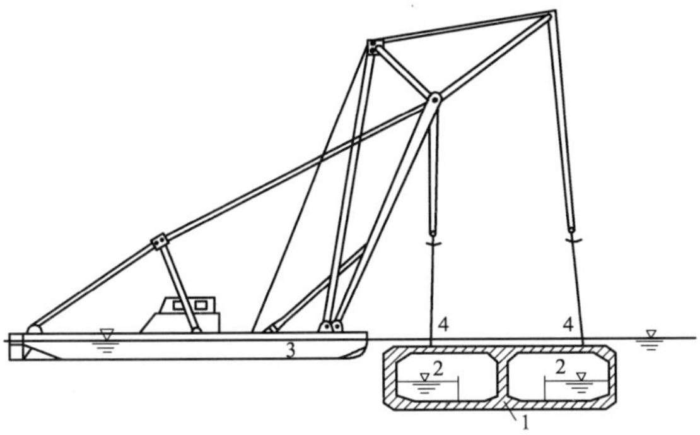

1—沉管；2—压载水箱；3—起重船；4—吊点。

图 8.13　港珠澳大桥岛隧工程起重船吊沉法

② 沉放作业的主要设备。

沉放作业的主要设备有管段吊装设备、拉合千斤顶、定位塔、地锚、测站和水文站、超声波测距仪、倾度仪、绳索测力计、压载水容量指示器、指挥通信器材等。

③ 沉放定位。

对于浅水区沉放，多采用全站仪与测量塔法。测量塔为事先安装在管节顶面上的塔形钢结构，其高度根据沉放深度和测量要求而定，常高达 10 m，每个管节前后共设 2 座测量塔，并在其顶部设有测量标志，如图 8.14 所示。

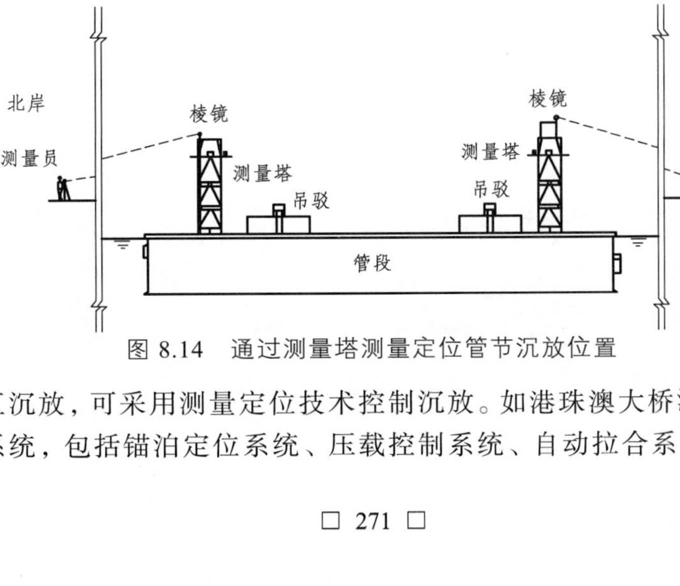

图 8.14　通过测量塔测量定位管节沉放位置

对于深水区沉放，可采用测量定位技术控制沉放。如港珠澳大桥沉管隧道采用的深水无人下水沉放系统，包括锚泊定位系统、压载控制系统、自动拉合系统、测量控制系统和体内精调系统等，通过信息技术和遥控技术实现管节姿态调整、轴线控制和精确对接，如图 8.15 所示。

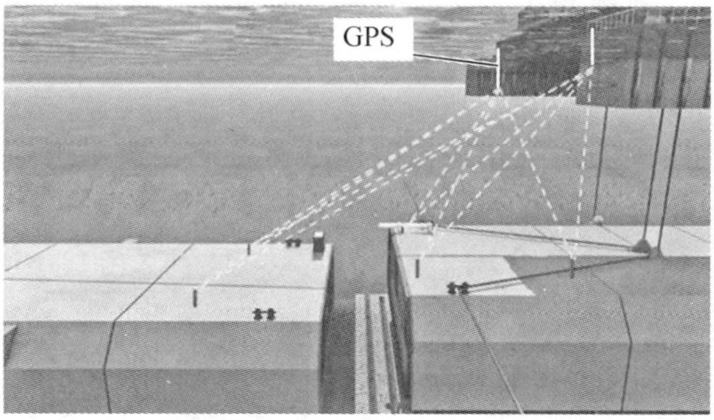

图 8.15　港珠澳大桥管节沉放对接测量定位技术

（3）接合作业

沉管隧道的接合作业有水中混凝土方式和采用橡胶密封垫的水压压接方式。水中混凝土方式，先要在接头处修围堰，于其中灌注混凝土止水。而后，排除隔墙间的水，从内部做刚性联结接头。这种方式，目前应用较少。现主要介绍水压压接方式的施工步骤。

① 在管段接合端，安设橡胶密封垫，用千斤顶使之与既设管段密贴，进行初期止水。

② 把隔墙的水排到既设管段中，而后用静水压置换橡胶密封垫的反力，压缩密封垫，使之完全止水。

③ 拆除隔墙，做基础，回填，视接头构造安设二次止水材料等。

④ 管段内作业。管段内的作业有：用千斤顶拖拉管段→投入重物→修正方向作业→用垂直千斤顶调整高度→拆除隔墙→压注砂浆→接头施工→修筑道床、路面等内部构造→拆除重物等。

5. 基础回填

回填工作是沉管隧道施工的最终工序，回填工作包括沉管侧面回填和管顶压石回填。沉管外侧下半段，一般采用砂砾、碎石、矿渣等材料回填，上半段则可用普通土砂回填，如图 8.16 所示。

图 8.16　回填断面

工作任务 8.2　顶管法施工

8.2.1　顶管法概述

1. 工作原理

顶管施工就是非开挖施工方法，是一种不开挖或者少开挖的管道埋设施工技术。顶管法施工就是在工作坑内借助于顶进设备产生的顶力，克服管道与周围土壤的摩擦力，将管道按设计的坡度顶入土中，并将土方运走。一节管子完成顶入土层之后，再下第二节管子继续顶进。其原理是借助于主顶油缸及管道间、中继间等推力，把工具管或掘进机从工作坑内穿过土层一直推进到接收坑内吊起。管道紧随工具管或掘进机后，埋设在两坑之间，这是一种非开挖的敷设地下管道的施工方法（图 8.17）。

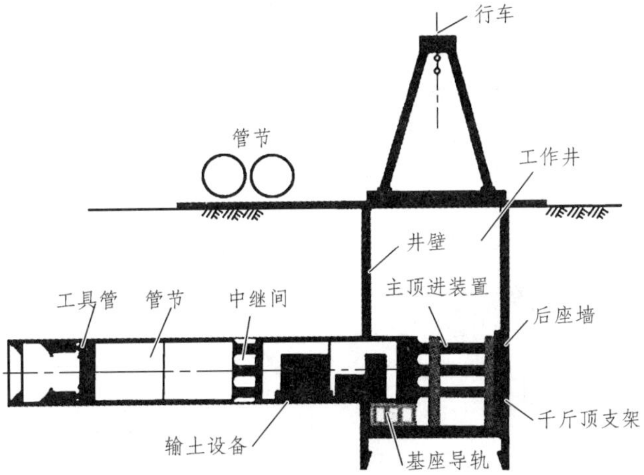

图 8.17　顶管施工

顶管法按形状主要分为矩形顶管法及圆形顶管法，地铁出入口主要采用矩形顶管法施工。自 20 世纪 70 年代我国第一条采用矩形顶管法施工的地下通道建设完成以来，经过 50 年的发展，技术逐渐进步，形成了多种不同类型矩形顶管法施工技术，在地铁出入口建设中被广泛应用。

2. 分类

在顶管施工中最为流行的有三种平衡理论：气压平衡、土压平衡和泥水平衡理论，它们借助气压、土压、泥水混合物的压力支撑开挖面，以达到稳定土层、防止塌方、涌水以及控制地面沉降的目的。与盾构机一样，土压平衡式顶管和泥水平衡式顶管使用最广。

顶管施工最突出的特点就是适应性问题。应针对不同的地质情况、施工条件和设计要求，选用与之适应的顶管施工方式。如何正确地选择顶管机和配套辅助设备，对于顶管施工来说将是非常关键的。

（1）土压平衡式顶管法

土压平衡式顶管就是在刀盘切削下来的土、砂中注入流动性和不透水性的“作泥材料”，然后在刀盘强制转动、搅拌下，使切削下来的土变成流动性的、不透水的特殊土体，使之充满密封舱，并保持一定压力来平衡开挖面的土压力。此法的密封舱设置在工具管的前方，工作人员可在密封舱外，通过操作电控开关来控制刀盘切削和顶进速度。

螺旋输送器的出土量和顶进速度，应与刀盘的切削速度相配合，以保持密封舱内的土压力与开挖面的土压力始终处于平衡状态。土压平衡式顶管法常用于含水量较高的黏性土、砂性土以及地面隆陷值要求控制较严格的地区。其结构形式如图 8.18 所示。

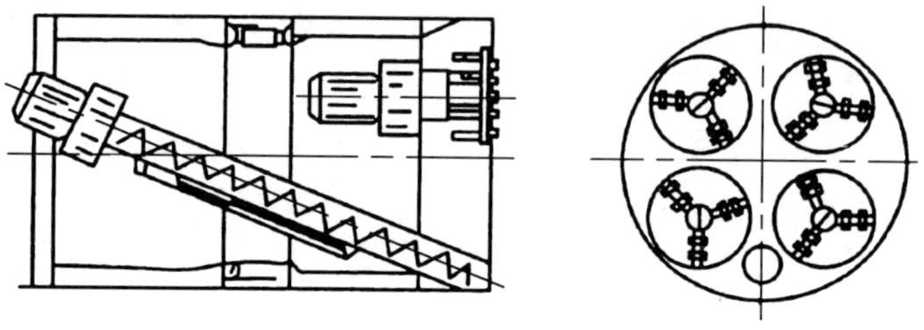

图 8.18　多刀盘土压平衡式顶管工具管

（2）泥水平衡式顶管法

泥水平衡式顶管工具管正面设置刮土刀盘，其后设置密封舱，在密封舱中注入稳定正面土体的护壁泥浆，刮土刀盘刮下的泥土沉入密封舱下部的泥水中并通过水力运输管道排放至地面的泥水处理装置，如图 8.19 所示。

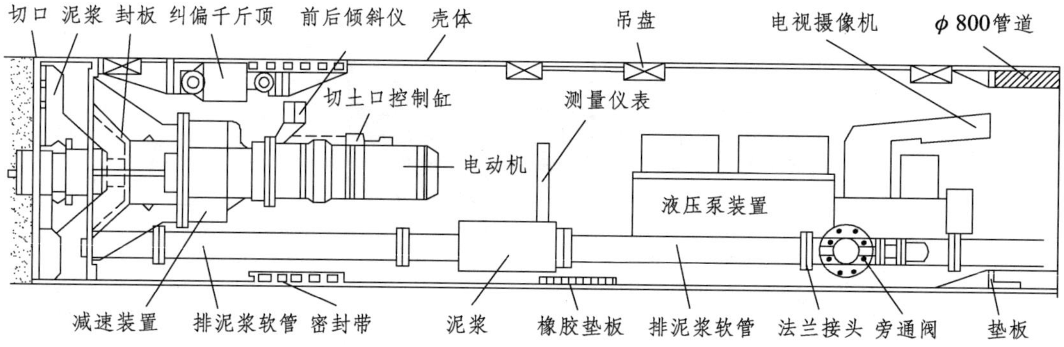

图 8.19　泥水平衡式顶管工具管

泥水平衡式顶管法常用于控制地面变形小于 3 cm、工作面位于地下水位以下、渗透系数大于 10^{-1} cm/s 的黏性土、砂性土、粉砂质土的作业条件。其特点是挖掘面稳定，地面沉降小，可以连续出土，但因泥水量大，弃土的运输和堆放都比较困难。

8.2.2　顶管施工

1. 顶管施工的流程

顶管施工的流程大体如图 8.20 所示。

2. 顶管工作坑

顶管工作坑又称竖井，是顶管施工起始点、终结点、转向点的临时设施，工作坑内安装有导轨、后背及后背墙、千斤顶等设备，如图 8.21 所示。

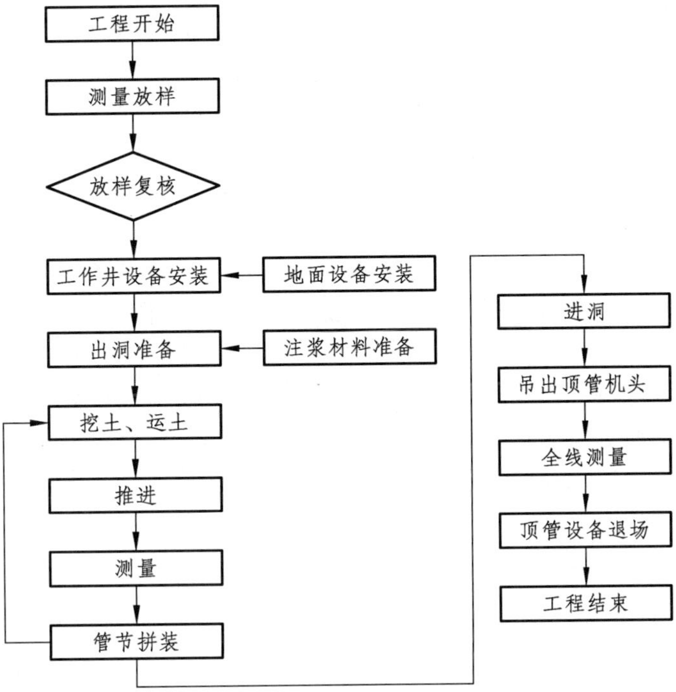

图 8.20　顶管施工流程图

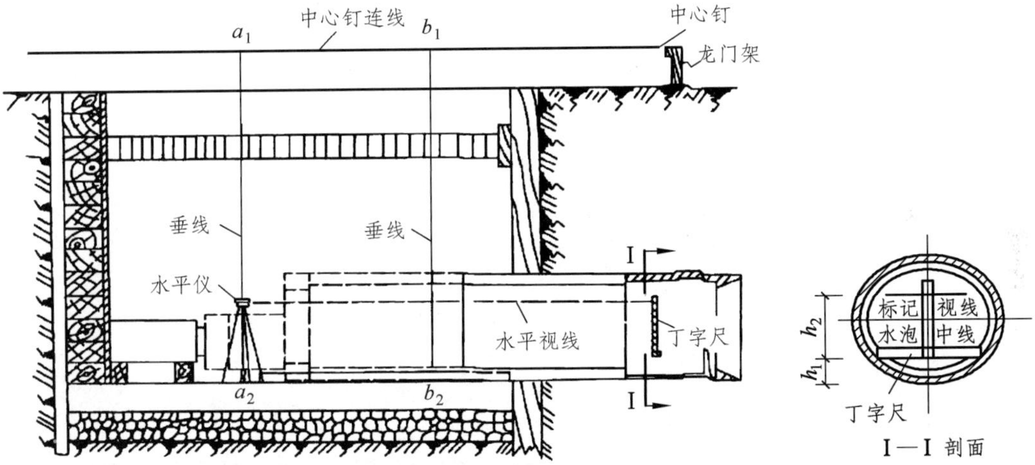

图 8.21　顶管工作井

工作坑的位置根据地形、管线位置、管径大小、地面障碍物种类等因素来决定。排水管道顶进的工作坑通常设在检查井位置；单向顶进时，应选在管道下游端，以利排水；根据地形和土质情况，尽量利用原土后背；工作坑与穿越的建筑物应有一定的安全距离，并应考虑建筑物的状况和周边环境的影响。

工作坑应具有足够的空间和工作面，方能保证顶管工作顺利进行。其尺寸和管径大小，管节长度、埋置深度、操作工具及后背形式有关。

工作坑的施工方法有两种：一种是采用钢板桩或普通支撑，用机械或人工在选定的地点，按设计尺寸挖成，坑底用混凝土铺设垫层和基础。该方法适用于土质较好，地下水位埋深较大的情况，顶进后背支撑需要另外设置。另一种是利用沉井技术，将混凝土井壁下沉至设计高度，用混凝土封底。混凝土井壁既可以作为顶进后背支撑，又可以防止塌方。当采用永久性构筑物作工作坑时，也可采用钢筋混凝土结构等。

3. 顶进系统

（1）基础

工作坑的基础形式取决于地基土的种类、管节的轻重以及地下水位的高低。一般的顶管工作坑，常用的基础形式有三种：土槽木枕基础、卵石木枕基础和混凝土木枕基础。

（2）导轨

导轨设置在基础之上，其作用是引导管子按照设计的中心线和坡度顶进，保证管子在即将顶进土层前位置正确。因此，导轨的安装是保证顶管工程质量的关键一环。导轨有钢导轨和木导轨两种，施工中应首先选用钢导轨。钢导轨一般采用轻型钢轨，管径较大时，也可采用重型钢轨。

两根钢轨的距离控制在管径的 0.45~0.6 倍。由于导轨是一个定向轨道，其安装质量对管道顶进工作影响很大。一般的导轨都采取固定安装，但有一种滚轮式的导轨，如图 8.22 所示，可调节两导轨间距，以减少导轨对管子的摩擦。导轨适用于钢筋混凝土管顶管和外设防腐层的钢管顶管。安装后的导轨应当牢固，不得在使用中产生位移；并且要求两导轨应顺直、平行、等高，其纵坡应与管道设计坡度相一致，导轨的安装精度必须满足施工要求。

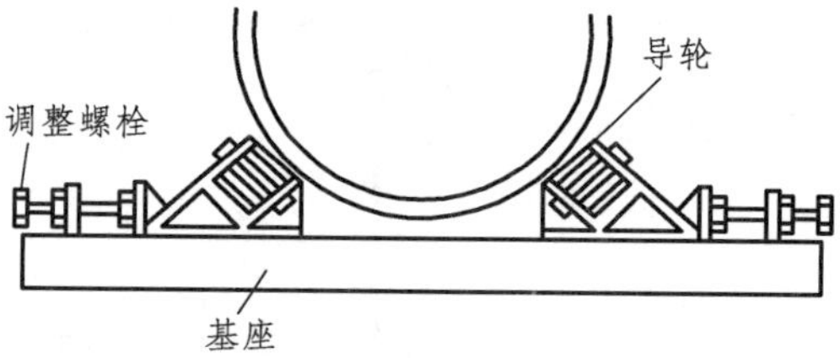

图 8.22　滚轮式导轨

（3）后背与后背墙

后背与后背墙是千斤顶的支撑结构，在管子顶进过程中所受到的全部阻力，可通过千斤顶传递给后背及后背墙。为了使顶力均匀地传递给后背墙，在千斤顶与后背墙之间设置木板、方木等传力构件，称为后背。后背墙应具有足够的强度、刚度和稳定性，当最大顶力发生时，不允许产生相对位移和弹性变形。常用的后背墙形式有原土后背墙、人工后背墙等。当土质条件差、顶距长、管径大时，也可采用地下连续墙式后背墙、沉井式后背墙和钢板桩式后背墙。

（4）顶进设备

顶进设备主要包括千斤顶、高压油泵、顶铁、下管及运土设备等。

千斤顶：千斤顶又称为"顶镐"，是掘进顶管的主要设备，目前多采用液压千斤顶。千斤顶在工作坑内常用的布置方式为单列、并列和环周等形式。当采用单列布置时，应使千斤顶中心与管中心的垂线对称；采用并列或环周布置时，顶力合力作用点与管壁反作用力合力作用点在同一轴线上，防止产生顶进力偶，造成顶进偏差。根据施工经验，采用人工挖土，管上半部管壁与土壁有间隙时，千斤顶的着力点作用在垂直直径的 1/5~1/4 处为宜。

油泵：宜设在千斤顶附近，油路应顺直、转角少；油泵应与千斤顶相匹配，并应有备用油泵。油泵安装完毕，应进行试运转。

顶铁：顶铁是为了弥补千斤顶行程不足而设置的，是管道顶进时，在千斤顶与管道端部之间临时设置的传力构件。其作用是将千斤顶的合力通过顶铁比较均匀地分布在管端；同时也能调节千斤顶与管端之间的距离，起到伸长千斤顶活塞的作用。因此，顶铁两面要平整，厚度要均匀，要有足够的刚度和强度，以确保工作时不会失稳。

顶铁是由各种型钢拼接制成的，有 U 形、弧形和环形几种，如图 8.23 所示。其中：U 形顶铁一般用于钢管顶管，使用时开口朝上，弧形内圆与顶管的内径相同；弧形顶铁使用方式与 U 形相似，一般用于钢筋混凝土管顶管；环形顶铁是直接与管段接触的顶铁，它的作用是将顶力尽量均匀地传递到管段上。

下管和运土设备：工作坑的垂直运输设备是用来完成下管和出土工作的。运输方法应根据施工具体情况而定，通常采用三脚架配电葫芦、龙门吊、汽车吊和轮式起重机等。

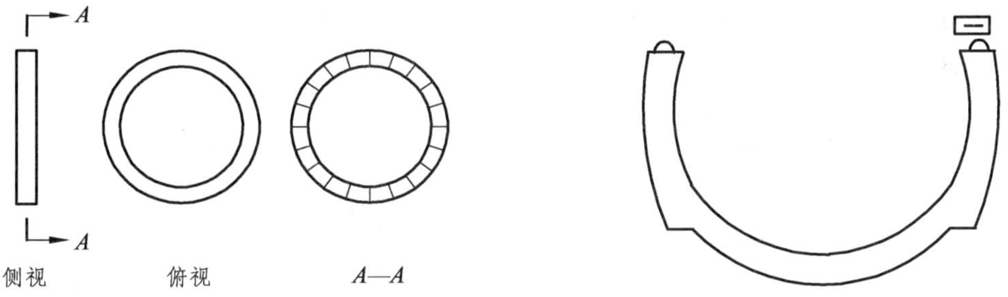

（a）环形顶铁　　（b）U 形顶铁

图 8.23　顶铁

4. 顶进接口

（1）钢管接口

钢管接口一般采用焊接接口。顶进钢管采用钢丝网水泥砂浆和肋板保护层时，焊接后应补做焊口处的外防腐处理。钢管接口处理较为简单，且由于钢材的耐腐蚀性能较差，应用范围受限，因此本书不做过多阐述。

（2）钢筋混凝土管接口

钢筋混凝土管接口分为刚性接口与柔性接口。采用钢筋混凝土管时，在管节未进入土层前，接口外侧应垫以麻丝、油毡或木垫板，管口内侧应留有 10 ~ 20 mm 的空隙。顶进后两管间的空隙宜为 10~15 mm；管节入土后，管节相邻接口处安装内涨圈时，应使管节接口位于内涨圈的中部，并将内涨圈与管端之间的缝隙用木楔塞紧。

钢筋混凝土管常用钢涨圈接口、企口接口、T 形接口等方式进行连接。

① 钢涨圈接口。

钢涨圈接口常用于平口钢筋混凝土管。管节稳好后，在管内侧两管节对口处用钢涨圈连接起来，形成刚性口，以避免顶进过程中产生错口。钢涨圈是用 8 mm 左右的钢板卷焊成圆环，宽度为 300~400 mm。环的外径小于管内径 30~40 mm 连接时将钢涨圈放在两管节端部接触的中间，然后打入木楔，使钢涨圈下方的外径与管内壁直接接触，待管道顶进就位后，将钢涨圈拆除，内管口处用油麻、石棉水泥填打密实，如图 8.24 所示。

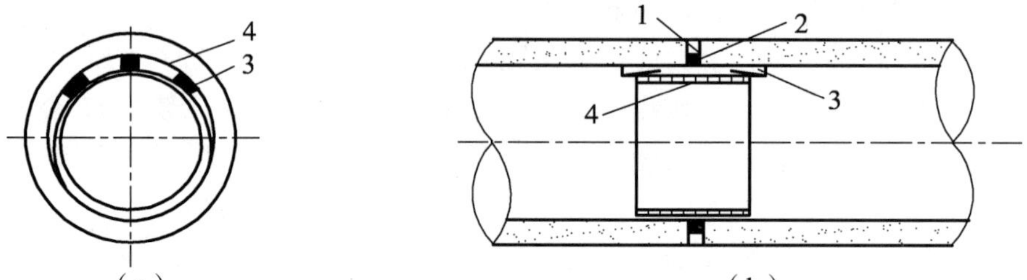

（a）　　　　（b）

1—麻辫；2—石棉水泥；3—木楔；4—钢涨圈。

图 8.24　钢涨圈接口

② 企口接口。

企口连接通常可以采用刚性接口和柔性接口，如图 8.25、图 8.26 所示。采用企口连接的钢筋混凝土管不宜用于较长距离的顶管。

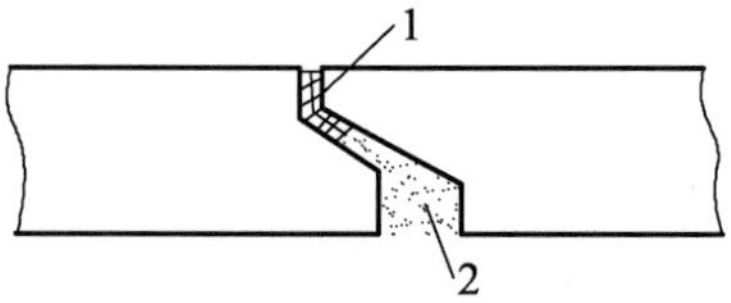

1—钢纤维混凝土；2—素混凝土。

图 8.25　企口刚性连接

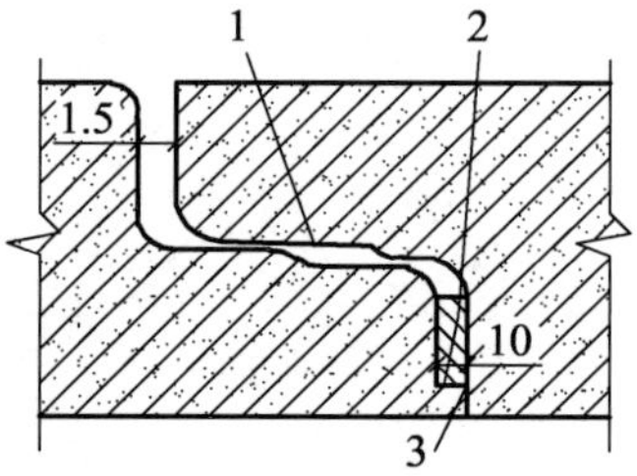

1—水平橡胶片；2—垂直向橡胶片；3—企口密封。

图 8.26　企口柔性连接（尺寸单位：mm）

③ T 形接口。

T 形接口的做法是在两管段之间插入一钢套管，钢套管与两侧管段的插入部分均有橡胶密封圈，如图 8.27 所示。

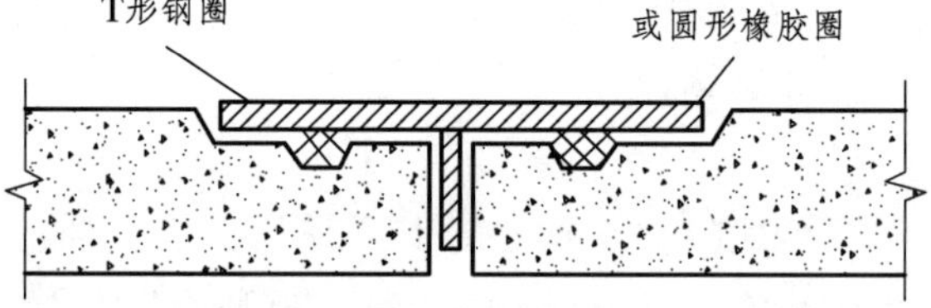

图 8.27　T 形接口

采用 T 形钢套环橡胶圈防水接口时，混凝土管节表面应光洁、平整，无砂眼、气泡，接口尺寸符合规定；橡胶圈的外观和断面组织应致密、均匀，无裂缝、孔隙或凹痕等缺陷，安装前应保持清洁，无油污，且不得在阳光下直晒；钢套环接口无疵点，焊接接缝平整，肋部与钢板平面垂直，且应按设计规定进行防腐处理；木衬垫的厚度应与设计顶力相适应。

5. 顶进

管道顶进的过程包括挖土、顶进、测量、纠偏等工序。从管节位于导轨上开始顶进起至完成这一顶管段止，始终控制这些工序，就可保证管道的轴线和高程的施工质量。开始顶进的质量标准为：轴线位置 3 mm，高程 0~+3 mm。

（1）挖土与运土

管前挖土是保证顶进质量及防止地面沉降的关键。

由于管子在顶进中是顺着已挖好的土壁前进的，所以管前挖土的方向和开挖形状，直接影响顶进管位的正确性，因此管前周围超挖应严格控制。在允许超挖的稳定土层中正常顶进时，管端上方允许有不大于 15 mm 的空隙，以减少顶进阻力。管端下部 135°中心角范围内不得超挖，保持管壁与土壁相平，也可以留 10 mm 厚土层不挖，在管子顶进时切去，防止管端下沉。在不允许顶管上部土下沉地段如铁路、重要建筑物等，顶进时，管周围一律不准超挖。

（2）顶进

顶进是利用千斤顶出镐在后背不动的情况下，将管子推入土中。其操作过程如下：

① 安装 U 形顶铁或环形顶铁并挤牢，待管前挖土满足要求后，启动油泵，操纵控制阀，使千斤顶进油，活塞伸出一个行程，将管子推进一段距离。

② 操纵控制阀，使千斤顶反向进油，活塞回缩。

③ 安装顶铁，重复上述操作，直到管端与千斤顶之间可以放下一节管子为止。

④ 卸下顶铁，下管，在混凝土管接口处放一圈油麻、橡胶圈或其他柔性材料，管口内侧留有适当间隙，以利于接口和应力均匀。

⑤ 在管内口安装内涨圈。如设计有外套环时，可同时安装外套环。

⑥ 重新装好 U 形顶铁或环形顶铁，重复上述操作。

顶进时应遵照“先挖后顶，随挖随顶”的原则。应连续作业，尽量避免中途停止。工程实践证明，在黏性土层中顶进时，由于某种原因使连续施工中断，重新起顶时，顶力将会增加 50%~100%。但在饱和砂土中顶进中断后，重新起顶时，顶力会比中断前的顶力小。这一点在施工中应引起注意。另外在管道顶进中，发现管前方坍塌，后背倾斜、偏差过大或油泵压力表指针骤增等情况，应停止顶进，查明原因，排除障碍后再继续顶进。

（3）测量

顶管施工时，为了使管节按设计的方向顶进，除了在顶进前精确地安装导轨、修筑后背及布置顶铁外，还应在管道顶进的全部过程中控制工具管前进的方向，这些都需要通过测量来保证。

管道顶进过程中，应对工具管的中心和高程进行测量。测量工作应及时、准确，以便管节正确地就位于设计的管道轴线上。测量工作应频繁地进行，以便及时发现管道的偏移。当第一节管就位于导轨上以后即进行校测，符合要求后开始顶进。一般在工具管刚进入土层时，应加密测量次数。常规做法是：每顶进 30 cm，测量不少于 1 次；进入正常顶进作业后，每顶进 100 cm 测量不少于 1 次。每次测量都以测量管子的前端位置为准。

（4）纠偏

在顶管过程中，如发现首节管子发生偏斜，必须及时给予纠正，否则偏斜会越来越严重，甚至发展到无法顶进的地步。出现偏斜的主要原因有管节接缝断面与管子中心线不垂直，工具管迎面阻力的分布不均，多台千斤顶顶进时出镐不同步等。工程中通常采用挖土校正法、斜撑校正法、衬垫校正法等进行纠偏校正。

6. 长距离顶管措施

顶管中，一次顶进长度受管材强度、顶进土质、后背强度及顶进技术等因素限制，一般为 60~100 m。当顶进距离超过一次顶进长度时，可采用中继间顶进方法，以提高在一个工作坑内的顶进长度，减少工作坑数目。

中继间顶进就是把管道一次顶进的全长分成若干段，在相邻两段之间设置一个钢制套管，套管与管壁之间应有防水措施，在套管内的两管之间沿管壁均匀地安装若干个千斤顶，该装置称为中继间，如图 8.28 所示。中继间前面的管段用中继间顶进设备顶进，中继间后面的管段由工作坑的主千斤顶顶进。如果一次顶进距离过长，可在顶段内设几个中继间，这样可在较小顶力条件下，进行长距离顶管。

采用中继间顶管时，顶进一定长度后，即可安设中继间，之后继续顶进。当工作坑主千斤顶难以顶进时，开动中继间千斤顶，以后边管子为后背向前顶进一个行程，然后开动工作坑内的千斤顶，使中继间后面的管子和中继间一同向前推进一个行程。而后再开动中继间千斤顶，如此连续循环操作，完成长距离顶进。管道就位以后，应首先拆除第一个中继间，开动后面的千斤顶，将中继间空当推拢，接着拆第二个、第三个，直到把所有中继间空当都推拢后，顶进工作方告结束。

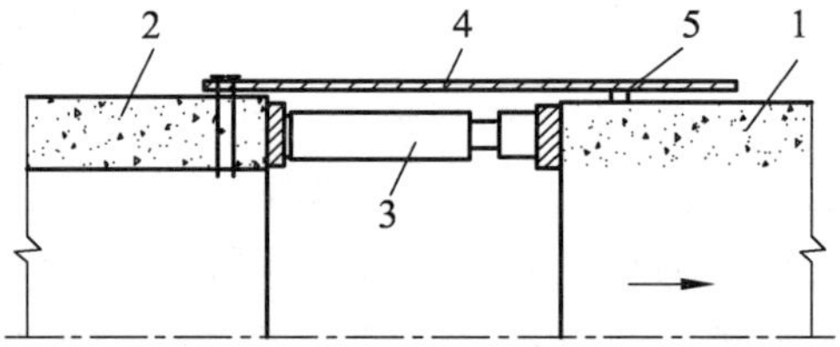

1—前节管；2—后节管；3—千斤顶；4—钢制外包桶；5—支撑座垫。

图 8.28　中继间构造

中继间的特点是减少顶力效果显著，操作机动灵活，可按照顶力大小自由选择、分段接力顶进；但也存在设备较复杂、加工成本高、操作不便及降低工效等不足。

项目实战演练

项目实训 8.1　南昌市红谷沉管隧道施工实例

1. 工程概况

红谷隧道为南昌市核心区一条新的过江通道，采用沉管法修建，为超大断面双向六车道城市主干道。工程沉管段长 1 329 m，是世界上少有的在年水位差超 10 m 内河径流复杂水域建设，且规模较大的沉管法隧道工程（图 8.29）。

图 8.29 工程整体平面图

接线及岸上段采用明挖顺筑法；江中沉管段，由 12 节组成，标准节长 115 m、宽 30 m、高 8.3 m、质量约 2.8 万吨。隧址上游设置异地双子干坞进行管节预制，从干坞（上游）至隧址（下游）浮运距离为 8.65 km，采用 6 艘大功率拖轮顺江而下，拖运管节穿越既有 3 座大桥至隧址沉放与对接。

2. 施工方法

根据单批次 6 节管节预制工期安排，2 个子坞间的钢模转运需 4 次，6 套钢模质量达 4 000 多吨，采用“路轨架出管节腔体+大吨位履带吊整体吊装+重型低平板半挂拖车拖运”方式，完成对大型钢模台车整体转场施工，如图 8.30 所示。

图 8.30 双子型干坞

项目实训 8.2 武汉市轨道交通 5 号线工程王青公路站 I 号出入口顶管施工实例

工程位于武汉市洪山区，I 号出入口全长 57 m，通道管节断面尺寸为 6.9 m×4.9 m，净空尺寸为 6.0 m×4.0 m。因 I 号出入口地下过街通道下穿团结大道，中间位置燃气管线不得迁改，因此设计采用矩形顶管法施工。

工程始发井位于团结大道北侧，通道下穿团结大道与南侧王青公路站主体结构相接，接收井设在车站主体内站厅层，站台层为地铁轨道铺设区。因地铁轨道已铺设完工，施工时顶管接收井处设计钢筋混凝土接收平台进行顶管机接收。为保证接收平台的承载力满足顶管机出洞所需承载力，下设钢结构满堂支架，顶管接收完成后施工接收端顶板结构，完成车站主体结构封顶（图 8.31、图 8.32）。

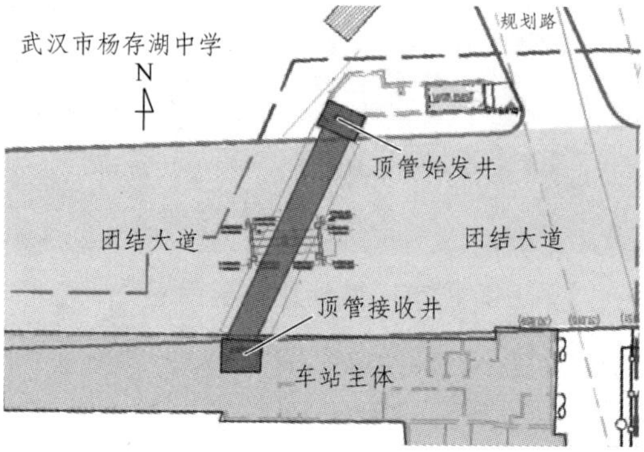

图 8.31　王青公路站矩形顶管平面布置示意图

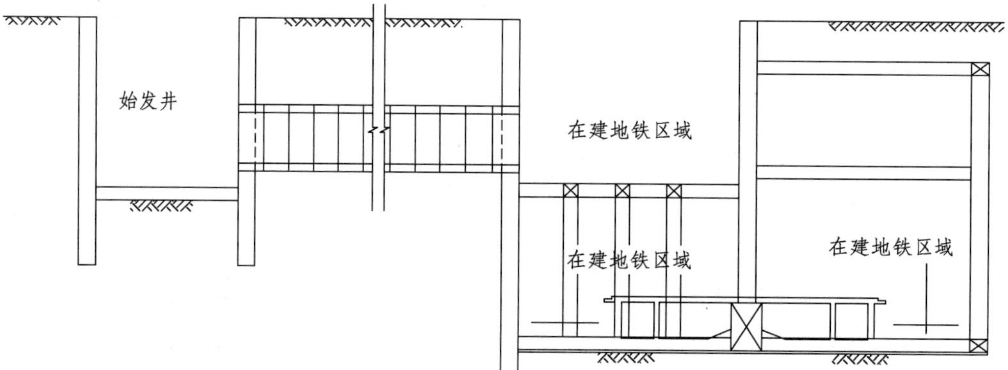

图 8.32　王青公路站Ⅰ号出入口矩形顶管施工立面图

项目实训 8.3　编制某地铁车站出入口顶管法施工方案

以小组为单位，编制某地铁车站出入口顶管法施工方案。

思考与练习

【思考题】

1. 简述沉管隧道管段基础施工的主要方法。
2. 管段施工包括哪些工序？

3. 简述顶管法的优缺点及其施工要点。

【练习题】

1.（选择题）扫描扉页在线开放课程二维码。

项目 9　地铁信息化施工监测技术

学习目标

1. 知识目标

（1）熟悉地铁施工监测项目内容。

（2）掌握地铁监控量测必测项目内容。

2. 能力目标

（1）能进行地铁工程施工监测工作。

（2）能独立撰写施工监测方案。

项目导入

地下施工基本目的是在各类地质体中修建长期稳定的洞室结构体系,这个结构体系是由周围地质体和各种支护结构构成的。其形成过程如图 9.1 所示，与之相应的力学过程如图 9.2 所示。

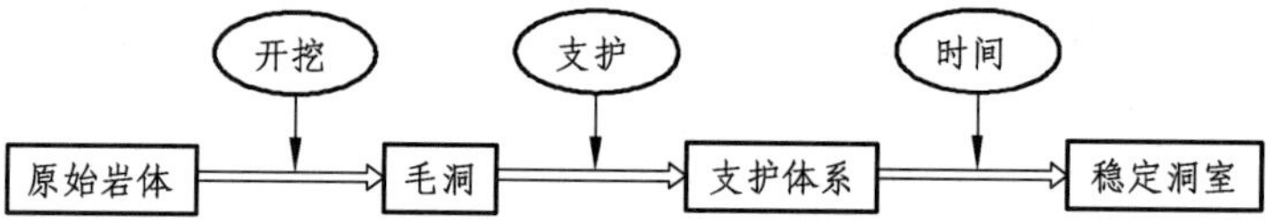

图 9.1　地下结构体系的形成过程

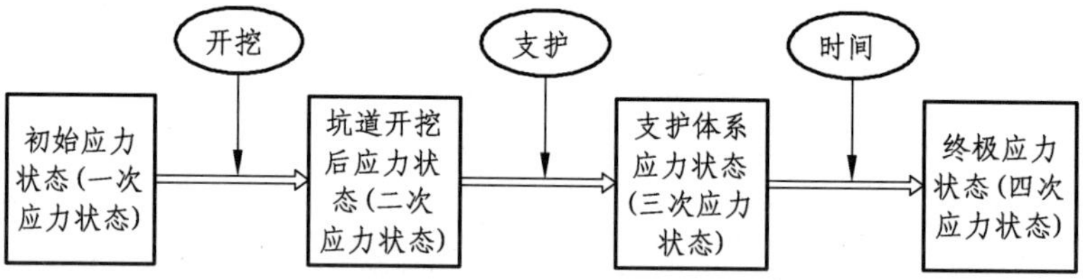

图 9.2　地下结构体系的形成力学过程

地下结构由开挖，到支护，经过一定的时间效应后再到稳定洞室，其力学状态也在发生变化，要随时掌握地下结构的稳定性，了解其力学状态的桥梁就是监控量测。地铁工程监测是指在地铁施工过程中，用仪器、设备等手段对围岩、支护结构、地表、周边建筑物、地下设施等对象的位移、倾斜、压力、内力、裂缝、基底隆起以及地下水位变化等特征进行观测，并对观测结果进行分析和反馈。目前在国内的地铁施工中，为保障工程施工安全与质量，地铁施工监测已成为施工中必不可少的一部分。

对地铁施工过程进行监控量测，具有重大的经济意义和实用价值。因为通过现场监控量测，将迅速、准确地获得第一手数据资料，将数据资料和现场量测资料进行分析，并将分析结果及时反馈给设计、施工、监理单位和业主，直接服务于地铁施工；同时能及时预报和预测施工过程中出现的险情，对可能出现的事故进行防范和处理。可以避免由于缺乏地铁施工监控量测数据和结果分析而造成施工与支护等工作安排的盲目性，尽量降低工程造价，争取时间，保证在计划工期内圆满地完成地铁施工任务。总之，监控是量测的目的，而量测是监控的手段。

思政点拨

同济大学胡群芳等学者研究了我国 2003—2011 年期间的地铁施工事故。在此期间我国共发生 89 起地铁隧道施工事故。统计发现地铁施工事故类型中坍塌及坍塌导致的死亡人数占比均非常高，而地铁坍塌事故主要与人的因素有关。“施工无小事”，是我们每个土木人必须牢记的座右铭；强化安全意识、落实安全责任，也是每位同学应树立的安全观。

项目布置

根据地铁施工方法及工程条件，编制某地铁施工监测方案。

项目分析

本项目的核心是地铁施工监测技术，学生需要掌握监测的设计原理、监测项目及成果的运用等知识与技能。因此，本项目安排地铁施工监测的设计原理、施工监测的项目和监测成果的运用 3 个工作任务和 2 个项目实训。

工作任务 9.1　地铁施工监测的设计原理

地铁施工监测的设计原理主要是通过现场获得关于结构稳定性和支护系统工作状况，以及对周围环境影响的数据，然后根据监测数据通过一定方法进行分析，确定地铁工程的设计和施工对策。这一过程可以称为监控设计或信息化设计，见图 9.3。

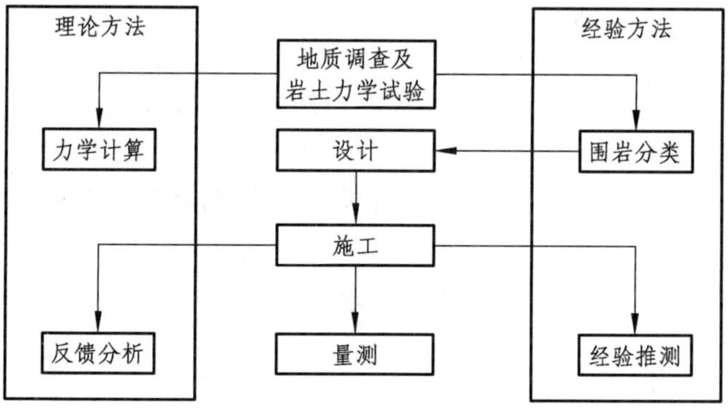

图 9.3　信息化设计

9.1.1 施工监测的意义、目的、原则

1．施工监测的意义

在岩土中修建地下工程，地下工程设计理论分析牵涉问题较多，如 岩土的复杂性、施工方法的难以模拟性、 围岩与结构——支护（围护）相互作用的复杂性。同时考虑城市地下工程的特点，地质条件差、周围环境一般比较复杂，因此有必要通过信息化施工，及时了解施工过程中围岩与支护结构的状态，并及时反馈到设计与施工中去，以确保地下工程施工和周围建（构）筑物安全。作为信息化施工的最基础工作，施工监测显得非常重要。

2．施工监测的目的

施工过程中必须采取相应的监控保护措施，监测的目的主要有：

① 通过监测了解地层在施工过程中的动态变化，明确工程施工对地层的影响程度及可能产生失稳的薄弱环节。

② 通过监测了解支护结构及周边建（构）筑物的变形及受力状况，并对其安全稳定性进行评价。

③ 通过监测了解施工方法的实际效果，并对其进行适用性评价。及时反馈信息，调整相应的开挖、支护参数。

④ 通过监测，收集数据，为以后的工程设计、施工及规范修改提供参考和积累经验。

3．施工监测的原则

施工监测的成败与监测方法的选取及测点布置情况直接有关。施工监测有以下五条原则：

（1）可靠性原则

该原则是监测系统设计中所考虑的最重要的原则，其要求：① 系统采用可靠的监测仪器与监测方法；② 应在监测期间保护好测点。

（2）多层次监测原则

该原则的具体含义有：① 在监测对象上以位移为主，兼顾其他监测项目；② 在监测方法上以仪器监测为主，并辅以巡查的方法；③ 在监测仪器选择上以机测仪器为主，辅以电测仪器；④ 考虑分别在地表、邻近建筑物与地下管线上布点，以形成具有一定测点覆盖率的监测网；⑤ 为确保提供可靠、连续的监测资料，各监测项目之间应相互印证、补充、校验，以利于数值计算、故障分析和状态研究。

（3）重点监测关键区原则

在具有不同的地质条件、水文地质条件、周围建筑物及地下管线段，其稳定的标准是不同的。稳定性差的地段应重点进行监测，以保证建筑物和地下管线的安全。

（4）方便实用原则

为减少监测与施工之间的干扰，监测系统的安装和测量应尽量做到方便实用。

（5）经济合理原则

系统设计时考虑实用的仪器，不过分追求仪器的先进性，以降低监测费用。

9.1.2 施工监测的工艺流程

施工监测工艺流程如图 9.4 所示。

9.1.3 地铁施工监测的基本技术要求

《城市轨道交通工程监测技术规范》（GB 50911—2013）规定：城市轨道交通地下工程应在施工阶段对支护结构、周围岩土体及周边环境进行监测。

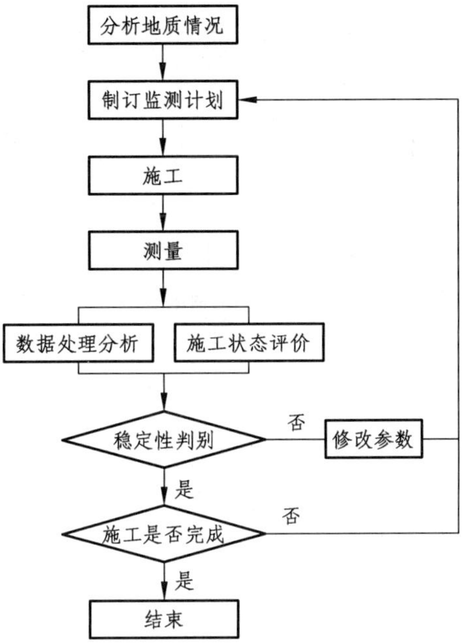

图 9.4 施工监测工艺流程

1. 工程影响分区及监测范围

工程影响分区应根据基坑、隧道工程施工对周围岩土体扰动和周边环境影响的程度及范围作划分，可分为主要、次要和可能等三个工程影响分区。

（1）基坑工程影响分区

基坑工程影响分区宜按表 9.1 的规定进行划分。

表 9.1 基坑工程影响分区

基坑工程影响区	范围
主要影响区（Ⅰ）	基坑周边 $0.7H$ 或 $H\cdot\tan(45°-\varphi/2)$ 范围内
次要影响区（Ⅱ）	基坑周边 $0.7H$~（2.0~3.0）H 或 $H\cdot\tan(45°-\varphi/2)$~（2.0~3.0）$H$ 范围内
可能影响区（Ⅲ）	基坑周边（2.0~3.0）H 范围外

注：① H—— 基坑设计深度（m），φ—— 岩土体内摩擦角（°）；

② 基坑开挖范围内存在基岩时，H 可为覆盖土层和基岩强风化层厚度之和；

③ 工程影响分区的划分界线取表中 $0.7H$ 或 $H\cdot\tan(45°-\varphi/2)$ 的较大值。

（2）隧道工程影响分区

土质隧道工程影响分区宜按表 9.2 的规定进行划分。隧道穿越基岩时，应根据覆盖土层特征、岩石坚硬程度、风化程度及岩体结构与构造等地质条件，综合确定工程影响分区界线。

表 9.2　土质隧道工程影响分区

基坑工程影响区	范　围
主要影响区（Ⅰ）	隧道正上方及沉降曲线反弯点范围内
次要影响区（Ⅱ）	隧道沉降曲线反弯点至沉降曲线边缘 $2.5i$ 处
可能影响区（Ⅲ）	隧道沉降曲线边缘 $2.5i$ 外

注：i—隧道地表沉降曲线 Peck 计算公式中的沉降槽宽度系数（m），见项目 7 中的图 7.40。

工程影响分区的划分界线应根据地质条件、施工方法及措施特点，结合当地的工程经验进行调整。

（3）监测范围

监测范围应根据基坑设计深度、隧道埋深和断面尺寸、施工工法、支护结构形式、地质条件、周边环境条件等综合确定，并应包括主要影响区和次要影响区。

2. 工程监测等级划分

工程监测等级宜根据基坑、隧道工程的自身风险等级、周边环境风险等级和地质条件复杂程度进行划分。

（1）基坑、隧道工程的自身风险等级划分

基坑、隧道工程的自身风险等级宜根据支护结构发生变形或破坏、岩土体失稳等的可能性和后果的严重程度，采用工程风险评估的方法确定，也可根据基坑设计深度、隧道埋深和断面尺寸等按表 9.3 划分。

表 9.3　基坑、隧道工程的自身风险等级

工程自身风险等级		等级划分标准
基坑工程	Ⅰ	设计深度大于或等于 20 m 的基坑
	Ⅱ	设计深度大于或等于 10 m 且小于 20 m 的基坑
	Ⅲ	设计深度小于 10 m 的基坑
隧道工程	Ⅰ	超浅埋隧道，超大断面隧道
	Ⅱ	浅埋隧道，近距离并行或交叠的隧道，盾构始发与接收区段，大断面隧道
	Ⅲ	深埋隧道，一般断面隧道

注：① 超大断面隧道是指断面积大于 100 m^2 的隧道，大断面隧道是指断面积在 50～100 m^2 的隧道，一般断面隧道是指断面积在 10～50 m^2 的隧道。

② 近距离隧道是指两隧道间距在一倍开挖宽度（或直径）范围以内的隧道。

③ 隧道深埋、浅埋和超浅埋的划分根据施工工法、围岩等级、隧道覆土厚度与开挖宽度（或直径），结合当地工程经验综合确定。

（2）周边环境风险等级划分

周边环境风险等级宜根据周边环境发生变形或破坏的可能性和后果的严重程度，采用工程风险评估的方法确定，也可根据周边环境的类型、重要性、与工程的空间位置关系和对工程的危害性按表 9.4 划分。

表 9.4　周边环境风险等级

周边环境风险等级	等级划分标准
Ⅰ	主要影响区内存在既有轨道交通设施、重要建（构）筑物、重要桥梁与隧道、河流或湖泊
Ⅱ	主要影响区内存在一般建（构）筑物、一般桥梁与隧道、高速公路或重要地下管线； 次要影响区内存在既有轨道交通设施、重要建（构）筑物、重要桥梁与隧道、河流或湖泊； 隧道工程上穿既有轨道交通设施
Ⅲ	主要影响区内存在城市重要道路、一般地下管线或一般市政设施； 次要影响区内存在一般建（构）筑物、一般桥梁与隧道、高速公路或重要地下管线
Ⅳ	次要影响区内存在城市重要道路、一般地下管线或一般市政设施

（3）地质条件复杂程度划分

地质条件复杂程度可根据场地地形地貌、工程地质条件和水文地质条件按表 9.5 划分。

表 9.5　周边环境风险等级

地质条件复杂程度	等级划分标准
复杂	地形地貌复杂；不良地质作用强烈发育；特殊性岩土需要专门处理；地基、围岩和边坡的岩土性质较差；地下水对工程的影响较大，需要进行专门研究和治理
中等	地形地貌较复杂；不良地质作用一般发育；特殊性岩土不需要专门处理；地基、围岩和边坡的岩土性质一般；地下水对工程的影响较小
简单	地形地貌简单；不良地质作用不发育；地基、围岩和边坡的岩土性质较好；地下水对工程无影响

注：符合条件之一即为对应的地质条件复杂程度，从复杂开始，向中等、简单推定，以最先满足的为准。

（4）工程监测等级划分

工程监测等级可按表 9.6 划分，并应根据当地经验结合地质条件复杂程度进行调整。

表 9.6　工程监测等级

工程自身风险等级	周边环境等级			
	Ⅰ	Ⅱ	Ⅲ	Ⅳ
Ⅰ	Ⅰ	Ⅰ	Ⅰ	Ⅰ
Ⅱ	Ⅱ	Ⅱ	Ⅱ	Ⅱ
Ⅲ	Ⅰ	Ⅱ	Ⅲ	Ⅲ

工作任务 9.2　地铁信息化施工监测项目

9.2.1　监控量测项目分类

1. 根据结构稳定及施工对环境的影响分类

从考虑地铁结构稳定及施工对环境影响出发，地铁主要监测项目可以分成三类：第一类是支护结构的变形和应力、应变监测；第二类是支护结构与周围地层（围岩与结构）相互作用监测；第三类是与结构相邻的周边环境的安全监测。

2. 根据支护结构的重要性、周围环境的复杂性和施工的要求分类

根据支护结构的重要性、周围环境的复杂性和施工要求，施工监测项目分为必测项目和选测项目两类。

必测项目是保证隧道周边环境和围岩的稳定以及施工安全，同时反映设计、施工状态而必须进行的日常监控量测项目。选测项目是为满足隧道设计与施工的特殊要求进行的监控量测项目。必测项目为洞内外观察、拱顶下沉、净空变化、地表沉降，选测项目包括围岩内力、钢架内力、混凝土内力、二次衬砌内力、锚杆轴力、围岩内部位移、隧底隆起、爆破震动、孔隙水压力、水量纵向位移等。

9.2.2　施工监测项目及要求

地铁工程施工多数采用明挖法、浅埋暗挖法和盾构法这三类方法。不同的施工方法，其监测项目不尽相同，现给予分别介绍。

1. 地铁明（盖）挖法及竖井施工监测项目及要求

地铁明挖基坑工程现场监测的内容分为两大部分，即支护结构本身和相邻环境的监测。支护结构中包括围护墙、支撑、立柱、坑内土层几部分；相邻环境包括相邻地层、地下管线、相邻房屋建筑、地下水四部分。其施工监测项目如表 9.7 所示。

明挖基坑工程各监测项目的监测频率按以下原则进行：

① 施工前完成相应点孔的埋设，并至少测量 2 次初值。

② 围护结构施工期间每 2 d 测试一次。

③ 地基加固及基坑降水期间每 7 d 测试一次（坑内外水位每天测试一次）。

④ 视围护结构，基坑开挖 0 ~ 5 m 期间每 2 d 测试一次；开挖 5 ~ 10 m 期间每 1 d 测试一次；开挖超过 10 m 直至浇垫层期间每 1 d 监测两次；浇好垫层至浇底板期间每 1 d 监测一次。

⑤ 浇好底板后 7 ~ 30 d 内每 2 d 监测一次，浇好底板 30 ~ 180 d 内每周监测一次。

具体实施时针对现场的施工步骤，尤其在基坑开挖期间，根据开挖段区分重点监测区和非重点监测区。重点监测区按上述原则确定监测频率，非重点监测区在上述原则的基础上适当减少监测频率。

表 9.7　地铁明挖法工程主要监测项目

序号	监测项目			监测元件与仪器	测点布置	监测必要性
	对象		目的			
1	围护结构	围护桩墙	桩墙顶水平位移与沉降	经纬仪、水准仪	沿基坑周边布置，测点距离不大于 20 m，且每边不少于 3 个测点	必测
			桩墙深层挠曲	测斜仪、测斜管	预埋测斜管，与围护墙深度相同，观测点间距 20～30 m，基坑每边都保证有测点	必测
			桩墙内力	钢筋应力传感器、频率仪	必要时进行	选测
			桩墙水土压力	压力盒、孔隙水压力探头、频率仪	车站纵向每侧布置 2 个，同一孔竖向间距 2～3 m	选测
2	围护结构	水平支撑	轴力	钢筋应力传感器、频率仪、位移仪	沿基坑纵向每 2 个开挖段（约 50 m）一组，端头井斜撑轴力加密	必测
3		圈梁、围囹	内力	钢筋应力传感器、频率仪	必要时进行	选测
			水平位移	经纬仪	1～3 个断面	选测
4		立柱	垂直沉降	水准仪	布置在立柱上	选测
5		坑底土层	垂直隆起	水准仪	测孔布设在测斜的主断面上，埋设深度为基坑开挖深度 2 倍	选测
6		坑内地下水	水位	观测井、孔隙水压力探头、频率仪	坑内观测井数量不少于 3 个，沿基坑长边至少布置 2 个	选测
7	相邻环境	相邻地层	分层沉降	分层沉降仪、频率仪	每一个开挖段布置一个断面	选测
			水平沉降	经纬仪		选测
8		地下管线	垂直沉降	水准仪	基坑周围 40 m 范围内，布设在煤气、上水管等处，测点间距 20～30 m，每边不少于 3 点	必测
			水平位移	经纬仪		必测
9		相邻建筑	垂直沉降	水准仪	施工影响范围内（2 倍基坑开挖深度）的建筑物上，布设在建筑物的角点、中点，间距 5～15 m	必测
			倾斜	经纬仪		必测
			裂缝	裂缝观测仪		必测
10		坑外地下水	水位	观测井、孔隙水压力探头、频率仪	布设 1～3 个观测井	必测
			分层水压	孔隙水压力探头、频率仪		选测

2. 浅埋暗挖法施工监控量测项目及要求

地铁浅埋暗挖法工程主要监测项目如表 9.8 所示。

表 9.8　地铁浅埋挖法工程主要监测项目

序号	监测项目	测试元件与仪器	测点布置	监测频率	监测必要性
1	围岩与支护结构状态	地质素描及拱架支护状态观察	每一开挖环	开挖面距监测断面前后＜2*B* 时 1～2 次/d 开挖面距监测断面前后＜5*B* 时 1 次/2 d 开挖面距监测断面前后＞5*B* 时 1 次/周	必测
2	地表、地表建筑、地下管线及结构物沉降	水准仪和水准尺	每 10～50 m 一个断面		
3	拱顶下沉	水准仪和水准尺	每 5～30 m 一个断面，每断面 1～3 个测点		
4	周边净空收敛	收敛计	每 5～100 m 一个断面，每断面 2～3 个测点		
5	岩体爆破地表质点振动速度和噪声	声波仪及测振仪	质点振动速度根据结构要求设点，噪声根据规定的测距设置	随爆破随时进行	必测
6	围岩与结构内部位移	多点位移计、测斜仪等	选择代表性地段设监测断面，每断面 2～3 个测孔	开挖面距监测断面前后＜2*B* 时 1～2 次/d 开挖面距监测断面前后＜5*B* 时 1 次/2 d 开挖面距监测断面前后＞5*B* 时 1 次/周	选测
7	围岩与支护结构间压力	压力传感器	选择代表性地段设监测断面，每断面 10～20 个测点		
8	钢筋格栅拱架内力	支柱压力或其他测力计	选择代表性地段设监测断面，每断面 10～20 个测点		
9	初期支护、二次衬砌内力及表面应力	混凝土内的应变计或应力计	选择代表性地段设监测断面，每断面 10～20 个测点		
10	锚杆内力、抗拔力及表面应力	锚杆测力计及拉拔器	必要时进行		

3. 盾构法施工监控量测项目及要求

地铁盾构法工程主要监测项目如表 9.9 所示。

表 9.9　地铁盾构法工程主要监测项目

序号	监测对象	监测类型	监测项目	测试元件与仪器	监测必要性
1	隧道结构	结构变形	隧道结构内部收敛	收敛计、伸长杆尺	选测
			隧道、衬砌环沉降	水准仪	选测
			管片接缝张开度	测微计	选测
2		结构外力	隧道外侧土压力	空隙水压力、频率计	选测
			轴向力、弯矩	钢筋应力传感器、环向应变仪、频率计	选测

续表

序号	监测对象	监测类型	监测项目	测试元件与仪器	监测必要性
3		结构内力	螺栓锚固力、管片接缝法向接触力	钢筋应力传感器、频率计、锚杆轴力计	选测
4	地层	沉降	地表沉降	水准仪	必测
			土体沉降	分层沉降仪、频率计	选测
5		水平位移	盾构底部土体回弹	深层回弹桩、水准仪	选测
			地表水平位移	经纬仪	必测
			土体深层水平位移	测斜管、测斜仪	选测
6		水土压力	水土压力（侧、前面）	土压力盒、频率仪	选测
			地下水位	水位管、水位计	选测
			孔隙水压	渗压计、频率计	选测
7	相邻环境、周围建（构）筑物、地下管线、铁路、道路		沉降	水准仪	必测
			水平位移	水准仪	必测
			倾斜	经纬仪	必测

4. 超前地质预报

超前地质预报，是在隧道开挖时，对掌子面前方及其周边的围岩与地层情况做出超前预报。主要方法有：地质调查法、超前导坑预报法、超前钻探法和物探法。

工作任务 9.3　监测成果的运用

施工中，根据工程进度情况，按照监测设计图，及时埋设监测测点和元器件，并按规定测试频率进行测试。取得各种监测资料后，及时进行处理，排除仪器、读数等操作过程中的失误，剔除和识别各种误差，避免漏测和错测，保证监测数据的可靠性和完整性，采用计算机进行监控量测资料的整理和分析工作。

9.3.1　监测数据的管理基准

根据城市地铁施工监测的经验，采用《铁路隧道喷锚构筑法技术规则》（TBJ 108）的Ⅲ级监测管理并配合位移速率作为监测管理基准，见表 9.10，即将允许值的 2/3 作为警告值，允许值的 1/3 作为基准值，将警告值和允许值之间称为警告范围。实测值落在此范围，应提出警告，说明需商讨和采取施工对策，预防最终位移值超限。警告值和基准值之间称为注意范围，实测值落在基准值以下，说明地下结构或基坑围护结构及周边土体是稳定的。

表 9.10　监测管理等级

管理登记	管理位移	施工状态
III	$U_0 < U_n/3$	正常施工
II	$U_n/3 \leqslant U_0 < 2U_n/3$	加强监测
I	$U_0 > 2U_n/3$	加强监测并采取相应工程措施

注：U_0——实测位移值；U_n——允许位移值。

在现场监测期间，可根据监测结果所处的管理阶段来选择监测频率：一般III级管理阶段监测频率可放宽；II级管理阶段则注意加密监测次数；I级管理阶段则应加强监测，通常监测频率为 1～2 次/d 或更多。

9.3.2　监测数据的分析和预测

取得监测数据后，要及时进行整理，绘制位移随时间或空间的变化曲线图。取得足够的数据后，还应根据离散图的数据分布状况，选择合适的函数，对监测结果进行回归分析，以预测该测点可能出现的最终位移值，预测结构和建筑物的安全性，并据此确定需要采取的工程技术措施等。

数据处理常用的回归分析方法有：一元线性回归分析和非线性回归分析。地下工程监测数据分析中常用的回归函数有：

（1）位移历时回归方程

对地表沉降、拱顶下沉、净空收敛等变形的历时曲线一般采用如下函数进行回归：

① 指数模型：

$$y = a\mathrm{e}^{-\frac{b}{t}} \tag{9.1}$$

② 对数模型：

$$y = a\lg(1+t) \tag{9.2}$$

③ 双曲线模型：

$$y = \frac{t}{a+bt} \tag{9.3}$$

式中：t——监测时间（d）；

y——t 时间对应的位移值；

a、b——回归系数。

（2）沉降历时回归方程

由于地下工程开挖过程中地表纵向沉降、拱顶下沉及净空收敛等位移受掌子面的时空效应的影响，采用单个曲线进行回归时不能全面反映沉降历程，通常采用以变弯点为对称的两条分段指数函数式或指数函数进行近似回归分析。

$$\left.\begin{aligned} S &= A[1-\mathrm{e}^{-B(x-x_0)}]+u_0\cdots(x>x_0) \\ S &= -A[1-\mathrm{e}^{-B(x-x_0)}]+u_0\cdots(x\leqslant x_0) \end{aligned}\right\} \text{或 } S = A(1-\mathrm{e}^{-Bx})\cdots(x\geqslant 0) \qquad (9.4)$$

式中：A、B——回归参数；

x——距开挖面的距离（m）；

S——距开挖面 x 处的地表沉降（mm）；

x_0、u_0——变弯点 x_0 处的沉降值 u_0（mm）。

9.3.3　监测数据的反馈

信息化施工要求以监测结果评价施工方法，确定工程技术措施。对每一测点的监测结果要根据管理基准和位移变化速率（mm/d）等综合判断结构和建筑物的安全状况，并编写周、月汇总报表，及时反馈指导施工，调整施工参数，达到安全、快速、高效施工之目的。监测数据的反馈程序如图 9.5 所示。

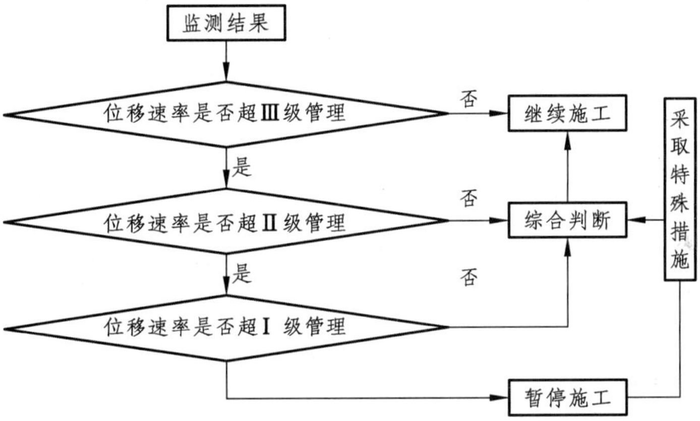

图 9.5　监测数据的反馈程序

对设计、施工的反馈内容如下：

① 对设计的反馈内容：修正设计用围岩物理力学参数；修正设计用基本荷载；修正设计用变形控制基准、安全监测方法和监控判据指标；信息化设计。

② 对施工的反馈内容：监测数据较小时，可简化施工方案以减少施工程序，加快施工进度，降低工程造价；监控数据较大时，应调整施工方案直至增加辅助施工措施，以确保工程及周边环境的安全。

监测报告可分为日报、警情快报、阶段性报告和总结报告。监测报告应采用文字、表格、图形、照片等形式，表达直观、明确，如表 9.11 为水平位移、竖向位移监测日报表。

表 9.11　水平位移、竖向位移监测日报表

监测工程名称：　　　　　　　　　　　　　　　报表编号：　　　　　　　　　天气：

本次监测时间：　　年　　月　　日　　时　　　上次监测时间：　　年　　月　　日　　时

仪器型号：			仪器出厂编号：				检定日期：		
监测点号	初始值/mm	上次累计变化量/mm	本次累计变化量/mm	本次变化量/mm	变化速率/（mm/d）	控制值			
						累计变化值/（mm/d）	变化速率值/（mm/d）	预警等级	备注
施工工况：									
监测结论及建议：									

现场监测人：　　　　　　　　计算人：　　　　　　　　校核人：

监测项目负责人：　　　　　　监测单位：

第　页　共　页

项目实战演练

项目实训 9.1　广州地铁 1 号线杨体区间隧道监测实例

1. 工程概况

该区间隧道工程位于广州市中山路东端南侧，周边环境复杂，有天河自来水厂和天河村密集居民区，隧道穿越Ⅲ～Ⅴ级围岩，主要为强中风化带岩层及残积土层，地下水丰富。区间内有极易液化的流砂层，穿越常年流水的杨淇涌，为广州地铁 1 号线地层最复杂，施工难度最大的区间之一。

隧道埋深 12.2～18.5 m，左右线双洞隧道，左右隧道中线间距为 13.3～16.2 m，隧道断面为鹅卵形，采用浅埋暗挖法施工，采用复合式衬砌支护结构，即初期支护为喷锚支护，永久衬砌为 C30 防水混凝土。

2. 监测项目及控制基准

（1）监测项目

本工程的监测项目如表 9.12 所示。

表 9.12 本工程的监测项目

序号	监测项目	监测仪器	监测目的	监测频率
1	地表沉降	水准仪和水准尺	了解施工过程中地表沉降情况	开挖面距监测断面前后<2B 时 1～2 次/d，开挖面距监测断面前后<5B 时 1 次/2 d，开挖面距监测断面前后>5B 时 1 次/周
2	地表建筑沉降与倾斜	水准仪和水准尺	了解施工过程中建筑物沉降与倾斜情况，评估建筑物是否安全	
3	拱顶下沉	水准仪和水准尺计	了解施工过程中初期支护结构变形情况	
4	周边净空收敛	收敛计	了解施工过程中初期支护结构变形情况	
5	地中土体垂直位移	NC-50 型分层沉降仪、沉降管	了解施工过程中地层不同深度的垂直变形情况	
6	地中土体水平位移	SINCO 测斜仪、测斜管等	了解施工过程中地层不同深度的水平变形情况	
7	围岩压力	压力传感器	了解施工过程中初期支护结构的荷载分布情况	
8	钢筋格栅拱架应力	支柱压力或其他测力计	了解施工过程中初期支护结构的内力分布情况	
9	地下水位	水位计、水位管等	了解施工对地下水位影响	
10	爆破振动速度	声波仪及测振仪	了解爆破引起地表及建筑物的振动情况	随爆破随时进行

（2）控制基准

本工程的控制基准如表 9.13 所示。

表 9.13 广州地铁施工监测控制基准

监测项目	控制范围	控制基准
地表沉降	Ⅰ、Ⅱ级围岩	19 mm
	Ⅲ、Ⅳ级围岩	30 mm
拱顶下沉	Ⅰ级围岩	19 mm
	Ⅱ级围岩	30 mm
	Ⅲ、Ⅳ级围岩	50 mm
变形速度	Ⅰ、Ⅱ级围岩	3 mm/d
	Ⅲ、Ⅳ级围岩	5 mm/d
建筑物倾斜	全线	3‰

3. 监测结果分析

监测结果分析详见扉页二维码。

项目实训 9.2　编制某地铁施工监测方案

监控量测方案是指导监控量测的主要技术文件，主要包括监测目的、监测项目、监测仪器布置及安装、数据采集方法、数据分析及施工信息反馈。在工程施工前，应组织专业技术人员在认真研究工程项目的规模，工程的技术重点、难点及周边环境条件的基础上进行编写。

请同学们根据以上项目 5~8 中的工程案例，或根据老师提供的其他工程案例资料、本章的知识及有关资料，编写该工程的监控量测方案，并按照以下内容和要求进行编制。

（1）监测项目的确定

监测项目的选择应考虑以下因素：

① 工程地质条件与水文地质条件；

② 工程规模与施工技术难点；

③ 工程的周边环境条件，主要是所处位置、周围建（构）筑物的结构形式、形状尺寸及与地下工程的关系等。

（2）方案的编制步骤

① 收集编制监测方案所需的基础资料；

② 现场踏勘，了解周围环境；

③ 编制监测方案初稿；

④ 完善监测方案；

⑤ 监测方案报批。

（3）方案的主要内容

① 工程概况；

② 建设场地地质条件、周边环境条件及工程风险特点；

③ 监测目的和依据；

④ 监测范围和工程监测等级；

⑤ 监测对象及项目；

⑥ 基准点、监测点的布设方法与保护要求，监测点布置图；

⑦ 监测方法和精度；

⑧ 监测频率；

⑨ 监测控制值、预警等级、预警标准及异常情况下的监测措施；

⑩ 监测信息的采集、分析和处理要求；

⑪ 监测信息反馈制度；

⑫ 监测仪器设备、元器件及人员的配备；

⑬ 质量管理、安全管理及其他管理制度。

思考与练习

【思考题】

1. 简述地铁信息化施工监测的设计原理。
2. 简述地铁施工监测的目的和意义。
3. 简述地铁暗挖法监控量测的必测项目。

【练习题】

1.（选择题）扫描扉页在线开放课程二维码。

项目 10　地铁施工质量检测技术

学习目标

1. 知识目标

（1）了解地铁常见施工质量问题。

（2）掌握地铁施工质量检测内容及相应方法。

2. 能力目标

（1）能进行地铁工程质量检测工作。

（2）能独立撰写工程质量检测报告。

项目导入

地铁是大型公益性建设项目，质量合乎要求的地铁工程才能交付使用和投入生产，发挥投资效果。它的质量高低、水平好坏直接关系到社会的公众利益与安全、经济建设，也关系到企业、国家信誉。为此，地铁工程质量的检测验收至关重要。

地铁工程在施工过程中，由于多方面的原因，往往会出现不同程度的质量问题，有些问题甚至还很严重，为此不得不进行返工，造成巨大的人力、物力、时间的浪费。根据以往的经验，国内建成以及在建的部分地铁工程存在的常见质量问题有以下几个方面：

① 渗漏。

渗漏是地下工程最常见的质量问题，地铁工程在施工修建及建成后一直受到地下水的影响，当地下水压较大或者地铁结构防水体系质量欠佳时，地下水便会通过一定的通道进入混凝土，不但对混凝土结构的稳定性、耐久性造成负面影响，还会对地铁行车安全构成威胁。据统计，目前我国建成的地铁中完全无渗漏者寥寥无几，大部分都存在着不同程度的渗漏现象。如何进行地下工程止水堵漏，还有很多工作要做。

② 结构开裂。

作用在地下工程结构上的外力，一直以来都没有较准确的计算方法。目前的做法主要是经验对比法，即设计上依据以往工程的情况采用较大的安全系数。但由于地层的不均匀性、地质构造的多样性、原始地应力的难预料性、地下水与岩土体综合作用的复杂性，设计往往很难做到合理、科学。若施工过程中质量控制不严，施工管理水平不高，则很容易导致结构的开裂、破坏，不仅影响地铁工程的正常使用，而且有可能造成重大的安全事故。

③ 限界受侵。

地铁限界是保证地铁安全运行、设备顺利安装的必要断面，分为车辆限界、设备限界及建筑限界。造成地铁限界受侵的原因有多种，如测量不准、车站塌孔、暗挖塌方、模板跑模、结构变形等。任何限界受侵均有可能影响地铁工程的正常使用，故出现此类问题往往需要返工解决问题。

由于施工方法的不同，地铁工程，特别是区间隧道（暗挖法隧道、盾构法隧道）在检测内容与方法上差别很大。不管哪种施工方法，其检测内容主要包括材料检测和施工质量检测两大部分。地铁工程质量检测体系如图 10.1 所示。

- 地铁工程质量检测
  - 材料检测
    - 防排水材料检测（注浆、防水、排水管材料检测）
    - 支护材料检测（锚杆材质、喷射混凝土材料、钢构件材料检测）
    - 衬砌材料检测（混凝土材料、钢筋、管片检测）
  - 施工质量检测
    - 开挖质量检测
    - 支护质量检测
    - 防排水检测
    - 衬砌质量检测

图 10.1　地铁工程质量检测体系

（1）材料检测

只有用合格的原材料才能修建出合格的地铁工程。

① 防排水材料。防排水材料对地铁工程特别重要，有些甚至是隧道与地下工程专用的材料。地铁防水材料包括：注浆材料、高分子合成卷材、防水涂料、石油沥青油毡、排水管和防水混凝土等。值得指出的是，合成高分子防水卷材在我国发展很快。目前修建的地铁工程都采用不同性能、不同规格的合成高分子卷材作防水夹层，取得了良好的效果。

② 支护材料。支护材料包括锚杆、喷射混凝土和钢构件等。锚杆杆体材质、锚固方式、杆体结构和托板形式等种类繁多，特性各异，分别适用于不同的工程条件；喷射混凝土有干喷、湿喷之分，为了获取较好的力学特性和工程特性，往往在喷射混凝土混合料之外，还添加各种外加剂。因此锚喷材料的检测内容繁多。

③ 衬砌材料。衬砌材料有混凝土材料、钢筋和管片（盾构隧道）。

（2）施工质量检测

地铁工程上出现的种种质量问题绝大部分都是在施工过程中即埋下了质量隐患，如渗漏水、衬砌开裂等，因此必须对施工过程进行质量检测。其主要内容包括：开挖、支护（包括锚喷）、防排水和衬砌混凝土质量检测。

① 支护质量主要指锚杆安装质量、喷射混凝土质量和钢构件质量。对于锚杆，施工质量检测的内容有锚杆的间排距、锚杆的长度、锚杆的方向、注浆式锚杆的注满度、锚杆的抗拔力等。对于喷射混凝土，施工中应主要检测其强度、厚度和平整度。对于钢构件，则要检测构件的规格与节间连接、架间距、构件与围岩的接触情况以及与锚杆的连接。

② 防排水系统的施工方法目前尚在研究与发展之中，对施工质量的检测也处于探索阶段。防排水系统的检测也主要针对防水材料检测和排水系统施工质量检测。

③ 衬砌混凝土质量检测包括衬砌的几何尺寸、衬砌混凝土强度、混凝土的完整性、混凝土裂缝、厚度等的检测。其中外观尺寸容易用直尺量测，混凝土强度及其完整性则需用无损探测技术完成，混凝土裂缝可用塞尺等简单方法检测。

地铁工程是主要修建于地层岩石（土）中的特殊构筑物，存在大量的隐蔽工程。地铁工程混凝土衬砌是地下结构重要的支护措施，衬砌结构质量的好坏对地下结构的稳定、使用功能的正常发挥有很大的影响。

思政点拨

质量是工程的生命线，作为一名土木人，特别是试验检测人员，如何坚守职业道德底线是大家应该思考的问题。同时，试验检测人员还应严格按照检测标准、规范、操作规程进行施工质量检测，做到检测资料齐全、检测结论规范，恪守严谨求实、程序规范的职业素养。

项目布置

根据不同施工方法下的结构及构件进行施工质量检测。

项目分析

本项目的核心是地铁施工质量检测技术，学生需要掌握明（盖）挖法施工质量检测、暗挖法施工质量检测、盾构法施工质量检测及混凝土施工质量检测等知识与技能。因此，本项目安排了明（盖）挖法施工质量检测、暗挖法施工质量检测、盾构法施工质量检测及混凝土施工质量检测 4 个工作任务和 3 个项目实训。

工作任务 10.1　明（盖）挖法施工质量检测

明（盖）挖法施工质量检测主要针对基坑进行检测，主要包括围护结构检测及内支撑检测。

10.1.1　围护结构施工质量检测

地铁车站基坑安全等级较高，所选用的支护结构有排桩和地下连续墙两种形式。排桩围护结构一般为灌注桩支护辅助旋喷桩止水。

1. 灌注桩施工质量检测

（1）基本要求

桩的原材料和混凝土强度必须符合设计要求。

（2）实测项目

灌注桩检测实测项目按表 10.1 确定。

表 10.1　灌注桩检测实测项目

项目		允许偏差	检测方法
桩轴线与竖线偏差/mm		50	经纬仪、钢尺量
成孔深度/mm		+200，0	钢尺量
钢筋笼制作偏差/mm	主筋间距	±10	钢尺量
	主筋长度	±50	钢尺量
	箍筋间距	±10	钢尺量
	钢筋笼直径	±20	钢尺量
桩身垂直度/‰		3	吊线吊量计算、测斜仪

2. 旋喷桩施工质量检测

（1）基本要求

① 桩的布置、数量必须符合设计要求。

② 水泥浆配合比必须符合设计要求。

③ 桩身无侧限抗压强度必须符合设计要求。

④ 水泥、外加剂的质量检验必须符合设计及相关规定。

（2）实测项目

旋喷桩施工允许偏差按表 10.2 确定。

表 10.2　旋喷桩施工允许偏差

项目	允许偏差	检验方法
桩位中心/mm	≤50	开挖桩顶下 50 mm 处用钢尺量
桩径/mm	≤50	钢尺量
桩长/mm	+100，0	钢尺量
桩体垂直度/%	≤1.5	经纬仪测钻杆或实测
桩体搭接/mm	>200	钢尺量

注：检测数量应为总桩数的 2%，且不少于 5 根。

3. 地下连续墙施工质量检测

地下连续墙施工主要包括导墙施工、挖槽施工、地下连续墙钢筋笼制作与吊装、混凝土浇筑等工序。

（1）地下连续墙施工质量检测的基本要求

导墙净距应大于地下连续墙 40~60 mm，导墙高度宜为 1.5~2 m，顶都高出地面应不小于 100 mm，导墙应建于坚实的地基上，外侧墙体应夯实。

（2）实测项目

实测项目按表 10.3~表 10.5 确定。

表 10.3　导墙施工允许偏差

项　目	施工允许偏差值
内外导墙间距/mm	±10
导墙内墙面垂直度/‰	5
导墙内墙面平整度/mm	3
导墙顶面平面度/mm	5
内墙面与地下连续墙纵轴线平行度/mm	±10

表 10.4　钢筋笼制作允许偏差

项目	偏差/mm	检查方法
钢筋笼长度	±50	尺量，每片钢筋网检查上、中、下三处
钢筋笼宽度	±20	
钢筋笼厚度	0，−10	
主筋间距	±10	任取一断面，连续量测间距，取平均值作为一点，每片钢筋网测 4 点
分布筋间距	±20	
预埋件中心位置	±10	抽查

表 10.5　地下连续墙墙体各部位允许偏差

项目	允许偏差										检查方法
	垫层	底板	顶板		墙		柱	变形缝	预留洞	预埋件	
			上表面	下表面	内墙	外墙					
平面位置/mm	±30				±10	±15	纵向±20，横向±10	±10	±20	±20	以线路中线为准用尺检查
垂直度/‰					2	3	1.5	3			线锤加尺检查
直顺度/mm					5	10		5			拉线检查
平整度/mm	5	15	10	5			5				用 2 m 靠尺检查
高程/mm	+5，−10	±20	±30，0	±30，0							用水准仪检查
厚度/mm	±10	±15	±10	±10	±15	±15					用尺检查

10.1.2　内支撑施工质量检测

横支撑为钢筋混凝土支撑或钢管支撑。

（1）基本要求

① 横支撑原材料型号及力学性能必须符合设计要求。

② 钢支撑安装前应先拼装，拼装后两端支点中心线偏心不大于 20 mm，安装后总偏心量不大于 50 mm。

③ 钢支撑预加应力与设计值偏差不大于±50 kN。

（2）实测项目

车站基坑支撑体系施工质量检测按表 10.6 确定。

表 10.6　车站基坑支撑体系施工质量检测

项目		允许偏差/mm	检验频率		检验方法
			范围	点数	
围囹高程		±30	每施工段	5	水准仪测量
立柱位置	高程	±30	每立柱	5	水准仪测量
	平面位置	±50			钢尺测量
开挖超深		±200	每支护面	1	水准仪测量
支撑位置	高程	±30	每支撑	2	经纬仪、水准仪及钢尺测量
	水平间距	±100			
支撑安装时间		设计要求	每支撑	1	钟表测量

工作任务 10.2　暗挖法施工质量检测

10.2.1　区间隧道土方开挖施工检测

区间隧道允许超挖值按表 10.7 确定。

表 10.7　区间隧道允许超挖值（单位：mm）

开挖部位	围岩分类							
	爆破岩层						土层或不需要爆破岩层	
	硬岩		中硬岩		软岩		平均	最大
	平均	最大	平均	最大	平均	最大		
拱部	100	200	150	250	150	250	100	150
边墙或仰拱	100	150	100	150	100	150	100	150

10.2.2　钢支撑施工质量检测

钢支撑施工质量检测按表 10.8、表 10.9 确定。

表 10.8　钢支撑加工允许偏差

项目		允许偏差/mm	检验频率		检验方法
			范围	点数	
拱架（拱顶及墙拱架）	拱架矢高及弧长	±20，0	每榀	1	用钢尺量
	墙架长度	±20		1	
	墙架横断面尺寸（高、宽）	±10，0		2	
钢筋格栅	高度	±30		3	
	宽度	±20			
	扭曲度	20			

表 10.9　钢架安装允许偏差

项目	允许偏差	检验频率		检验方法
		范围	点数	
钢架纵向/mm	±30	每榀	3	用钢尺量
钢架横向/mm	±50			
高程偏差/mm	±30		2	
垂直度/‰	5		3	
钢架保护层厚度/mm	−5			

① 钢筋格栅和钢筋网采用的钢筋种类、型号、规格应符合设计要求，其焊接应符合设计及钢筋焊接标准要求。

② 钢筋格栅与岩面应楔紧，每片钢筋格栅节点及相邻格栅纵向必须分别连接牢固。

③ 钢筋、型钢等原材料应平直、无操作，表面不得有裂纹、油污、颗粒状或片头老锈。

④ 钢架的落底接长和钢架间纵向连接应符合设计要求。钢架立柱埋入底板深度应符合设计要求，且不得置于浮渣上。

⑤ 钢筋网的网格间距应符合设计要求，网格尺寸允许偏差为±10 mm，钢筋网搭接长度应不小于 200 mm。

10.2.3 喷射混凝土

喷射混凝土的施工检测项目主要有：喷射混凝土的抗压强度、厚度、回弹量、喷层与混凝土的黏结、外观及平整度等。具体要求如下：

（1）回弹量

边墙不宜大于 15%，拱部不宜大于 25%。

（2）抗压强度

① 检查试块的数量。

同一配合比，区间或小于其断面的结构，每 20 m 拱和墙各取一组抗压强度试件。

② 检查试块的制作方法。

a. 喷大板切割法：在施工的同时，将混凝土喷射在尺寸为 45 cm×20 cm×12 cm 的模型内，在混凝土达到一定强度后，加工成 10 cm×10 cm×10 cm 的立方体试块，在标准条件下养护至 28 d 进行试验。

b. 凿方切割法：在具有一定强度的喷层上，用凿岩机打密排钻孔，取出长 35 cm、宽 15 cm 的混凝土块，加工成 10 cm×10 cm×10 cm 的立方体试块，在标准条件下养护至 28 d 进行试验。

③ 合格标准。

a. 同批（同一配合比）试块的抗压强度平均值不低于设计强度。

b. 任意一组试块抗压强度平均值不低于设计强度的 80%。

c. 同批试块为 3~5 组时，低于设计强度的试块组数不得多于 1 组；试块为 6~16 组时，不得多于两组；17 组以上时，不得多于总组数的 15%。

（3）喷射混凝土与围岩间的连接

① 检查试块的制作方法。

a. 成型试验法：在模型内放置尺寸为 10 cm×10 cm×5 cm 且表面粗糙度近似工程实际的岩块，用喷射混凝土进行掩埋。在混凝土达到一定强度后，加工成 10 cm×10 cm×10 cm 的立方体试块，在标准条件下养护 28 d，用劈裂法进行试验。

b. 直接拉拔法：在围岩表面预先设置带有丝扣和加力板的拉杆，用喷射混凝土将加力板埋入喷层约 10 cm，试件尺寸约 30 cm×30 cm。经 28 d 养护，进行拉拔试验。

② 合格标准。

喷射混凝土与岩体的黏结力，Ⅰ、Ⅱ级围岩不低于 0.8 MPa，Ⅲ级围岩不低于 0.5 MPa。

（4）喷射混凝土厚度

① 检测方法：喷层厚度检测方法有凿孔法、激光断面仪法、光带摄影法等，其中以

凿孔法最为常用，故重点介绍凿孔法。采用凿孔法检测时，最好在混凝土喷射后 8 h 以内，用短钎将孔凿出。当混凝土与围岩黏结紧密、颜色相近不易分辨时，可用酚酞涂抹孔壁，呈红色者即为混土。

② 检测数量：每 20 m 检查一个断面，每个断面从拱顶中线起，每 2 m 凿孔检查一个点。

③ 合格标准：断面检查点 60%以上喷层厚度不小于设计厚度，最小值不小于设计厚度的 1/3，厚度总平均值不小于设计厚度时，方为合格。

（5）外观及平整度

喷射混凝土应密实、平整，无裂缝、脱落、漏喷、漏筋、空鼓、渗水等现象。平整度允许偏差为 30 cm，矢弦比不应大于 1/6。

10.2.4 锚 杆

锚杆的施工质量对隧道衬砌结构有很大的影响，工程锚杆有锚固型、摩擦型及全长黏结型三种。全长黏结型目前在公路、铁路、地铁等隧道工程中应用最多。根据有关规范要求，对锚固型和摩擦型锚杆必须进行一定数量的原位拉拔试验，以检验锚杆的拉拔力；对全长黏结型锚杆应检查锚杆的长度和砂浆密实度，且注浆密度大于 75%为合格。锚杆砂浆饱满度主要针对全长黏结型锚杆。

（1）基本要求

① 锚杆应进行抗拔试验。同一批锚杆每 100 根应取一组试件，每组 3 根（不足 100 根按 100 根取），设计或材料变更时应另取试件。同一批试件抗拔力的平均值不得小于设计锚固力，且同一批试件抗拔力最小值不得小于设计锚固力的 90%。

② 锚杆半成品、成品锚杆的类型、规格、性能等应符合设计要求和规范标准。

③ 砂浆锚杆采用的砂浆强度等级、配合比应符合设计要求。

④ 锚杆安装数量应符合设计要求。

⑤ 锚杆孔应保持直线，一般情况下应保持与隧道衬砌切线方向垂直。当隧道内岩层结构面出露明显时，锚杆孔宜与岩层主要结构垂直，锚杆垫板应与基面密贴。

⑥ 锚杆安装的允许偏差为：锚杆孔距±150 mm，锚杆孔深±50 mm。

（2）锚杆长度和砂浆饱满度检测

① 检测原理与方法。

砂浆饱满度检测的基本原理是利用波在杆中传播的动力学特性：在锚杆顶端施加一瞬态激振力，由布设在锚杆顶端的一个传感器接收反射信号（图 10.2），通过对所接收的反射信号进行时域、频域分析，以判断砂浆的饱满度，进而对锚杆的锚固质量进行评价。对于砂浆饱满度问题，理论上认为从锚杆顶部发射的声频应力波经杆体向四周传播（图 10.3），在锚杆与砂浆、砂浆与围岩的界面会发生反射和透射。当锚杆、砂浆和围岩三者之间接触紧密时，由于波阻抗差异不大，大部分能量会透射到围岩体中去，只有小部分能量反射回来。此时传感器所接收到的回波信号的特征应是波形较简单、能量相对较弱；当砂浆浇灌不密实时，各种导波会集中在杆中传播而很难辐射到杆外的介质中去，此时波在杆中的传播现象较之灌浆密实的情况要复杂得多，在记录上表现为反射波能量很强且波形很复杂。由此，可以根据反射波振幅大小判定水泥砂浆的饱满程度。

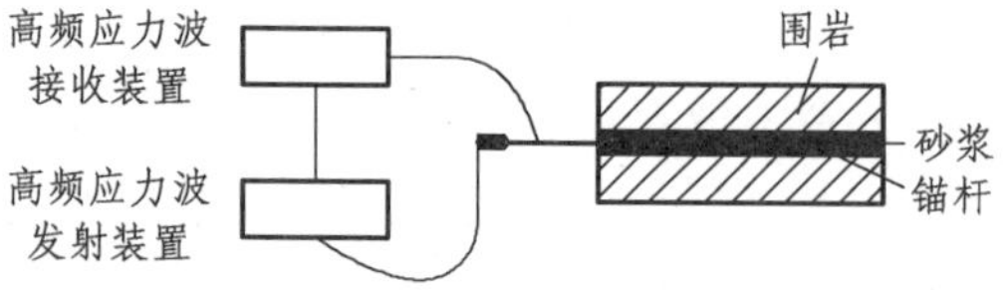

图 10.2　锚杆检测方法示意图

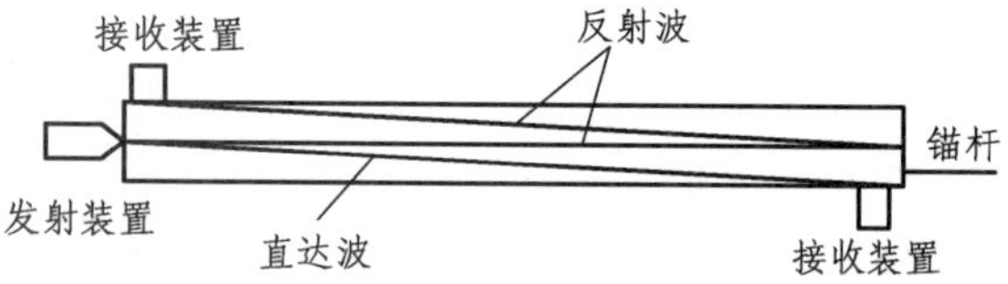

图 10.3　锚杆波速的测定

锚杆质量检测仪由采集仪、发射振源、检波器和分析处理软件组成，如图 10.4 所示。仪器可以显示锚杆的长度、振幅值和砂浆密实度、级别。锚杆体系由钢筋、砂浆和围岩组成。反射回波信号与介质波阻抗变化有关。当锚杆、砂浆和围岩浇筑均匀、密实时，由于三者之间的波阻抗差异不大，因此有大部分能量透射出去，只有少部分能量反射回来；当砂浆浇灌不均匀、不密实时，则在砂浆中的空隙处呈现出强的波阻抗差异，表现为在原有的信号波形上叠加了一个反射波信号，反射波能量大大增强。通过分析反射波与入射波之间的能量关系，可以判断出锚杆、锚固体系的密实度。通过寻找反射回波异常点，可以判断出锚杆长度和缺陷位置。

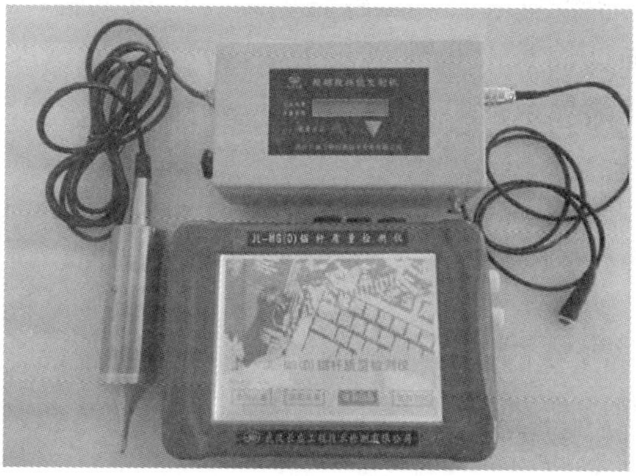

图 10.4　锚杆质量检测仪

② 锚杆长度和砂浆饱满度检测典型图例。

砂浆饱满度检测分类评价见表 10.10。

表 10.10　砂浆饱满度检测分类评价

锚固质量分类	波形特征	锚固状态	典型图例
优（Ⅰ类）	波形规则，只有较微弱的底部反射波或没有底部反射波	密实（砂浆密实度 $D\geqslant 90\%$）	
良好（Ⅱ类）	波形较规则，有底部反射波和局部有较弱的反射波	局部欠密实（$80\%\leqslant D<90\%$）	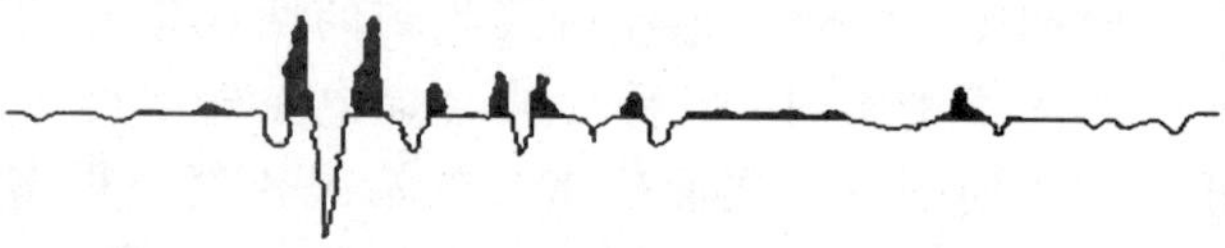

续表

锚固质量分类	波形特征	锚固状态	典型图例
一般（Ⅲ类）	波形欠规则，有底部反射波或局部有较强的反射波	局部不密实或空浆（75%≤D<80%）	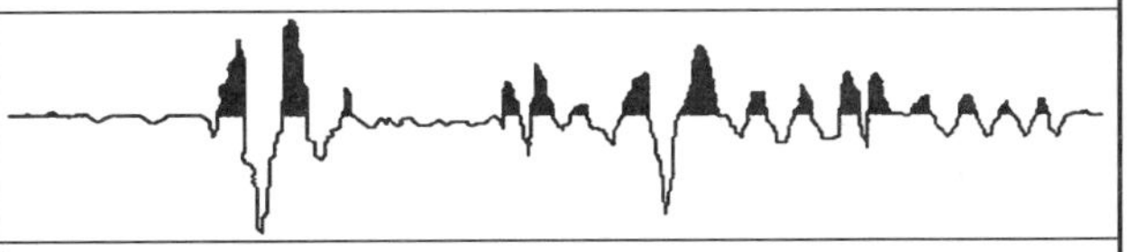
差（Ⅳ类）	波形不规则，底部有较强的反射波或底部反射波提前（锚杆欠长），或有多处较强的反射波	多处不密实或空浆（D<75%）	

锚杆的检测过程基本类似基桩检测，但由于砂浆饱满度检测目前处于定性-半定量阶段，现场检测过程中必须进行验证对比。施工现场按照设计参数，对不同类型的围岩，依据锚杆长度的不同各设 1 组标准锚杆，每组 3 根。把标准锚杆的检测值（平均值）作为标准值进行判断。

工作任务 10.3　盾构隧道管片质量检测

盾构法施工的质量检测主要包括管片质量检测、管片拼装质量检测、管片壁后注浆质量检测等。

10.3.1　管片质量检测

（1）基本要求

① 管片应进行结构性能检验，检验结果应满足设计要求。

② 管片混凝土强度和抗渗等级应符合设计要求。

③ 管片不应存在露筋、孔洞、疏松、夹渣、有害裂缝、缺棱掉角、飞边等缺陷，麻面面积不得大于管片面积的 5%。

（2）实测项目

管片允许偏差和检验方法按表 10.11 确定，管片水平拼装检验允许偏差和检验按表 10.12 确定。

表 10.11　管片允许偏差和检验方法

项目	允许偏差/mm	检验工具	检验数量
宽度	±1	卡尺	3 点
弧、弦长	±1	样板、塞尺	3 点
厚度	±1	钢卷尺	3 点

注：每 15 环应抽取 1 块管片进行检测。

表 10.12　管片水平拼装检验允许偏差和检验方法

项目	允许偏差/mm	检验频率	检验工具
环向缝间距	2	每缝测 6 点	塞尺
纵向缝间距	2	每缝测 2 点	塞尺
成环后内径	±2	测 4 条（不放衬垫）	钢卷尺
成环后外径	+6，-2	测 4 条（不放衬垫）	钢卷尺

注：每生产 200 环管片进行水平拼装检验 1 次。

10.3.2　管片拼装质量检测

（1）基本要求

① 管片拼装要严格按拼装设计要求进行，管片不得有内外贯穿裂缝和宽度大于 0.2 mm 的裂缝及混凝土剥落现象。

② 螺栓质量及拧紧度必须符合设计要求。

③ 管片防水密封质量要符合设计要求，不得缺损，黏结应牢固、平整，防水垫圈不得遗漏。

（2）实测项目

管片拼装过程中应对管片拼装偏差、隧道轴线和高程进行控制，具体要求按表 10.13、表 10.14 确定。

表 10.13　管片拼装允许偏差和检验方法

项目	允许偏差/mm	检验方法	检验频率
衬砌环直径椭圆度	±5‰D（D 为隧道直径）	尺量后计算	4 点/环
相邻管片径向错台	5	尺量	4 点/环
相邻管片环向错台	6	尺量	1 点/环

表 10.14　随道轴线和高程允许偏差及检验方法

项目	允许偏差/mm	检验方法	检验频率
隧道轴线平面位置	±50	经纬仪测中线	1 点/环
隧道轴线高程	±50	水准仪测高程	1 点/环

10.3.3　管片壁后注浆质量检测

盾构施工壁后注浆一般根据隧道变形与地层隆陷的控制要求选择，分为同步注浆和管片注浆孔注浆两种方式。由于壁后注浆具有隐蔽性的特点，一般不能直接对注浆效果进行检测，通常采用过程控制的办法来保证质量。具体来说要求如下：

① 注浆材料的要求：不发生材料离析；不丧失流动性；注浆后的体积减小少；尽早达到围岩强度以上；水密性好。

② 严格按配合比拌制浆液。

③ 盾尾注浆以不对衬砌产生偏压为原则，宜从隧道两侧、顶部及底部顺序对称地进

行，及时填满盾尾空隙。

④ 对注浆进行压力控制与注浆量控制相结合的办法，注浆过程中必须保证安全，要求为：地表隆陷必须符合设计要求，无具体要求时，地表沉降量不得超过 30 mm，地表隆起不得超过 10 mm；浆液压力应均匀作用在衬砌上，不能危及结构安全。

工作任务 10.4　混凝土施工质量检测

车站主体、暗挖法二次衬砌、盾构法管片等混凝土结构均应进行混凝土施工质量检测。地下工程混凝土衬砌常见的质量问题有：混凝土强度不足、衬砌厚度不足或内部存在缺陷、背后存在空洞、混凝土开裂等。目前国内外一般采用无损检测技术进行混凝土衬砌质量检测，其方法一般有两种：地质雷达法和声波法。地质雷达因其连续测线和较高的精度而作为衬砌质量的主要检测手段得到普遍采用，已形成了比较规范的检测标准。

10.4.1　地质雷达检测混凝土衬砌质量

1. 检测原理

地质雷达（GPR）是一种利用高频脉冲电磁波探测地下介质分布形态的一种无损伤检测方法。地质雷达由一体化主机、天线及配套软件等部分组成，通过发射和接收电磁信号，分析相位及回波能量、波形的变化。高频电磁波在介质中传播时，其路径、电磁场强度与波形将随所通过介质的电性特性及几何形态而变化。故通过对时域波形的采集、处理和分析，可确定地下界面或地质体的空间位置及结构，以达到识别隐蔽目标物的目的。地质雷达工作原理如图 10.5。

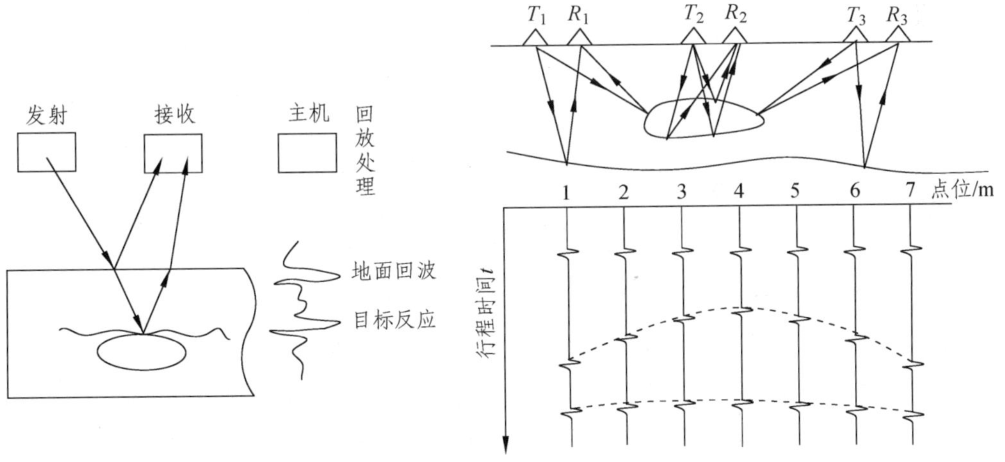

（a）GPR 工作原理　　（b）GPR 成图原理

图 10.5　地质雷达工作原理示意图

由图 10.5 知雷达从发射天线发射到接收天线接收，其行程时间及电磁波速率见公式（10.1）和公式（10.2）：

$$t=\frac{\sqrt{4h^2+x^2}}{v} \tag{10.1}$$

$$v=c/\sqrt{\varepsilon_r} \tag{10.2}$$

式中：t——行程时间（s）;

h——反射界面埋深（m）;

x——收发距（m）;

v——电磁波在介质中的传播速度（m/s）;

c——电磁波在空气中传播的速度，约为 3×10^8 m/s;

ε_r——介电常数，是表征物质的介电性质或极化能力的无量纲的物理参数，可查有关参数或测定取得，常见媒质的物性差异见表 10.15。

表 10.15 常见媒质的物性差异

介质	相对介电常数	电导率/（$ms\cdot m^{-1}$）	电磁波波速/（$m\cdot ns^{-1}$）
空气	1	0	0.3
水	80	0.5	0.033
砂岩	6	0.04	0.07
泥岩	5 ~ 15	1 ~ 100	0.09
灰岩	4 ~ 8	0.5 ~ 2	0.12
花岗岩	4 ~ 6	0.01 ~ 1	0.13
黏土	5 ~ 40	2 ~ 1 000	0.06
混凝土	5 ~ 12	1 ~ 100	15.45
金属	300	10^{10}	0.017

当发射和接收天线沿物体表面逐点同步移动时，就能得到其内部介质剖面图像。

雷达波反射信号的振幅与反射系数成正比，在以位移电流为主的低损耗介质中，反射系数 r 可表示为

$$r=\frac{\sqrt{\varepsilon_1}-\sqrt{\varepsilon_2}}{\sqrt{\varepsilon_1}+\sqrt{\varepsilon_2}} \tag{10.3}$$

式中：ε_1、ε_2 为界面上、下介质的相对介电常数。反射信号的强度主要取决于上、下层介质的电性差异，电性差异越大，反射信号越强。

2. 探地雷达的工作方法

现场地质雷达检测时，应首先收集好相关的被检测工程的基本资料（如隧道的工程地质、水文地质情况），以及工程的设计参数（如衬砌厚度、钢筋网布置、钢支撑间距等），并做好前期准备工作（如搭设检测台车、标注里程等）。地铁施工过程的质量检测以纵向布线为主，横向布线为辅，一般情况下在地铁隧道内沿隧道轴向即在拱顶、左拱腰和右拱腰以及左边墙和右边墙布置 5 条测线（可根据检测的需求来增减），如图 10.6，必要时可在仰拱或隧底布设测线。

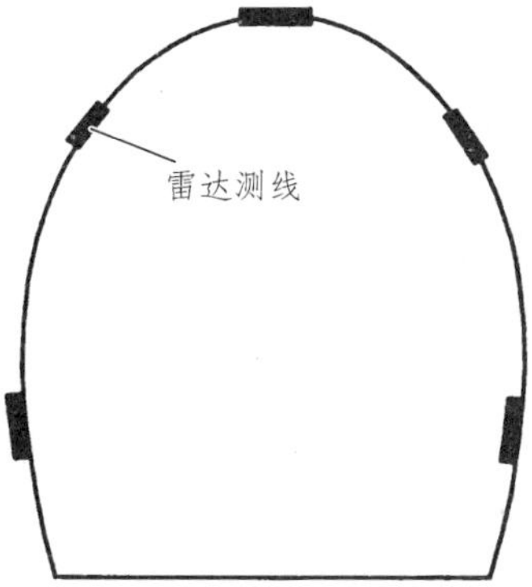

图 10.6　测点示意图

可选用的地质雷达有多种,其中进口的有美国产的 SIR 型、加拿大产的 puteEKKO 型、瑞典产的 RAMAC/GPR 型、意大利的 RIS 系列、国产的 CBS 型及 LTD 系列等，如图 10.7 所示。根据拟探测的深度来选定天线的频率，频率高的天线发射雷达波主频高、分辨率高，但穿透距离小；频率低的天线发射雷达主频低、分辨率低，但穿透深度大。若选用 400 ~ 500 MHz 天线，它的波长一般为 20 ~ 30 cm，检测 20 ~ 30 cm 的衬砌厚度有足够的分辨率，并可达到 2 cm 左右的探测精度，探测深度约 2.5 m。

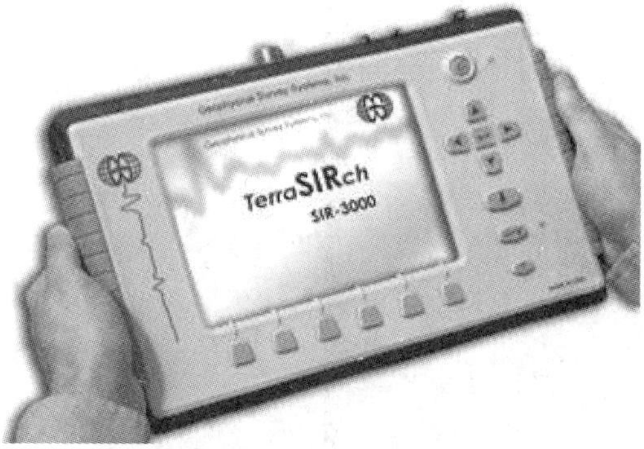

（a）SIR-3000 型地质雷达（美国产）

（b）RAMAC/GPR 型地质雷达（瑞典产）

图 10.7　常用的地质雷达

3. 探地雷达的资料处理

探地雷达数据处理包括预处理（标记和桩号校正，添加标题、标识等）和处理分析，其目的在于压制规则和随机干扰，以尽可能高的分辨率在探地雷达图像剖面上显示反射波，突出有用的异常信息（包括电磁波速度、振幅和波形等）来帮助解释。

雷达天线可沿所测测线连续滑动，所测的每个测点的时间曲线可以汇成时间剖面图像。从一个测点的反射波时间曲线上去判别哪一个波反映什么是困难的，但多个测点资料汇成的时间剖面，各测点接收到的同一反射面的反射波汇成一定图像，就能直观地反映出各种不同的反射面。如：一个与测量平面近乎平行的反射面，如衬砌的外缘面，在时间剖面上就是与时间 0 基线近乎平行的线；衬砌与岩体交界面的起伏（反映了衬砌厚薄变化）表现为有起伏的图像；钢拱架的反应图像可能是一条双曲线，在彩色或黑白灰度的图上也可能呈现一个个圆点；突入衬砌中的小块岩石、衬砌背后的空洞、两层衬砌间的孔隙则多呈现曲线图像。

（1）雷达探查的典型图像

为了更准确地了解并分析以下典型雷达扫描图，有必要了解地质雷达典型波形特征。

混凝土密实：信号幅度较弱，甚至没有界面反射信号。

混凝土不密实：衬砌界面的反射信号强，信号同相轴呈绕射弧形，不连续且较分散。

空洞：衬砌界面反射信号强，振幅明显，在其下部仍有强反射界面信号，两组信号时程差较大。

钢架：分散的月牙形强反射信号。

钢筋：连续的小双曲线形强反射信号。

（2）衬砌厚度图形特征及分析

结合抽芯实测标定出来的介电常数，可以计算得出衬砌厚度值。

10.4.2　回弹法检测混凝土强度

1. 回弹法检测原理

回弹仪法是利用混凝土的强度与表面硬度间存在的相关关系，以一定的弹力将回弹仪的弹击锤打击在混凝土表面，通过其回弹高度求得混凝土表面硬度，用检测混凝土表面硬度的方法来间接检验或推定混凝土强度的方法。回弹法可采用回弹仪进行检测，如图 10.8 所示。其操作方法见实训部分。

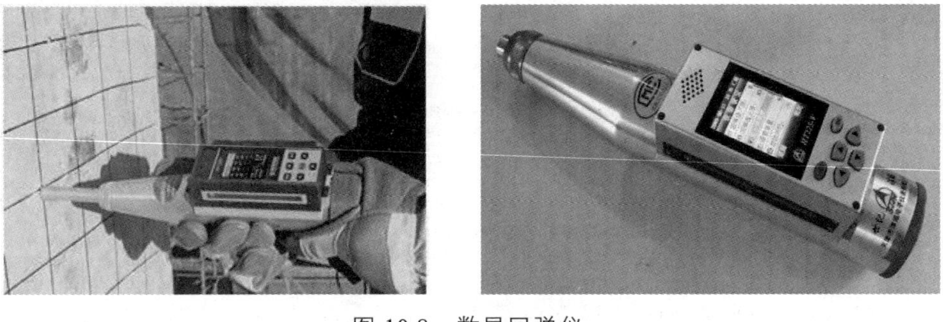

图 10.8　数显回弹仪

2. 检测方法

（1）数据采集

① 工程资料。

全面精确了解被测结构的情况，如混凝土设计参数、混凝土实际所有混合物材料、结构形式等。

② 测区回弹值。

测区的选定采用抽检的方法，但所选测区应相对平整和清洁，没有蜂窝、麻面、无结构破损（裂缝、裂纹、剥落和层裂等），在测区中取 0.2 m×0.2 m 范围均匀分布测点，测点间距不小于 20 mm，测点距构件边缘不小于 30 mm。在每一个测区取 16 个回弹值，每个读数精确到 1。在检测过程中，要求回弹仪的轴线始终垂直于被检测区的测点所在面。

（2）强度计算

① 回弹值计算。

从每个测区所得的 16 个回弹值中，去除 3 个最大值与 3 个最小值，对剩下的 10 个回弹值按下式计算平均值。

$$R_{\mathrm{m}}=\frac{1}{10}\sum_{i=1}^{10}R_i \tag{10.4}$$

式中：R_{m}——测区平均回弹值，计算至 0.1；

R_i——第 i 个测点的回弹值。

② 回弹值修正。

当回弹仪非水平方向测度混凝土浇筑侧面时，应按下式换算为水平方向测试时的测区平均回弹值。

$$R_{\mathrm{m}}=R_{\mathrm{m}\alpha}+R_{\mathrm{a}\alpha} \tag{10.5}$$

式中：$R_{\mathrm{m}\alpha}$——回弹仪与水平方向成 α 角测试时测区的平均回弹值，计算到 0.1；

$R_{\mathrm{a}\alpha}$——按表 10.16 查出的不同测试角度 α 的回弹值修正值，计算到 0.1。

表 10.16　非水平方向检测时的回弹值修正值

$R_{\mathrm{m}\alpha}$	向上				向下			
	90°	60°	45°	30°	−30°	−45°	−60°	−90°
20	−6	−5	−4	−3	+2.5	+3	+3.5	+4
30	−5	−4	−3.5	−2.5	+2	+2.5	+3	+3.5
40	−3	−3.5	−3	−2	+1.5	+2	+2.5	+3
50	−3	−3	−2.5	−1.5	+1	+1.5	+2	+2.5

当回弹仪水平方面测试混凝土浇筑表面或底面时应按下式换算为测试混凝土浇筑侧面的测区平均回弹值。

$$\begin{aligned}R_{\mathrm{m}}&=R_{\mathrm{m}}^{\mathrm{t}}+R_{\mathrm{a}}^{\mathrm{t}}\\R_{\mathrm{m}}&=R_{\mathrm{m}}^{\mathrm{b}}+R_{\mathrm{a}}^{\mathrm{b}}\end{aligned} \tag{10.6}$$

式中：$R_{\mathrm{m}}^{\mathrm{t}}$、$R_{\mathrm{m}}^{\mathrm{b}}$——回弹仪测试混凝土浇筑表面或底面时的测区平均回弹值，计算到 0.1；

$R_{\mathrm{a}}^{\mathrm{t}}$、$R_{\mathrm{a}}^{\mathrm{b}}$——按表 10.17 查出的混凝土浇筑表面、底面回弹值的修正值，计算至 0.1。

表 10.17　不同浇筑面的回弹值修正值

$R_{\mathrm{m}}^{\mathrm{t}}$或 $R_{\mathrm{m}}^{\mathrm{b}}$	表面修正值 $R_{\mathrm{a}}^{\mathrm{t}}$	底面修正值 $R_{\mathrm{a}}^{\mathrm{b}}$	$R_{\mathrm{m}}^{\mathrm{t}}$或 $R_{\mathrm{m}}^{\mathrm{b}}$	表面修正值 $R_{\mathrm{a}}^{\mathrm{t}}$	底面修正值 $R_{\mathrm{a}}^{\mathrm{b}}$
20	+2.5	−3.0	40	+0.5	−1.0
25	+2.0	−2.5	45	0	−0.5
30	+1.5	−2.0	50	0	0
35	+1.0	−1.5			

如测试时仪器既非水平方向而测区又非混凝土浇筑侧面，则应对回弹值先进行角度修正，然后再进行浇筑面修正。

③ 混凝土强度平均值与标准差计算。

$$\overline{R_{\mathrm{m}}}=\frac{1}{n}\sum_{i=1}^{n}R_{\mathrm{m}i} \tag{10.7}$$

$$S=\sqrt{\frac{\sum_{i=1}^{n}(R_{\mathrm{m}i})^2-n(\overline{R_m})^2}{n-1}} \tag{10.8}$$

式中：$R_{\mathrm{m}i}$——构件混凝土强度平均值（MPa），精确到 0.1 MPa；

$\bar{R}_{\mathrm{m}}$——混凝土强度值（MPa），精确至±0.1 MPa；

n——被抽检构件测区数之和；

S——构件测区混凝土强度的标准差（MPa），精确到 0.01 MPa。

（3）强度推定

① 当按单个构件检测或测区少于 10 个时，以最小值作为该构件的混凝土的强度推定值：

$$R_{\mathrm{m}}=R_{\mathrm{m,min}} \tag{10.9}$$

② 当按批量检测或测区不少于 10 个时，应按下列公式中的较小值作为该批构件的混凝土强度推定值，即：

$$\begin{cases}R_1=\overline{R_{\mathrm{m}}}-1.645S\\R_2=R_{\mathrm{m,min}}\\R_{\mathrm{m}}=\min(R_1,R_2)\end{cases} \tag{10.10}$$

10.4.3 超声波法检测混凝土强度

1. 超声波法检测原理

超声波在混凝土中传播时，其波速和频率与混凝土的弹性模量密实度有着一定的关系，即混凝土强度越高，在其中传播的超声波的速度和频率也越高。具体来说，超声波在混凝土中传播，其纵波速度的平方与混凝土的弹性模量成正比，与其密度成反比，而其强度又与其密度相关。故根据超声波传播速度可推算出混凝土的强度，一般声速越大强度越高。超声波法可采用非金属超声波仪进行检测，如图 10.9 所示。

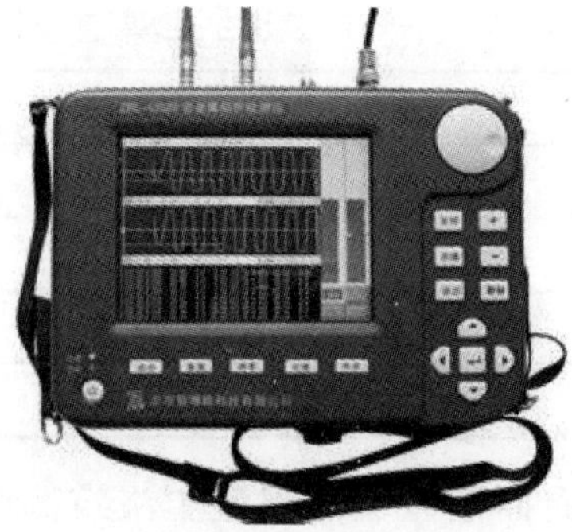

图 10.9 非金属超声波仪

2. 检测方法

（1）数据采集

① 测区、测点布置。

若将混凝土构件作为一个检测总体，在混凝土表面上均布划出不少于 10 个 200 mm ×200 mm 方网格，将每个网格作为一个测区。对同批构件可抽检 30%，且不少于 4 个，每个构件测区不少于 10 个。每个测区内应布置 3~5 对测点。测区应布置在构件混凝土浇筑方向的侧面，表面应清洁平整。

② 数据采集。

量测每对测点之间的直线距离（声程），采集记录对应声时。为保证强度检测结果的可靠性，可在同一测站中布置不同的测点，测区声速由下式计算：

$$v = l/t_m, t_m = (t_1+t_2+t_3)/3 \tag{10.11}$$

式中：v——测区声速（m/s），精确到 0.01 m/s。

L——声程（m），精确到 0.001 m，测量误差不大于±1%。

t_m——测区的平均声时（μs），计算至 0.1 μs。

$t_1+t_2+t_3$——测区中三个测点的声时值（μs），计算至 0.1 μs。

（2）强度推定

根据各测区超声波声速检测值,可按回归方程计算或查表求得相应测区的混凝土强度值。各情况下混凝土强度推定值如下：

① 按单个构件检测时，单个构件的混凝土强度推定值取该构件各测区中最小混凝土强度换算值。

② 按批抽样检测时，混凝土强度推定值按下式计算：

$$\begin{cases} \overline{R_m} = \dfrac{1}{n}\sum\limits_{i=1}^{n} R_{mi} \\ S = \sqrt{\dfrac{\sum\limits_{i=1}^{n}(R_{mi})^2 - n(\overline{R_m})^2}{n-1}} \\ R = \overline{R_m} - 1.645S \end{cases} \tag{10.12}$$

式中参数意义同上。

10.4.4 超声回弹综合法检测混凝土强度

超声回弹综合法是指采用超声仪和回弹仪，在构件混凝土同一测区分别测量声音和回弹值，然后利用已建立起的测强公式推算测区混凝土强度（混凝土抗压强度）的一种方法。与单一回弹法或超声法相比，超声回弹综合法具有受混凝土龄期和含水率影响小、测试精度高、适用范围广、能够较全面地反映结构混凝土的实际质量等优点。

项目实训 10.1　广州地铁 3 号线广州东站—燕塘站区间地质雷达检测实例

广州地铁 3 号线广州东站—燕塘站区间采用锚喷暗挖法施工，该区间总长度 1 079.539 m，其中左线设计里程范围为：ZDK0 + 036 ~ ZDK0 – 500.525，全长 543.014 m；右线设计里程范围为：YDK0 + 036 ~ YDK0 – 500.525，全长 536.525 m。该区间线路出广州东站折返线后向北延伸，线路最小半径为 500 m，埋深 24.78 ~ 139.1 m。沿线地面条件复杂，经过的建筑物主要有地下军事设施、城市交通主干道、高架桥、建筑物等，车流量大，人员密集，建筑稠密，地面高程 26.67 ~ 103.07 m，高差 76.40 m。

现场地质雷达检测时，应首先收集相关的被检测隧道的基本资料以及隧道的设计参数，并做好前期准备工作。隧道施工过程的质量检测以纵向布线为主、横向布线为辅，一般情况下在隧道内沿隧道轴向即在拱顶、左右拱腰以及左右边墙布置 5 条测线，如图 10.10。必要时可在仰拱或隧底布设测线。

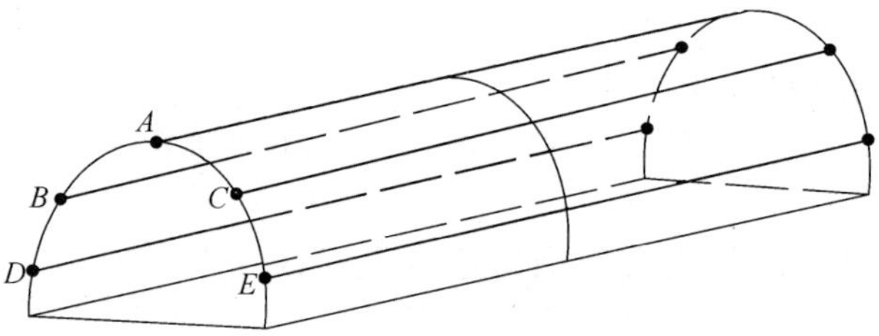

图 10.10　隧道衬砌质量检测测线布置示意图

检测前应对混凝土的介电常数或电磁波速做现场标定，且每座隧道不少于 1 处，实测不少于 3 次，取平均值为该隧道的介电常数或电磁波速。广州东站—燕塘站区间隧道采用美国劳雷公司 SIR-20 型地质雷达对隧道进行检测，并采用 400 MHz 工作天线，检测前对衬砌混凝土的介电常数或电磁波速做现场标定，其现场标定雷达波形如图 10.11 所示。

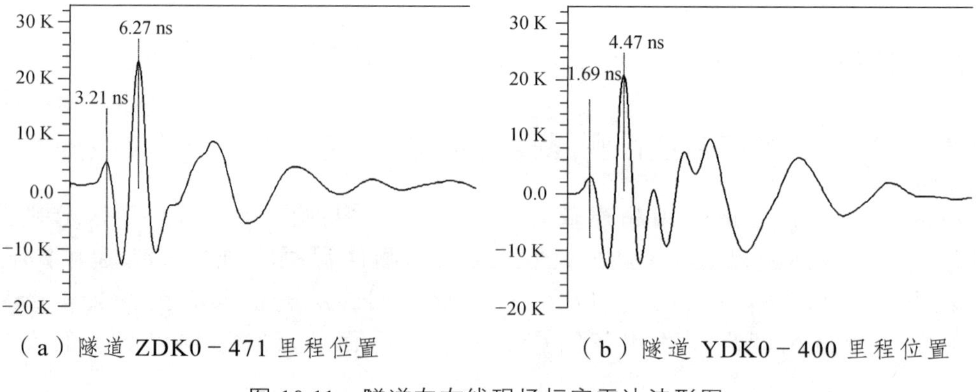

图 10.11　隧道左右线现场标定雷达波形图

隧道左线 ZDK0 – 471 里程位置现场标定的混凝土电磁波波速为

$$v = 2d/(t'-t_0) = 2\times 0.14/(6.27-3.21) = 0.092\ \text{m/ns}$$

衬砌混凝土的相对介电常数为

$$\varepsilon_r = (c/v)^2 = (0.3/0.092)^2 = 10.8$$

同理，隧道右线 YDK0 – 400 里程位置现场标定的混凝土电磁波波速为 0.10 m/ns，衬砌混凝土的相对介电常数为 8.9。

为保证工效，天线沿测线以 5 km/h 左右的速度滑动，在卡车车厢上或铁路平板上用钢管搭架并铺木板制成工作平台。雷达每秒发射 20 ~ 30 个脉冲，若检测时天线的行走速度为 1 m/s,则每米有测点 20 ~ 30 个。雷达时间剖面上各测点的位置要和隧道里程相联系。为保证点位的准确，在隧道壁上每隔 5 m 作一标志，标上里程。内业整理资料时，根据标记和记录的首、末标及工作中间核查的里程，在雷达的实践剖面图上标明里程。

图 10.12 为拱顶 A 测线衬砌厚度图形。根据隧道 ZDK0 – 72 ~ ZDK0 – 58 雷达图像的衬砌厚度，检测出的混凝土厚度出尖点为波浪线，厚度在 0.50 m 左右。

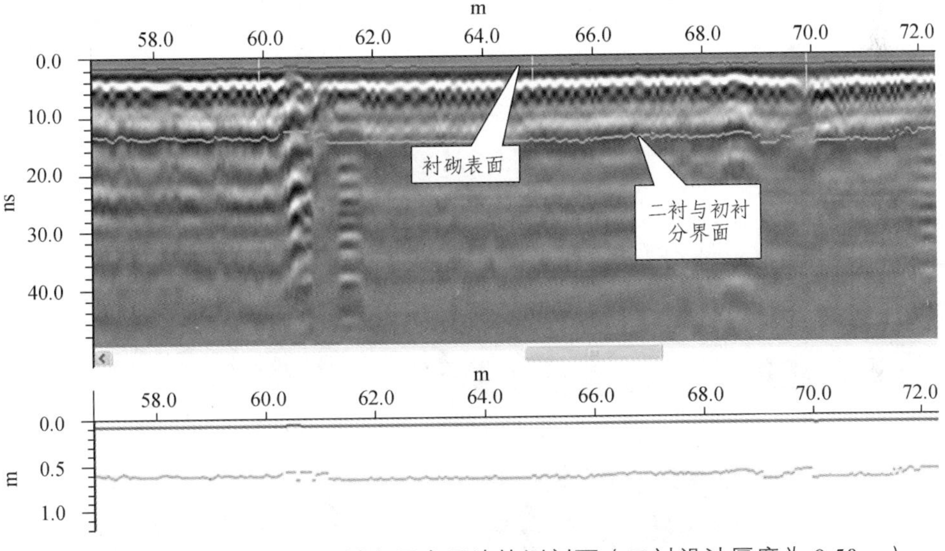

图 10.12　拱顶 A 测线隧道衬砌厚度雷达检测剖面（二衬设计厚度为 0.50 m）

衬砌缺陷图形特征及分析：

衬砌不密实波场特征：由 YDK0 – 368 ~ YDK0 – 380 拱脚 D 测线可以看出，在雷达剖面上表现为反射波较多、规模小、不连续、反射能量强弱变化较大，整个剖面较为杂乱，混凝土与岩石介电常数相差较大，此处为不密实，如图 10.13 所示。

衬砌脱空波场特征：YDK0 – 62 ~ YDK0 – 76 拱腰 C 测线，雷达剖面上反应明显、反射能量强、反射波呈弧状，说明介电常数差异较大，电磁波在混凝土与空气或水之间产生强反射信号，也可根据雷达波在洞内走时及介电常数算出空洞大小，根据水平距离确定空洞的范围，同时当衬砌背后出现明显的空隙或空洞时，衬砌界面反射信号增强，如图 10.14 所示。

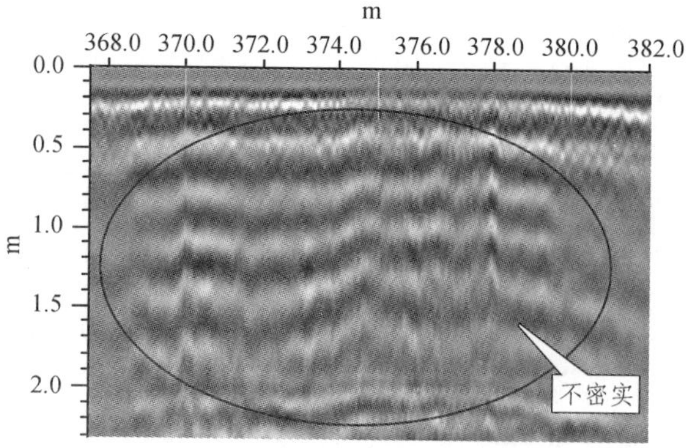

图 10.13　隧道后面的不密实层

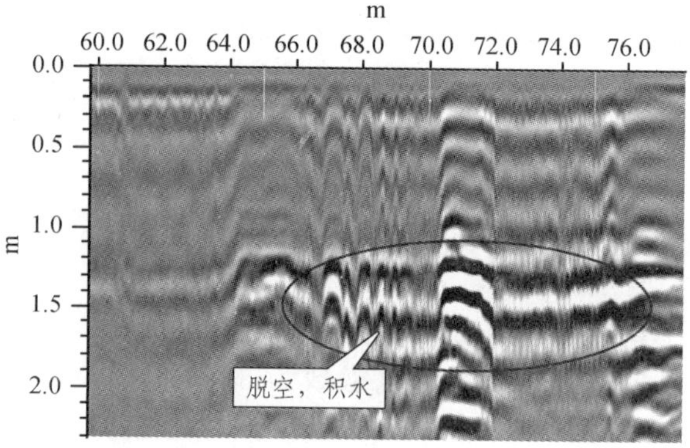

图 10.14　脱空、积水

项目实训 10.2　锚杆长度和砂浆饱满度检测

学生使用锚杆质量检测仪进行锚杆长度和砂浆饱满度检测，并填写检测报告。

1. 检测依据

①《水电水利工程锚杆无损检测规程》（DL/T 5424—2009）；

②《锚杆锚固质量无损检测技术规程》（JGJ/T 182—2009）。

2. 检测方法及仪器设备

① 检测方法为声波反射法。

② 仪器设备：锚杆质量检测仪（图 10.15）。

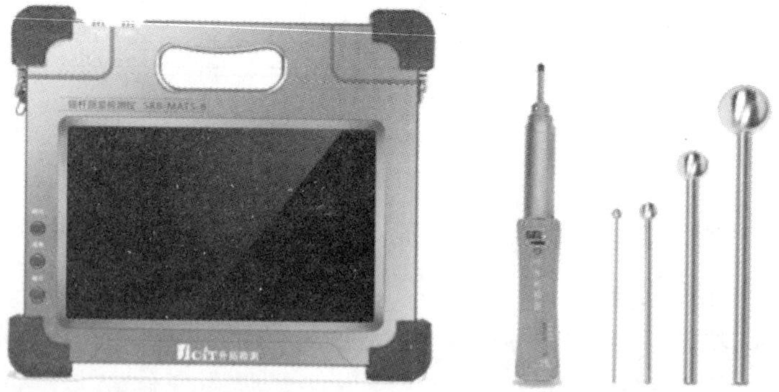

图 10.15　锚杆质量检测仪

3. 检测结果分析

① 根据《水电水利工程锚杆无损检测规程》（DL/T 5424—2009）要求，锚杆分级标准如下：

a. Ⅰ级锚杆，长度合格，锚杆饱满度 $D>90\%$；

b. Ⅱ级锚杆，长度合格，锚杆饱满度 $80\% \leqslant D<90\%$；

c. Ⅲ级锚杆，长度合格，锚杆饱满度 $75\% \leqslant D<80\%$；

d. Ⅳ级锚杆，长度不合格，或锚杆饱满度 $D<75\%$；

e. 缺陷部位集中在孔底或孔口段，应按以上标准降低一级评定。

② 单根锚杆锚固质量达到下列级别，可判断为合格：

a. 岩锚梁等关键部位锚杆，Ⅰ级；

b. 常规部位永久锚杆，Ⅱ级及以上；

c. 临时性锚杆，Ⅲ级及以上。

③ 单项或单元工程锚杆抽检质量达到以下标准，可判断为合格：

a. 岩锚梁等关键部位锚杆抽检样本中 90%达Ⅰ级以上，且无Ⅳ级锚杆；

b. 常规部位永久锚杆抽检样本中 80%达到Ⅱ级及以上，且无Ⅳ级锚杆；

c. 临时锚杆抽检样本中 80%达到Ⅲ级及以上。

④ 根据《锚杆锚固质量无损检测技术规程》（JGJ/T 182—2009）对于锚杆长度不小于设计长度 95%且不足长度不超过 0.5 m 的锚杆，可评定锚杆长度合格。

4. 检测报告

锚杆无损检测试验报告见表 10.18。

表 10.18 锚杆无损检测试验报告

工程名称				单元工程		
工程部位				检测日期		
仪器型号				检测部位		
锚杆设计参数						
序号	锚杆现场位置	锚杆长度/m	外露长度/m	注浆密实度/%	结论	备注
检测锚杆总数/根			合格数量/根		合格率/%	
检测结果评价						

试验人： 记录人：

5. 附图

项目实训 10.3　回弹法检测混凝土强度

学生使用回弹仪进行混凝土强度检测，并填写检测报告（表 10.19）。

表 10.19　回弹法混凝土抗压强度检测记录

仪器设备					混凝土类别					
检测依据	《回弹法检测混凝土抗压强度技术规程》（JGJ/T 23—2011）				检测日期					
施工日期					龄期					
测区编号	参考 1	参考 2	1	2	3	4	5	6	7	8
回弹值 测点读数 1	42	43								
2	43	43								
3	43	43								
4	43	43								
5	44	44								
6	44	44								
7	44	44								
8	44	44								
9	45	45								
10	45	46								
11	45	46								
12	45	47								
13	46	48								
14	46	49								
15	47	50								
16	47	50								
测区平均值	44.5	45.1								
检测角度	□水平　□向下　□向上									
角度修正值	0	0								
角度修正后	44.5	45.1								
浇筑面修正值	0	0								
浇筑面修正后	44.5	45.1								
混凝土碳化深度值/mm										
混凝土强度推算值/MPa										
检测结果	泵送修正值/MPa		强度平均值/MPa		最小测区强度/MPa		标准差		强度推定值/MPa	
备注										

试验人：　　　　　　　　　　　　　　　　记录人：

思考与练习

【思考题】

1. 地铁常见施工质量问题有哪些?
2. 简述地铁施工质量检测内容及相应方法。
3. 简述混凝土施工质量检测的重要性。
4. 简述地质雷达检测的原理及其应用范围，并说明成果图判释应注意哪些问题。

【练习题】

1.（选择题）扫描扉页在线开放课程二维码。

项目 11　地铁工程施工组织与管理

学习目标

1. 知识目标

（1）掌握地下工程施工组织设计的分类、主要内容以及编制原则。

（2）熟悉地铁工程施工组织流程、施工进度计划安排。

（3）了解施工现场平面设计流程。

（4）了解地铁工程施工管理工作。

2. 能力目标

（1）能独立完成地铁施工组织等文件的编写工作。

（2）能进行地铁工程施工管理工作。

项目导入

施工组织设计是施工企业指导一个拟建工程进行的准备组织实施的基本分析，是对施工实施过程中所耗用的劳动力、材料、机械费用以及工期等在合理组织的条件下通过技术经济分析，从中选择切实可行、最优的施工工艺和方法。对于某些施工难点和关键分部、分项工程，常常也要编制专门的施工方案。现对施工组织设计和施工方案的联系和区别加以分析。

1. 两者之间的联系

（1）整体与局部的关系

施工组织设计是整体，施工方案是局部；施工方案是工程项目施工组织设计中必不可少的一部分，脱离了施工组织设计的施工方案是没有任何指导意义的，是无法指导施工的。

（2）指导与被指导的关系

施工方案的编制必须在施工组织设计的总体规划和全局部署下进行；施工方案始终是在施工组织设计的指导下进行编制和实施的。

2. 两者之间的区别

（1）编制目的不同

施工组织设计是对施工中人力、物力的选用方法、时间与空间布置等各方面进行周密安排，根据各方面的要求来明确施工方案；施工方案是编制某一部分的具体施工工艺和方法，以保证质量要求和安全文明施工要求。

（2）编制内容不同

施工组织设计编制的对象是工程整体。它涉及工程施工各个方面的内容，包括项目机构的划分、施工方案的选择、施工顺序、优化配置和节约所使用的各生产要素等。施工方案编制的对象通常是分部、分项工程，编制内容包括工程概念、施工中的难点重点、施工方法的选择和具体的施工方法等。

（3）侧重点不同

施工组织设计侧重计划，施工方案侧重实施。

（4）出发点不同

施工组织设计是从项目决策管理层的角度出发的，施工方案则是从项目实施层的角度出发的。

3. 两者编制的主要内容

（1）施工组织编制的主要内容

施工组织是施工工作的中心环节，也是指导现场施工必不可少的重要文件，其内容包括施工准备、施工组织设计、施工方案、施工进度计划和施工平面图设计等。

（2）施工方案编制的主要内容

根据《建设工程项目管理规范》（GB/T 50362—2017）的规定，施工方案应包括下列内容：① 施工流向和施工顺序；② 施工阶段划分；③ 施工方法和施工机械选择；④ 安全施工设计；⑤ 环境保护内容及方法。

通常讲，对于一个分项工程单独编制的施工方案应包括以下主要内容：① 编制依据；② 分项概况及施工条件；③ 施工总体安排；④ 施工方法、工艺流程、施工顺序；⑤ 质量标准；⑥ 质量控制要点；⑦ 安全、文明及环保措施等。

思政点拨

石灰吟

〔明〕于谦

千锤万凿出深山，烈火焚烧若等闲。
粉骨碎身浑不怕，要留清白在人间。

此诗形象地描述了石灰的锻炼过程，给我们更深的启示：学习作者不避千难万险，勇于自我牺牲，以保持忠诚清白品格的可贵精神；激励大家到祖国最需要的地方，做下得去、留得住、干得好的土木人。

项目布置

根据场地及工程条件合理选择地铁施工方法，并完成某地铁工程施工组织设计。

项目分析

本项目的核心是地铁施工组织与管理，学生需要掌握地铁施工组织、地铁施工管理与控制知识与技能。因此，本项目安排施工组织、施工管理与控制 2 个工作任务和 1 个项目实训。

工作任务 11.1　施工组织

地铁工程施工组织与管理是施工过程中十分重要和复杂的工作，它的目的是要保证工程按设计要求的质量、计划规定的进度和低于设计预算或合同价格的成本，安全顺利地完成施工任务。它贯穿于工程从准备阶段、施工阶段到竣工验收阶段整个过程。

11.1.1　施工组织概述

1. 地铁施工组织概念

在地铁工程施工过程中，其内部工作与外部联系错综复杂，没有一种固定不变的组织方法可运用于一切工程。因此，施工组织者必须依据施工对象的特点，充分利用施工组织的方法与规律，在所有环节中精心组织、严格管理，全面协调好施工过程中的各种关系；面对特殊、复杂的生产过程，进行科学的分析，弄清主次矛盾，找出关键所在，有的放矢地采取措施，合理地组织生产要素的投入顺序、数量、比例，进行科学的分配，提高对时间和空间的利用率。

2. 地铁施工组织的重要性

地铁施工组织是用来指导拟建地铁工程施工全过程中技术、经济和组织的重要手段，它的重要性主要表现在以下几个方面。

（1）从地铁施工阶段在整个工程建设中的地位来看

地铁施工阶段是整个工程建设中耗资最多的一个阶段，一般可占总投资的60%以上，远高于计划和设计阶段的投资总和。因此做好地铁施工的组织工作，对于保证地铁施工顺利进行、实现预期目标具有非常重要的意义。

（2）从地铁施工阶段的组织特点来看

地铁施工阶段是涉及单位和人员最多的一个环节，并且不同的地铁项目有不同的施工方法。因此，这就要求施工单位必须依据不同的工程特点、地质条件和周边环境，进行不同的施工组织，将施工中的各单位、各部门及各施工阶段之间的关系更好地协调起来。

（3）从地铁施工阶段的安全风险来看

随着城市地铁规模的扩大，面临的施工条件越来越复杂，地铁施工越来越向“急、难、险、重”方向发展，除了原本施工过程中客观存在的安全风险外，受周边环境影响的安全风险也急速扩大。因此，完善的施工组织对控制地铁施工安全风险的重要性也越来越大。

（4）从地铁施工阶段的经济效益和社会效益来看

地铁工程作为一项投资超百亿级的工程项目，其施工过程中产生的经济效益和社会效益都是非常可观的，好的施工组织不仅可为施工企业在进度、成本等方面赢得经济效益，更可以为其在质量、安全、环保、品牌等方面赢得良好的社会效益。

3. 地铁施工组织的发展趋势

在地铁项目施工过程中，施工组织的重要性日益显著，同时也为施工组织提出了一系列新的要求和新的课题。其发展趋势主要表现在以下几个方面：

① 从单一项目组织向总承包项目组织变化。市场改革将不断推进新的商业模式发展，如工程总承包（EPC）、采购—施工（PC）总承包、融资—设计—采购—施工一体化（F+EPC）、建设—经营—转让（BOT）等，使得地铁施工组织更加趋向于大型化、系统化。

② 更加追求标准化、模块化、装配化、集成化，提升地铁施工组织的效率，提升整体技术管理水平。

③ 结合现代智能信息技术发展，地铁施工组织将更加数字化，建筑信息模型（BIM）、智能感知、智能传输、智能监控分析、物联网、大数据等技术正在得到广泛应用。

④ 机械化、智能化的进一步结合，使得地铁施工组织走向标准化、工厂化，文明施工水平进一步提升。

⑤ 更加重视绿色施工管理，提升资源利用率，改善环境，降低消耗，推动可持续发展等理念。

⑥ 大力开发“新技术、新材料、新工艺、新设备”四新技术，通过科技创新使施工组织更加安全、高效。

11.1.2 施工组织设计

基本建设的程序分为规划、设计和施工 3 个阶段。规划阶段是确定拟建工程的性质、规模和建设期限；设计阶段是编制实施建设项目的技术经济文件，把建设项目的内容、建设方法和投产后的建设效果具体化；施工阶段是制订实施方案，施工阶段中的投资一般占基本建设总投资的 60%以上，远高于规划和设计阶段投资的总和，因此是基本建设中最重要的阶段。可见编制好施工组织设计是保证施工顺利进行、实现预期效果的重要一环。

施工组织设计是组织施工的基本文件。它是根据建设单位的要求、工程的性质、现场具体条件、施工的技术装备和施工力量等技术经济因素编制的。通过施工组织设计确定合理的施工方案，对整个工程施工过程做出全面的、科学的规划和布置，并制订出工程所需的投资、材料、机具、设备、劳动力等的供应计划，从而使施工有条不紊地顺利进行。

1. 施工组织设计的分类和主要内容

（1）施工组织设计的分类

施工组织设计分为总体和单体两种。总体的施工组织设计是实施建设项目总的战略部署，对项目建设起控制作用。如一条地铁线路或某一条线路的某一期工程，可作一个总体的施工组织设计，便于甲方（工程指挥部）控制各个车站、隧道土建工程、机电设备的采购配套，通信、信号、线路、环卫、防灾各个系统的施工衔接。单体的施工组织设计，是指单个工程项目的施工技术安排，对工程施工起指导作用。单体的施工组织设计，如地铁的某一车站、某一区间的土建施工、轨道线路施工等，一般在中标后编制。

（2）施工组织设计的主要内容

施工组织设计编制内容有：工程概况、施工准备、场地总平面布置、分部分项工程施工方法、施工流程和工艺标准、施工质量管理体系和质量保证措施、安全文明施工条例及技术措施、劳动力及技术装备的配置、施工进度管理计划、施工预算和投资分配等。在整个施工阶段中，业主、监理、设计、施工甚至检测等企事业单位，在开工前应组织有关专业人员认真对施工组织设计进行讨论、补充并加以审批，施工开始后经常对照施工组织设计文件对工程项目质量、进度、投资进行检查、纠偏。

2. 施工组织设计编制程序

（1）初步施工组织设计

地铁工程在设计阶段编制的施工组织设计，也称为初步施工组织设计，内容主要是制定一个地铁工程项目轮廓计划，初步拟定施工方法、施工程序及施工时间。初步施工组织设计是把整个地铁设计付诸实施的战略性决策，应当力求切合实际。

（2）指导性施工组织设计

施工单位在参加施工投标时，应根据工程招标文件的要求，结合本单位的具体条件，实事求是地编写施工组织设计。中标之后，在施工开始之前，施工单位还必须进一步重新审查、修订或重新编制，这个阶段的施工组织设计称为指导性施工组织设计，是组织地铁施工的总计划。施工中所有的工作都要依据这个计划进行，施工单位的领导应按这个计划指挥生产系统和职能部门围绕工程进展工作。

本阶段施工组织设计的任务是：① 规定最合适的施工方法和施工程序，以保证在承包合同设定的工期内完成或提前完成施工任务；② 及时周密地做好施工准备工作、供应工作和服务工作；③ 合理组织劳动力和生产机具，同时尽量发挥其工作效率；④ 在施工场地内合理地布置生产、生活、交通等设施，最大限度地节约临时用地，节省生产时间，同时方便生活；⑤ 施工进度计划和劳动力、机具、材料供应计划，详细到按月安排，以便于具体进行组织供应工作。编制的施工组织设计，应尽可能符合客观实际。实施中，应结合工程实际条件及时调整与修改，确保顺利施工。

（3）实施性施工组织设计

施工过程中基层施工单位根据各分部工程（以车站施工为例：连续墙施工、顶盖施工、挖土和支撑、顶板和楼板浇注、站台施工、通道出入口、轨道结构、内部装修、设备安装等）的具体情况，及分工负责施工的队伍或班组的人力、机具等配备情况，编制分部工程施工组织设计（也称为实施性施工组织设计）。实施性施工组织设计的任务，是把施工前编制的指导性施工组织设计分期、分步付诸实施。

具体任务为：① 制订各工作日程的施工进度计划；② 依据施工计划计算劳动力、机具、材料等的日程需要量，并规定工作班组及机具在作业过程中的移动路线和过程；③ 考虑各施工工序的施工方法、机具、人员等施工细节；④ 合理划分工序，劳动力组织与机具配备既要适应施工方法的需求，还要考虑施工班组机构和设备情况，要最有效地发挥班组工作效率，又便于实施分项承包和结算，还要切实保证工程质量和施工安全；⑤ 要考虑到当发生意外情况时，留有调节计划的余地。

3. 编制程序框图

对于以地铁全线工程为对象的单位施工组织设计，其程序如图 11.1。

11.1.3 施工方案

施工方案的选择是施工组织设计的核心，施工方案是指带有全局性的、关键的施工技术和施工措施组织的问题，其合理性将直接影响工程的施工效率、质量、工期和技术经济效果。

施工方案编制的依据一般有：施工图、施工现场勘察调查得到的资料和信息、施工验收规范、质量检查验收标准、安全操作规程、施工及机械性能手册，及新技术、新设备、新工艺的技术报告。要依靠组织设计人员的施工经验、技术素质及创造能力来完成。

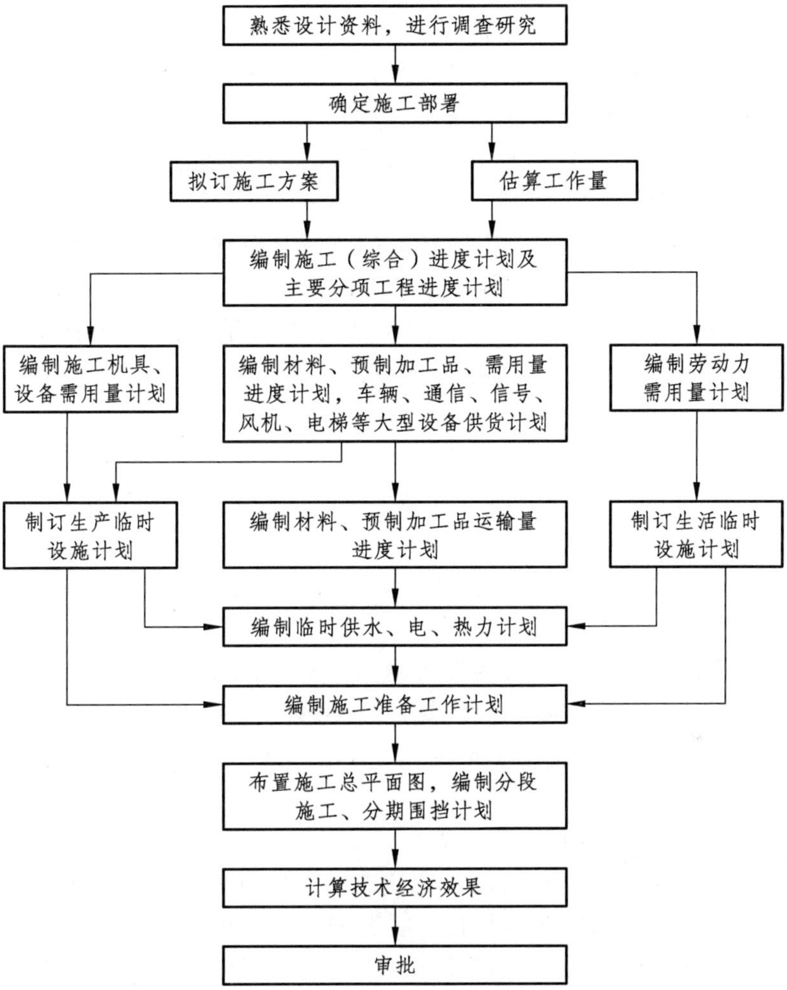

图 11.1　施工组织设计的编制步骤

1. 施工方案中研究的问题

（1）工程的施工顺序

工程的施工顺序确定的依据是工期要求、地下结构的特点、资源供应等情况。确定工程施工顺序的一般要求为：施工工艺和施工组织可行，符合施工方法的技术要求，满足工程质量、安全要求，考虑工程所处地质和环境的影响等。

（2）选择主导施工方法和大型施工机械

根据地下结构的特点、施工机械现有的技术水平和企业的技术力量，选择技术可靠和成熟的施工方法与经济合理的施工机械。

（3）工程施工工序的组织

工程施工工序的组织，是施工方案编制的重要内容，是影响施工方案优劣程度的基本因素，在确定施工工序时，一般根据工程特点、性质和施工条件，主要解决流水段的划分和流水施工工序的组织方式两方面的问题。

2. 施工方案确定的依据

每个施工方案都适用于一定的条件，结合具体条件才能分清方案的优缺点，以便取舍。在确定方案时，考虑的因素越多，方案适应性越强，方案越佳。确定施工方案，主要考虑工程类型、施工条件（包括地质条件和水文条件等）、施工要求（包括质量、工期或进度、工程费用等）等方面的因素。具体来讲，施工方案确定的依据有：

（1）工程类型与所处环境

在相同地质条件下，不同类型、不同环境的工程，因其工作要求不同而需选择不同的施工方案。对地铁工程来说，反映在施工方案中的差异主要是开挖方法和支护衬砌方案的不同。根据工程所处环境，选择开挖方法的原则是"能明则明"，即能明挖尽量用明挖，明挖法施工的工程造价大致是暗挖法施工的 1/6 ~ 1/3。

（2）工程地质和水文地质条件

工程地质和水文地质条件是确定施工方案的重要依据之一，在某种程度上对施工方法的选择起决定性作用。在选择方案前应进行地质勘察，查明表土和岩层性质以及水文情况，并结合其他条件确定施工方案和方法；在施工过程中，还需跟踪收集施工信息，并做好超前地质预报工作，根据变化的工程地质和水文地质情况对施工方案随时作出调整。

（3）工程规模与掘进断面

一般来说，工程规模越大，投入的设备越大，机械化程度越高，技术性越强，因而确定施工方案的难点越大，有时需要靠现代管理科学理论与方法和计算机来帮助。掘进断面同样是选择的重要依据之一，不同的断面，其开挖方法、支护方法及选用设备不尽相同，施工组织也有差异。

（4）工程工期、质量要求和造价情况

对于承包工程，确定施工方案首先要满足工期与质量要求，由工期和质量来确定进度指标，进而确定施工方法，选用设备与材料。工程总工期的确定一般由设计单位进行，它是根据建设单位的要求，在不超过现有最佳施工能力前提下确定的，施工单位确定的施工工期不应超过该总工期。质量标准（设计方提出特殊质量标准的除外）一般由国家或各部门制定。所以，确定施工方案与方法应将工期和质量作为重要依据。

工程造价对选择施工方案与施工方法也有一定影响，因为确定方案的原则之一是经济合理。在激烈的市场竞争中，当造价过低时，不得不考虑采用特殊措施，如加快施工进度、精简施工人员或设备，采用先进工艺和设备等。

（5）施工能力

对于确定施工方案，若把上述因素看作外部因素，施工能力则可看成内部因素，确定施工方案时应以施工能力为基础。要充分考虑施工队伍的特点、状态、技术能力、装备状况、施工经验，以便有针对性地选用施工方案。

另外，国内外的施工能力、工程竞争情况、竞争对手情况、工程承担的风险、建设单位的资金情况等都是确定施工方案时必须考虑的因素。

3. 施工方案的主要内容

地铁工程施工方案的主要内容一般包括：主导施工过程的施工方法、施工中所使用的大型机械设备、施工顺序、施工工序及作业组织、施工方案的技术经济评价等。

（1）施工方法的选择

施工方法的选择，即选择主要考虑主导施工过程的施工方法。所谓主导施工过程一般是指工程量大、在施工中占重要地位的施工过程，施工技术复杂或采用新技术、新工艺、新结构以及对工程质量起关键作用的施工过程，如地铁工程施工的地下连续墙支撑、土方开挖工程施工、区间隧道的盾构施工等。此外，还应满足施工技术、工期、质量、成本和安全的要求，提高机械化施工的程度，充分发挥机械效率，减少繁重的人工操作。考虑先进、合理、可行、经济的因素，选择施工方法时，施工单位技术水平也是重要的内容。

地铁或公共隧道，在其初步设计阶段首先要根据当地的工程地质和水文地质条件、地形条件、施工力量和技术要求等，确定采用浅埋明挖施工，或是盾构法（或其他暗挖法）施工，这是首先要解决和确定的问题，总的施工方案确定以后才能着手进行建筑结构设计。

在岩层中修建地铁工程，采用钻爆法或掘进机开挖法；在土层中修建地铁工程，可根据具体技术条件不同，选择基坑开挖、地下连续墙法、盾构法和顶管法等。

（2）施工机械的选择

施工方法的选择必然要涉及施工机械的选择，尤其在机械化施工作为实现建筑工业化的重要因素的情况下，施工机械的选择将成为施工方法选择的中心环节。

① 选择主导施工过程的施工机械。应根据工程的特点，决定其最适宜的机械类型，如暗挖法和明挖法施工选择的机械是不同的。

② 选择与主导施工过程施工机械配套的各种辅助机械和运输机具。为了充分发挥主导施工机械的效益，在选择配套机械时，应使它们的生产能力相互协调一致，并且能够保证有效地利用主导施工机械，如在土方工程中，汽车运土应保证挖土机械连续工作等。应充分利用施工企业现有的机械，并在同一工地贯彻一机多用的原则，提高机械化和自动化程度，尽量减少手工操作。

（3）确定施工顺序

确定施工方案、编制施工进度计划时首先应该考虑选择合理的施工顺序，对于施工组织能否顺利进行，保证工程的进度、工程的质量，都起着十分重要的作用。

对于地铁工程，在决定施工顺序时，要根据具体情况来确定地表工程和地下工程的关系，并对单项工程定出详细的施工顺序。如地下连续墙施工顺序为：场地平整—施工道路—导墙施工—泥浆系统—成槽施工—清基—锁口管吊放—钢筋笼吊放—下导管—浇筑水下混凝土。

（4）确定施工作业方式

施工作业方式指工程在时间和空间上的作业组织安排形式，包括安排作业面和组织实施。

① 施工过程空间组织的任务。

施工过程的空间组织主要解决如何设置项目管理和生产机构，以及这些机构及其机械、设备在施工过程中的空间布置问题。具体包括：

a. 组建项目管理机构。

b. 建立生产作业单位。一般设置是按工艺原则安排专业项较强的作业单位，按对象原则安排具体项目作业单位。

c. 合理布置生产设备、生活及服务设施的平面及空间位置，绘制施工总平面图，保证生产及服务过程安全畅通。

d. 合理布设临时辅助设置。切实安排各工序及其工艺过程的操作空间和作业面，保证施工安全和施工过程的流畅性和连续性。

② 施工过程时间组织的任务与时间组织类型。

a. 时间组织的主要任务。合理选择作业方式，科学安排施工顺序，编制并优化进度计划，其目的是保证质量、缩短工期，减少成本。

b. 时间组织类型：分单作业面多工序、多作业面多工序及混合性三种类型。

（5）工程施工工序的组织

① 流水段的划分。

正确合理划分施工流水段，是组织流水施工的关键，它直接影响到流水施工的方式、工程进度、劳动力及物资的供应等。

② 流水施工工序的组织方式。

在组织流水施工时，应根据工程特点、性质和施工条件组织全等节拍、成倍节拍和分别流水等施工方式。

（6）施工方案的技术经济评价

提高施工的经济效益、降低成本和提高工程质量，在施工组织设计中对施工方案的技术经济分析评价是十分重要的。施工方案的技术经济分析一般是进行定性和定量分析，评价施工方案的优劣，从而选取技术先进可行、质量可靠、经济合理的最佳方案。

11.1.4 施工进度计划

施工进度计划是在确定了施工方案的基础上，对工程的施工顺序，各个项目的延续时间及项目之间的搭接关系，工程的开工时间、竣工时间及总工期等做出安排，在这个基础上设计和编制劳动力、材料供应、成品和半成品、机械设备需用量计划等。

施工进度计划主要包括两个方面：① 研究科学组织施工，合理加快施工速度的基本途径；② 施工进度计划的表现形式，通常按照流水作业的原理来进行编制。

1. 流水作业原理

施工作业的组织，是对整个施工进程的计划、安排和协调，施工进程一般包括施工准备、主体施工、特殊施工、辅助施工、附属施工、服务施工等。施工作业组织就是将它们进行系统的考虑，合理安排和协调，高效经济地完成施工的目标。

施工作业组织一般包括三个内容：一是施工作业技术人员和工人的配置；二是工程材料和设备的配置；三是施工作业方式和施工工序的排序。只有将三者进行科学合理的搭配，才是优秀的施工作业组织。

以上内容中施工队伍不同和工程对象不同，其组织方式是不同的，具有共同点的是施工作业方式。目前，地铁工程施工作业方式一般有三种不同类型：顺序作业、平行作业和流水作业。

（1）顺序作业

顺序作业就是根据工艺流程和施工程序（步骤），按先后顺序进行施工操作，如隧道修建的施工顺序以放样—打眼—装药—爆破—通信—处理危石—出渣—支护为一个循环。顺序作业按这一施工技术规律来组织。施工顺序作业受工艺和组织的制约，一旦施工方案确定后，顺序也就确定了。不同的工程项目，有着其固有的施工技术规律和合理的顺序关系。其缺点为：整个工期长；专业队施工不连续，易形成窝工；大部分施工段（工作面）空闲，工作面未充分利用。

（2）平行作业

平行作业就是线形工程的作业面很长，根据工程或技术的需要，可分为几段（或几个点）分别同时按程序施工，即同时开工、齐头并进、同时完成。这种作业方式与顺序作业相比可缩短工期，也可充分利用工作面，但配置的设备和施工人员多。

（3）流水作业

流水作业就是将拟建的工程对象划分为若干施工段，某一工种的工作队（组）先在第一施工段完成第一道工序，再转移到第二段完成同一道工序；同样，另一工种的工作队（组）紧跟其后，依次在各施工段完成下一道工序。以此类推，像流水一样前进，直到完成全部工作为止。流水作业法是一种科学组织生产的方法。它确立在分工、协作和大批量生产的基础上，可保证工程施工的连续性和均衡性，而生产的连续性和均衡性势必使各种材料可以均衡使用，消除了工作组的施工间歇，因而可以大大缩短工期，一般可缩短 1/3 ~ 1/2。

流水作业的优点是：各工作队可以实行专业化施工，因而为工人提高技术熟练程度以及改进操作方法和生产工具创造了有利条件，可充分提高劳动生产率。劳动生产率得到提高，相应可以减少工人人数和临时设施数量，从而可以节约投资，降低成本；同时专业化施工，有助于保证工程质量。

2. 施工进度计划的编制程序

编制工程施工进度计划是依据施工总工期和目标计划、施工方案、施工预算、预算定额、施工定额、资源供应状况、工期的要求、合同约定等进行设计的。其目的是统筹全局，抓住关键，合理布置人力、财力和物力，并指导整个生产活动。施工进度计划的设计编制顺序如图 11.2 所示。

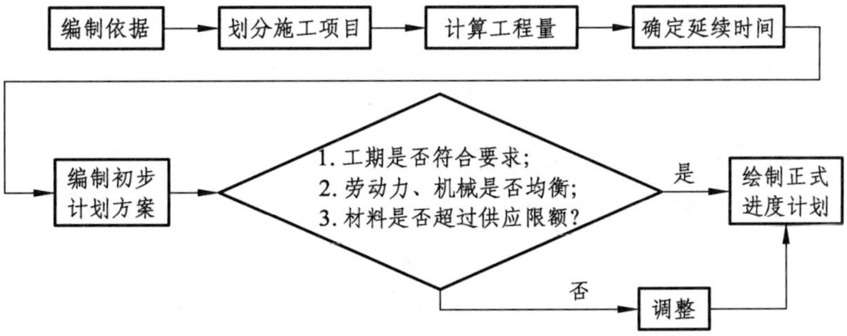

图 11.2　施工进度计划的设计编制顺序

3．施工项目划分

一条地铁线路一般被看成一个工程项目（单项工程），其中某一个车站、某一段区间隧道或高架桥为一个单位工程。以某一个地下车站为例，又可划分为基础工程（围护结构）、主体结构、通道出入口、防水工程、建筑装饰工程、电气设备安装、通信信号设备安装、轨道工程、给排水工程、防灾工程等若干个分部工程。每一个分部工程又可分为若干个分项工程，如车站主体结构分为模板工程、钢筋工程、楼板、站台板工程等。项目内容多少、划分粗细程度，应根据计划的需求决定。一般单位工程进度计划的项目应明确到分项工程或更具体，以满足指导施工作业的要求。通常划分项目应按顺序列成表格，编制序号以便于查对是否遗漏或重复。

4．施工进度计划的表现形式

施工进度计划一般采用“进度图”（即施工进度图）的形式表示，施工进度图又有横道图法和网络图法等表现形式。各种表现形式有不同的用途。

（1）横道图

横道图是以图示的方式通过活动列表和时间刻度形象地表示出任何特定项目的活动顺序与持续时间的图表，如图 11.3 为地铁车站施工横道图。横道图表示方法，适用于绘制集中性的工程进度图、材料供应计划图，或作为辅助性的图示，附在说明书中向地铁施工单位下达任务。横道图的优点：简单、直观。

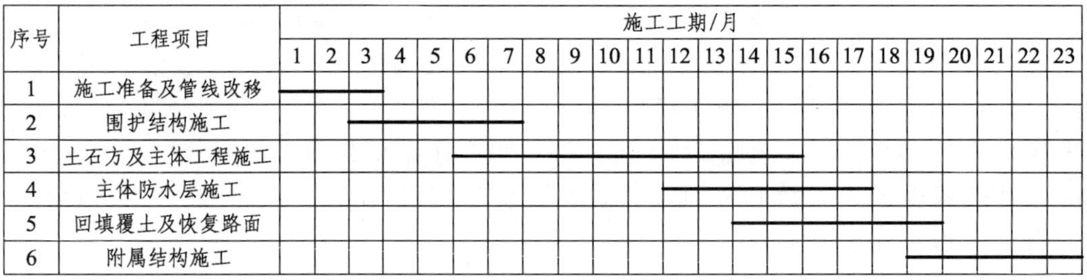

图 11.3　地铁车站施工横道图

（2）网络图

图 11.4 为隧道施工一个作业循环的网络图表示形式。从图中可看出在每一循环中各项工作的平行作业，且图中工程主次清晰，可一目了然地找出从交接准备到放炮与通风除尘的关键线路，便于保证主要关键线路的人力和物力供应。同时，对次要线路上的工作也能掌握，避免导致因未完成而影响关键线路上的作业进程。整个循环作业过程有条不紊，完成各作业项目的工期准备，以保证整个循环作业顺利进行。

采用网络图形式进行隧道施工工序分析，既能反映施工进度，又能反映各工序和各施工项目相互关联、相互制约的生产和协作关系。可采用网络图表示隧道施工中集中性工程或线形工程的进度，还可以通过计算机对施工计划进行优化。它是一种较先进的工程进度图的表示形式。

网络图的优点：能清楚地反映出各个工序之间的相互关系，从而可以通过计算机进行优化。

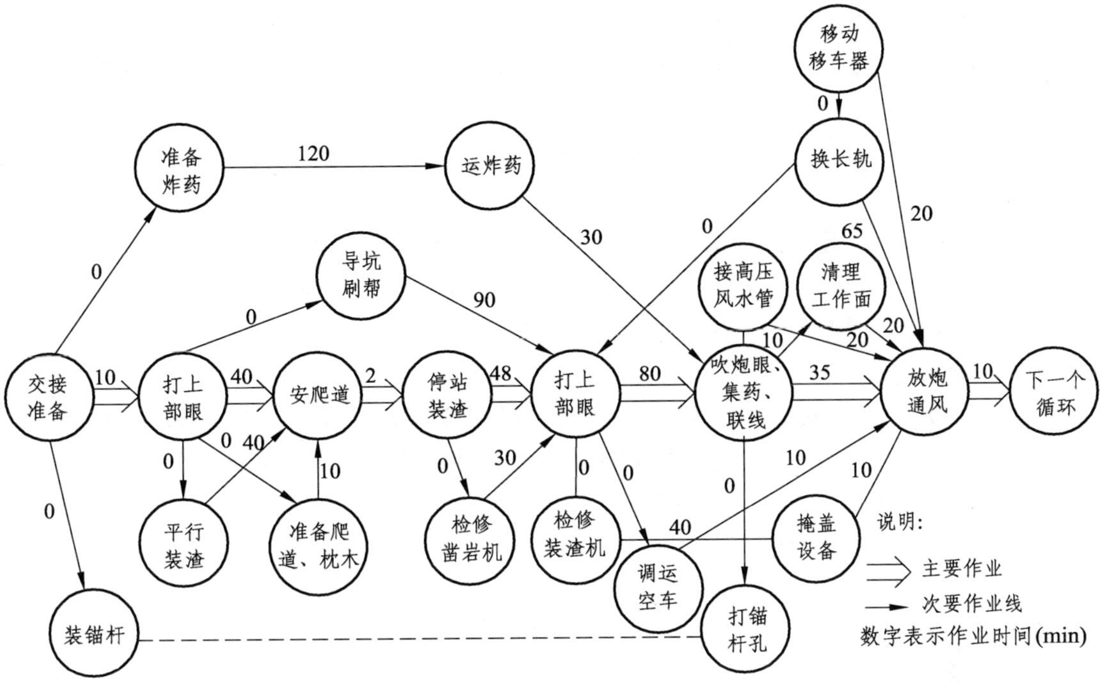

图 11.4 隧道施工进度网络图

11.1.5 施工总平面图

工程施工总平面图是对一个拟建工程的施工现场的平面规划和空间布置。一般根据工程规模、特点和施工现场的条件，按照一定的设计规则，来解决施工期间所需的各种临时工程和服务设施等。工程施工平面图的绘制比例一般为 1∶200～1∶500。

1. 施工现场平面图的主要内容

① 建筑平面上已建和拟建的一切房屋、构筑物及其他设施的位置和尺寸。

② 拟建工程施工所需的工程机械与运输机械、搅拌机等布置位置及其主要尺寸，工程机械的开行路线和方向等。

③ 地形等高线、测量放线标桩的位置和取弃土的地点。

④ 为施工服务的一切临时设施的布置和面积。

⑤ 各种材料（包括水暖电卫材料）、半成品、构件及工业设备等的仓库和堆场。

⑥ 施工运输道路的布置及宽度尺寸，现场出入口、铁路及港口位置等。

⑦ 临时给水排水管线、供电线路、热源气源等管道布置和通信线路等。

⑧ 一切安全及防火设施的位置。

2. 施工现场场地设计

（1）施工平面图设计步骤

施工场地设计的一般步骤是：决定大型机械行走线路（施工道路的布置）—布置材料和构件的堆场—布置运输道路—布置各种临时设施—布置水电管网—布置安全消防设施。

（2）搅拌站、加工棚、仓库及材料堆场

① 搅拌站的布置。地铁工程一般要设砂浆和混凝土搅拌站，搅拌机所采用的型号、规格、数量等在选择施工方案和施工方法时确定。

② 加工棚。木材、钢筋、水电等加工棚宜设置在建筑物四周稍远处，并有相应的材料及堆场。

③ 材料及堆场。大宗材料的存放地点应考虑材料运进工地方便、易于卸车，并靠近使用地点。现场仓库按其储存材料的性质和重要程度，可采用露天堆场、半封闭式（棚）和封闭式（仓库）三种形式。

（3）运输道路

施工运输道路应按材料构件和工程运输的需要来布置。运输道路的布置原则和要求有：主要道路应尽可能利用已有道路或规划的永久性道路的路基，根据建筑总平面图上的永久性道路位置，先修筑路基，作为临时道路，工程结束后再修筑路面；最好是环形布置，并与场外道路相接，保证车辆行驶畅通；距离装卸区越近越好；满足机械施工的需要；考虑消防的要求，使道路靠近建筑物、木料场等易燃地方，以便车辆直接开到消火栓处；道路路面应高于施工现场地面标高 0.1 ~ 0.2 m，两旁应有排水沟，一般沟深与底宽均不小于 0.4 m，以便排除路面积水，保证运输。

（4）临时设施

施工现场的临时设施是为生产和生活服务的，分为生产性和生活性临时设施。由于是临时性的，即工程完成后要拆除，因此力求节省临时设施的费用。

临时设施的一般布置原则是：生产性和生活性临时设施的布置应有所区分，以避免互相干扰；力求使用方便、有利施工、保证安全；尽可能采用活动式、装拆式结构或就地取材设置；工人休息室应设在施工地点附近；办公室应靠近施工现场。

工作任务 11.2　施工管理与控制

11.2.1　施工管理系统

施工管理系统包括施工单位内部管理系统、建设管理系统、政府管理系统及社会各相关方管理系统。

1. 施工单位内部管理系统是施工单位本身的管理设置

施工单位内部管理系统按层次分可分为决策层（项目经理、副经理、总工程师等）、管理层（项目各部室负责人）、执行层（各部室成员）等。

施工单位内部管理系统按职能分可分为技术管理体系、质量管理体系、安全管理体系、计划及进度管理体系、财务及成本管理体系、物资管理体系、设备管理体系等。不同的项目部会根据工程具体情况设置各职能体系。

2. 建设管理体系

一般工程的建设管理体系包括建设方、监理方、设计方和施工方。对于地铁施工由于涉及面较多、技术复杂、管理难度大，建设管理系统会根据工程的具体情况增加建设咨询方、设计咨询方和第三方监控等。

3. 政府管理系统

政府管理系统包括项目投资部门、项目主管部门、项目批准部门、项目规划部门以及政府质量安全监管部门等。

4. 社会各相关方管理系统

对于地铁工程，社会各相关方一般包括劳动安全管理部门、消防管理部门、环境保护管理部门、卫生防疫部门、人防管理部门、供电管理部门、交通管理部门等。各部门根据自己的管辖职责和权限对项目提供监督、验收、提供服务的相关工作。若涉及其他相关事务，比如征地拆迁、机械社会管理等项目业务，则社会各相关管理部门一并参与管理。管理方有时通过合同形式提供管理。

11.2.2 目标管理与控制

目标管理是施工的主要管理方式，施工组织都是围绕施工目标展开、设计和控制的。

地铁工程施工通常有 6 个方面的目标，分别是安全目标、质量目标、工期目标、成本目标、环保目标及科技创新目标，俗称“六位一体”。

1. 安全目标管理与控制

安全包括施工安全和产品安全。项目施工必须贯穿“安全第一、预防为主、综合治理”的方针。

地铁施工涉及的安全涵盖面广，主要包括施工生产安全，人员安全，大型设备、特种设备安全，交通运输安全，消防安全，塌方安全，建筑安全，等。我们在施工前要根据具体安全类别确定相应的安全目标，作为项目安全管理的总要求。

（1）安全管理制度

安全管理制度分社会制度及项目内制度。

社会制度主要指《安全生产法》《建筑法》《建筑工程安全生产管理条例》等法律法规；以及地方性、行业性规定的相关安全制度，主要的有《安全生产许可证制度》《三类人员考核任职制度》《拆除工程备案制度》《特种设备管理制度》《大型设备管理制度》《特种工管理制度》等。

项目内制度包括建设方出台的安全管理制度及施工单位项目部制定的安全管理制度。基本的项目管理制度主要有：《安全技术交底制度》《安全培训制度》《安全生产检查奖罚制度》《安全生产责任制度》《特种作业人员管理制度》《持证上岗制度》《特种设备管理制度》《安全生产管理办法》《劳动安全管理办法》以及各类应急预案等。

（2）安全管理组织机构

建设单位、监理单位及施工单位全部设置安全管理机构。

安全管理一般是由安委会或安全领导小组牵头管理，并直接与项目负责人挂钩。因此，安全管理是以项目负责人为中心的安委会或安全领导小组为主导，在项目安全总监领导下，以安全部为主要管理机构，全员参与的项目安全管理组织。若设有分项目部或施工队伍，其中都必须设有专门的安全管理科室。施工现场设安全员。

（3）安全管理保证体系

安全管理保证体系通常包括组织保障、制度保障和工作保障三方面，通过严格的全员、全方位、全过程来保证项目的安全目标的实现。

（4）主要管理措施

项目管理的安全管理措施一般包括技术措施、经济措施、组织措施等类型，常见的主要有：签订安全责任状、安全专项检查和定期检查、安全评比与奖罚、安全培训与考核、全员安全管理等。

2. 质量管理与控制

质量是合格产品的保证，质量方针是满足顾客的需求。

施工中主要贯彻工前检查和过程质量管理的原理，通过对进场材料、设备、人员、队伍的检查验收，通过每一道工序的检查，用合格的检验批保证合格的分项工程、合格的分项工程保证合格的分部工程、合格的分部工程保证合格的单位工程、合格的单位工程保证合格的单项工程和合格的建设项目。

质量目标一般内容包括：① 有无质量责任事故；② 有无重大不合格项，分项工程、分部工程、单位工程一次验收合格率达到多少等；③ 是否创建各级别的优质工程。

（1）质量管理制度

质量管理制度也分社会管理制度及项目管理制度。

项目质量管理制度繁多，主要有《测量复核制度》《施工图审核制度》《技术交底制度》《开工报告申请制度》《劳动用工制度》《质量教育培训制度》《材料、设备、购备件进场检查验收及存贮管理制度》《质量检查管理制度》《检验批、分项、分部、单位工程质量检查、申报、签认制度》《质量“三检”制度》《隐蔽工程及关键部位质量预检、复检和验收制度》《重要部位或危险性较大的作业管理制度》《成品、半成品保护制度》《关键岗位培训、持证上岗制度》《质量事故报告、调查和处理制度》《施工组织设计编制及审批制度》《施工方案编制审批制度》《资料管理制度》《工程竣工验收制度》《工程分包质量管理制度》《施工试验检测管理制度》《质量奖罚制度》等。

（2）安全管理组织

项目建设单位及项目施工单位全部设置安全管理机构。质量监理是监理单位的主要工作。

质量管理一般是由质量领导小组牵头管理，领导小组一般以项目经理或项目总工程师为组长，组成以质量部为主要管理机构、全员参与的项目质量管理组织。若设有分项目部或施工队伍，其中也都必须设有专门的质量管理科室。施工现场设质量员。

（3）质量管理保证体系

质量管理保证体系通常包括组织保障、制度保障和工作保障三方面，通过严格的全员、全方位、全过程来保证项目的安全目标的实现。

（4）主要管理措施

项目管理的质量管理措施一般包括技术措施、经济措施、组织措施等类型，常见的主要有：签订质量责任状、质量专项检查和定期检查、质量评比与奖罚、质量培训与考核、全员质量管理等。

3. 工期管理与控制

工期是建设项目顺利投产运营的保证。

地铁项目工种多、施工类型多，工期的控制主要通过节点工期来保证总工期的实现。工期目标就是保证项目按合同工期、节点工期完成。

（1）工期管理制度

工期主要管理制度较少，一般包括项目计划制度及工期奖罚制度。

（2）工期管理机构

在项目建设单位、项目施工单位一般设有对口的计划财务部门，同时监理有负责审核的计量与计价工程师及项目总监，共同负责进度任务下达、进度目标考核、计量与计价及进度资金提供等。

进度实施由施工单位项目部组织实施。项目实施组织一般包括项目经理、主管生产的副经理、项目分部、各专业队伍及劳务队伍等。

（3）工期管理保证体系及工期管理主要工作内容

工期管理保证体系通常包括组织保障和工作保障两方面。项目工期的主要管理内容包括：

① 由合同工期确定及业主要求确定计划工期。

② 根据项目具体情况确定接口工期及节点工期。

③ 项目任务分解。

④ 项目队伍设置。

⑤ 人员、材料、设备的配备。

⑥ 各项目施工进度指标分析。

⑦ 形象进度计划确定。

⑧ 工程实施。

⑨ 进度检查及调整。

⑩ 计量与计价。

⑪ 倒排工期。

⑫ 其他进度工作。

（4）主要进度管理措施

项目管理的质量管理措施一般包括技术措施、经济措施、组织措施等类型，常见的主要有：签订质量责任状、进度定期检查及节点工期检查、进度评比与奖罚、形象进度管理图控制、网络进度管理控制、斜线进度管理图控制、倒排工期等。

4. 成本管理与控制

成本控制是投资管理的重点，包括施工单位的项目成本控制和建设单位的成本控制，通常指施工单位成本控制。成本管理对象主要以施工过程及施工现场为主，同时包括项目经营、项目管理及办公费用等。

（1）成本管理控制目标的确定

成本管理控制目标一般为施工单位内部目标，可分为公司成本目标及项目部成本目标。

公司成本目标由施工单位总公司根据本单位类似项目成本情况，依据公司施工定额，经过成本核算部门现场调研和核算确定成本。此成本可作为项目上交公司利润的依据。

项目部成本目标是项目部计划财务牵头，技术、材料、设备等部门共同参与，根据项目实际情况、项目生产要素的匹配情况、项目队伍设置情况，经过具体核算，确定出本项目部的成本控制目标，并分配到各管理科室及施工队伍，作为项目成本管理与控制的依据。

（2）成本管理具体工作

① 成本目标的确定。

② 成本项目的分解及成本责任的划分。

③ 制定成本流程。

④ 生产要素流通成本的管理与控制。

⑤ 过程成本核算和调整、竣工成本核算及责任追究。

（3）成本管理控制机构

一般以项目总会计师或总经济师牵头，计划、财务、技术、物资、设备、行政、办公室等各部门共同参与，形成项目内部的成本管理机构。

（4）成本管理措施

公司成本控制采用项目领导考核方式管理和控制。由公司核算办确定成本指标，由公司负责人与项目主要负责人（项目经理、常务副经理、项目三总师）签订责任合同，根据成本年度完成情况对项目主要负责人进行兑现和奖罚。

项目部的成本控制通常实行责任成本管理方式，即把成本责任分解、分配到各科室或各管理人员，在一个管理周期或核算周期内进行成本核查，核查结果与管理人员的工资挂钩。

5. 环境保护目标管理与控制

环境保护是地铁施工必不可少的一项控制目标。其目标为满足法律法规的环保要求。

（1）环保的相关法律法规及项目制度

相关法律法规主要有《环境保护法》《环境噪声污染防治法》《固体废物污染环境防治法》等。

项目制度通常包括《环境保护管理办法》《地下水保持管理办法》等。

（2）管理机构体系

环保通常由社会管理机构、建设监理管理人员及项目施工单位三方参与管理。

施工单位项目部设管理科室进行环境保护管理，有时与安全管理部门合并管控。

（3）管理方式及措施

环保管理包括施工前的教育、培训和考核，施工中的各项措施到位及实施，施工后的评比和奖罚。

同时在项目实施阶段，随时接受社会相关环保机构、建设方、监理方的检查。

（4）地铁施工环保管理重点

地铁施工环保管理的重点为：拆迁造成的污染，施工粉尘污染，施工废水、废气、生活垃圾、生产垃圾污染，噪声污染，地下水流失，地表下沉，等等。

6. 创新目标管理

地铁工程作为一种地下工程，地层和周边构筑物非常复杂，技术复杂，容易促生新技术、新材料、新设备；同时项目施工过程中的工序多、交叉多、干扰多、难度大，容易促生工艺创新、管理创新、理念创新。因此地铁施工是创新的金矿。

地铁施工通常会根据具体项目情况提出创新目标。

（1）创新目标分类及产生

创新目标通常可分为组织创新、管理创新、技术创新。

建设单位通常管理创新目标、技术创新目标、组织创新目标并重，设计单位注重技术创新目标，施工单位注重管理创新目标、技术创新目标。

（2）创新目标的实现

根据具体创新目标的不同，创新产生不同的创新主体，实施不同的创新过程。

一般创新实施须经历创新目标的确定、创新可行性调查、创新方案制订、创新经费的落实、创新实施与调整、创新完成及创新成果申报验收等。

值得注意的是，六种项目管理目标不是分离的、互不相干的，而是可以融合成一个整体的，项目实施的过程就是目标管理控制及实现的过程。因此在施工中落实目标，实施整体管控是当前地铁施工的重要管理方式。

项目实战演练

项目实训 11.1　编制某地铁工程施工组织设计

依据项目 5~8 中的工程案例编制某地铁工程施工组织设计。

1. 实训任务及说明

（1）编制依据及说明

（2）工程概况

工程概况包括项目简介、工程地质条件与水文地质条件、社会条件、主要工程量、主要技术标准等。

（3）施工总平面布置

① 总平面布置图及说明；

② 内外交通组织。

（4）主要施工方案

① 车站明挖施工；

② 区间土压盾构施工。

（5）施工进度计划

施工进度计划包括施工总工期、施工进度计划表、施工进度横道图。

（6）施工管理措施

施工管理措施包括安全、环保、职业健康管理措施及质量管理措施。

2. 实训提交成果

（1）封面、目录、任务书

（2）正　文

第一章　编制说明

第二章　工程概况

第三章　施工总平面布置

一、总平面布置图及说明

二、内外交通组织

第四章　主要施工方案

一、车站明挖施工

二、区间土压盾构施工

第五章　施工进度计划

一、施工总工期

二、施工进度计划表

三、施工进度横道图

第六章　施工管理措施

一、安全、环保、职业健康管理措施

二、质量管理措施

思考与练习

【思考题】

1. 简述地铁工程施工组织设计的分类及主要内容。
2. 简述施工方案设计主要考虑的因素。
3. 简述地铁施工现场平面设计的原则及主要内容。
4. 简述地铁工程实施性施工组织设计文件的组成及内容。
5. 简述地铁施工进度图的表示方式。

【练习题】

1.（选择题）扫描扉页在线开放课程二维码。
2. 运用相关软件绘制某地铁车站或区间隧道施工进度图（横道图）。

参考文献

[1] 朱永全，宋香玉. 地下铁道[M]. 北京：中国铁道出版社，2006.

[2] 高波，王英学. 地下铁道[M]. 北京：高等教育出版社，2013.

[3] 周晓军，周佳媚. 城市地下铁道与轻轨交通[M]. 成都：西南交通大学出版社，2008.

[4] 杨其新，关宝树. 地下铁道话题[M]. 成都：西南交通大学出版社，2007.

[5] 杨其新，王明年. 地下工程施工与管理[M]. 成都：西南交通大学出版社，2009.

[6] 傅鹤林. 地下铁道[M]. 北京：人民交通出版社，2016.

[7] 王运周，曲劲松. 隧道及地下工程技术[M]. 北京：人民交通出版社，2014.

[8] 施仲衡. 地铁设计与施工[M]. 西安：陕西科学技术出版社，1997.

[9] 住房和城乡建设部. 地铁设计规范：GB 50157—2013 [S]. 北京：中国计划出版社，2014.

[10] 住房和城乡建设部.城市轨道交通岩土工程勘察规范：GB 50307—2012 [S]. 北京：中国计划出版社，2012.

[11] 住房和城乡建设部. 盾构隧道管片质量检测技术标准：CJJ/T 164—2011 [S]. 北京：中国建筑工业出版社，2012.

[12] 北京市建设委员会.地铁工程监控量测技术规程：DB 11/490—2007 [S]. 北京：中国标准出版社，2007.

[13] 刘泽. 中洞法在北京地铁蒲黄榆车站施工中的应用[J]. 市政技术，2006（2）.

[14] 张进联，李国强，杨玉娴，等. 城市地铁车站防水设计与施工[J]. 施工技术，2015，36（1）.

[15] 胡群芳，秦家宝. 2003—2011 年地铁隧道施工事故统计分析[J]. 地下空间与工程学报，2013（3）.

[16] 中铁二院工程集团有限责任公司. 铁路隧道设计规范：TB 10003—2016[S] 北京：中国铁道出版社，2017.

[17] 毛红梅. 地下铁道[M]. 北京：人民交通出版社，2008.

[18] 张厚美. 盾构隧道的理论研究与施工实践[M]. 北京：中国建筑工业出版社，2010.

[19] 蒋英礼. 地下铁道施工技术[M]. 成都：西南交通大学出版社，2016.

[20] 周顺华. 我国城市轨道交通地下工程的施工技术现状与发展[J]. 城市轨道交通研究，2004（2）.

[21] 雷升祥. 地铁施工手册[M]. 北京：人民交通出版社股份有限公司，2020.